2nd
Edition
2024-2025

KB041622

백광훈 편저

백광훈 통합 핵지총
형사소송법의 수사와 증거

경단기

박영사

이 책의 머리말
INTRO

2024~2025 대비 백광훈 통합 핵지총 OX 형사소송법의 수사와 증거 제2판 전면개정판

백광훈 통합 핵지총 OX 형사소송법의 수사와 증거는 경찰채용, 경찰간부, 경찰승진, 국가직(7·9급), 법원직 시험의 중요 기출지문들과 예상지문을 필자의 기본서의 체제와 일치되게 수록·정리한 핵심지문 문제집으로서, 경찰채용시험과 경찰간부후보생선발시험을 준비하는 수험교재이며, 본서는 그 초판에 대한 독자 여러분의 호응에 힘입어 1년 3개월만에 펴낸 제2판 전면개정판에 해당합니다.

이번 개정판에도 최신 기출문제들 중에서 주목할 만한 지문들을 상당량 추가하였고, 최근 변화된 법령과 판시된 판례의 내용을 반영하였음은 물론입니다. 그 결과 본 교재는 1,300여개의 지문을 수록하게 되어 보다 풍부한 내용을 갖추게 되었습니다.

초판에 이어 제2판의 출간을 맡아주시고 편집과 교정작업에 전문적인 손길로 헌신해주신 도서출판 박영사의 임직원님들에게 심심한 감사를 드립니다. 끝으로, 필자의 강의실뿐만 아니라 전국 어디에선가 자신의 목표를 향하여 정진하고 있을 독자 여러분에게 격려의 마음을 전합니다.

2024년 5월

백광훈

학습문의 | http://cafe.daum.net/jplpexam (백광훈형사법수험연구소)

2023~2024 대비 백광훈 통합 핵지총 OX 형사소송법의 수사와 증거

백광훈 통합 핵지총 OX 형사소송법의 수사와 증거는 향후 시험에서 반복하여 출제될 수 있는 경찰채용, 경찰간부, 경찰승진, 국가직(7·9급), 법원직 시험의 중요 기출지문들과 예상지문을, 기본서의 체제와 일치되게 수록·정리한 핵심지문 문제집입니다. 원래 필자의 강의교재 시리즈에는 '형사소송법 핵지총 OX' 교재가 있지만, 그 개정작업을 하는 기회에 경찰채용 및 경찰간부 시험을 준비할 수 있는 본 교재를 펴내게 된 것입니다.

본서의 특징을 간단히 소개하면 아래와 같습니다.

1 기출지문을 분석하여 최대한 반영하였습니다.

대부분의 시험에서 기출지문은 출제위원들이 중요하다고 생각하는 부분이므로, 반복적으로 출제되는 경향이 있습니다. 최근 15년간의 검찰·경찰·법원직의 기출지문을 분석한 결과 출제되었던 지문이 그대로 다시 출제되거나, 다른 시험에서 출제된 지문이라도 역시 반복되어 출제되었습니다. 따라서 기출지문을 최대한 반영하여 중요한 내용을 위주로 시험에 대비할 수 있도록 하였습니다.

2 출제 유력한 최신판례를 지문화하였습니다.

모든 최신판례를 공부하는 것은 수험적으로 적합하지 않을 것입니다. 최신판례 중에서 최근에 실시된 시험에 등장한 판례를 우선순위로 수록하였고, 출제되지 않았지만 출제가 예상되는 최신판례 역시 일부 포함시켰습니다.

3 백과사전식 지문나열을 피하고 출제유력 지문을 위주로 수록하였습니다.

각 시험의 기출지문을 전부 수록한다면 모든 지문을 공부할 수 있겠지만, 공부시간은 끝없이 늘어나고 빠른 합격은 요원해질 것입니다. 따라서 합격에 필요한 점수를 빠르게 확보할 수 있도록 출제가 유력한 핵심 기출지문을 위주로 수록하였습니다.

4 해설을 최소화하여 책의 분량을 줄였습니다.

해설이 풍부하다면 이해에 도움이 될 것은 분명하지만, 시험이 다가올수록 그로 인한 책의 두께는 부담감을 가중시킬 것입니다. 본 교재는 1,030여 개의 지문을 빠르게 반복할 수 있도록, 판례나 조문이 그대로 출제된 경우 그 번호만을 기재하여 페이지를 줄였습니다. 또한 틀린 지문이라도 장황하게 해설하지 않고, 틀린 부분만을 간단히 언급하여 해설을 읽는 데 드는 시간을 최소화하였습니다.

5 기출표시를 하였습니다.

기출지문이 언제 어느 시험에서 출제되었는지를 표기하여 수험생의 편의를 고려하였습니다. 다만, 여러 시험에 출제된 동일한 지문의 경우, 각 시험을 모두 표기하는 것은 불필요하고 책만 두꺼워질 수 있으므로, 대표적인 기출표시만을 하였습니다.

중복지문을 정리하여 효율성을 극대화하였습니다.

기출지문을 분석해 보면, 판례나 조문의 문구를 조금씩 수정하여 틀린 지문으로 출제하는 경우가 많습니다. 이러한 지문들을 모두 수록한다면, 수험생의 입장에서는 시간만 소비되고 효율성은 떨어지는 측면이 있습니다. 따라서 필수적인 기출지문만을 수록하고, 학습효과가 크지 않은 중복지문들은 수록하지 않았습니다.

당부의 말씀

어떤 과목이든 과도한 완벽함을 목표로 설정하여 공부범위를 확장한다면, 합격에서 멀어지거나 합격한다 해도 수험기간이 길어질 위험성이 있습니다. 본 교재는 시험에 출제될 만한 중요지문들을 선별·수록하였으므로, 완벽하게 반복해서 숙지한다면 형사소송법의 수사와 증거 객관식에서 '합격하기에 충분한 고득점'을 확보할 수 있을 것이라고 생각합니다. 단지 ○×를 확인하는 것에 그치기보다는 '단계별로 학습방법을 달리하는 것'이 필요합니다. 본 교재를 1회독 하실 때는 판례와 조문을 완벽히 이해하면서 읽되, 시험일이 다가올수록 확실히 아는 지문은 지우고, 헷갈리는 지문들만 남겨서 그 양을 줄이는 작업을 하신다면 점점 속도가 붙을 것입니다.

본 교재는 고득점 합격에 필요한 여러분의 무기가 될 수 있도록 최선을 다한 결과물로, 독자 여러분께서 직접 밑줄을 긋고 색칠을 하고 삭제·추가를 하면서 보완한다면, 더욱 완벽한 무기가 될 것입니다. 수험 생활의 끝을 향해 하루하루 최선을 다하는 수험생 여러분께 합격의 영광이 함께하기를 바랍니다.

2023년 2월

백광훈

학습문의 | http://cafe.daum.net/jplpexam (백광훈형사법수험연구소)

01 핵심 기출지문 총망라!

대부분의 시험은 기출지문을 반복적으로 출제하는 경향이 있으므로, 15년간의 검찰 · 경찰 · 법원직, 기타 시험의 기출지문을 최대한 수록하였습니다.

02 출제유력 판례 지문화!

가능한 최신판례를 기준으로 해설하였고, 최근에 출제되었거나 출제되지 않았지만 출제가 유력한 판례 또한 지문화하여 학습효과를 극대화하였습니다.

03 기본서와의 동기화!

기본서의 목차순서와 동기화한 문제구성으로써 쉬운 발췌독을 유도하였고, 기본서 학습과 기출문제 풀이를 병행할 수 있도록 구성하였습니다.

04 해설의 강약조절!

틀린 지문의 해설 시 틀린 부분만을 간단히 언급하여 독해 시간을 최소화하였고, 상세한 해설이 요구되는 기출지문 은 그 하단에 해설+로 보강하였습니다.

05 상세한 기출표시!

해당 기출지문이 언제 어느 시험에서 출제되었는지를 표 기하여 효율적인 학습을 도모하였고, 여러 시험에서 출제 된 기출지문은 대표 기출표시만을 하였습니다.

06 최신 개정법령 및 판례 반영!

기존의 기출지문 및 그 해설에 가장 최근의 개정법령과 판 례변경의 내용을 반영함으로써 내용적 정확성을 담보하 였습니다.

이 책의 차례
CONTENTS

형사소송법의 수사와 증거

2024 - 2025
백광훈
통합 핵지총 ○×
형사소송법의
수사와 증거

형사소송법의 수사와 증거

CHAPTER 01 | 수사

1 수사의 의의와 구조

🔗 **대표유형**

검사는 부패범죄, 경제범죄 등 대통령령으로 정하는 중요 범죄, 경찰공무원 및 고위공직자범죄수사처 소속 공무원이 범한 범죄, 위 범죄들 및 사법경찰관이 송치한 범죄와 관련하여 인지한 각 해당 범죄와 직접 관련성이 있는 범죄에 대하여 수사를 개시할 수 있다.

[국가9급 21 변형]

(○) 검찰청법 제4조 제1항 제1호

🔗 **대표유형**

검사 또는 사법경찰관은 피의자에게 출석요구를 하려는 경우 피의자와 조사의 일시 · 장소에 관하여 협의해야 하고, 이 경우 변호인이 있는 경우에는 변호인과도 협의해야 한다.

[경찰채용 21 1차]

(○) 검사와 사법경찰관의 상호협력과 일반적 수사준칙에 관한 규정(대통령령, 이하 '수사준칙') 제19조 제2항

🔗 **대표유형**

피의자 또는 변호인은 검사의 전문수사자문위원 지정에 대하여 관할 지방검찰청 검사장에게 이의를 제기할 수 있다.

[국가7급 10]

(✕) '관할 지방검찰청 검사장' → '관할 고등검찰청검사장'(제245조의3 제3항)

🔗 **대표유형**

범의를 가진 자에 대하여 단순히 범행의 기회를 제공하거나 범행을 용이하게 하는 것에 불과한 수사방법이 경우에 따라 허용될 수 있음은 별론으로 하고, 본래 범의를 가지지 아니한 자에 대하여 수사기관이 사술이나 계략 등을 써서 범의를 유발케 하여 범죄인을 검거하는 함정수사는 위법하므로 이러한 함정수사에 기한 공소제기에 대해 법원은 공소기각결정을 선고해야 한다.

[국가7급 21]

(✕) 공소기각결정이 아니라 공소기각판결을 내려야 한다는 것이 판례이다(대법원 2008.10.23, 2008도7362).

001 수사란 범죄혐의의 유무를 명백히 하여 공소를 제기 · 유지할 것인가의 여부를 결정하기 위하여 범인을 발견·확보하고 증거를 수집 · 보전하는 수사기관의 활동을 말한다.

[경찰채용 17 1차]

001 (○) 대법원 1999.12.7, 98도3329

002 검사와 사법경찰관은 수사를 할 때 물적 및 인적 증거를 기본으로 하여 객관적이고 신빙성 있는 증거를 발견하고 수집하기 위해 노력하여 실체적 진실을 발견하여야 한다.

[경찰간부 23]

해설+ **수사준칙 제3조【수사의 기본원칙】** ① 검사와 사법경찰관은 모든 수사과정에서 헌법과 법률에 따라 보장되는 피의자와 그 밖의 피해자·참고인 등(이하 "사건관계인"이라 한다)의 권리를 보호하고, 적법한 절차에 따라야 한다.
② 검사와 사법경찰관은 예단(豫斷)이나 편견 없이 신속하게 수사해야 하고, 주어진 권한을 자의적으로 행사하거나 남용해서는 안 된다.
③ 검사와 사법경찰관은 수사를 할 때 다음 각 호의 사항에 유의하여 실체적 진실을 발견해야 한다.
1. 물적 증거를 기본으로 하여 객관적이고 신빙성 있는 증거를 발견하고 수집하기 위해 노력할 것
2. 과학수사 기법과 관련 지식·기술 및 자료를 충분히 활용하여 합리적으로 수사할 것
3. 수사과정에서 선입견을 갖지 말고, 근거 없는 추측을 배제하며, 사건관계인의 진술을 과신하지 않도록 주의할 것
④ 검사와 사법경찰관은 다른 사건의 수사를 통해 확보된 증거 또는 자료를 내세워 관련이 없는 사건에 대한 자백이나 진술을 강요해서는 안 된다.

002 (×) 수사준칙상 수사의 기본원칙 조항에서는 수사기관이 인적 증거 즉, 진술 위주의 수사를 지양하고 '물적 증거를 기본으로 할 것을 정하고 있다. 수사준칙 제3조 제3항 제1호 참조.

003 검사와 사법경찰관은 수사 및 공소제기 뿐만 아니라 공소유지에 관하여도 서로 협력하여야 한다.

[경찰간부 23]

해설+ **형사소송법 제195조【검사와 사법경찰관의 관계 등】** ① 검사와 사법경찰관은 수사, 공소제기 및 공소유지에 관하여 서로 협력하여야 한다.

수사준칙 제6조【상호협력의 원칙】 ① 검사와 사법경찰관은 상호 존중해야 하며, 수사, 공소제기 및 공소유지와 관련하여 협력해야 한다.
② 검사와 사법경찰관은 수사와 공소제기 및 공소유지를 위해 필요한 경우 수사·기소·재판 관련 자료를 서로 요청할 수 있다.
③ 검사와 사법경찰관의 협의는 신속히 이루어져야 하며, 협의의 지연 등으로 수사 또는 관련 절차가 지연되어서는 안 된다.

003 (○) 형사소송법 제195조 제1항 및 수사준칙 제6조 제1항 참조.

004 검사의 수사 개시는 예외적으로 인정되는데, 검사는 부패범죄, 경제범죄 등 대통령령으로 정하는 중요 범죄에 대해서는 수사를 개시할 수 있다.

[경찰채용 23 2차]

해설+ **검찰청법 제4조【검사의 직무】** ① 검사는 공익의 대표자로서 다음 각 호의 직무와 권한이 있다.
1. 범죄수사, 공소의 제기 및 그 유지에 필요한 사항. 다만, 검사가 수사를 개시할 수 있는 범죄의 범위는 다음 각 목과 같다.
   가. 부패범죄, 경제범죄 등 대통령령으로 정하는 중요 범죄
   나. 경찰공무원(다른 법률에 따라 사법경찰관리의 직무를 행하는 자를 포함한다) 및 고위공직자범죄수사처 소속 공무원(「고위공직자범죄수사처 설치 및 운영에 관한 법률」에 따른 파견공무원을 포함한다)이 범한 범죄
   다. 가목·나목의 범죄 및 사법경찰관이 송치한 범죄와 관련하여 인지한 각 해당 범죄와 직접 관련성이 있는 범죄 (이하 생략)

004 (○) 검찰청법 제4조 제1항 제1호 가목

005 사법경찰관이 송치한 범죄를 제외하고 검사는 자신이 수사개시한 범죄에 대하여는 공소를 제기할 수 없다.　　　　　　　　　　　　[소방간부 23]

005 (○) 검찰청법 제4조 제2항 참조.

> **해설+** 검찰청법 제4조 【검사의 직무】② 검사는 자신이 수사개시한 범죄에 대하여는 공소를 제기할 수 없다. 다만, 사법경찰관이 송치한 범죄에 대하여는 그러하지 아니하다.

006 검사는 경찰공무원이 범한 범죄에 대하여 수사를 개시할 수 있다.
　　　　　　　　　　　　　　　　　　　　　　　　　　　[군무원9급 21]

006 (○) 형사소송법 제196조, 검찰청법 제4조 제1항 제1호 단서 나목

> **해설+** 형사소송법 제196조 【검사의 수사】① 검사는 범죄의 혐의가 있다고 사료하는 때에는 범인, 범죄사실과 증거를 수사한다.
>
> 검찰청법 제4조 【검사의 직무】① 검사는 공익의 대표자로서 다음 각 호의 직무와 권한이 있다.
> 1. 범죄수사, 공소의 제기 및 그 유지에 필요한 사항. 다만, 검사가 수사를 개시할 수 있는 범죄의 범위는 다음 각 목과 같다.
>   가. 부패범죄, 경제범죄 등 대통령령으로 정하는 중요 범죄
>   나. 경찰공무원(다른 법률에 따라 사법경찰관리의 직무를 행하는 자를 포함한다) 및 고위공직자 범죄수사처 소속 공무원(「고위공직자범죄수사처 설치 및 운영에 관한 법률」에 따른 파견공무원을 포함한다)이 범한 범죄
>   다. 가목·나목의 범죄 및 사법경찰관이 송치한 범죄와 관련하여 인지한 각 해당 범죄와 직접 관련성이 있는 범죄 (이하 생략)

007 일반 경찰공무원인 사법경찰관리는 검사의 수사지휘를 받지 않으며 1차적 수사종결권이 있는 반면 검찰청 직원인 사법경찰관리는 검사에 대해 수사보조자로서의 지위를 갖는다.　　　　　　　　　　　　[소방간부 23]

007 (○) 일반 경찰공무원인 사법경찰관리가 검사의 수사지휘를 받지 않는다는 것은 형사소송법 제195조 제1항, 1차적 수사종결권이 있다는 것은 형사소송법 제245조의5 및 수사준칙 제51조, 검찰청 직원인 사법경찰관리가 검사에 대한 수사보조자로서의 지휘를 받는다는 것은 형사소송법 제245조의9 제2항·제3항 참조.

> **해설+** 형사소송법 제195조 【검사와 사법경찰관의 관계 등】① 검사와 사법경찰관은 수사, 공소제기 및 공소유지에 관하여 서로 협력하여야 한다.
>
> 제245조의5 【사법경찰관의 사건송치 등】사법경찰관은 고소·고발 사건을 포함하여 범죄를 수사한 때에는 다음 각 호의 구분에 따른다.
> 1. 범죄의 혐의가 있다고 인정되는 경우에는 지체 없이 검사에게 사건을 송치하고, 관계 서류와 증거물을 검사에게 송부하여야 한다.
> 2. 그 밖의 경우에는 그 이유를 명시한 서면과 함께 관계 서류와 증거물을 지체 없이 검사에게 송부하여야 한다. 이 경우 검사는 송부받은 날부터 90일 이내에 사법경찰관에게 반환하여야 한다.
>
> 제245조의9 【검찰청 직원】② 사법경찰관의 직무를 행하는 검찰청 직원은 검사의 지휘를 받아 수사하여야 한다.
> ③ 사법경찰리의 직무를 행하는 검찰청 직원은 검사 또는 사법경찰관의 직무를 행하는 검찰청 직원의 수사를 보조하여야 한다.
>
> 수사준칙 제51조 【사법경찰관의 결정】① 사법경찰관은 사건을 수사한 경우에는 다음 각 호의 구분에 따라 결정해야 한다.
> 1. 법원송치
> 2. 검찰송치
> 3. 불송치 (이하 중략)

008 삼림, 해사, 전매, 세무, 군수사기관, 그 밖에 특별한 사항에 관하여 사법경찰관리의 직무를 행할 특별사법경찰관리와 그 직무의 범위는 법률로 정하며, 특별사법경찰관은 모든 수사에 관하여 검사의 지휘를 받는다.

[경찰승진 23] [국가7급 21 변형]

008 (○) 형사소송법 제245조의10 제1항, 제2항 참조

해설+ 형사소송법 제245조의10【특별사법경찰관리】① 삼림, 해사, 전매, 세무, 군수사기관, 그 밖에 특별한 사항에 관하여 사법경찰관리의 직무를 행할 특별사법경찰관리와 그 직무의 범위는 법률로 정한다.
② 특별사법경찰관은 모든 수사에 관하여 검사의 지휘를 받는다.

009 「공직선거법」상 각급선거관리위원회의 위원·직원은 선거범죄에 관하여 사법경찰관리의 직무를 행하는 특별사법경찰관리로서 선거범죄에 관하여 관계인에 대하여 질문·조사를 하거나 자료제출을 요구할 수 있다.

[소방간부 23]

009 (×)

해설+ 선거관리위원회의 본질적 기능은 선거의 공정한 관리 등 행정기능이고, 그 효과적인 기능 수행과 집행의 실효성을 확보하기 위한 수단으로서 선거범죄 조사권을 인정하고 있다. 심판대상조항에 의한 자료제출요구는 위와 같은 조사권의 일종으로서 행정조사에 해당하고, 선거범죄 혐의 유무를 명백히 하여 공소의 제기와 유지 여부를 결정하려는 목적으로 범인을 발견·확보하고 증거를 수집·보전하기 위한 수사기관의 활동이 수사와는 근본적으로 그 성격을 달리한다(헌법재판소 2019.9.26, 2016헌바381).

해설+ 공선법 제272조의2【선거범죄의 조사등】① 각급선거관리위원회(읍·면·동선거관리위원회를 제외한다) 위원·직원은 선거범죄에 관하여 그 범죄의 혐의가 있다고 인정되거나, 후보자(경선후보자를 포함한다)·예비후보자·선거사무장·선거연락소장 또는 선거사무원이 제기한 그 범죄의 혐의가 있다는 소명이 이유 있다고 인정되는 경우 또는 현행범의 신고를 받은 경우에는 그 장소에 출입하여 관계인에 대하여 질문·조사를 하거나 관련서류 기타 조사에 필요한 자료의 제출을 요구할 수 있다.

형사소송법 제245조의10【특별사법경찰관리】① 삼림, 해사, 전매, 세무, 군수사기관, 그 밖에 특별한 사항에 관하여 사법경찰관리의 직무를 행할 특별사법경찰관리와 그 직무의 범위는 법률로 정한다.

010 검사는 '송치사건의 공소제기 여부 결정 또는 공소의 유지에 관하여 필요한 경우' 또는 '사법경찰관이 신청한 영장의 청구 여부 결정에 관하여 필요한 경우'에 사법경찰관에게 보완수사를 요구할 수 있다.

[경찰승진 22] [해경승진 23 변형] [군무원9급 21 변형]

010 (○) 제197조의2 제1항·제2항

해설+ 제197조의2 【보완수사요구】 ① 검사는 다음 각 호의 어느 하나에 해당하는 경우에 사법경찰관에게 보완수사를 요구할 수 있다.
1. 송치사건의 공소제기 여부 결정 또는 공소의 유지에 관하여 필요한 경우
2. 사법경찰관이 신청한 영장의 청구 여부 결정에 관하여 필요한 경우
   (→ 기소/영장은 보완수사 해 주세요)
② 사법경찰관은 제1항의 요구가 있는 때에는 정당한 이유가 없는 한 지체 없이 이를 이행하고, 그 결과를 검사에게 통보하여야 한다.
③ 검찰총장 또는 각급 검찰청 검사장은 사법경찰관이 정당한 이유 없이 제1항의 요구에 따르지 아니하는 때에는 권한 있는 사람에게 해당 사법경찰관의 직무배제 또는 징계를 요구할 수 있고, 그 징계 절차는 「공무원 징계령」 또는 「경찰공무원 징계령」에 따른다.

011 검사는 사법경찰관이 사건을 송치하지 아니한 것이 위법 또는 부당한 때에는 그 이유를 문서로 명시하여 사법경찰관에게 보완수사를 요구할 수 있다.

[해경승진 23]

011 (×) 사법경찰관의 불송치결정에 대해서는 검사는 재수사를 요청할 수 있는 것이지(형사소송법 제245조의8 제1항) 보완수사를 요구할 수 있는 것이 아니다.

해설+ 형사소송법 제245조의8 【재수사요청 등】 ① 검사는 제245조의5 제2호의 경우에 사법경찰관이 사건을 송치하지 아니한 것이 위법 또는 부당한 때에는 그 이유를 문서로 명시하여 사법경찰관에게 재수사를 요청할 수 있다.
② 사법경찰관은 제1항의 요청이 있는 때에는 사건을 재수사하여야 한다.

012 사법경찰관은 형사소송법 제197조의2 제1항에 따른 검사의 보완수사의 요구가 있는 때에는 정당한 이유가 없는 한 지체 없이 이를 이행하고, 그 결과를 검사에게 통보하여야 한다.

[경찰승진 22] [경찰승진 23 변형]

012 (○) 제197조의2 제1항·제2항

013 형사소송법 제197조의2 제1항에 따른 보완수사의 요구를 받은 사법경찰관과 검사 사이에 형사소송법 제197조의2 제2항의 '정당한 이유의 유무'에 대하여 이견의 조정이 필요한 경우에 사법경찰관은 검사에 대하여 협의를 요청할 수 있다.

[경찰승진 22]

013 (○) 수사를 함에 있어서 검·경 간에 이견 조정이나 협력 등이 필요한 경우 상호 협의를 요청할 수 있다(수사준칙 제8조 제1항 본문).

보충 여기서 더 나아가 검사의 보완수사요구에 대한 사법경찰관의 보완수사 이행 여부에 관한 정당한 이유의 유무에 대한 이견이 있을 때(동조 제2항)와 같은 경우 등에는 해당 검사가 소속된 검찰청의 장과 해당 사법경찰관이 소속된 경찰관서(지방해양경찰관서를 포함한다. 이하 같다)의 장의 협의에 따른다.

014 형사소송법 제197조의2 제2항에 따른 '정당한 이유의 유무'에 대하여 이견이 있어 협의를 요청받은 검사는 이에 응하지 않을 수 있으며, 이 경우에는 해당 검사가 소속된 검찰청의 장과 해당 사법경찰관이 소속된 경찰관서의 장의 협의에 따른다. [경찰승진 22]

014 (×)

해설+ 형사소송법 제197조의2 제1항에 따른 보완수사의 요구를 받은 사법경찰관과 검사 사이에 형사소송법 제197조의2 제2항의 '정당한 이유의 유무'에 대하여 이견의 조정이 필요한 경우에는 특별한 사정이 없는 한 상대방의 협의요청에 응해야 하며(수사준칙 제8조 제1항 단서), 이때 해당 검사와 사법경찰관의 협의에도 불구하고 이견이 해소되지 않는 경우에는 해당 검사가 소속된 검찰청의 장과 해당 사법경찰관이 소속된 경찰관서의 장의 협의에 따른다(동조 제2항).

해설+ 수사준칙 제8조 【검사와 사법경찰관의 협의】 ① 검사와 사법경찰관은 수사와 사건의 송치, 송부 등에 관한 이견의 조정이나 협력 등이 필요한 경우 서로 협의를 요청할 수 있다. 이 경우 특별한 사정이 없으면 상대방의 협의 요청에 응해야 한다. 〈개정 2023. 10. 17.〉
② 제1항에 따른 협의에도 불구하고 이견이 해소되지 않는 경우로서 다음 각 호의 어느 하나에 해당하는 경우에는 해당 검사가 소속된 검찰청의 장과 해당 사법경찰관이 소속된 경찰관서(지방해양경찰관서를 포함한다. 이하 같다)의 장의 협의에 따른다. 〈개정 2023. 10. 17.〉
1. 중요사건에 관하여 상호 의견을 제시·교환하는 것에 대해 이견이 있거나 제시·교환한 의견의 내용에 대해 이견이 있는 경우
2. 「형사소송법」(이하 "법"이라 한다) 제197조의2제2항 및 제3항에 따른 정당한 이유의 유무에 대해 이견이 있는 경우
3. 법 제197조의4제2항 단서에 따라 사법경찰관이 계속 수사할 수 있는지 여부나 사법경찰관이 계속 수사할 수 있는 경우 수사를 계속할 주체 또는 사건의 이송 여부 등에 대해 이견이 있는 경우
4. 법 제245조의8제2항에 따른 재수사의 결과에 대해 이견이 있는 경우

015 사법경찰관은 피의자를 신문하기 전에 수사과정에서 법령위반, 인권침해 또는 현저한 수사권 남용이 있는 경우 '검사에게 구제를 신청할 수 있음'을 피의자에게 알려주어야 하며, 이때 사법경찰관은 피의자로부터 고지 확인서를 받아 사건기록에 편철하여야 한다. [경찰간부 23] [군무원9급 21 변형]

015 (○) 형사소송법 제197조의3 제8항 및 수사준칙 제47조 참조.

해설+ 형사소송법 제197조의3 【시정조치요구 등】 ⑧ 사법경찰관은 피의자를 신문하기 전에 수사과정에서 법령위반, 인권침해 또는 현저한 수사권 남용이 있는 경우 검사에게 구제를 신청할 수 있음을 피의자에게 알려주어야 한다.

수사준칙 제47조 【구제신청 고지의 확인】 사법경찰관은 법 제197조의3 제8항에 따라 검사에게 구제를 신청할 수 있음을 피의자에게 알려준 경우에는 피의자로부터 고지 확인서를 받아 사건기록에 편철한다. 다만, 피의자가 고지 확인서에 기명날인 또는 서명하는 것을 거부하는 경우에는 사법경찰관이 고지 확인서 끝부분에 그 사유를 적고 기명날인 또는 서명해야 한다.

016 사법경찰관리의 수사과정에서 현저한 수사권 남용이 의심되는 사실에 대하여, 「형사소송법」 제197조의3의 절차에 따라 사법경찰관으로부터 사건기록 등본을 송부받은 검사는 필요하다고 인정되는 경우 사법경찰관에게 시정조치를 요구할 수 있고, 그 이행 결과를 통보받은 후 시정조치 요구가 정당한 이유 없이 이행되지 않았다고 인정되는 경우에는 사법경찰관에게 사건을 송치할 것을 요구할 수 있다. [경찰채용 21 1차]

016 (○) 제197조의3 제3항·제5항

보충 **위법·부당수사에 대한 검사의 감독권 행사절차**
① 검사의 사건기록 등본 송부요구 →
② 사경은 지체 없이(7일 내, 수사준칙 제45조 제2항) 송부 →
③ 검사는 필요시 시정조치 요구(등본송부일로부터 30일 이내 서면, 10일의 범위에서 1회 연장 可, 동조 제3항) →
④ 사경은 정당한 이유 없으면 지체 없이 이행 →
⑤ 불이행 시 검사는 사건송치 요구(서면, 동조 제5항) →
⑥ 사경은 사건송치(7일 내, 동조 제6항) →
⑦ 검찰총장 또는 각급 검사장은 해당 사경관리 징계요구 可

017 검사는 사법경찰관리의 수사과정에서 법령위반, 인권침해 또는 현저한 수사권 남용이 의심되는 사실의 신고가 있거나 그러한 사실을 인식하게 된 경우에는 즉시 사법경찰관에게 사건의 송치를 요구할 수 있고, 검사의 송치 요구를 받은 사법경찰관은 검사에게 사건을 송치하여야 한다. [경찰채용 21 2차]

017 (×)

해설+ 위법·부당수사의 신고가 있거나 인식한 경우 검사는 처음부터 사건송치를 요구할 수 있는 것은 아니고, 사건기록 등본 송부요구와 시정조치 요구에도 불구하고 사법경찰관이 정당한 이유 없이 이를 시정하지 않은 경우에 사건송치를 요구할 수 있는 것이다(제197조의3). "검사는 사법경찰관리의 수사과정에서 법령위반, 인권침해 또는 현저한 수사권 남용이 의심되는 사실의 신고가 있거나 그러한 사실을 인식하게 된 경우에는 사법경찰관에게 사건기록 등본의 송부를 요구할 수 있고, 검사의 송부 요구를 받은 사법경찰관은 지체 없이 검사에게 사건기록 등본을 송부하여야 한다(제197조의3 제1항·제2항)."

018 검사는 사법경찰관리의 수사과정에서 법령위반, 인권침해 또는 현저한 수사권 남용이 의심되는 사실의 신고가 있거나 그러한 사실을 인식하게 된 경우에는 사법경찰관에게 사건기록 등본의 송부를 요구할 수 있고, 송부를 받은 검사는 필요한 경우 사법경찰관에게 시정조치를 요구할 수 있으며, 검사는 시정조치 요구가 정당한 이유 없이 이행되지 않은 경우에 사법경찰관에게 보완수사를 요구하여야 한다. [경찰채용 20 2차]

018 (×) 시정조치 요구가 정당한 이유 없이 이행되지 않았다고 인정되는 경우에는 보완수사를 요구하는 것이 아니라, 사건송치를 요구할 수 있다(제197조의3 제5항).

해설+ 형사소송법 제197조의3 【시정조치 요구 등】 ① 검사는 사법경찰관리의 수시과정에서 법령위반, 인권침해 또는 현저한 수사권 남용이 의심되는 사실의 신고가 있거나 그러한 사실을 인식하게 된 경우에는 사법경찰관에게 사건기록 등본의 송부를 요구할 수 있다.
② 제1항의 송부 요구를 받은 사법경찰관은 지체 없이 검사에게 사건기록 등본을 송부하여야 한다.
③ 제2항의 송부를 받은 검사는 필요하다고 인정되는 경우에는 사법경찰관에게 시정조치를 요구할 수 있다.
④ 사법경찰관은 제3항의 시정조치 요구가 있는 때에는 정당한 이유기 없으면 지체 없이 이를 이행하고, 그 결과를 검사에게 통보하여야 한다.
⑤ 제4항의 통보를 받은 검사는 제3항에 따른 시정조치 요구가 정당한 이유 없이 이행되지 않았다고 인정되는 경우에는 사법경찰관에게 사건을 송치할 것을 요구할 수 있다.
⑥ 제5항의 송치 요구를 받은 사법경찰관은 검사에게 사건을 송치하여야 한다.
⑦ 검찰총장 또는 각급 검찰청 검사장은 사법경찰관리의 수사과정에서 법령위반, 인권침해 또는 현저한 수사권 남용이 있었던 때에는 권한 있는 사람에게 해당 사법경찰관리의 징계를 요구할 수 있고, 그 징계 절차는 「공무원 징계령」 또는 「경찰공무원 징계령」에 따른다.
⑧ 사법경찰관은 피의사를 신문하기 전에 수사과징에서 법령위반, 인권침해 또는 현지한 수사권 남용이 있는 경우 검사에게 구제를 신청할 수 있음을 피의자에게 알려주어야 한다.

019 지방검찰청 검사장 또는 지청장은 불법체포 · 구속의 유무를 조사하기 위하여 검사로 하여금 매월 1회 이상 관할수사관서의 피의자의 체포 · 구속 장소를 감찰하게 하여야 한다. [경찰채용 17 1차]

019 (○) 제198조의2 제1항

020 체포 · 구속장소의 감찰결과 피의자가 적법한 절차에 의하지 아니하고 체포 또는 구속된 것이라고 의심할 만한 상당한 이유가 있는 경우에 검사는 즉시 체포 또는 구속된 자를 석방하거나 사건을 검찰에 송치할 것을 명하여야 하는데, 이 송치요구에 따라 사법경찰관으로부터 송치받은 사건에 관하여 검사는 동일성을 해치지 아니하는 범위 내에서 수사할 수 있다. [경찰승진 23]

020 (○) 형사소송법 제196조 제2항, 제198조의2 제1항, 제2항 참조

해설+ 형사소송법 제196조 【검사의 수사】 ② 검사는 제197조의3 제6항, 제198조의2 제2항 및 제245조의7 제2항에 따라 사법경찰관으로부터 송치받은 사건에 관하여는 해당 사건과 동일성을 해치지 아니하는 범위 내에서 수사할 수 있다.

제198조의2 【검사의 체포 · 구속장소감찰】 ① 지방검찰청 검사장 또는 지청장은 불법체포 · 구속의 유무를 조사하기 위하여 검사로 하여금 매월 1회 이상 관하수사관서의 피의자의 체포 · 구속장소를 감찰하게 하여야 한다. 감찰하는 검사는 체포 또는 구속된 자를 심문하고 관련서류를 조사하여야 한다.
② 검사는 적법한 절차에 의하지 아니하고 체포 또는 구속된 것이라고 의심할 만한 상당한 이유가 있는 경우에는 즉시 체포 또는 구속된 자를 석방하거나 사건을 검찰에 송치할 것을 명하여야 한다.

021 검사는 경찰청 소속 사법경찰관과 동일한 범죄사실을 수사하게 된 때에는 사법경찰관에게 사건을 송치할 것을 요구할 수 있다.　　　　　　　[국가7급 21]

021 (○) 제197조의4 제1항

022 검사는 사법경찰관과 동일한 범죄사실을 수사하게 된 때에는 사법경찰관에게 사건을 송치할 것을 요구할 수 있고 그 요구를 받은 사법경찰관은 지체 없이 검사에게 사건을 송치하여야 하나, 검사가 영장을 청구하기 전에 범죄사실에 관하여 사법경찰관이 영장을 신청한 경우에는 해당 영장에 기재된 범죄사실을 계속 수사할 수 있다.　　　[경찰채용 21 2차] [경찰간부 23]

022 (○) 제197조의4 제1항·제2항

023 검사가 경찰청 소속 사법경찰관이 신청한 영장을 정당한 이유 없이 판사에게 청구하지 아니한 경우 경찰청 소속 사법경찰관은 그 검사 소속의 지방검찰청 소재지를 관할하는 고등검찰청에 영장 청구 여부에 대한 심의를 신청할 수 있다.　　　　　　　　　　　　　　[국가7급 21]

023 (○) 제221조의5 제1항

024 검사가 사법경찰관이 신청한 영장을 정당한 이유 없이 판사에게 청구하지 아니한 경우 사법경찰관은 그 검사 소속의 지방검찰청에 영장 청구 여부에 대한 심의를 신청할 수 있으며, 각 지방검찰청은 이를 심의하기 위하여 영장심의위원회를 둔다.　　　　　　　　　　　　[경찰채용 21 2차]

024 (✕)

> **해설+** 검사가 사법경찰관이 신청한 영장을 정당한 이유 없이 판사에게 청구하지 아니한 경우 사법경찰관은 그 검사 소속의 지방검찰청 소재지를 관할하는 고등검찰청에 영장 청구 여부에 대한 심의를 신청할 수 있고, 각 고등검찰청은 이를 심의하기 위하여 영장심의위원회를 둔다(제221조의5 제1항·제2항).

025 검사는 상당하다고 인정하는 때에는 전문수사자문위원의 지정을 취소할 수 있다.　　　　　　　　　　　　　　　　　[국가7급 10]

025 (○) 제245조의3 제2항

026 검사는 전문수사자문위원이 제출한 서면이나 전문수사자문위원의 설명 또는 의견의 진술에 관하여 제1회 공판기일 전까지 피의자 또는 변호인에게 구술 또는 서면에 의한 의견진술의 기회를 주어야 한다. [국가7급 10]

026 (×) '제1회 공판기일 전까지' → 삭제
의견진술권 행사의 시한에 관한 규정은 없다(제245조의2 제3항).

027 검사는 공소제기 여부와 관련된 사실관계를 분명하게 하기 위하여 피의자 또는 변호인의 신청이 있는 경우에 한하여 전문수사자문위원을 지정하여 수사절차에 참여하게 하고 자문을 들을 수 있다. [국가7급 10]

027 (×) '피의자 또는 변호인의 신청이 있는 경우에 한하여' → '직권이나 피의자 또는 변호인의 신청에 의하여'(제245조의2 제1항)

028 전문수사자문위원은 전문적인 지식에 의한 설명 또는 의견을 기재한 서면을 제출하거나 전문적인 지식에 의하여 설명이나 의견을 진술할 수 있다. 이에 대해서 검사는 피의자 또는 변호인에게 구술 또는 서면에 의한 의견진술의 기회를 줄 수 있다. [국가7급 10]

028 (×) '줄 수 있다' → '주어야 한다'(제245조의2 제3항)

029 수사기관이 수사 중인 사건의 범죄혐의를 밝히기 위한 목적으로 합리적인 근거 없이 별개의 사건을 부당하게 수사하여서는 아니 된다. [경찰승진 23]

해설+ 형사소송법 제198조 【준수사항】 ④ 수사기관은 수사 중인 사건의 범죄혐의를 밝히기 위한 목적으로 합리적인 근거 없이 별개의 사건을 부당하게 수사하여서는 아니 되고, 다른 사건의 수사를 통하여 확보된 증거 또는 자료를 내세워 관련 없는 사건에 대한 자백이나 진술을 강요하여서도 아니 된다.

029 (○) 형사소송법 제198조 제4항 참조

030 수사기관은 다른 사건의 수사를 통해 확보된 증거 또는 자료를 내세워 관련 없는 사건에 대한 자백이나 진술을 강요하여서는 아니 된다. [경찰승진 23]

해설+ 형사소송법 제198조 【준수사항】 ④ 수사기관은 수사 중인 사건의 범죄혐의를 밝히기 위한 목적으로 합리적인 근거 없이 별개의 사건을 부당하게 수사하여서는 아니 되고, 다른 사건의 수사를 통하여 확보된 증거 또는 자료를 내세워 관련 없는 사건에 대한 자백이나 진술을 강요하여서도 아니 된다.

030 (○) 형사소송법 제198조 제4항 참조

031 고위공직자범죄수사처(이하 '수사처')검사는 수사처장의 지휘 · 감독에 따르며, 수사처검사는 수사처수사관을 지휘 · 감독한다. [경찰경채 23]

031 (○) 공수처법 제20조 제2항

> **해설+** **공수처법 제20조 【수사처검사의 직무와 권한】** ① 수사처검사는 제3조 제1항 각 호에 따른 수사와 공소의 제기 및 유지에 필요한 행위를 한다.
> ② 수사처검사는 처장의 지휘 · 감독에 따르며, 수사처수사관을 지휘 · 감독한다.
> ③ 수사처검사는 구체적 사건과 관련된 제2항에 따른 지휘 · 감독의 적법성 또는 정당성에 대하여 이견이 있을 때에는 이의를 제기할 수 있다.

032 고위공직자범죄수사처 수사관은 수사대상범죄가 고위공직자범죄 및 관련 범죄로 한정되고, 고위공직자범죄수사처 검사의 지휘 · 감독을 받는다. [소방간부 23]

032 (○) 공수처법 제21조 참조.

> **해설+** **공수처법 제21조 【수사처수사관의 직무】** ① 수사처수사관은 수사처검사의 지휘 · 감독을 받아 직무를 수행한다.
> ② 수사처수사관은 고위공직자범죄등에 대한 수사에 관하여 「형사소송법」 제197조 제1항에 따른 사법경찰관의 직무를 수행한다.
>
> **제2조 【정의】** 이 법에서 사용하는 용어의 정의는 다음과 같다.
> 3. "고위공직자범죄"란 고위공직자로 재직 중에 본인 또는 본인의 가족이 범한 다음 각 목의 어느 하나에 해당하는 죄를 말한다. 다만, 가족의 경우에는 고위공직자의 직무와 관련하여 범한 죄에 한정한다. (이하 중략)
> 4. "관련범죄"란 다음 각 목의 어느 하나에 해당하는 죄를 말한다.
>   가. 고위공직자와 「형법」 제30조부터 제32조까지의 관계에 있는 자가 범한 제3호 각 목의 어느 하나에 해당하는 죄 (이하 중략)
> 5. "고위공직자범죄등"이란 제3호와 제4호의 죄를 말한다.
>
> **형사소송법 제197조 【사법경찰관리】** ① 경무관, 총경, 경정, 경감, 경위는 사법경찰관으로서 범죄의 혐의가 있다고 사료하는 때에는 범인, 범죄사실과 증거를 수사한다.

033 친고죄에서 고소 없이 수사를 하고 공소제기 전에 고소를 받아 공소를 제기한 경우 공소제기의 절차가 법률의 규정에 위반되어 무효로서 공소기각 판결을 하여야 한다. [법원9급 22]

033 (×)

> **해설+** 법률에 의하여 고소나 고발이 있어야 논할 수 있는 죄에 있어서 고소 또는 고발은 이른바 소추조건에 불과하고 당해 범죄의 성립요건이나 수사의 조건은 아니므로, 위와 같은 범죄에 관하여 고소나 고발이 있기 전에 수사를 하였더라도, 그 수사가 장차 고소나 고발의 가능성이 없는 상태하에서 행해졌다는 등의 특단의 사정이 없는 한, 고소나 고발이 있기 전에 수사를 하였다는 이유만으로 그 수사가 위법하게 되는 것은 아니다(대법원 2011.3.10, 2008도7724).

034 공무원의 고발이 있어야 논할 수 있는 죄에 있어서 고발은 소추조건이지 수사의 조건은 아니다. [국가7급 10]

034 (○) 대법원 1995.2.24, 94도252

035 법률에 의하여 고소나 고발이 있어야 논할 수 있는 죄에 있어서 고소 또는 고발은 이른바 소추조건에 불과하고 당해 범죄의 성립요건이나 수사의 조건은 아니다. [경찰채용 17 1차]

035 (○) 대법원 2011.3.10, 2008도7724

036 범의를 가진 자에 대하여 단순히 범행의 기회를 제공하거나 범행을 용이하게 하는 것에 불과한 수사방법도 경우에 따라 허용될 수 있다. [경찰채용 22 1차]

036 (○) 대법원 2008.10.23, 2008도7362

037 경찰관들이 노래방 단속실적을 올리기 위하여 평소 손님들에게 도우미 알선영업을 해왔다는 자료나 첩보가 없음에도 노래방에 손님을 가장하고 들어가 도우미를 불러 줄 것을 재차 요구한 후 이를 단속하였다면 이는 위법한 함정수사에 해당한다. [국가9급개론 18]

037 (○) 대법원 2008.10.23, 2008도7362

038 물품반출 업무담당자 A가 물품을 밀반출하는 甲의 행위를 소속회사에 사전에 알리고 그 정확한 증거를 확보하기 위하여 甲의 밀반출행위를 묵인한 경우, 이는 함정수사에 해당하지 아니한다. [경찰채용 22 2차]

038 (○) 대법원 1987.6.9, 87도915

039 경찰관이 게임 결과물의 환전을 거절하는 피고인에게 적극적으로 환전을 요구하는 방식의 함정수사는 위법하지 않다.

039 (×)

해설+ 본래 범의를 가지지 아니한 사람에 대하여 수사기관이 사술이나 계략 등을 써서 범의를 유발하게 하여 범죄인을 검거하는 함정수사는 위법하고, 이러한 함정수사에 기한 공소제기는 그 절차가 법률의 규정에 위반하여 무효인 때에 해당한다(대법원 2005.10.28, 2005도1247; 2021. 7.29, 2017도16810).

040 수사기관과 직접 관련이 있는 유인자가 피유인자와의 개인적인 친밀관계를 이용하여 피유인자의 동정심이나 감정에 호소하거나, 금전적·심리적 압박이나 위협 등을 가하거나, 거절하기 힘든 유혹을 하거나, 또는 범행방법을 구체적으로 제시하고 범행에 사용될 금전까지 제공하는 등으로 과도하게 개입함으로써 피유인자로 하여금 범의를 일으키게 하는 것은, 위법한 함정수사에 해당하여 허용되지 않는다. [경찰채용 22 1차]

040 (○) 대법원 2020.7.9, 2020도483

041 함정수사가 위법하다고 평가받는 경우, 공소기각설은 수사기관이 제공한 범죄의 동기나 기회를 일반인이 뿌리칠 수 없었다는 범죄인 개인의 특수한 상황으로 인하여 가벌적 위법성이 결여된다는 점을 논거로 하여 공소기각의 판결을 선고하여야 한다고 본다. [경찰채용 22 2차]

> **해설+** 가벌적 위법성이 결여된다는 것은 무죄판결설(신동운, 이창현)의 논거이다. 이외에 함정에 걸렸다는 이유만으로 위법성·책임이 조각되지 않는다는 유죄판결설(이재상)도 있다.

041 (×) 위법한 함정수사에 대하여 공소기각의 판결을 선고하여야 한다고 보는 견해는, 그 공소제기 절차가 법률의 규정에 위반하여 무효임을 논거로 한다(공소기각판결설, 다수설·판례, 대법원 2005.10.28, 2005도1247).

042 위법한 함정수사에 기한 공소제기는 그 절차가 법률의 규정에 위반하여 무효인 때에 해당하므로 그 수사에 기하여 수집된 증거는 증거능력이 없으며, 따라서 법원은 「형사소송법」 제325조에 의하여 무죄판결을 선고해야 한다. [해경승진 23]

042 (×) 판례는 형사소송법 제327조 제2호에 해당한다고 보아 공소기각판결을 선고해야 한다는 입장이다(대법원 2005.10.28, 2005도1247).

043 수사기관이 이미 범행을 저지른 범인을 검거하기 위해 정보원을 이용하여 범인을 검거장소로 유인하여 체포하였더라도 이것은 함정수사에 해당하지 않는다. [국가7급 11]

043 (○) 대법원 2007.7.26, 2007도4532

044 이미 마약류 관리에 관한 법률 위반죄를 범한 甲을 검거하기 위하여 수사기관이 정보원을 이용하여 그를 검거장소로 유인하여 검거한 것에 불과한 경우, 이는 위법한 함정수사에 해당하지 아니한다. [경찰채용 22 2차]

044 (○) 대법원 2007.7.26, 2007도4532

045 수사기관이 피고인의 범죄사실을 인지하고도 피고인을 바로 체포하지 않고 추가 범행을 지켜보고 있다가 범죄사실이 많이 늘어난 뒤에야 피고인을 체포하였다는 사정만으로도 피고인에 대한 수사와 공소제기는 위법하다거나 함정수사에 해당한다고 할 수 있다. [경찰채용 17 1차]

045 (×) '있다' → '없다'(대법원 2007.6.29, 2007도3164)

046 경찰관이 취객을 상대로 한 이른바 부축빼기 절도범을 단속하기 위하여 공원 인도에 쓰러져 있는 취객 근처에서 감시하고 있다가 마침 피고인이 나타나 취객을 부축하여 10m 정도를 끌고 가 지갑을 뒤지자 현장에서 체포한 것은 위법한 함정수사가 아니다. [경찰간부 18]

046 (○) 대법원 2007.5.31, 2007도1903

047 수사기관과 직접적인 관련을 맺지 아니한 유인자가 피유인자를 상대로 수차례 반복적으로 범행을 부탁하여 피유인자의 범의가 유발되었다면 위법한 함정수사이다. [경찰간부 18] [국가9급개론 18]

047 (×) '위법한 함정수사이다' → '위법한 함정수사에 해당하지 아니한다'(대법원 2013.3.28, 2013도1473)

048 경찰관이 함정수사 과정에서 이미 이루어지고 있던 피고인의 다른 범행을 적발한 경우 이에 관한 공소제기는 법률의 규정에 위반하여 무효인 때에 해당한다.

해설+ 수사기관이 사술이나 계략 등을 써서 피고인의 범의를 유발한 것이 아니라 이미 이루어지고 있던 범행을 적발한 것에 불과하므로, 이에 관한 공소제기는 함정수사에 기한 것으로 볼 수 없다(대법원 2021.7.29, 2017도16810).

048 (×)

049 아동·청소년의 성보호에 관한 법률에 의하면 사법경찰관리는 아동·청소년을 대상으로 하는 디지털 성범죄에 대해 신분비공개수사는 가능하지만, 신분위장수사는 위법한 함정수사로서 허용되지 않는다.

[경찰채용 22 1차] [경찰승진 23 변형]

해설+ 아동·청소년의 성보호에 관한 법률 제25조의2 【아동·청소년대상 디지털 성범죄의 수사 특례】 ① 사법경찰관리는 다음 각 호의 어느 하나에 해당하는 범죄(이하 "디지털 성범죄"라 한다)에 대하여 신분을 비공개하고 범죄현장(정보통신망을 포함한다) 또는 범인으로 추정되는 자들에게 접근하여 범죄행위의 증거 및 자료 등을 수집(이하 "신분비공개수사"라 한다)할 수 있다.
1. 제11조 및 제15조의2의 죄
2. 아동·청소년에 대한 「성폭력범죄의 처벌 등에 관한 특례법」 제14조 제2항 및 제3항의 죄
② 사법경찰관리는 디지털 성범죄를 계획 또는 실행하고 있거나 실행하였다고 의심할 만한 충분한 이유가 있고, 다른 방법으로는 그 범죄의 실행을 저지하거나 범인의 체포 또는 증거의 수집이 어려운 경우에 한정하여 수사 목적을 달성하기 위하여 부득이한 때에는 다음 각 호의 행위(이하 "신분위장수사"라 한다)를 할 수 있다.
1. 신분을 위장하기 위한 문서, 도화 및 전자기록 등의 작성, 변경 또는 행사
2. 위장 신분을 사용한 계약·거래
3. 아동·청소년성착취물 또는 「성폭력범죄의 처벌 등에 관한 특례법」 제14조 제2항의 촬영물 또는 복제물(복제물의 복제물을 포함한다)의 소지, 판매 또는 광고

050 「아동·청소년의 성보호에 관한 법률」의 아동·청소년대상 디지털 성범죄의 수사 특례에 따른 신분위장수사를 할 때에는 본래 범의를 가지지 않은 자에게 범의를 유발하는 행위를 하는 것이 허용된다. [국가7급 22]

해설+ 아동·청소년의 성보호에 관한 법률 시행령 제5조의2 【아동·청소년대상 디지털 성범죄의 수사 특례에 따른 사법경찰관리의 준수사항】 사법경찰관리는 법 제25조의2 제1항에 따른 신분비공개수사 또는 같은 조 제2항에 따른 신분위장수사를 할 때 다음 각 호의 사항을 준수해야 한다.
1. 수사 관계 법령을 준수하고, 본래 범의(犯意)를 가지지 않은 자에게 범의를 유발하는 행위를 하지 않는 등 적법한 절차와 방식에 따라 수사할 것
2. 피해아동·청소년에게 추가·피해가 발생하지 않도록 주의할 것
3. 법 제25조의2 제2항 제3호에 따른 행위를 하는 경우에는 피해아동·청소년이나 「성폭력방지 및 피해자보호 등에 관한 법률」 제2조 제3호의 성폭력피해자에 관한 자료가 유포되지 않도록 할 것

051 범죄의 인지는 실질적인 개념이므로 인지절차를 거치기 전에 범죄의 혐의가 있다고 보아 수사를 개시하는 행위를 한 때에 범죄를 인지한 것으로 보아야 하며, 그 뒤 범죄인지서를 작성하여 사건수리 절차를 밟은 때에 비로소 범죄를 인지하였다고 볼 것은 아니다. [국가7급 21]

051 (○)

해설+ 범죄의 인지는 실질적인 개념이므로 검사가 범죄의 혐의가 있다고 보아 수사를 개시하는 행위를 한 때에는 이때에 범죄를 인지한 것으로 보아야 하며, 그 뒤 범죄인지서를 작성하여 사건수리 절차를 밟은 때에 비로소 범죄를 인지하였다고 볼 것이 아니다. 따라서 이러한 인지절차를 밟기 전에 수사를 하였다고 하더라도, 그 수사가 장차 인지의 가능성이 전혀 없는 상태 하에서 행해졌다는 등의 특별한 사정이 없는 한, 인지절차가 이루어지기 전에 수사를 하였다는 이유만으로 그 수사가 위법하다고 볼 수는 없고, 따라서 그 수사과정에서 작성된 피의자신문조서나 진술조서 등의 증거능력도 이를 부인할 수 없다(대법원 2001.10.26, 2000도2968).

I 불심검문, 변사자 검시

🔗 **대표유형**

경찰관은 어떠한 죄를 범하였거나 범하려 하고 있다고 의심할 만한 상당한 이유가 있는 자를 정지시켜 질문할 수 있고, 질문하기 위하여 부근의 경찰관서에 동행할 것을 요구할 수 있다. [국가9급 13]

(○) 경찰관 직무집행법(이하 '경직법') 제3조 제1항·제2항

052 경찰관은 정지시킨 장소에서 질문을 하는 것이 그 사람에게 불리하거나 교통에 방해된다고 인정될 때에는 질문을 하기 위하여 가까운 경찰서·지구대·파출소 또는 출장소로 동행할 것을 요구할 수 있다. [경찰채용 16]

052 (○) 경직법 제3조 제2항

053 경찰관이 불심검문 대상자에의 해당 여부를 판단할 때에는 불심검문 당시의 구체적 상황은 물론 사전에 얻은 정보나 전문적 지식 등에 기초하여 불심검문 대상자인지를 객관적·합리적인 기준에 따라 판단하여, 반드시 불심검문 대상자에게 「형사소송법」상 체포나 구속에 이를 정도의 혐의가 있을 것을 요한다. [경찰채용 19 1차] [경찰승진 22 유사]

053 (×)

해설+ 경찰관 직무집행법의 목적, 법 제1조 제1항, 제2항, 제3조 제1항, 제2항, 제3항, 제7항의 내용 및 체계 등을 종합하면, 경찰관이 법 제3조 제1항에 규정된 대상자 해당 여부를 판단할 때에는 불심검문 당시의 구체적 상황은 물론 사전에 얻은 정보나 전문적 지식 등에 기초하여 불심검문 대상자인지를 객관적·합리적인 기준에 따라 판단하여야 하나, 반드시 불심검문 대상자에게 형사소송법상 체포나 구속에 이를 정도의 혐의가 있을 것을 요한다고 할 수는 없다(대법원 2014.2.27, 2011도13999).

054 불심검문 대상자 해당 여부는 사전에 알려진 정보나 전문지식을 기초로 하는 것이 아니라 불심검문 당시의 구체적 상황을 기초로 판단하여야 한다. [경찰간부 22]

054 (×)

> **해설+** 경찰관 직무집행법의 목적, 법 제1조 제1항, 제2항, 제3조 제1항, 제2항, 제3항, 제7항의 내용 및 체계 등을 종합하면, 경찰관이 법 제3조 제1항에 규정된 대상자 해당 여부를 판단할 때에는 불심검문 당시의 구체적 상황은 물론 사전에 얻은 정보나 전문적 지식 등에 기초하여 불심검문 대상자인지를 객관적·합리적인 기준에 따라 판단하여야 한다(대법원 2014.2.27, 2011도13999).

055 불심검문이 적법하기 위해서는 불심검문 대상자에게 「형사소송법」상 체포나 구속에 이를 정도의 혐의가 있어야 하는 것은 아니다. [경찰간부 22]

055 (○)

> **해설+** 경찰관이 법 제3조 제1항에 규정된 대상자 해당 여부를 판단할 때에는 불심검문 당시의 구체적 상황은 물론 사전에 얻은 정보나 전문적 지식 등에 기초하여 불심검문 대상자인지를 객관적·합리적인 기준에 따라 판단하여야 하나, 반드시 불심검문 대상자에게 형사소송법상 체포나 구속에 이를 정도의 혐의가 있을 것을 요한다고 할 수는 없다(대법원 2014.2.27, 2011도13999).

056 경찰관이 불심검문을 위하여 질문하거나 동행을 요구할 경우 자신의 신분을 표시하는 증표를 제시하여야 하며, 동행의 경우에는 동행장소를 밝혀야 할 뿐만 아니라 변호인의 조력을 받을 권리가 있음을 고지하여야 한다. [국가9급 13]

056 (○) 경직법 제3조 제4항·제5항

057 경찰관은 불심검문시 임의동행에 앞서 당해인에 대해 진술거부권과 변호인의 조력을 받을 권리를 고지해야 한다. [해경승진 23]

057 (×)

> **해설+** 불심검문의 임의동행에 있어서 진술거부권을 고지해야 하는 것은 아니다. 또한 변호인조력권은 고지해야 하나 임의동행에 앞서 고지해야 하는 것은 아니고, 동행요구에 따라 임의동행이 된 때 고지하는 것이다(다만 출제자가 이 부분까지 신경을 쓴 것인지 확인할 수 없다). 즉, 질문을 위한 동행요구를 받고 경찰서에 임의동행한 자에게는 변호인의 조력을 받을 수 있는 권리가 있음을 알려서, 변호인과의 접견교통권을 원활하게 행사할 수 있도록 하여야 한다. 경찰관은 동행한 사람의 가족이나 친지 등에게 동행한 경찰관의 신분, 동행 장소, 동행 목적과 이유를 알리거나 본인으로 하여금 즉시 연락할 수 있는 기회를 주어야 하며, 변호인의 도움을 받을 권리가 있음을 알려야 한다.

> **경찰관 직무집행법 제3조【불심검문】** ④ 경찰관은 제1항이나 제2항에 따라 질문을 하거나 동행을 요구할 경우 자신의 신분을 표시하는 증표를 제시하면서 소속과 성명을 밝히고 질문이나 동행의 목적과 이유를 설명하여야 하며, 동행을 요구하는 경우에는 동행 장소를 밝혀야 한다.
> ⑤ 경찰관은 제2항에 따라 동행한 사람의 가족이나 친지 등에게 동행한 경찰관의 신분, 동행 장소, 동행 목적과 이유를 알리거나 본인으로 하여금 즉시 연락할 수 있는 기회를 주어야 하며, 변호인의 도움을 받을 권리가 있음을 알려야 한다.

058 경찰관은 동행요구를 거절하는 대상자를 동행할 수 없고, 동행요구에 응한 대상자라도 6시간을 초과하여 경찰관서에 머물게 할 수 없다. [국가9급 13]

058 (○) 경직법 제3조 제6항

059 경찰관 직무집행법 제3조 제6항이 임의동행한 경우 당해인을 6시간을 초과하여 경찰관서에 머물게 할 수 없다고 규정하고 있다고 하여 그 규정이 임의동행한 자를 6시간 동안 경찰관서에 구금하는 것을 허용하는 것은 아니다. [경찰채용 17 1차]

059 (○) 대법원 1997.8.22, 97도1240

060 「경찰관직무집행법」 제3조 제6항에 의할 경우 불심검문 대상자를 임의동행한 경우 당해인을 6시간 동안 경찰관서에 머물게 할 수 있다. [경찰특공대 22]

060 (×)

해설+ 임의동행은 상대방의 동의 또는 승낙을 그 요건으로 하는 것이므로 경찰관으로부터 임의동행 요구를 받은 경우 상대방은 이를 거절할 수 있을 뿐만 아니라 임의동행 후 언제든지 경찰관서에서 퇴거할 자유가 있다 할 것이고, 경찰관직무집행법 제3조 제6항이 임의동행한 경우 당해인을 6시간을 초과하여 경찰관서에 머물게 할 수 없다고 규정하고 있다고 하여 그 규정이 임의동행한 자를 6시간 동안 경찰관서에 구금하는 것을 허용하는 것은 아니다(대법원 1997.8.22, 97도1240).

061 「경찰관 직무집행법」은 경찰관이 불심검문 대상자에 대하여 질문을 할 때 흉기 소지 여부를 조사할 수 있다고 규정하고 있을 뿐 흉기 이외의 소지품 검사에 대해서는 규정하고 있지 않다. [경찰간부 22]

061 (○)

해설+ 경찰관 직무집행법에 의하여 경찰관은 수상한 행동이나 그 밖의 주위 사정을 합리적으로 판단하여 볼 때 어떠한 죄를 범하였거나 범하려 하고 있다고 의심할 만한 상당한 이유가 있는 사람이나, 이미 행하여진 범죄나 행하여지려고 하는 범죄행위에 관한 사실을 안다고 인정되는 사람을 정지시켜 질문할 수 있고(동법 제3조 제1항), 질문을 할 때에 그 사람이 흉기를 가지고 있는지를 조사할 수 있다(동 제3항). 따라서 흉기 이외의 소지품검사에 대해서는 규정하고 있지 않다.

경찰관 직무집행법 제3조 【불심검문】 ① 경찰관은 다음 각 호의 어느 하나에 해당하는 사람을 정지시켜 질문할 수 있다.
1. 수상한 행동이나 그 밖의 주위 사정을 합리적으로 판단하여 볼 때 어떠한 죄를 범하였거나 범하려 하고 있다고 의심할 만한 상당한 이유가 있는 사람
2. 이미 행하여진 범죄나 행하여지려고 하는 범죄행위에 관한 사실을 안다고 인정되는 사람
③ 경찰관은 제1항 각 호의 어느 하나에 해당하는 사람에게 질문을 할 때에 그 사람이 흉기를 가지고 있는지를 조사할 수 있다.

보충 이에 흉기 외 다른 소지품에 대한 검사가 가능한지와 관련하여 긍정설과 부정설의 대립이 있다(기본서 참조).

062 소지품검사는 불심검문에 수반하는 부수적 처분으로 범죄수사와 구별되는 수사의 단서이다. [국가9급 10]

062 (O) 불심검문에 수반하는 부수적 처분으로서 허용된다고 보는 것이 통설이며, 수사의 단서에 해당한다.

063 경찰관은 불심검문시에 대상자의 의복이나 소지품의 외부를 손으로 만져 흉기의 소지 여부를 확인할 수 있고 상황에 따라서는 소지품의 개시를 요구할 수 있다. [해경승진 22]

063 (O)

해설+ 경직법의 조문에는 "흉기"만 규정하고 있고(동법 제3조 제3항) 기타 소지품에 대해서는 규정하고 있지 않으나 의복이나 소지품의 외부를 손으로 만져 흉기의 소지 여부를 확인할 수 있고 상황에 따라서는 소지품의 개시를 요구할 수 있다.

보충 다만, 흉기소지의 고도의 개연성이 없음에도, 일반 소지품 검사를 위하여 직접 내부를 뒤져 보거나 강제적으로 소지품을 제시하게 하는 것은 허용되지 않는다. 중범죄의 구체적인 혐의가 있다면 긴급체포절차에 의하여 체포를 하고 체포현장에서의 영장 없는 압수·수색규정(형사소송법 제216조 제1항 제2호)에 의하여 수색을 하는 것이 가능할 뿐이다.

064 경찰관은 불심검문을 위하여 질문을 할 때에는 흉기의 소지 여부를 조사할 수 있고, 동행을 요구할 때에는 경찰장구를 사용할 수 있다. [국가9급 13]

064 (X) '있다' → '없다'
경찰장구 사용은 강제수사에 해당하는 것으로서 긴급체포, 현행범 체포, 체포현장에서의 압수수색을 제외하고는 원칙적으로 법관이 발부한 영장이 있어야 가능하다.

065 변사자의 검시는 수사가 아닌 수사의 단서에 불과하다. [국가9급 10]

065 (O) 변사자 검시는 수사의 개시 또는 단서로서 수사 이전의 처분에 해당한다. 제222조 참조.

066 변사자는 수사의 단서로서 발견 즉시 수사가 개시된다. [경찰채용 20 2차]

066 (X) 변사자 검시는 수사의 일부분이 아니라 수사의 단서에 불과하므로, 검시를 통해 범죄의 혐의가 있다고 사료하여 이에 따른 행위를 외부적으로 행한 때에 수사가 개시된다.

067 변사자란 부자연한 사망으로서 그 사인이 분명하지 않은 자뿐만 아니라 범죄로 사망한 것이 명백한 자도 포함된다. [경찰채용 20 2차]

067 (×)

> **해설+** 형법 제163조의 변사자라 함은 부자연한 사망으로서 그 사인이 분명하지 않은 자를 의미하고 그 사인이 명백한 경우는 변사자라 할 수 없으므로, 범죄로 인하여 사망한 것이 명백한 자의 사체는 같은 법조 소정의 변사체검시방해죄의 객체가 될 수 없다(대법원 2003.6.27, 2003도1331).

068 변사자 또는 변사의 의심 있는 사체가 있는 때에는 그 소재지를 관할하는 사법경찰관이 검시하여야 한다. [해경승진 22]

068 (×) 변사자 검시의 주체는 지방검찰청 검사이다. 형사소송법 제222조 제1항 참조.

> **해설+** 형사소송법 제222조【변사자의 검시】① 변사자 또는 변사의 의심있는 사체가 있는 때에는 그 소재지를 관할하는 지방검찰청 검사가 검시하여야 한다.

> **보충** 검사는 사법경찰관에게 검시를 명할 수 있다(대행검시, 동 제2항).

069 변사자 또는 변사의 의심있는 사체가 있는 때에는 그 소재지를 관할하는 지방검찰청 검사는 사법경찰관에게 검시를 명할 수 없으나, 검사와 사법경찰관은 변사자의 검시를 한 사건에 대하여 사건 종결 전에 수사할 사항 등에 관하여 상호 의견을 제시·교환하여야 한다. [경찰채용 20 2차]

069 (×) 검사는 사법경찰관에게 변사자 검시 및 검시 후 영장 없는 긴급검증을 명할 수 있다(대행검시, 제222조 제3항). 따라서 전단은 틀렸다. 후단은 수사준칙 제17조 제4항의 내용으로 옳다.

> **해설+** 형사소송법 제222조【변사자의 검시】① 변사자 또는 변사의 의심있는 사체가 있는 때에는 그 소재지를 관할하는 지방검찰청 검사가 검시하여야 한다.
> ② 전항의 검시로 범죄의 혐의를 인정하고 긴급을 요할 때에는 영장 없이 검증할 수 있다.
> ③ 검사는 사법경찰관에게 전2항의 처분을 명할 수 있다.

> **수사준칙 제17조【변사자의 검시 등】** ① 사법경찰관은 변사자 또는 변사한 것으로 의심되는 사체가 있으면 변사사건 발생사실을 검사에게 통보해야 한다.
> ② 검사는 법 제222조 제1항에 따라 검시를 했을 경우에는 검시조서를, 검증영장이나 같은 조 제2항에 따라 검증을 했을 경우에는 검증조서를 각각 작성하여 사법경찰관에게 송부해야 한다.
> ③ 사법경찰관은 법 제222조 제1항 및 제3항에 따라 검시를 했을 경우에는 검시조서를, 검증영장이나 같은 조 제2항 및 제3항에 따라 검증을 했을 경우에는 검증조서를 각각 작성하여 검사에게 송부해야 한다.
> ④ 검사와 사법경찰관은 법 제222조에 따라 변사자의 검시를 한 사건에 대해 사건 종결 전에 수사할 사항 등에 관하여 상호 의견을 제시·교환해야 한다.

070 변사자의 검시는 검증과 유사하므로 유족의 동의가 없으면 판사의 영장을 발부받아 검시를 하여야 한다. [해경승진 22]

> **해설+** 형사소송법 제222조【변사자의 검시】② 전항의 검시로 범죄의 혐의를 인정하고 긴급을 요할 때에는 영장 없이 검증할 수 있다.

> **보충** 나아가 변사자검시 후 사체해부 등 검증처분은 수사개시 이후의 처분이므로 영장이 있어야 하나, 대상이 사체라는 특수성과 수사의 긴급성 때문에 영장주의의 예외가 인정된다(제222조 제2항 참조).

070 (×) 변사자의 검시는 변사자의 상황을 조사하는 것이므로 수사의 단서에 불과하여 영장이 필요없다.

071 변사체를 검시하는 검사 혹은 검사의 명을 받은 사법경찰관은 변사자의 검시 결과 범죄의 혐의가 인정되고 긴급을 요할 때에는 영장 없이 검증할 수 있다. [경찰채용 18 2차]

071 (○) 제222조 제2항·제3항

072 변사자 검시로 범죄의 혐의를 인정하고 긴급을 요할 때에는 검사는 영장 없이 검증할 수 있으며, 이 경우 검사는 사법경찰관에게 위 처분을 명할 수 있다. [경찰채용 20 2차]

> **해설+** 변사자 검시로 범죄의 혐의를 인정하고 긴급을 요할 때에는 영장 없이 검증할 수 있고, 검사는 이러한 검시 후 영장 없는 긴급검증도 사법경찰관에게 명하여 대행하게 할 수 있다(대행검시, 제222조 제2항·제3항).

072 (○)

073 「수사준칙」 제17조 제1항에 의하면 사법경찰관리는 변사자 또는 변사의 의심이 있으면 관할 지방검찰청 또는 지청의 검사에게 보고하고 지휘를 받아야 한다. 단 긴급을 요하는 경우 그러하지 아니하다. [해경승진 22]

> **해설+** 수사준칙 제17조【변사자의 검시 등】① 사법경찰관은 변사자 또는 변사한 것으로 의심되는 사체가 있으면 변사사건 발생사실을 검사에게 통보해야 한다.

> **참고** 위 지문은 종전의 대통령령(검사의 사법경찰관에 대한 수사지휘 및 사법경찰관리의 수사준칙에 관한 규정) 제51조의 사법경찰관리의 변사자의 검시에 관한 검사의 지휘 규정을 출제한 것으로 보인다. 이러한 변사자 검시에 관한 검사의 수사지휘 규정은 현재 존재하지 않는다.

073 (×) 사법경찰관리의 변사자 검시에 관해서는 검사의 지휘를 요하지 않는다. 즉, 사법경찰관은 변사자 또는 변사한 것으로 의심되는 사체가 있으면 변사사건 발생사실을 검사에게 통보해야 한다(수사준칙 제17조 제1항).

074 자동차검문 중 경계검문은 불특정한 일반범죄의 예방과 검거를 목적으로 한 검문이다.

[국가9급 10]

074 (○) 자동차검문에는 여러 가지가 있는데, 경계검문은 사법경찰 작용이라기보다는 이른바 보안경찰작용으로서 범죄의 예방 및 검거를 목적으로 한다.

Ⅱ 고소

대표유형

고소조서는 반드시 독립된 조서일 필요가 없으므로 참고인으로 조사하는 과정에서 고소권자가 처벌을 희망하는 의사표시를 하고 그 의사표시가 참고인진술조서에 기재된 경우에도 고소는 유효하나, 다만 그러한 의사표시가 사법경찰관의 질문에 답하는 형식으로 이루어진 것은 유효하지 않다.

[경찰간부 23]

(×)

해설+ 피해자는 2008. 1. 31. 수사기관에서 피해자로 조사받으면서 피고인이 이 부분 공소사실과 같이 위 피해자를 강제추행한 사실 등을 진술함과 아울러 피고인의 처벌을 요구하는 의사표시를 하였고 그 의사표시가 당시 작성된 진술조서에 기재되어 있음을 알 수 있으므로, 이 부분 공소사실에 관하여 적법한 고소가 있었다 할 것이고, 위 피해자의 의사표시가 경찰관의 질문에 답변하는 방식으로 이루어졌다 하여 달리 볼 것은 아니다(대법원 2009.7.9, 2009도3860).

대표유형

고소의 주관적 불가분의 원칙을 규정한 「형사소송법」 제233조의 규정은 반의사불벌죄에도 준용된다.

[법원9급 15]

(×) '준용된다' → '준용되지 않는다' 공범자 간에 불가분의 원칙을 적용하지 않는다(대법원 1994.4.26, 93도1689).

075 고소인은 범죄사실을 특정하여 신고하면 족하고 범인이 누구인지 나아가 범인 중 처벌을 구하는 자가 누구인지를 적시할 필요는 없다.

[경찰채용 22 1차]

075 (○)

해설+ 고소는 범죄의 피해자 또는 그와 일정한 관계가 있는 고소권자가 수사기관에 대하여 범죄사실을 신고하여 범인의 처벌을 구하는 의사표시이므로, 고소인은 범죄사실을 특정하여 신고하면 족하고 범인이 누구인지 나아가 범인 중 처벌을 구하는 자가 누구인지를 적시할 필요도 없다(대법원 1996.3.12, 94도2423).

076 고소는 어떤 범죄사실 등이 구체적으로 특정되어야 하는데, 그 특정의 정도는 범인의 동일성을 식별할 수 있을 정도로 인식하면 족하고 범인의 성명이 불명 또는 오기가 있었다거나, 범행일시·장소·방법 등이 명확하지 않거나 틀리는 것이 있다고 하더라도 고소의 효력에는 영향이 없다.

[경찰간부 23] [해경승진 22 변형]

076 (○)

해설+ 고소는 범죄의 피해자등이 수사기관에 대하여 범죄사실을 신고하여 범인의 소추처벌을 구하는 의사표시이므로 그 범죄사실 등이 구체적으로 특정되어야 할 것이나, 그 특정의 정도는 고소인의 의사가 수사기관에 대하여 일정한 범죄사실을 지정·신고하여 범인의 소추처벌을 구하는 의사표시가 있었다고 볼 수 있을 정도면 그것으로 충분하고, 범인의 성명이 불명이거나 또는 오기가 있었다거나 범행의 일시·장소·방법 등이 명확하지 않거나 틀리는 것이 있다고 하더라도 그 효력에는 아무 영향이 없다(대법원 1984.10.23, 84도1704).

077 범행기간을 특정하고 있는 고소에 있어서는 그 기간 중의 어느 특정범죄에 대하여 범인의 처벌을 원치 않는 고소인의 의사가 있다고 볼 만한 특별한 사정이 없는 이상 그 고소는 특정한 기간 중에 저지른 모든 범죄에 대하여 범인의 처벌을 구하는 의사 표시라고 봄이 상당하다.

[경찰채용 12]

077 (○) 대법원 1988.10.25, 87도1114

078 범행 당시 고소능력이 없던 피해자가 그 후에 비로소 고소능력이 생겼다면 그 고소기간은 고소능력이 생긴 때로부터 기산하여야 한다.

[법원9급 17]

078 (○) 대법원 1995.5.9, 95도696

079 간음 목적 미성년자 약취 범행 당시 피해자가 11세 남짓한 초등학교 6학년생이었다면 미성년자로서 민법상 행위능력이 없는 사람이므로 고소능력이 없다.

[국가7급 15]

079 (×) '없다' → '있다'
고소능력은 민법상 행위능력과 달리 사실상 의사능력이 있으면 충분하다(대법원 2011.6.24, 2011도4451,2011전도76).

080 피해자가 경찰청 인터넷 홈페이지에 '피고인을 철저히 조사해 달라'는 취지의 민원을 접수하는 형태로 피고인에 대한 조사를 촉구하는 의사표시를 한 것은 「형사소송법」에 따른 적법한 고소로 볼 수 있다.

[경찰채용 17 1차] [경찰특공대 22 변형] [경찰승진 23]

080 (×) '있다' → '없다'
적법한 고소로 보기 어렵다(대법원 2012.2.23, 2010도9524).

081　고소인이 사건 당일 범죄사실을 신고하면서 현장에 출동한 경찰관에게 고소장을 교부하였다면, 그 후 경찰서에 도착하여 최종적으로 고소장을 접수시키지 아니하기로 결심하고 고소장을 반환받았더라도 고소의 효력이 발생된다.　[국가7급 20] [해경승진 22]

해설+　비록 고소인이 사건 당일 간통의 범죄사실을 신고하면서 현장에 출동한 경찰관에게 고소장을 교부하였다고 하더라도, 송파경찰서에 도착하여 최종적으로 고소장을 접수시키지 아니하기로 결심하고 고소장을 반환받은 것이라면, 고소장이 수사기관에 적법하게 수리되어 고소의 효력이 발생되었다고 할 수 없다(나아가 고소인이 당시 피고인들에 대하여 처벌 불원의 의사를 표시하였다고 하더라도, 애초 적법한 고소가 없었던 이상, 그로부터 3개월이 지나 제기된 이 사건 고소가 재고소의 금지를 규정한 제232조 제2항에 위반된다고 볼 수도 없음)(대법원 2008.11.27, 2007도4977).

082　수사기관은 고소장에 범죄사실로 기재된 내용이 불명확하고 특정되어 있지 않은 경우에도 고소의 수리를 거부하거나 진정으로 접수하여 처리할 수는 없다.　[국가7급 23]

082 (×) (위 시험 시행일 기준으로 해설하나, 보충 부분 필히 참조) 고소 또는 고발사건으로 제출된 서류가 불분명하거나 구체적 사실이 적시되어 있지 않을 때에는 진정사건으로 수리할 수 있디(검사규 제224조 제3항 제1호, 경수규 제21조 제2항 제1호).

해설+　검찰사건사무규칙 제224조【진정 등 수리】③ 검사는 고소 또는 고발사건으로 제출된 서류가 다음 각 호의 어느 하나에 해당하는 경우에는 이를 진정사건으로 수리할 수 있다.
1. 고소인 또는 고발인의 진술이나 고소장 또는 고발장의 내용이 불분명하거나 구체적 사실이 적시되어 있지 않은 경우

경찰수사규칙 제21조【고소·고발의 수리】① 사법경찰관리는 진정인·탄원인 등 민원인이 제출하는 서류가 고소·고발의 요건을 갖추었다고 판단하는 경우 이를 고소·고발로 수리한다.
② 사법경찰관리는 고소장 또는 고발장의 명칭으로 제출된 서류가 다음 각 호의 어느 하나에 해당하는 경우에는 이를 진정(陳情)으로 처리할 수 있다.
1. 고소인 또는 고발인의 진술이나 고소장 또는 고발장에 따른 내용이 불분명하거나 구체적 사실이 적시되어 있지 않은 경우
2. 피고소인 또는 피고발인에 대한 처벌을 희망하는 의사표시가 없거나 처벌을 희망하는 의사표시가 취소된 경우

보충　다만, 2023.11.1. 시행 수사준칙에 의하면 고소 또는 고발이 있는 때에는 수사기관은 이를 수리하여야 한다. 따라서 개정 수사준칙에 의하면 위 지문은 옳은 것이다.

수사준칙 제16조의2【고소·고발 사건의 수리 등】① 검사 또는 사법경찰관이 고소 또는 고발을 받은 때에는 이를 수리해야 한다.
② 검사 또는 사법경찰관이 고소 또는 고발에 의하여 범죄를 수사할 때에는 고소 또는 고발을 수리한 날로부터 3개월 이내에 수사를 마쳐야 한다.

083 구 「컴퓨터프로그램 보호법」 제48조는 '프로그램저작권자 또는 프로그램 배타적발행권자' 등의 고소가 있어야 공소를 제기할 수 있다고 규정하고 있는데, 프로그램저작권이 명의신탁된 경우 제3자의 침해행위에 대한 고소권자는 명의신탁자이다.　　　　　　　　　　　　　　　　　[경찰경채 23]

083 (×)

　해설+　구 컴퓨터프로그램 보호법(2009.4.22. 법률 제9625호 저작권법 부칙 제2조로 폐지, 이하 같다) 제48조는 '프로그램저작권자 또는 프로그램배타적발행권자' 등의 고소가 있어야 공소를 제기할 수 있다고 규정하고 있는데, 프로그램저작권이 명의신탁된 경우 대외적인 관계에서는 명의수탁자만이 프로그램저작권자이므로 제3자의 침해행위에 대한 구 컴퓨터프로그램 보호법 제48조에서 정한 고소 역시 명의수탁자만이 할 수 있다(대법원 2013.3.28, 2010도8467).

084 특정 캐릭터의 국내 상품화를 위하여 저작재산권자와 사이에 저작물의 이용허락계약을 체결한 사람은 저작재산권침해에 관하여 독자적으로 고소할 수 있다.　　　　　　　　　　　　　　　　　　　　　[경찰경채 23]

084 (×)

　해설+　피고인들에 대한 이 부분 공소는 피해자(저작재산권자)의 고소가 있어야 논할 사건이고, 저작재산권자와 사이에 국내 상품화 계약을 체결한 사람은 저작재산권침해행위에 대하여 독자적으로 고소할 수 있는 권한이 없어 고소권자에 의한 적법한 고소가 없는 사건이다(대법원 2006.12.22, 2005도4002).

085 고소의 주체가 되는 피해자에는 법인, 법인격 없는 사단이나 재단도 포함된다.　　　　　　　　　　　　　　　　　　　　　　[국가9급개론 18]

085 (○) 헌법재판소 1994.12.29, 94헌마82

086 「형사소송법」 제225조 제1항이 규정하는 피해자의 법정대리인은 피해자 본인의 고소권이 소멸하더라도 고소권을 행사할 수 있으나, 피해자 본인의 명시한 의사에 반하여 이를 행사할 수는 없다.　[경찰승진 22] [경찰경채 23 변형]

086 (×)

　해설+　형사소송법 제225조 제1항이 규정한 법정대리인의 고소권은 무능력자의 보호를 위하여 법정대리인에게 주어진 고유권이므로, 법정대리인은 피해자의 고소권 소멸 여부에 관계없이 고소할 수 있고, 이러한 고소권은 피해자의 명시한 의사에 반하여도 행사할 수 있다(대법원 1999.12.24, 99도3784).

087 피해자의 법정대리인은 피해자 본인의 고소권이 소멸하더라도 고소권을 행사할 수 있다.　　　　　　　　　　　　　　　　　　　　[국가9급 14]

087 (○) 대법원 1987.6.9, 87도857

088 법정대리인의 고소권은 무능력자의 보호를 위하여 법정대리인에게 주어진 고유권이므로, 법정대리인은 피해자의 고소권 소멸 여부에 관계없이 고소할 수 있으나, 피해자의 명시한 의사에 반하여는 행사할 수 없다.

[경찰특공대 22] [변호사 21 변형] [변호사 23 변형]

088 (×) 대법원 1999.12.24, 99도3784

089 법원이 선임한 부재자 재산관리인은 관리대상 재산에 관한 범죄행위에 대하여 법원으로부터 고소권 행사 허가를 받은 경우, 독립하여 고소권을 가지는 법정대리인에 해당한다. [경찰간부 23] [변호사 23]

089 (○)

해설+ 법원이 선임한 부재자 재산관리인이 그 관리대상인 부재자의 재산에 대한 범죄행위에 관하여 법원으로부터 고소권 행사에 관한 허가를 얻은 경우 부재자 재산관리인은 형사소송법 제225조 제1항에서 정한 법정대리인으로서 적법한 고소권자에 해당한다고 보아야 한다(대법원 2022.5.26, 2021도2488).

090 피해자의 법정대리인이 피의자이거나 법정대리인의 친족이 피의자인 때에는 피해자의 친족은 독립하여 고소할 수 있다. [경찰채용 17 1차]

090 (○) 제226조

091 피해자가 사망한 때에는 그 배우자, 직계친족 또는 형제자매는 피해자의 명시한 의사에 반하여 고소할 수 있다. [경찰채용 17 1차]

091 (×) '있다' → '없다'
피해자의 명시한 의사에 반하지 못한다(제225조 제2항).

092 폭행죄는 피해자의 명시한 의사에 반하여 공소를 제기할 수 없는 반의사불벌죄로서 처벌불원의 의사표시는 의사능력이 있는 피해자가 단독으로 할 수 있는 것이고, 피해자가 사망한 후 그 상속인이 피해자를 대신하여 처벌불원의 의사표시를 할 수는 없다. [경찰채용 17 2차·18 1차]

092 (○) 대법원 2010.5.27, 2010도2680

093 자동차 운전자인 피고인이 업무상 과실로 성년인 피해자에게 상해를 가하였다고 하여 교통사고처리특례법위반죄로 기소된 사안에서, 의식불명 상태에 있는 피해자의 아버지가 피고인에 대한 처벌을 희망하지 아니한다는 의사를 표시하였더라도 그 의사표시는 피해자의 의사표시로서의 소송법상 효력이 없다. [국가7급 22]

093 (O)

> **해설+** 피해자가 의식을 회복하지 못하고 있는 이상 피해자에게 반의사불벌죄에서 처벌희망 여부에 관한 의사표시를 할 수 있는 소송능력이 있다고 할 수 없고, 피해자의 아버지가 피해자를 대리하여 피고인에 대한 처벌을 희망하지 아니한다는 의사를 표시하는 것 역시 허용되지 아니할 뿐만 아니라(친고죄의 고소권자에 관한 법정대리인 규정─법 제225조─을 반의사불벌죄에 유추적용할 수 없음) 피해자가 성년인 이상 의사능력이 없다는 것만으로 피해자의 아버지가 당연히 법정대리인이 된다고 볼 수도 없으므로, 피해자의 아버지가 피고인에 대한 처벌을 희망하지 아니한다는 의사를 표시하였더라도 그것이 반의사불벌죄에서의 처벌희망 여부에 관한 피해자의 의사표시로서 소송법적으로 효력이 발생할 수는 없다(대법원 2013.9.26, 2012도568).

094 친고죄에 있어서의 고소는 고소권 있는 자가 수사기관에 대하여 범죄사실을 신고하고 범인의 처벌을 구하는 의사표시로서 서면뿐만 아니라 구술로도 할 수 있는 것이고, 다만 구술에 의한 고소를 받은 검사 또는 사법경찰관은 조서를 작성하여야 하지만 그 조서가 독립된 조서일 필요는 없다. [법원9급 17]

094 (O) 대법원 2011.6.24, 2011도4451,2011전도76

095 고소장에 명예훼손죄의 죄명을 붙이고 그 죄에 관한 사실을 적었으나 그 사실이 명예훼손죄를 구성하지 않고 모욕죄를 구성하는 경우 위 고소는 모욕죄에 대한 고소로서의 효력은 갖지 않는다. [경찰채용 18 1차] [해경승진 22 변형]

095 (×)

> **해설+** 고소가 어떠한 사항에 관한 것인가의 여부는 고소장에 붙인 죄명에 구애될 것이 아니라 고소의 내용에 의하여 결정하여야 할 것이므로 고소장에 명예훼손죄의 죄명을 붙이고 그 죄에 관한 사실을 적었으나 그 사실이 명예훼손죄를 구성하지 않고 모욕죄를 구성하는 경우에는 위 고소는 모욕죄에 대한 고소로서의 효력을 갖는다(대법원 1981.6.23, 81도1250).

096 수사기관이 고소권자를 증인 또는 피해자로서 신문하였는데 그 중 범인의 처벌을 요구하는 고소권자의 의사표시가 조서에 기재된 경우 이를 적법한 고소로 볼 수 있다. [국가7급 15]

096 (O) 대법원 1985.3.12, 85도190

097 고소와 고발의 대리는 허용된다. [경찰채용 17 1차]

098 「형사소송법」상 고소의 대리는 허용되나, 고소취소의 대리는 허용되지 아니한다. [경찰채용 22 1차] [해경승진 23]

098 (×) 고소 또는 그 취소는 대리인으로 하여금 하게 할 수 있다(대리고소, 제236조).

099 대리인에 의한 고소의 경우 대리권이 정당한 고소권자에 의하여 수여되었음이 실질적으로 증명되면 충분하고 그 방식에 특별한 제한은 없다고 할 것이며, 한편 친고죄에 있어서의 고소는 고소권 있는 자가 수사기관에 대하여 범죄사실을 신고하고 범인의 처벌을 구하는 의사표시로서 서면뿐만 아니라 구술로도 할 수 있는 것이므로, 피해자로부터 고소를 위임받은 대리인은 수사기관에 구술에 의한 방식으로 고소를 제기할 수도 있다. [국가7급 15 변형]

099 (○) 대법원 2002.6.14, 2000도4595

100 「형사소송법」 제236조의 대리인에 의한 고소의 경우, 대리권이 정당한 고소권자에 의하여 수여되었음이 실질적으로 증명되면 충분하고 그 방식에 특별한 제한은 없지만, 고소를 할 때 반드시 위임장을 제출하거나 '대리'라는 표시를 하여야 한다. [경찰채용 18 1차] [경찰승진 23]

100 (×) '한다' → '하는 것은 아니다'

해설+ 형사소송법 제236조의 대리인에 의한 고소의 경우, 대리권이 정당한 고소권자에 의하여 수여되었음이 실질적으로 증명되면 충분하고, 그 방식에 특별한 제한은 없으므로, 고소를 할 때 반드시 위임장을 제출한다거나 '대리'라는 표시를 하여야 하는 것은 아니다(대법원 2001.9.4, 2001도3081).

101 반의사불벌죄의 피해자는 피의자나 피고인 및 그들의 변호인에게 자신을 대리하여 수사기관이나 법원에 자신의 처벌불원의사를 표시할 수 있는 권한을 수여할 수 없다. [국가9급 21]

101 (×) '없다' → '있다'(대법원 2017.9.7, 2017도8989)

102 고소할 수 있는 자가 수인인 경우에는 1인의 기간의 해태는 타인의 고소에 영향이 있다.　　　　　　　　　　　　　　　　　　　　[경찰채용 17 1차]

102 (×) '있다' → '없다'
타인의 고소에 영향이 없다(제231조).

103 고소기간은 공범 중 1인을 안 때로부터 진행되므로, 상대적 친고죄의 공범 중 신분관계가 있는 자에 대한 고소기간은 그자를 알지 못하여도 신분관계가 없는 자를 안 때로부터 진행한다.　　　　　　　　[국가9급 14]

103 (×) '그자를 알지 못하여도 신분관계가 없는 자를 안 때' → '신분관계 있는 범인을 알게된 날'
상대적 친고죄의 경우에는 신분관계 있는 범인을 알게 된 날로부터 기산한다.

104 친고죄 피해자 A의 법정대리인 甲의 고소기간은 甲이 범인을 알게된 날로부터 진행하고, A가 변호사 乙을 선임하여 乙이 고소를 제기한 경우에는 乙이 범인을 알게 된 날부터 고소기간이 기산된다.　　　　[경찰간부 23]

104 (×)

　해설+　친고죄 피해자 A의 법정대리인 甲의 고소기간은 甲이 범인을 알게 된 날로부터 진행하고(아래 판례1), A가 변호사 乙(대리인)을 선임하여 乙이 고소를 제기한 경우에는 A가 범인을 알게 된 날부터 고소기간이 기산된다(아래 판례2).

　판례　형사소송법 제225조 제1항이 규정한 법정대리인의 고소권은 무능력자의 보호를 위하여 법정대리인에게 주어진 고유권이어서 피해자의 고소권 소멸 여부에 관계 없이 고소할 수 있는 것이며, 그 고소기간은 법정대리인 자신이 범인을 알게 된 날로부터 진행한다(대법원 1984.9.11, 84도1579).

　판례　형사소송법 제236조의 대리인에 의한 고소의 경우, 대리권이 정당한 고소권자에 의하여 수여되었음이 실질적으로 증명되면 충분하고, 그 방식에 특별한 제한은 없으므로, 고소를 할 때 반드시 위임장을 제출한다거나 '대리'라는 표시를 하여야 하는 것은 아니고, 또 고소기간은 대리고소인이 아니라 정당한 고소권자를 기준으로 고소권자가 범인을 알게 된 날부터 기산한다(대법원 2001.9.4, 2001도3081).

105 대리인에 의한 고소의 경우, 고소기간은 대리고소인이 아니라 정당한 고소권자를 기준으로 고소권자가 범인을 알게 된 날부터 기산한다.　[법원9급 16]

105 (○) 대법원 2001.9.4, 2001도3081

106 자기 또는 배우자의 직계존속을 고소하지 못하지만, 형법 제298조의 강제추행죄의 경우에는 자기 또는 배우자의 직계존속을 고소할 수 있다.　　　　　　　　　　　　　　　　　　　　　　　[법원9급 18]

106 (○) 형사소송법 제224조, 성폭법 제18조

107 변호사 甲이 친고죄의 피해자인 의뢰인 乙로부터 가해자인 A에 대한 고소 대리권을 수여받아 고소를 제기한 경우, 고소기간은 고소대리인인 甲이 범죄사실을 알게 된 날부터 기산한다. [변호사 21]

107 (×)

> **해설+** 「형사소송법」 제236조의 대리인에 의한 고소의 경우, 대리권이 정당한 고소권자에 의하여 수여되었음이 실질적으로 증명되면 충분하고, 그 방식에 특별한 제한은 없으므로, 고소를 할 때 반드시 위임장을 제출한다거나 '대리'라는 표시를 하여야 하는 것은 아니고, 또 고소기간은 대리고소인이 아니라 정당한 고소권자를 기준으로 고소권자가 범인을 알게 된 날부터 기산한다(대법원 2001.9.4, 2001도3081).

108 「형사소송법」 제230조 제1항 본문은 "친고죄에 대하여는 범인을 알게 된 날로부터 6월을 경과하면 고소하지 못한다."고 규정하고 있는 바, 여기서 범인을 알게 된다 함은 통상인의 입장에서 보아 고소권자가 고소를 할 수 있을 정도로 범죄사실과 범인을 아는 것을 의미하나, 범죄사실을 안다는 것이 고소권자가 친고죄에 해당하는 범죄의 피해가 있었다는 사실관계에 관하여 확정적인 인식이 있음을 말하는 것은 아니다. [경찰간부 18]

108 (×) '말하는 것은 아니다' → '말한다'(대법원 2010.7.15, 2010도4680)

109 친고죄에서 적법한 고소가 있었는지는 자유로운 증명의 대상이고, 일죄의 관계에 있는 범죄사실 일부에 대한 고소의 효력은 일죄 전부에 미친다. [국가7급 15]

109 (○) 대법원 2011.6.24, 2011도4451, 2011전도76

110 과형상 일죄의 일부만이 친고죄인 경우 비친고죄에 대한 고소의 효력은 친고죄에 대하여 미치지 않는다. [국가7급 09]

110 (○) 과형상 일죄의 경우, 고소의 객관적 불가분의 원칙이 적용되려면, 피해자가 동일하고 모두 친고죄이어야 한다.

111 경합범의 관계에 있는 수개의 범죄사실 중 일부 범죄사실에 대한 고소의 효력은 그 이외의 범죄사실에 미친다. [국가7급 09]

111 (×) '미친다' → '미치지 않는다'
고소의 객관적 불가분의 원칙은 경합범에 대하여는 적용되지 않는다.

112 「형사소송법」은 고소의 주관적 불가분의 원칙을 명문으로 규정하고 있다.

[국가7급 09]

112 (○) 제233조

113 A와 B가 2012.3.1. 함께 C를 강제추행하여 C가 A와 B를 성폭력범죄의 처벌 등에 관한 특례법 제4조 제2항의 특수강제추행죄로 고소하였는데, 검사가 A에 대하여 형법 제298조의 강제추행죄로 기소한 경우에, C가 B에 대한 고소를 취소하였다면 고소취소의 효력이 A에게도 미쳐 공소기각의 판결을 하여야 한다.

[법원9급 18]

113 (○) 범죄 당시에 강제추행죄는 친고죄였고, 친고죄의 공범 중 그 1인 또는 수인에 대한 고소 또는 그 취소는 다른 공범자에 대하여도 효력이 있으므로(제233조), 지문은 옳다.

해설+ 2013.6.19. 이후에는 개정형법이 적용되어 강제추행죄는 친고죄가 아니다.

114 절대적 친고죄의 공범 중 1인 또는 수인에 대한 고소 또는 그 취소는 다른 공범자에 대하여도 효력이 있다.

[경찰채용 18 1차] [법원9급 15]

114 (○) 제233조

115 甲이 자신의 친구 乙과 함께 다른 도시에 살고 있는 甲의 삼촌 A의 물건을 절취한 경우, A가 乙에 대해서만 고소를 하였다면, 그 고소의 효력은 甲에게도 미친다.

[경찰간부 22]

115 (×) 상대적 친고죄의 경우, 공범자 전원에게 당해 신분관계가 있는 경우를 제외하고는 주관적 불가분의 원칙이 적용되지 않는다.

116 「형사소송법」이 고소취소의 시한과 재고소의 금지를 규정하고 반의사불벌죄에 위 규정을 준용하는 규정을 두면서도, 고소와 고소취소의 불가분에 관한 규정을 함에 있어서는 반의사불벌죄에 이를 준용하는 규정을 두지 아니한 것은 처벌을 희망하지 아니하는 의사표시나 처벌을 희망하는 의사표시의 철회에 관하여 친고죄와는 달리 공범자 간에 불가분의 원칙을 적용하지 아니하고자 함에 있다.

[법원9급 21]

116 (○) 대법원 1994.4.26, 93도1689

117 명예훼손죄의 피해자가 그 죄의 공범 甲, 乙 중 甲에 대하여 처벌을 희망하는 의사를 철회한 경우, 乙에 대하여도 처벌희망의사가 철회된 것으로 볼 수는 없다. [국가7급 22]

> **판례** 형사소송법이 고소와 고소취소에 관한 규정을 하면서 제232조 제1항, 제2항에서 고소취소의 시한과 재고소의 금지를 규정하고 제3항에서는 반의사불벌죄에 제1항, 제2항의 규정을 준용하는 규정을 두면서도, 제233조에서 고소와 고소취소의 불가분에 관한 규정을 함에 있어서는 반의사불벌죄에 이를 준용하는 규정을 두지 아니한 것은 처벌을 희망하지 아니하는 의사표시나 처벌을 희망하는 의사표시의 철회에 관하여 친고죄와는 달리 공범자간에 불가분의 원칙을 적용하지 아니하고자 함에 있다고 볼 것이지, 입법의 불비로 볼 것은 아니다(대법원 1994.4.26, 93도1689).

117 (○) 명예훼손죄는 반의사불벌죄이고, 반의사불벌죄에는 친고죄의 고소의 주관적 불가분의 원칙이 적용되지 않으므로, 피해자의 甲에 대한 고소취소는 공범 乙에게 그 효력이 미치지 않는다.

118 甲과 乙이 공모하여 A에 대하여 사실적시에 의한 명예훼손을 한 혐의로 공소제기 되었으나 A가 甲에 대하여만 처벌불원의 의사를 표시하였다면, 법원은 A의 이러한 의사에 기하여 乙에 대하여 공소기각판결을 선고해서는 안 된다. [경찰간부 22]

> **해설+** 제233조에서 고소와 고소취소의 불가분에 관한 규정을 함에 있어서는 반의사불벌죄에 이를 준용하는 규정을 두지 아니한 것은 처벌을 희망하지 아니하는 의사표시나 처벌을 희망하는 의사표시의 철회에 관하여 친고죄와는 달리 공범자간에 불가분의 원칙을 적용하지 아니하고자 함에 있다고 볼 것이지, 입법의 불비로 볼 것은 아니다(대법원 1994.4.26, 93도1689).

118 (○)

119 제1심 법원이 반의사불벌죄로 기소된 피고인에 대하여 소송촉진 등에 관한 특례법(이하 '소송촉진법') 제23조에 따라 피고인의 진술 없이 유죄를 선고하여 판결이 확정된 경우, 소송촉진법 제23조의2에 따라 제1심 법원에 재심을 청구하여 재심개시결정이 내려졌다면 피해자는 재심의 제1심 판결선고 전까지 처벌을 희망하는 의사표시를 철회할 수 있다. [법원9급 21]

119 (○) 대법원 2016.11.25, 2016도9470

120 고발에 있어서는 이른바 고소·고발 불가분의 원칙이 적용되지 아니하므로, 고발의 구비 여부는 양벌규정에 의하여 처벌받는 자연인인 행위자와 법인에 대하여 개별적으로 논하여야 한다. [법원9급 16]

120 (○) 대법원 2004.9.24, 2004도4066

121 공정거래위원회의 고발이 있어야 공소를 제기할 수 있는 독점규제 및 공정
거래에 관한 법률 위반죄를 적용하여 위반행위자들 중 일부에 대하여 공정
거래위원회가 고발을 하였다면 나머지 위반행위자에 대하여도 위 고발의
효력이 미친다.   [경찰채용 21 1차]

121 (×)

> **해설+** 명문의 근거 규정이 없을 뿐만 아니라 소추요건이라는 성질상의 공통점 외에 그 고소·발의
> 주체와 제도적 취지 등이 상이함에도, 친고죄에 관한 고소의 주관적 불가분원칙을 규정하고 있는
> 「형사소송법」 제233조가 공정거래위원회의 고발에도 유추적용된다고 해석한다면 이는 공정거래위
> 원회의 고발이 없는 행위자에 대해서까지 형사처벌의 범위를 확장하는 것으로서, 결국 피고인에게
> 불리하게 형벌법규의 문언을 유추해석한 경우에 해당하므로 죄형법정주의에 반하여 허용될 수 없다
> (대법원 2010.9.30, 2008도4762).

122 피고인 A, B는 공동하여 공정거래위원회의 고발이 있어야 공소를 제기할
수 있는 독점규제 및 공정거래에 관한 법률위반의 범행을 저질렀는데, 공
정거래위원회가 A만 고발하였다 하더라도, 고발대상에서 제외된 B에 대하
여도 고발의 효력이 미치므로 법원은 B에 대하여 공소기각판결을 하여서
는 아니 된다.   [변호사 21]

122 (×)

> **해설+** 제233조의 주관적 불가분원칙은 친고죄의 고소에 적용될 뿐이고, 고발에는 적용되지 않는
> 다. "친고죄에 관한 고소의 주관적 불가분원칙을 규정하고 있는 「형사소송법」 제233조가 공정거래위
> 원회의 고발에도 유추적용된다고 해석한다면 이는 공정거래위원회의 고발이 없는 행위자에 대해서까
> 지 형사처벌의 범위를 확장하는 것으로서, 결국 피고인에게 불리하게 형벌법규의 문언을 유추해석한
> 경우에 해당하므로 죄형법정주의에 반하여 허용될 수 없다(대법원 2010.9.30, 2008도4762)."

123 절대적 친고죄의 경우 공범 중 일부에 대하여 이미 1심판결이 선고된 때에
는 아직 1심판결 선고 전의 다른 공범자에 대하여 고소를 취소할 수 없다.
                                        [국가9급 08] [법원9급 18]

123 (○) 대법원 1985.11.12, 85
도1940

124 고소취소는 수사기관 또는 법원에 대한 고소권자의 의사표시로서 서면 또
는 구술로 할 수 있다.   [국가7급 13]

124 (○) 제239조

125 고소의 취소나 처벌을 희망하는 의사표시의 철회는 수사기관 또는 법원에 대한 법률행위적 소송행위이므로 공소제기 전에는 고소사건을 담당하는 수사기관에, 공소제기 후에는 고소사건의 수소법원에 대하여 이루어져야 한다.
[법원9급 14]

125 (○) 대법원 2012.2.23, 2011 도17264

126 관련 민사사건에서 제1심판결 선고 전에 '이 사건과 관련하여 서로 상대방에 대하여 제기한 형사 고소 사건의 일체를 모두 취하한다'는 내용이 포함된 조정이 성립되었다면, 조정 성립 후 고소인이 제1심 법정에서 여전히 피고인의 처벌을 원한다는 취지로 진술하더라도 고소를 취소한 것으로 볼 수 있다.
[경찰간부 23] [변호사 21 변형]

126 (×)

해설+ 관련 민사사건에서 '이 사건과 관련하여 서로 상대방에 대하여 제기한 형사 고소 사건 일체를 모두 취하한다'는 내용이 포함된 조정이 성립된 것만으로는 고소 취소나 처벌불원의 의사표시를 한 것으로 보기 어렵다(대법원 2004.3.25, 2003도8136).

127 고소를 한 피해자가 가해자에게 합의서를 작성하여 준 것만으로는 적법한 고소취소로 보기 어렵지만, '가해자와 원만히 합의하였으므로 피해자는 가해자를 상대로 이 사건과 관련한 어떠한 민·형사상의 책임도 묻지 아니한다.'는 취지의 합의서를 공소제기 이전 수사기관에 제출하였다면 고소취소의 효력이 있다.
[경찰채용 21 1차]

127 (○) 대법원 2002.7.12, 2001 도6777

128 고소인이 민·형사상의 아무런 이의를 제기하지 않는다는 합의서를 피고인에게 작성하여 준 것만으로는 고소가 적법하게 취소된 것으로 볼 수 없다.
[법원9급 18]

128 (○) 대법원 1981.10.6, 81 도1968

129 피고인과 고소인이 작성한 합의서가 제1심 법원에 제출된 경우에는 고소취소의 효력이 있고, 고소인이 제1심 법정에서 이를 번복하는 증언을 하더라도 그 고소취소의 효력에는 영향이 없다. [국가9급 22]

> **해설+** 피고인의 변호인에 의하여 고소인 명의의 합의서가 1979.11.8. 제1심 법원에 제출되었으나, 위 합의서는 고소인이 본건 고소사실 일체에 대하여 고소인 및 피고소인(피고인) 상호 간에 원만히 해결되었으므로 이후에 민·형사 간 어떠한 이의도 제기하지 아니할 것을 합의한다는 취지가 기재된 서면에 불과하고, 고소인은 1980.1.4. 제1심 법정에 나와 고소취소의 의사가 없다고 말함으로써 오히려 피고인에 대한 처벌희망의사를 유지하고 있으므로, 위 합의서로 고소취소의 효력이 발생할 수 없다.

129 (×) 고소인(강간피해자)과 피고인(가해자) 사이에 작성된, "상호 간에 원만히 해결되었으므로 이후에 민·형사 간 어떠한 이의도 제기하지 아니할 것을 합의한다"는 취지의 합의서가 제1심 법원에 제출되었으나 고소인이 제1심에서 고소취소의 의사가 없다고 증언하였다면 위 합의서의 제출로 고소취소의 효력이 발생하지 아니한다(대법원 1981.10.6, 81도1968).

130 고소인인 피해자가 작성한 합의서를 피고인의 변호인이 제1심 법원에 제출한 이후 고소인이 법정에 나와 고소취소의 의사가 없다고 말한 경우 합의서가 고소인의 자유의사에 의하여 작성되었다면 고소취소의 효력이 발생하기 때문에 공소기각판결을 하여야 한다. [군무원9급 22]

> **해설+** 고소인(강간피해자)과 피고인(가해자) 사이에 작성된, "상호간에 원만히 해결되었으므로 이후에 민·형사간 어떠한 이의도 제기하지 아니할 것을 합의한다"는 취지의 합의서가 제1심 법원에 제출되었으나 고소인이 제1심에서 고소취소의 의사가 없다고 증언하였다면 위 합의서의 제출로 고소취소의 효력이 발생하지 아니한다(대법원 1981.10.6, 81도1968).

130 (×)

131 고소는 제1심판결 선고 전까지 취소할 수 있다. [법원9급 15]

131 (○) 제232조 제1항

132 상해죄로 기소되어 제1심에서 무죄가 선고된 후 항소심에 이르러 비로소 폭행죄로 공소장변경이 이루어진 경우, 항소심에서 피해자가 처벌을 희망하지 않는 의사를 표시하였다면 법원은 판결로써 공소기각을 하여야 한다. [국가7급 13]

132 (×) '하여야 한다' → '하지 않는다'
처벌을 희망하지 아니하는 의사의 명시는 제1심판결 선고 전까지 할 수 있다(대법원 1983.7.26, 83도1399; 1985.11.12, 85도1940).

133 항소심에서 공소장변경 또는 법원의 직권에 의하여 비친고죄를 친고죄로 인정한 경우, 항소심에서의 고소취소는 친고죄에 대한 고소취소로서의 효력이 없다. [법원9급 12] [법원9급 15 유사]

133 (○) 제1심판결 선고 이후에 해당하기 때문이다(대법원 1999.4.15, 96도1922 전원합의체)

46 형사소송법의 수사와 증거

134 항소심에서 종전 제1심 공소기각판결이 파기되고 사건이 제1심 법원에 환송된 후 진행된 환송 후 제1심 판결이 선고되기 전에 고소취소가 이루어진 경우 공소기각판결을 할 수 없다. [군무원9급 22]

134 (×)

해설+ 형사소송법 제232조 제1항은 고소를 제1심판결 선고 전까지 취소할 수 있도록 규정하여 친고죄에서 고소취소의 시한을 한정하고 있다. 그런데 상소심에서 형사소송법 제366조 또는 제393조 등에 의하여 법률 위반을 이유로 제1심 공소기각판결을 파기하고 사건을 제1심법원에 환송함에 따라 다시 제1심 절차가 진행된 경우, 종전의 제1심판결은 이미 파기되어 효력을 상실하였으므로 환송 후의 제1심판결 선고 전에는 고소취소의 제한사유가 되는 제1심판결 선고가 없는 경우에 해당한다(환송 후 제1심판결 선고 전 고소가 취소되면 형사소송법 제327조 제5호에 의하여 판결로써 공소를 기각, 대법원 2011.8.25, 2009도9112).

135 고소는 제1심판결 선고 전까지 취소할 수 있지만, 항소심에서 공소장변경 절차를 거치지 아니하고 법원이 직권으로 친고죄가 아닌 범죄를 친고죄로 인정한 경우, 항소심에서 고소인이 고소를 취소하였다면 친고죄에 대한 고소취소로서 효력을 갖는다. [경찰채용 21 1차]

135 (×)

해설+ 원래 고소의 대상이 된 피고소인이 행위가 친고죄에 해당할 경우 소송요건인 그 친고죄의 고소를 취소할 수 있는 시기를 언제까지로 한정하는가는 형사소송절차운영에 관한 입법정책상의 문제이기에 형사소송법의 그 규정은 국가형벌권의 행사가 피해자의 의사에 의하여 좌우되는 현상을 장기간 방치하지 않으려는 목적에서 고소취소의 시한을 획일적으로 제1심 판결 선고 시까지로 한정한 것이고, 따라서 그 규정을 현실적 심판의 대상이 된 공소사실이 친고죄로 된 당해 심급의 판결 선고 시까지 고소인이 고소를 취소할 수 있다는 의미로 볼 수는 없다 할 것이어서, 항소심에서 공소장의 변경에 의하여 또는 공소장변경절차를 거치지 아니하여 법원 직권에 의하여 친고죄가 아닌 범죄를 친고죄로 인정하였더라도 항소심을 제1심이라 할 수는 없는 것이므로, 항소심에 이르러 비로소 고소인이 고소를 취소하였다면 이는 친고죄에 대한 고소취소로서의 효력은 없다(대법원 1999.4.15, 96도1922 전원합의체).

136 항소심에 이르러 비로소 반의사불벌죄가 아닌 죄에서 반의사불벌죄로 공소장이 변경된 경우 그 처벌을 희망하는 의사표시를 철회할 수 있다. [경찰채용 18 1차] [법원9급 18]

136 (×) '있다' → '없다' 항소심인 제2심을 제1심으로 볼 수는 없다(대법원 1988.3.8, 85도2518).

137 항소심에 이르러 비로소 반의사불벌죄가 아닌 죄에서 반의사불벌죄로 공소장이 변경되었더라도, 항소심에서 피해자가 밝힌 처벌불원의사를 받아들여 피고인에 대한 폭행죄의 공소를 기각하는 것은 「형사소송법」 제232조 제3항 및 제1항의 처벌을 희망하는 의사표시의 철회가능시기에 관한 법리 오해의 위법이 있다. [경찰승진 22]

137 (○) 대법원 1988.3.8, 85도2518

138 「형사소송법」 제232조 제1항 및 제3항에 의하면, 반의사불벌죄에 있어서 처벌을 희망하는 의사표시의 철회는 제1심 판결선고 전까지 이를 할 수 있다고 규정하고 있는데, 항소심에 이르러 비로소 반의사불벌죄가 아닌 죄에서 반의사불벌죄로 공소장변경이 있었다면 항소심인 제2심을 제1심으로 볼 수 있다. [경찰채용 18 1차]

138 (×)

> **해설+** 형사소송법 제232조 제1항, 제3항의 취지는 국가형벌권의 행사가 피해자의 의사에 의하여 좌우되는 현상을 장기간 방치할 것이 아니라 제1심 판결선고 이전까지로 제한하자는데 그 목적이 있다 할 것이므로 비록 항소심에 이르러 비로소 반의사불벌죄가 아닌 죄에서 반의사불벌죄로 공소장변경이 있었다 하여 항소심인 제2심을 제1심으로 볼수는 없다(대법원 1988.3.8, 85도2518).

139 친고죄에서 고소는 제1심 판결 선고 전까지 취소할 수 있으므로, 상소심에서 제1심 공소기각판결을 파기하고 이 사건을 제1심 법원에 환송함에 따라 다시 제1심 절차가 진행된 때에는 환송 후의 제1심 판결 선고 전이라도 고소를 취소할 수 없다. [국가9급개론 21]

139 (×)

> **해설+** 형사소송법 제232조 제1항은 고소를 제1심 판결 선고 전까지 취소할 수 있도록 규정하여 친고죄에서 고소취소의 시한을 한정하고 있다. 그런데 상소심에서 형사소송법 제366조 또는 제393조 등에 의하여 법률 위반을 이유로 제1심 공소기각판결을 파기하고 사건을 제1심 법원에 환송함에 따라 다시 제1심 절차가 진행된 경우, 종전의 제1심 판결은 이미 파기되어 효력을 상실하였으므로 환송 후의 제1심 판결 선고 전에는 고소취소의 제한사유가 되는 제1심 판결 선고가 없는 경우에 해당한다. 뿐만 아니라 특히 간통죄 고소는 제1심 판결 선고 후 이혼소송이 취하된 경우 또는 피고인과 고소인이 다시 혼인한 경우에도 소급적으로 효력을 상실하게 되는 점까지 감안하면, 환송 후의 제1심 판결 선고 전에 간통죄의 고소가 취소되면 형사소송법 제327조 제5호에 의하여 판결로써 공소를 기각하여야 한다(대법원 2011.8.25, 2009도9112).

140 친고죄가 아닌 죄로 공소가 제기되어 제1심에서 친고죄가 아닌 죄의 유죄판결을 선고받은 경우, 제1심에서 친고죄의 범죄사실은 현실적 심판대상이 되지 아니하였으므로 그 판결을 친고죄에 대한 제1심 판결로 볼 수는 없고, 따라서 친고죄에 대한 제1심 판결은 없었다고 할 것이므로 그 사건의 항소심에서도 고소를 취소할 수 있다. [법원9급 21]

140 (×)

> **해설+** 원래 고소의 대상이 된 피고소인의 행위가 친고죄에 해당할 경우 소송요건인 그 친고죄의 고소를 취소할 수 있는 시기를 언제까지로 한정하는가는 형사소송절차운영에 관한 입법정책상의 문제이기에 형사소송법의 그 규정은 국가형벌권의 행사가 피해자의 의사에 의하여 좌우되는 현상을 장기간 방치하지 않으려는 목적에서 고소취소의 시한을 획일적으로 제1심 판결 선고 시까지로 한정한 것이고, 따라서 그 규정을 현실적 심판의 대상이 된 공소사실이 친고죄로 된 당해 심급의 판결선고 시까지 고소인이 고소를 취소할 수 있다는 의미로 볼 수는 없다 할 것이어서, 항소심에서 공소장의 변경에 의하여 또는 공소장변경절차를 거치지 아니하고 법원 직권에 의하여 친고죄가 아닌 범죄를 친고죄로 인정하였더라도 항소심을 제1심이라 할 수는 없는 것이므로, 항소심에 이르러 비로소 고소인이 고소를 취소하였다면 이는 친고죄에 대한 고소취소로서의 효력은 없다(대법원 1999. 4.15, 96도1922 전원합의체).

141 甲이 제1심 법원에서 「소송촉진 등에 관한 특례법」에 따라 甲의 진술 없이 A에 대한 폭행죄로 유죄를 선고받고 확정된 후 적법하게 제1심 법원에 재심을 청구하여 재심개시결정이 내려졌다면 A는 그 재심의 제1심 판결 선고 전까지 처벌희망의사표시를 철회할 수 없으나, 甲이 재심을 청구하는 대신 항소권회복청구를 함으로써 항소심 재판을 받게 되었다면 그 항소심 절차에서는 처벌희망의사표시를 철회할 수 있다. [경찰간부 22]

141 (×)

해설+ 제1심 법원이 반의사불벌죄로 기소된 피고인에 대하여 소송촉진 등에 관한 특례법 제23조에 따라 피고인의 진술 없이 유죄를 선고하여 판결이 확정된 경우, ㉠ 만일 피고인이 책임을 질 수 없는 사유로 공판절차에 출석할 수 없었음을 이유로 소송촉진법 제23조의2에 따라 제1심 법원에 재심을 청구하여 재심개시결정이 내려졌다면 피해자는 재심의 제1심 판결 선고 전까지 처벌을 희망하는 의사표시를 철회할 수 있다. ㉡ 그러나 피고인이 제1심 법원에 소송촉진법 제23조의2에 따른 재심을 청구하는 대신 항소권회복청구를 함으로써 항소심 재판을 받게 되었다면 항소심을 제1심이라고 할 수 없는 이상 항소심절차에서는 처벌을 희망하는 의사표시를 철회할 수 없다(대법원 2016.11.25, 2016도9470).

142 제1심법원이 반의사불벌죄로 기소된 피고인에 대하여 소송촉진 등에 관한 특례법 제23조에 따라 피고인의 진술 없이 유죄를 선고하여 판결이 확정된 경우 피고인이 같은 법 제23조의2에 따른 재심청구를 한 경우에는 피해자는 재심의 제1심판결 선고 전까지 처벌을 희망하는 의사표시를 철회할 수 있다. [법원9급 18]

142 (○) 대법원 2016.11.25, 2016도9470

143 위 지문의 경우에, 피고인이 소송촉진 등에 관한 특례법 제23조의2에 따른 재심청구가 아니라 「형사소송법」 제345조에 의한 항소권회복청구를 하여 항소심 재판을 받게 된 경우에도 재심을 신청한 경우와의 형평성을 고려하여 항소심 판결이 선고되기 전까지는 피해자가 처벌을 희망하는 의사표시를 철회할 수 있다. [법원9급 18]

143 (×) '있다' → '없다' 항소심을 제1심이라고 할 수 없는 이상 항소심절차에서는 처벌을 희망하는 의사표시를 철회할 수 없다(대법원 2016.11.25, 2016도9470).

144 甲은 A가 빌린 돈을 갚지 않자 'A는 지난 수년간 직장 상사 모 씨와 불륜
관계를 유지하면서 모 씨의 도움으로 승진까지 하였다'는 내용의 유인물을
작성하여 직장 게시판에 게시하였다. 그 후 甲은 A를 비롯한 직장동료 10명
과 회식을 하다가 A가 비아냥거리자 A에게 "개같은 년"이라고 말하였다.
만약 A가 甲을 모욕으로 고소하였다가 甲과 합의가 되어 '모욕에 대한 고
소를 취소한다'는 합의서를 甲에게 작성하여 준 경우, 甲이 위 합의서를 자
신의 모욕 사건에 대한 항소심이 진행되던 중에 제출하였다 하더라도, 검
사가 모욕으로 공소제기하기 이전에 위와 같이 합의하였다면, 항소심 법원
은 甲에 대해 공소기각판결을 선고할 수밖에 없다. [변호사 21]

해설+ 피고인이 甲의 명예를 훼손하고 甲을 모욕하였다는 내용으로 기소된 사안에서, 2011.4.27.
자 합의서에 이 사건 공소사실에 관한 고소취소 및 처벌의사의 철회로 볼 내용이 있다 하더라도,
고소사건에 관한 이 사건 공소제기 후에 작성된 2011.4.27.자 합의서는 이 사건 공소가 제기되어
있는 제1심 법원에 제1심 판결 선고 전까지 제출되어야만 고소취소 및 처벌의사의 철회로서의 효력
이 있다. … 공소제기 후에 피고인에 대한 다른 사건의 검찰 수사과정에서 피고인에 대한 이전의
모든 고소 등을 취소한다는 취지가 기재된 합의서가 작성되었으나 그것이 제1심 판결 선고 전에
법원에 제출되었다거나, 그밖에 甲이 고소를 취소하고 처벌의사를 철회하였다고 볼 만한 자료가
없는데도, 이와 달리 보아 공소를 기각한 원심판결에는 법리오해의 위법이 있다(대법원 2012.2.23,
2011도17264).

145 반의사불벌죄에 있어 처벌희망의 의사표시를 철회한 자는 다시 처벌희망
의 의사를 표시할 수 없다. [법원9급 12]

146 고소권자의 의사를 존중하는 취지에서 고소권이 인정되므로 고소권자는
고소 전에 고소권을 포기할 수도 있다. [국가9급 10]

147 고소권은 고소 전에 포기될 수 없으므로, 비록 고소 전에 피해자가 처벌을
원치 않았다 하더라도 피해자가 고소장을 제출하여 처벌을 희망하는 의사를
분명히 표시한 후 그 고소를 취소한 바 없다면 피해자의 고소는 유효하다.
[경찰채용 21 1차]

148 세무서장 등의 고발을 공소제기의 요건으로 하는 조세범 처벌법위반사건 에 대해 수사기관이 고발에 앞서 수사를 하고 구속영장을 발부받은 후 검 찰의 요청에 따라 세무서장이 고발조치를 한 경우, 그 고발이 있은 후에 공소제기가 있었다면 공소제기의 절차가 법률의 규정에 위반하여 무효라 고 할 수 없다.   [국가9급 23]

148 (○)

> **해설+** 「조세범 처벌법」 제6조의 세무종사 공무원의 고발은 공소제기의 요건이고 수사개시의 요 건은 아니므로 수사기관이 고발에 앞서 수사를 하고 피고인에 대한 구속영장을 발부받은 후 검찰의 요청에 따라 세무서장이 고발조치를 하였다고 하더라도 공소제기 전에 고발이 있은 이상 조세범처 벌법 위반사건 피고인에 대한 공소제기의 절차가 법률의 규정에 위반하여 무효라고 할 수 없다(대법 원 1995.3.10, 94도3373).

149 세무공무원의 고발이 있는 조세범 처벌법 위반사건에 대하여 검사가 일단 불기소처분을 하였다가 이를 공소제기하는 경우 종전의 고발은 여전히 유 효하다.   [국가7급 10]

149 (○) 대법원 2009.10.29, 2009 도6614

150 세무공무원 등의 고발에 따른 조세범 처벌법 위반죄 혐의에 대하여 검사가 불기소처분을 하였다가 나중에 공소를 제기하는 경우, 세무공무원 등의 새 로운 고발이 있어야 한다.   [경찰경채 23]

150 (×)

> **해설+** 검사의 불기소처분에는 확정재판에 있어서의 확정력과 같은 효력이 없어 일단 불기소처분 을 한 후에도 공소시효가 완성되기 전이면 언제라도 공소를 제기할 수 있으므로, 세무공무원 등의 고발이 있어야 공소를 제기할 수 있는 조세범 처벌법 위반죄에 관하여 일단 불기소처분이 있었더라 도 세무공무원 등이 종전에 한 고발은 여전히 유효하다. 따라서 나중에 공소를 제기함에 있어 세무 공무원 등의 새로운 고발이 있어야 하는 것은 아니다(대법원 2009.10.29, 2009도6614).

151 전속고발사건에 있어서 수사기관이 고발에 앞서 수사를 하고 甲에 대한 구 속영장을 발부받은 후 검찰의 요청에 따라 관계 공무원이 고발조치를 하였 다고 하더라도 공소제기 전에 고발이 있은 이상 甲에 대한 공소제기의 절 차가 법률의 규정에 위반하여 무효라고 할 수는 없다.   [경찰채용 21 1차]

151 (○) 대법원 1995.3.10, 94 도3373

152 공정거래위원회가 사업자에게 독점규제 및 공정거래에 관한 법률의 규정을 위반한 혐의가 있다고 인정하여 동법 제71조에 따라 사업자를 고발하였다면, 법원이 본안에 대하여 심판한 결과 위반되는 혐의 사실이 인정되지 아니하더라도 이러한 사정만으로는 그 고발을 기초로 이루어진 공소제기 등 형사절차의 효력에 영향을 미치지 아니한다.　　　　　　　　[경찰채용 21 1차]

152 (○) 대법원 2015.9.10, 2015 도3926

153 세무공무원의 고발 없이 조세범칙사건의 공소가 제기된 후에 세무공무원이 그 고발을 하였다 하여도 그 공소제기절차의 무효가 치유된다고는 볼 수 없다.　　　　　　　　[경찰간부 18] [법원9급 23]

153 (○) 대법원 1970.7.28, 70 도942

154 「형사소송법」은 형사소추권의 발동 여부를 사인(私人)인 피해자의 의사에 맡겨 장기간 불확정한 상태에 두어 생기는 폐단을 막기 위해서 친고죄에 대하여 고소기간을 범인을 알게 된 날부터 6월로 제한하고 있으며, 이는 소추조건인 고발에도 적용된다.　　　　　　　　[경찰채용 21 2차]

154 (×)

해설+ 형사소송법 제230조 제1항은 친고죄에 대하여 고소기간을 범인을 알게 된 날부터 6월로 제한하고 있다. 그 이유는 형사소추권의 발동 여부를 사인(私人)인 피해자의 의사에 맡겨 장기간 불확정한 상태에 두어 생기는 폐단을 막기 위해서이다. 반면 소추요건인 고발에 관하여 고발기간을 제한하지 않는 이유는 국가기관을 고발권자로 정하여 그러한 폐단이 생길 우려가 없고 피해자가 없는 범죄여서 범행을 바로 인지하기도 어렵기 때문이다(대법원 2018.5.17, 2017도14749 전원합의체).

155 사법경찰관이 고발을 받은 때에는 신속히 조사하여 관계서류와 증거물을 검사에게 송부하여야 한다.　　　　　　　　[경찰특공대 22]

155 (○) 형사소송법 제238조 참조

해설+ 형사소송법 제238조 【고소, 고발과 사법경찰관의 조치】 사법경찰관이 고소 또는 고발을 받은 때에는 신속히 조사하여 관계서류와 증거물을 검사에게 송부하여야 한다.

156 범인이 수개의 범죄사실 중의 일부를 수사기관에 자진신고하였으나 그 동기가 투명치 않고 그 후 공범을 두둔하였다면 그 자수한 부분 범죄사실에 대하여 자수의 효력이 없다.　　　　　　　　[해경승진 22]

156 (×)

해설+ 범인이 수개의 범죄사실 중의 일부라도 수사기관에 자진 신고한 이상, 그 동기가 투명치 않고 그 후 공범을 두둔하더라도 그 자수한 부분 범죄사실에 대하여는 자수의 효력이 있다(대법원 1969.7.22, 69도779).

157 일단 자수가 성립한 이상 자수의 효력은 확정적으로 발생하고 그 후에 범인이 번복하여 수사기관이나 법정에서 범행을 부인한다고 하더라도 일단 발생한 자수의 효력이 소멸하는 것은 아니다. [해경승진 22]

157 (O)

해설+ 형법 제52조 제1항 소정의 자수란 범인이 자발적으로 자신의 범죄사실을 수사기관에 신고하여 그 소추를 구하는 의사표시를 함으로써 성립하는 것으로서, 일단 자수가 성립한 이상 자수의 효력은 확정적으로 발생하고 그 후에 범인이 번복하여 수사기관이나 법정에서 범행을 부인한다고 하더라도 일단 발생한 자수의 효력이 소멸하는 것은 아니라고 할 것이다(대법원 1999.7.9, 99도1695).

158 범죄사실을 부인하거나 죄의 뉘우침이 없는 자수는 그 외형은 자수일지라도 법률상 형의 감경사유가 되는 진정한 자수라고는 할 수 없다. [해경승진 22]

158 (O)

해설+ 형법 제52조 제1항 소정의 자수란 범인이 자발적으로 자신의 범죄사실을 수사기관에 신고하여 그 소추를 구하는 의사표시로서 이를 형의 감경사유로 삼는 주된 이유는 범인이 그 죄를 뉘우치고 있다는 점에 있으므로 범죄사실을 부인하거나 죄의 뉘우침이 없는 자수는 그 외형은 자수일지라도 법률상 형의 감경사유가 되는 진정한 자수라고는 할 수 없다(대법원 1994.10.14, 94도2130).

159 법률상의 형의 감경사유인 자수를 위하여는, 범인이 자기의 범행으로서 범죄성립요건을 갖춘 객관적 사실을 자발적으로 수사관서에 신고하여 그 처분에 맡기는 것뿐만 아니라 법적으로 그 요건을 완전히 갖춘 범죄행위라고 적극적으로 인식하고 있어야 한다. [해경승진 22]

159 (×)

해설+ 법률상의 형의 감경사유가 되는 자수를 위하여는, 범인이 자기의 범행으로서 범죄성립요건을 갖춘 객관적 사실을 자발적으로 수사관서에 신고하여 그 처분에 맡기는 것으로 족하고, 더 나아가 법적으로 그 요건을 완전히 갖춘 범죄행위라고 적극적으로 인식하고 있을 필요까지는 없다(대법원 1995.6.30, 94도1017).

160 법인의 직원 또는 사용인이 위반행위를 하여 양벌규정에 의하여 법인이 처벌받는 경우, 법인에게 자수감경에 관한 「형법」 제52조 제1항의 규정은 법인의 이사, 기타 대표자, 직원, 사용자 등이 수사책임이 있는 관서에 자수한 경우에 적용된다. [경찰특공대 22]

160 (×)

해설+ 법인의 직원 또는 사용인이 위반행위를 하여 양벌규정에 의하여 법인이 처벌받는 경우, 법인에게 자수감경에 관한 형법 제52조 제1항의 규정을 적용하기 위하여는 법인의 이사 기타 대표자가 수사책임이 있는 관서에 자수한 경우에 한하고, 그 위반행위를 한 직원 또는 사용인이 자수한 것만으로는 위 규정에 의하여 형을 감경할 수 없다(대법원 1995.7.25, 95도391).

대표유형

형 집행장은 사형 또는 자유형을 집행하기 위하여 검사가 발부하는 것이며, 수형자를 대상으로 한다. 따라서 형 집행장은 영장에 해당하지 않는다. [법원9급 14]

(○) 제473조 참조. 영장에는 해당하지 않으나, 구속영장과 동일한 효력이 있다(제474조 제2항).

대표유형

검사 또는 사법경찰관은 피의자 또는 그 변호인의 신청이 있는 때에는 정당한 사유가 없는 한 변호인을 피의자신문에 참여하게 하여야 한다. [국가7급 12]

(○) 제243조의2 제1항

161 「형사소송법」에서 규정하고 있는 임의수사로는 피의자신문, 참고인조사, 공무소 등에 대한 사실조회, 감정·통역·번역의 위촉이 있다. [경찰간부 23]

161 (○) 형사소송법 제199조 제2항, 제200조, 221조 제1항, 제2항 등 참조

162 헌법 제12조 제3항에 규정된 영장주의는 구속의 개시시점뿐만 아니라 구속영장의 취소 또는 실효의 여부도 법관의 판단에 의하여 결정되어야 한다는 것을 의미한다. [국가9급 15]

162 (○) 헌법재판소 1992.12.24, 92헌가8

163 일반영장의 발부는 금지된다. 따라서 구속영장에 있어서는 범죄사실과 피의자는 물론 인치·구금할 장소가 특정되어야 하며, 압수·수색영장에 있어서는 압수수색의 대상이 특정되어야 한다. [법원9급 14]

163 (○) 제75조 제1항, 제114조 제1항, 제219조

164 마약류사범인 수형자에게 마약류반응검사를 위해 소변을 받아 제출하도록 하는 것은 법관의 영장을 필요로 하는 강제처분이므로 구치소 등 교정시설 내에서 소변채취가 법관의 영장 없이 실시된 경우에는 영장주의 원칙에 반한다. [경찰간부 23]

164 (×)

해설+ 헌법 제12조 제3항의 영장주의는 법관이 발부한 영장에 의하지 아니하고는 수사에 필요한 강제처분을 하지 못한다는 원칙으로 (수형자에게) 소변을 받아 제출하도록 한 것은 교도소의 안전과 질서유지를 위한 것으로 수사에 필요한 처분이 아닐 뿐만 아니라 검사대상자들의 협력이 필수적이어서 강제처분이라고 할 수도 없어 영장주의의 원칙이 적용되지 않는다(헌법재판소 2006.7.27, 2005헌마277 전원합의체).

165 수사기관의 임의동행 시 오로지 피의자의 자발적인 의사에 의하여 수사관서 등에의 동행이 이루어졌음이 객관적인 사정에 의하여 명백하게 입증된 경우에 한하여 그 적법성이 인정된다. [경찰채용 15]

165 (○) 대법원 2006.7.6, 2005도6810

166 수사기관이 수사의 필요상 피의자를 임의동행한 경우에도 조사 후 귀가시키지 아니하고 그의 의사에 반하여 경찰서 보호실 등에 계속 유치함으로써 신체의 자유를 속박하였다면 이는 구금에 해당한다. [경찰채용 15·20 2차]

166 (○) 대법원 1985.7.29, 85모16; 1997.6.13, 97도877

167 검사 또는 사법경찰관은 임의동행을 요구하는 경우 상대방에게 동행을 거부할 수 있다는 것과 동행하는 경우에도 언제든지 자유롭게 동행 과정에서 이탈하거나 동행 장소에서 퇴거할 수 있다는 것을 알려야 한다. [경찰채용 21 1차]

167 (○) 수사준칙 제20조

168 경찰관이 甲을 경찰서로 동행할 당시 甲에게 언제든지 동행을 거부할 수 있음을 고지한 다음 동행에 대한 동의를 구하였고, 이에 甲이 고개를 끄덕이며 동행의 의사표시를 하였으며, 동행 당시 경찰관에게 욕을 하거나 특별한 저항을 하지 않고서 동행에 순순히 응하였으며, 동행 당시 술에 취한 상태이긴 하였으나, 동행 후 경찰서에서 주취운전자정황진술보고서의 날인을 거부하고 "이번이 3번째 음주운전이다. 난 시청 직원이다. 1번만 봐 달라."라고 말한 경우, 甲에 대한 임의동행은 적법하다. [경찰채용 22 2차]

168 (○) 자발적인 의사에 의한 임의동행임을 인정한 사례이다.

해설+ 수사관이 동행에 앞서 피의자에게 동행을 거부할 수 있음을 알려 주었거나 동행한 피의자가 언제든지 자유로이 동행과정에서 이탈 또는 동행장소에서 퇴거할 수 있었음이 인정되는 등 오로지 피의자의 자발적인 의사에 의하여 수사관서 등에 동행이 이루어졌다는 것이 객관적인 사정에 의하여 명백하게 입증된 경우에 한하여, 동행의 적법성이 인정된다고 보는 것이 타당하다(대법원 2011.6.30, 2009도6717 등). 경찰관 공소외인은 피고인을 경찰서로 동행할 당시 피고인에게 언제든지 동행을 거부할 수 있음을 고지한 다음 동행에 대한 동의를 구하였고, 이에 피고인이 고개를 끄덕이며 동의의 의사표시를 하였던 점, 피고인은 동행 당시 경찰관에게 욕을 하거나 특별한 저항을 하지도 않고 동행에 순순히 응하였던 점, 비록 동행 당시 피고인이 술에 취한 상태이기는 하였으나, 동행 후 경찰서에서 주취운전자정황진술보고서의 날인을 거부하고 "이번이 3번째 음주운전이다. 난 시청 직원이다. 1번만 봐 달라."고 말하기도 하는 등 동행 전후 피고인의 언행에 비추어 피고인이 당시 경찰관의 임의동행 요구에 대하여 이에 따를 것인지 여부에 관한 판단을 할 정도의 의사능력은 충분히 있었던 것으로 보이는 점 등 그 판시와 같은 사정을 종합하여, 피고인에 대한 임의동행은 피고인의 자발적인 의사에 의하여 이루어진 것으로서 적법하다(대법원 2012.9.13, 2012도8890).

169 임의동행은 경찰관 직무집행법 제3조 제2항에 따른 행정경찰 목적의 경찰
활동으로 행하여지는 것 외에도 「형사소송법」 제199조 제1항에 따라 범죄
수사를 위하여 오로지 피의자의 자발적인 의사에 의하여 이루어진 경우에
도 가능하다. [국가7급 21]

169 (O)

> **해설+** 임의동행은 경찰관 직무집행법 제3조 제2항에 따른 행정경찰 목적의 경찰활동으로 행하여지
> 는 것 외에도 「형사소송법」 제199조 제1항에 따라 범죄수사를 위하여 수사관이 동행에 앞서 피의자에게
> 동행을 거부할 수 있음을 알려 주었거나 동행한 피의자가 언제든지 자유로이 동행과정에서 이탈 또는
> 동행장소로부터 퇴거할 수 있었음이 인정되는 등 오로지 피의자의 자발적인 의사에 의하여 이루어진
> 경우에도 가능하다(대법원 2020.5.14, 2020도398).

170 즉결심판 피의자의 정당한 귀가요청을 거절한 채 다음 날 즉결심판법정이
열릴 때까지 피의자를 경찰서 보호실에 강제유치시키려고 함으로써 피의
자를 경찰서 내 즉결피의자 대기실에 10~20분 동안 있게 한 행위는 불법
한 감금행위에 해당한다. [경찰채용 18 2차]

170 (O)

> **해설+** 형사소송법이나 경찰관 직무집행법 등의 법률에 정하여진 구금 또는 보호유치 요건에 의하
> 지 아니하고는 즉결심판 피의자라는 사유만으로 피의자를 구금, 유치할 수 있는 아무런 법률상 근거
> 가 없고, 경찰 업무상 그러한 관행이나 지침이 있었다 하더라도 이로써 원칙적으로 금지되어 있는
> 인신구속을 행할 수 있는 근거로 할 수 없으므로, 즉결심판 피의자의 정당한 귀가요청을 거절한
> 채 다음 날 즉결심판법정이 열릴 때까지 피의자를 경찰서 보호실에 강제유치시키려고 함으로써 피
> 의자를 경찰서 내 즉결피의자 대기실에 10~20분 동안 있게 한 행위는 형법 제124조 제1항의 불법감
> 금죄에 해당하고, 이로 인하여 피의자를 보호실에 밀어넣으려는 과정에서 상해를 입게 하였다면
> 특정범죄가중처벌등에관한법률 제4조의2 제1항 위반죄에 해당한다(대법원 1997.6.13, 97도877).

171 전기통신의 감청은 현재 이루어지고 있는 전기통신의 내용을 지득·채록
하는 경우와 통신의 송·수신을 직접적으로 방해하는 경우를 의미하고, 전
자우편이 송신되어 이미 수신이 완료된 전기통신에 관하여 남아 있는 기록
이나 내용을 열어보는 등의 행위는 포함하지 않는다. [국가9급 17]

171 (O) 대법원 2013.11.28, 2010
도12244

172 「통신비밀보호법」이 규정하는 감청에는 실시간으로 전기통신의 내용을 지 득·채록하는 행위, 통신의 송·수신을 직접적으로 방해하는 행위, 이미 수신이 완료된 전기통신에 관하여 남아 있는 기록이나 내용을 열어보는 행 위 등이 포함된다. [국가9급개론 22]

172 (×)

해설+ 통신비밀보호법 제2조 제3호 및 제7호에 의하면 같은 법상 '감청'은 전자적 방식에 의하여 모든 종류의 음향·문언·부호 또는 영상을 송신하거나 수신하는 전기통신에 대하여 당사자의 동의 없이 전자장치·기계장치 등을 사용하여 통신의 음향·문언·부호·영상을 청취·공독하여 그 내용을 지득 또는 채록하거나 전기통신의 송·수신을 방해하는 것을 말한다. 그런데 해당 규정의 문언이 송신하거나 수신하는 전기통신 행위를 감청의 대상으로 규정하고 있을 뿐 송·수신이 완료되어 보관 중인 전기통신 내용은 대상으로 규정하지 않은 점, 일반적으로 감청은 다른 사람의 대화나 통신 내용을 몰래 엿듣는 행위를 의미하는 점 등을 고려하여 보면, 통신비밀보호법상 '감청'이란 대상이 되는 전기통신의 송·수신과 동시에 이루어지는 경우만을 의미하고, 이미 수신이 완료된 전기통신의 내용을 지득하는 등의 행위는 포함되지 않는다(대법원 2012.10.25, 2012도4644).

173 무전기와 같은 무선전화기를 이용한 통화는 통신비밀보호법 소정의 '타인 간의 대화'에 포함되지 않는다. [경찰채용 14]

173 (○) 대법원 2003.11.13, 2001 도6213

174 통신제한조치허가서에 의하여 허가된 통신제한조치가 '전기통신 감청 및 우 편물 검열'뿐인 경우 그 후 연장결정서에 당초 허가 내용에 없던 '대화녹음' 이 기재되어 있다고 하더라도 이는 대화녹음의 적법한 근거가 되지 못한다. [경찰승진 22]

174 (○) 대법원 1999.9.3, 99도 2317

175 일정한 요건이 구비된 경우에는 검사에 대하여 각 피의자별 또는 각 피내 사자별로 통신제한조치에 대한 허가를 신청하고, 검사는 법원에 대하여 그 허가를 청구할 수 있다. [경찰채용 21 2차]

175 (○) 통신비밀보호법(이하 '통 비법') 제6조 제2항

176 통신기관 등은 통신제한조치허가서 또는 긴급감청서 등에 기재된 통신제 한조치 대상자의 전화번호 등이 사실과 일치하지 않을 경우에는 그 집행을 거부할 수 있으며, 어떠한 경우에도 전기통신에 사용되는 비밀번호를 누설 할 수 없다. [국가9급 17]

176 (○) 통비법 제9조 제4항

177 통신제한조치는 범죄수사 또는 국가안전보장을 위하여 보충적인 수단으로 이용되어야 한다. [국가9급 17]

177 (○) 통비법 제3조 제2항

178 통신제한조치는 「통신비밀보호법」 제5조의 범죄를 계획 또는 실행하고 있거나 실행하였다고 의심할 만한 충분한 이유가 있고, 다른 방법으로는 그 범죄의 실행을 저지하거나 범인의 체포 또는 증거수집이 어려운 경우에 한하여 허가할 수 있다. [경찰채용 19 1차]

178 (○) 통비법 제5조 제1항

179 검사는 형의 집행을 위하여 필요한 경우 「전기통신사업법」에 의한 전기통신사업자에게 통신사실 확인자료의 열람이나 제출을 요청할 수 있고, 이 경우에는 관할 지방법원(보통군사법원을 포함한다) 또는 지원의 허가를 받아야 한다. [경찰승진 22]

179 (○) 통비법 제13조 제1항·제3항

해설+ 통신비밀보호법 제13조 【범죄수사를 위한 통신사실 확인자료제공의 절차】 ① 검사 또는 사법경찰관은 수사 또는 형의 집행을 위하여 필요한 경우 전기통신사업법에 의한 전기통신사업자(이하 "전기통신사업자"라 한다)에게 통신사실 확인자료의 열람이나 제출(이하 "통신사실 확인자료제공"이라 한다)을 요청할 수 있다.
③ 제1항 및 제2항에 따라 통신사실 확인자료제공을 요청하는 경우에는 요청사유, 해당 가입자와의 연관성 및 필요한 자료의 범위를 기록한 서면으로 관할 지방법원(군사법원을 포함한다) 또는 지원의 허가를 받아야 한다. 다만, 관할 지방법원 또는 지원의 허가를 받을 수 없는 긴급한 사유가 있는 때에는 통신사실 확인자료제공을 요청한 후 지체 없이 그 허가를 받아 전기통신사업자에게 송부하여야 한다.
④ 제3항 단서에 따라 긴급한 사유로 통신사실 확인자료를 제공받았으나 지방법원 또는 지원의 허가를 받지 못한 경우에는 지체 없이 제공받은 통신사실 확인자료를 폐기하여야 한다.

180 공무원에게 금품을 제공한 혐의로 발부된 통신사실 확인자료제공 요청 허가서에 대상자로 기재되어 있는 피고인 甲이 피고인 乙의 뇌물수수 범행의 증뢰자라면, 위 허가서에 의하여 제공받은 甲과 乙의 통화내역을 乙의 수뢰사실의 증명을 위한 증거로 사용할 수 있다. [경찰채용 22 1차]

해설+ 통신비밀보호법은 통신제한조치의 집행으로 인하여 취득된 전기통신의 내용은 통신제한조치의 목적이 된 범죄나 이와 관련되는 범죄를 수사·소추하거나 그 범죄를 예방하기 위한 경우 등에 한정하여 사용할 수 있도록 규정하고(제12조 제1호), 통신사실 확인자료의 사용제한에 관하여 이 규정을 준용하도록 하고 있다(제13조의5). 따라서 통신사실 확인자료 제공요청에 의하여 취득한 통화내역 등 통신사실 확인자료를 범죄의 수사·소추를 위하여 사용하는 경우 대상 범죄는 통신사실 확인자료제공 요청의 목적이 된 범죄 및 이와 관련된 범죄에 한정되어야 한다. 여기서 통신사실확인자료 제공요청의 목적이 된 범죄와 관련된 범죄란 통신사실 확인자료제공 요청 허가서에 기재한 혐의사실과 객관적 관련성이 있고 자료제공 요청대상자와 피의자 사이에 인적 관련성이 있는 범죄를 의미한다. … 피의자와 사이의 인적 관련성은 통신사실 확인자료제공 요청 허가서에 기재된 대상자의 공동정범이나 교사범 등 공범이나 간접정범은 물론 필요적 공범 등에 대한 피고사건에 대해서도 인정될 수 있다(대법원 2017.1.25, 2016도13489).

보충 이 사건에서 증거로 제출된 통신사실 확인자료는 그 범행과 관련된 뇌물수수 등 범죄에 대한 포괄적인 수사를 하는 과정에서 취득한 점 등을 종합하여 보면, 이 사건 공소사실과 이 사건 통신사실 확인자료제공 요청 허가서에 기재된 혐의사실은 객관적 관련성이 인정된다고 할 것이고, 또한 그 허가서에 대상자로 기재된 피고인 1은 이 사건 피고인 2의 뇌물수수 범행의 증뢰자로서 필요적 공범에 해당하는 이상 인적 관련성도 있다고 할 것이다.

181 「통신비밀보호법」상 통신사실확인자료 제공요청의 목적이 된 범죄와 관련된 범죄란 통신사실확인자료 제공요청허가서에 기재된 혐의사실과 객관적 관련성이 있고 자료제공 요청 대상자와 피의자 사이에 인적 관련성이 있는 범죄를 의미한다. [변호사 23]

181 (O) 대법원 2017.1.25, 2016
도13489

182 검사, 사법경찰관 또는 정보수사기관의 장은 긴급통신제한조치의 집행을 종료한 때부터 36시간 이내에 법원의 허가를 받지 못한 경우에는 해당 조치를 즉시 중지하고 해당 조치로 취득한 자료를 폐기하여야 한다.

182 (×) '을 종료' → '에 착수'

해설+ 통신비밀보호법 제8조 【긴급통신제한조치】⑤ 검사, 사법경찰관 또는 정보수사기관의 장은 긴급통신제한조치의 집행에 착수한 때부터 36시간 이내에 법원의 허가를 받지 못한 경우에는 해당 조치를 즉시 중지하고 해당 조치로 취득한 자료를 폐기하여야 한다. 〈개정 2022.12.27.〉

CHAPTER 01 수사 59

183 사법경찰관은 인터넷 회선을 통하여 송신·수신하는 전기통신을 대상으로 통신제한조치를 집행한 경우 그 전기통신의 보관 등을 하고자 하는 때에는 집행종료일부터 10일 이내에 보관 등이 필요한 전기통신을 선별하여 검사에게 보관 등의 승인을 신청하고, 검사는 신청일부터 10일 이내에 통신제한조치를 허가한 법원에 그 승인을 청구할 수 있다. [경찰채용 21 2차]

183 (×) 통비법 제12조의2 제2항

해설+ 통신비밀보호법 제12조의2【범죄수사를 위하여 인터넷 회선에 대한 통신제한조치로 취득한 자료의 관리】② 사법경찰관은 인터넷 회선을 통하여 송신·수신하는 전기통신을 대상으로 제6조 또는 제8조(제5조 제1항의 요건에 해당하는 사람에 대한 긴급통신제한조치에 한정한다)에 따른 통신제한조치를 집행한 경우 그 전기통신의 보관등을 하고자 하는 때에는 집행종료일부터 14일 이내에 보관등이 필요한 전기통신을 선별하여 검사에게 보관등의 승인을 신청하고, 검사는 신청일부터 7일 이내에 통신제한조치를 허가한 법원에 그 승인을 청구할 수 있다.

184 사법경찰관은 인터넷 회선을 통하여 송신·수신하는 전기통신을 대상으로 통신제한조치를 집행한 후 그 전기통신의 보관등을 하고자 하는 때에는 집행종료일부터 14일 이내에 보관등이 필요한 전기통신을 선별하여 검사에게 보관등의 승인을 청구하고, 검사는 청구가 이유 있다고 인정하는 경우에는 보관등을 승인하여야 한다.

184 (×) 사법경찰관은 검사에게 보관등의 승인을 청구하는 것이 아니라 신청하는 것이고, 검사도 법원에 보관등의 승인을 청구할 수 있을 뿐 그 보관등을 승인할 수 있는 권한은 없다(통비법 제12조의2 제2항).

해설+ 통신비밀보호법 제12조의2【범죄수사를 위하여 인터넷 회선에 대한 통신제한조치로 취득한 자료의 관리】② 사법경찰관은 인터넷 회선을 통하여 송신·수신하는 전기통신을 대상으로 제6조 또는 제8조(제5조 제1항의 요건에 해당하는 사람에 대한 긴급통신제한조치에 한정한다)에 따른 통신제한조치를 집행한 경우 그 전기통신의 보관등을 하고자 하는 때에는 집행종료일부터 14일 이내에 보관등이 필요한 전기통신을 선별하여 검사에게 보관등의 승인을 신청하고, 검사는 신청일부터 7일 이내에 통신제한조치를 허가한 법원에 그 승인을 청구할 수 있다.

185 사법경찰관은 통신제한조치를 집행한 사건에 관하여 검사로부터 공소를 제기하거나 제기하지 아니하는 처분(기소중지 또는 참고인중지 결정은 제외한다)의 통보를 받거나 검찰송치를 하지 아니하는 처분(수사중지 결정은 제외한다) 또는 내사사건에 관하여 입건하지 아니하는 처분을 한 때에는 그날부터 30일 이내에 감청의 대상이 된 전기통신의 가입자에게 통신제한조치를 집행한 사실과 집행기관 및 그 기간 등을 서면으로 통지하여야 한다.

[경찰채용 21 2차]

> **해설+** **통신비밀보호법 제8조 【통신제한조치의 집행에 관한 통지】** ① 검사는 제6조제1항 및 제8조제1항에 따라 통신제한조치를 집행한 사건에 관하여 공소를 제기하거나, 공소의 제기 또는 입건을 하지 아니하는 처분(기소중지결정, 참고인중지결정을 제외한다)을 한 때에는 그 처분을 한 날부터 30일 이내에 우편물 검열의 경우에는 그 대상자에게, 감청의 경우에는 그 대상이 된 전기통신의 가입자에게 통신제한조치를 집행한 사실과 집행기관 및 그 기간 등을 서면으로 통지하여야 한다. (중략)
> ② 사법경찰관은 제6조제1항 및 제8조제1항에 따라 통신제한조치를 집행한 사건에 관하여 검사로부터 공소를 제기하거나 제기하지 아니하는 처분(기소중지 또는 참고인중지 결정은 제외한다)의 통보를 받거나 검찰송치를 하지 아니하는 처분(수사중지 결정은 제외한다) 또는 내사사건에 관하여 입건하지 아니하는 처분을 한 때에는 그 날부터 30일 이내에 우편물 검열의 경우에는 그 대상자에게, 감청의 경우에는 그 대상이 된 전기통신의 가입자에게 통신제한조치를 집행한 사실과 집행기관 및 그 기간 등을 서면으로 통지하여야 한다.

185 (○) 통비법 제8조 제1항·제2항

186 수사기관은 감청의 실시를 종료하면 감청 대상이 된 전기통신의 가입자에게 감청사실 등을 통지하여야 하지만, 통지로 인하여 수사에 방해될 우려가 있다고 인정할 때에는 그 사유가 해소될 때까지 통지를 유예할 수 있다.

[해경승진 23]

> **해설+** 통신제한조치 종료 시에는 30일 이내에 그 대상자에게 통신제한조치 집행사실·집행기관·집행기간 등을 서면으로 통지하여야 한다(통비법 제9조의2 제3항). 다만 통신제한조치 통지로 인하여 국가의 안전보장, 공공의 안녕질서를 위태롭게 할 현저할 우려가 있거나 사람의 생명·신체에 중대한 위험을 초래할 염려가 현저한 때에 한하여 그 사유 해소시까지 통신제한조치 집행사실 등 통지를 유예할 수 있다(통비법 제9조의2 제4항). 따라서 단지 수사에 방해가 될 우려가 있다는 사유 정도로는 통지 유예 사유가 될 수 없다.
>
> **통신비밀보호법 제9조의2 【통신제한조치의 집행에 관한 통지】** ③ 정보수사기관의 장은 제7조 제1항 제1호 본문 및 제8조 제1항의 규정에 의한 통신제한조치를 종료한 날부터 30일 이내에 우편물 검열의 경우에는 그 대상자에게, 감청의 경우에는 그 대상이 된 전기통신의 가입자에게 통신제한조치를 집행한 사실과 집행기관 및 그 기간 등을 서면으로 통지하여야 한다.
> ④ 제1항 내지 제3항의 규정에 불구하고 다음 각호의 1에 해당하는 사유가 있는 때에는 그 사유가 해소될 때까지 통지를 유예할 수 있다.
> 1. 통신제한조치를 통지할 경우 국가의 안전보장·공공의 안녕질서를 위태롭게 할 현저한 우려가 있는 때
> 2. 통신제한조치를 통지할 경우 사람의 생명·신체에 중대한 위험을 초래할 염려가 현저한 때

186 (×)

187 검사는 통신사실 확인자료제공을 받은 사건에 관하여 공소제기를 하지 아니하는 처분(기소중지·참고인중지 결정은 제외한다) 또는 입건을 하지 아니하는 처분을 한 경우, 그 처분을 한 날부터 1년이 경과한 때부터 30일 이내에 통신사실 확인자료제공을 받은 사실과 제공요청기관 및 그 기간 등을 통신사실 확인자료제공의 대상이 된 당사자에게 서면으로 통지하여야 한다. [국가7급 23]

해설+ 통신비밀보호법 제13조의3【범죄수사를 위한 통신사실 확인자료제공의 통지】 ① 검사 또는 사법경찰관은 제13조에 따라 통신사실 확인자료제공을 받은 사건에 관하여 다음 각 호의 구분에 따라 정한 기간 내에 통신사실 확인자료제공을 받은 사실과 제공요청기관 및 그 기간 등을 통신사실 확인자료제공의 대상이 된 당사자에게 서면으로 통지하여야 한다.

1. 공소를 제기하거나, 공소제기·검찰송치를 하지 아니하는 처분(기소중지·참고인중지 또는 수사중지 결정은 제외한다) 또는 입건을 하지 아니하는 처분을 한 경우: 그 처분을 한 날부터 30일 이내. (중략)

2. 기소중지·참고인중지 또는 수사중지 결정을 한 경우: 그 결정을 한 날부터 1년(제6조 제8항 각 호의 어느 하나에 해당하는 범죄인 경우에는 3년)이 경과한 때부터 30일 이내. (중략)

3. 수사가 진행 중인 경우: 통신사실 확인자료제공을 받은 날부터 1년(제6조 제8항 각 호의 어느 하나에 해당하는 범죄인 경우에는 3년)이 경과한 때부터 30일 이내 (중략)

제13조【범죄수사를 위한 통신사실 확인자료제공의 절차】 ① 검사 또는 사법경찰관은 수사 또는 형의 집행을 위하여 필요한 경우 전기통신사업법에 의한 전기통신사업자(이하 "전기통신사업자"라 한다)에게 통신사실 확인자료의 열람이나 제출(이하 "통신사실 확인자료제공"이라 한다)을 요청할 수 있다. (이하 생략)

보충 위 지문에 나오는 '그 처분을 한 날부터 1년이 경과한 때부터 30일 이내에'라는 기간은 수사중지·기소중지·참고인중지결정을 하는 경우(동 제1항 제2호)와 수사가 진행 중인 경우(동 제1항 제3호)에 해당한다.

188 통신제한조치의 기간은 3개월을 초과하지 못하나 허가요건이 존속하는 경우에는 3개월의 범위에서 통신제한조치기간의 연장을 청구할 수 있다. 다만 통신제한조치의 연장을 청구하는 경우에 통신제한조치의 총 연장기간은 1년(일정한 범죄의 경우는 3년)을 초과할 수 없다. [경찰채용 21 2차]

해설+ 통신제한조치의 기간은 2개월을 초과하지 못하고, 허가요건이 존속하는 경우에는 소명자료를 첨부하여 2개월의 범위에서 통신제한조치기간의 연장을 청구할 수 있다(통비법 제6조 제7항). 다만 통신제한조치의 연장을 청구하는 경우에 통신제한조치의 총 연장기간은 1년(일정한 범죄의 경우는 3년)을 초과할 수 없다(동조 제8항).

188 (×)

189 범죄수사를 위한 통신제한조치의 기간은 2개월을 초과하지 못하고, 그 기간 중 통신제한조치의 목적이 달성되었을 경우에는 즉시 종료하여야 한다.
[해경승진 23]

해설+ 통신비밀보호법 제6조 【범죄수사를 위한 통신제한조치의 허가절차】 ⑦ 통신제한조치의 기간은 2개월을 초과하지 못하고, 그 기간 중 통신제한조치의 목적이 달성되었을 경우에는 즉시 종료하여야 한다. 다만, 제5조 제1항의 허가요건이 존속하는 경우에는 소명자료를 첨부하여 제1항 또는 제2항에 따라 2개월의 범위에서 통신제한조치기간의 연장을 청구할 수 있다.

189 (○) 통신비밀보호법 제6조 제7항 참조.

190 국가안보를 위한 통신제한조치에서 통신의 일방 또는 쌍방당사자가 내국인인 때에는 고등법원 수석판사의 허가를 받아야 한다. [해경승진 23]

해설+ 통신비밀보호법 제7조 【국가안보를 위한 통신제한조치】 ① 대통령령이 정하는 정보수사기관의 장(이하 "정보수사기관의 장"이라 한다)은 국가안전보장에 상당한 위험이 예상되는 경우 또는 「국민보호와 공공안전을 위한 테러방지법」 제2조 제6호의 대테러활동에 필요한 경우에 한하여 그 위해를 방지하기 위하여 이에 관한 정보수집이 특히 필요한 때에는 다음 각호의 구분에 따라 통신제한조치를 할 수 있다.
1. 통신의 일방 또는 쌍방당사자가 내국인인 때에는 고등법원 수석판사의 허가를 받아야 한다. 다만, 군용전기통신법 제2조의 규정에 의한 군용전기통신(작전수행을 위한 전기통신에 한한다)에 대하여는 그러하지 아니하다.
2. 대한민국에 적대하는 국가, 반국가활동의 혐의가 있는 외국의 기관·단체와 외국인, 대한민국의 통치권이 사실상 미치지 아니하는 한반도 내의 집단이나 외국에 소재하는 그 산하단체의 구성원의 통신인 때 및 제1항 제1호 단서의 경우에는 서면으로 대통령의 승인을 얻어야 한다.

190 (○) 국가안보를 위한 통신제한조치의 경우 통신의 일방 또는 쌍방당사자가 내국인인 때에는 고등법원 수석판사의 허가를 받아야 하고(통비법 제7조 제1항 제1호 본문), 이외의 경우에는 대통령의 승인을 얻어야 한다.

191 범인이 범행 후 피해자에게 전화를 걸어오자 피해자가 그 전화내용을 녹음한 경우 그 녹음을 증거로 사용할 수 있다.
[국가7급 11 변형]

191 (○) 그 녹음테이프가 피고인 모르게 녹음된 것이라 하여 이를 위법하게 수집된 증거라고 할 수 없다(대법원 1997.3.28, 97도240).

192 통신의 당사자 일방이 수사기관에 제출할 의도로 상대방의 동의 없이 전자장치나 기계장치를 사용하여 통신의 음향·문언·부호·영상을 청취하는 것은 「통신비밀보호법」이 정한 감청에 해당하지 아니한다. [국가9급개론 22]

192 (○) 대법원 2002.10.8, 2002도123

CHAPTER 01 수사 **63**

193 3인 간의 대화에 있어서 그중 한 사람이 대화를 녹음한 경우 이는 감청에 해당하지 않아 당해 녹음을 증거로 사용할 수 있으며, 이는 제3자가 전화 통화 당사자 일방만의 동의를 받고 그 통화내용을 녹음한 경우에도 마찬가지이다. [경찰채용 14] [국가7급 11 변형]

193 (×)

해설+ 전단은 '타인 간의 대화'라고 할 수 없으므로, 통신비밀보호법 제3조 제1항에 위배된다고 볼 수 없어 맞는 내용이다(대법원 2006.10.12, 2006도4981). 그러나 후단은 그 상대방의 동의가 없었던 이상 통신비밀보호법 위반에 해당하므로, 이러한 불법감청에 의하여 녹음된 전화통화의 내용은 통신비밀보호법 제4조에 의하여 증거능력이 없어 틀린 내용이다(대법원 2010.10.14, 2010도9016).

194 수사기관이 甲으로부터 피고인의 폭력행위등처벌에관한법률위반(단체등의구성 활동) 범행에 대한 진술을 듣고 추가적인 정보를 확보할 목적으로, 구속수감되어 있던 甲에게 그의 압수된 휴대전화를 제공하여 피고인과 통화하고 위 범행에 관한 통화내용을 녹음하게 한 경우, 그 녹음 자체는 물론 이를 근거로 작성된 녹취록 첨부 수사보고는 설령 피고인의 증거동의가 있는 경우에도 이를 유죄의 증거로 사용할 수 없다. [경찰승진 22]

194 (○) 대법원 2010.10.14, 2010도9016

195 불법감청에 의하여 녹음된 전화통화의 내용은 통신비밀보호법에 의하여 증거능력이 없으나, 피고인이나 변호인이 이를 증거로 함에 동의한 때에는 예외적으로 증거능력이 인정된다. [국가7급 16]

195 (×) '는 예외적으로 증거능력이 인정된다' → '도 증거능력이 없다'
증거로 함에 동의하였다고 하더라도 달리 볼 것은 아니다(대법원 2010. 10.14, 2010도9016).

196 응급구호가 필요한 자살기도자를 영장 없이 24시간을 초과하지 아니하는 범위에서 경찰서에 설치되어 있는 보호실에 유치한 것은 위법한 강제수사가 아니다. [국가9급 18] [국가9급개론 18]

196 (○) 대법원 1994.3.11, 93도958

해설+ **경찰관 직무집행법 제4조 【보호조치 등】** ① 경찰관은 수상한 행동이나 그 밖의 주위 사정을 합리적으로 판단해 볼 때 다음 각 호의 어느 하나에 해당하는 것이 명백하고 응급구호가 필요하다고 믿을 만한 상당한 이유가 있는 사람(이하 "구호대상자"라 한다)을 발견하였을 때에는 보건의료기관이나 공공구호기관에 긴급구호를 요청하거나 경찰관서에 보호하는 등 적절한 조치를 할 수 있다.
1. 정신착란을 일으키거나 술에 취하여 자신 또는 다른 사람의 생명·신체·재산에 위해를 끼칠 우려가 있는 사람
2. 자살을 시도하는 사람
3. 미아, 병자, 부상자 등으로서 적당한 보호자가 없으며 응급구호가 필요하다고 인정되는 사람. 다만, 본인이 구호를 거절하는 경우는 제외한다. (중략)
③ 경찰관은 제1항의 조치를 하는 경우에 구호대상자가 휴대하고 있는 무기·흉기 등 위험을 일으킬 수 있는 것으로 인정되는 물건을 경찰관서에 임시로 영치(領置)하여 놓을 수 있다. (중략)
⑦ 제1항에 따라 구호대상자를 경찰관서에서 보호하는 기간은 24시간을 초과할 수 없고, 제3항에 따라 물건을 경찰관서에 임시로 영치하는 기간은 10일을 초과할 수 없다.

197 누구든지 자기의 얼굴 기타 모습을 함부로 촬영당하지 않을 자유를 가지므로, 수사기관이 범죄를 수사함에 있어 타인의 얼굴 기타 모습을 영장 없이 촬영하였다면, 그 촬영은 어떠한 경우라도 허용될 수 없다. [경찰채용 23 1차]

197 (×)

해설+ 누구든지 자기의 얼굴 기타 모습을 함부로 촬영당하지 않을 자유를 가지나 이러한 자유도 국가권력의 행사로부터 무제한으로 보호되는 것은 아니고 국가의 안전보장·질서유지·공공복리를 위하여 필요한 경우에는 상당한 제한이 따르는 것이고, 수사기관이 범죄를 수사함에 있어 현재 범행이 행하여지고 있거나 행하여진 직후이고, 증거보전의 필요성 및 긴급성이 있으며, 일반적으로 허용되는 상당한 방법에 의하여 촬영을 한 경우라면 위 촬영이 영장 없이 이루어졌다 하여 이를 위법하다고 단정할 수 없다(대법원 1999.9.3, 99도2317).

198 수사기관이 범죄를 수사함에 있어 현재 범행이 행하여지고 있거나 행하여진 직후이고, 증거보전의 필요성 및 긴급성이 있으며 일반적으로 허용되는 상당한 방법에 의하여 촬영을 한 경우에는, 그 촬영행위가 영장 없이 이루어졌다 하여 이를 위법하다고 할 수 없다. [경찰간부 23]

198 (○) 대법원 2023.7.13, 2019도7891

판례 (일반음식점영업자인 피고인은 음향시설을 갖추고 손님이 춤을 추는 것을 허용하여 영업자가 지켜야 할 사항을 지키지 않았다는 이유로 식품위생법 위반으로 기소된 사건) 수사기관이 범죄를 수사하면서 불특정, 다수의 출입이 가능한 장소에 통상적인 방법으로 출입하여 아무런 물리력이나 강제력을 행사하지 않고 통상적인 방법으로 위법행위를 확인하는 것은 특별한 사정이 없는 한 임의수사의 한 방법으로서 허용되므로 영장 없이 이루어졌다고 하여 위법하다고 할 수 없다. 또한 수사기관이 범죄를 수사하면서 현재 범행이 행하여지고 있거나 행하여진 직후이고, 증거보전의 필요성 및 긴급성이 있으며, 일반적으로 허용되는 상당한 방법으로 촬영한 경우라면 위 촬영이 영장 없이 이루어졌다 하여 이를 위법하다고 할 수 없다(대법원 1999.9.3, 99도2317). 경찰관들이 범죄혐의가 포착된 상태에서 그에 관한 증거를 보전하기 위하여, 불특정, 다수가 출입할 수 있는 이 사건 음식점에 통상적인 방법으로 출입하여 음식점 내에 있는 사람이라면 누구나 볼 수 있었던 손님들의 춤추는 모습을 확인하고 이를 촬영한 것은 영장 없이 이루어졌다 하여 위법하다고 볼 수 없다(촬영물의 증거능력 인정, 대법원 2023.7.13, 2019도7891).

199 수사기관이 범행 중 또는 직후에 증거보전의 필요성, 긴급성이 있어서 상당한 방법으로 사진을 촬영한 경우라면 영장 없는 사진촬영도 위법한 수사가 아니다. [국가9급 18] [국가9급개론 18]

199 (○) 대법원 2013.7.26, 2013도2511

200 무인장비에 의한 제한속도 위반차량의 단속 과정에서 상당한 방법으로 차량의 차량번호등이 촬영된 사진은 위법하게 수집된 증거로 증거능력이 없다고 할 수 없다. [군무원9급 21]

200 (O)

> **해설+** 수사, 즉 범죄혐의의 유무를 명백히 하여 공소를 제기·유지할 것인가의 여부를 결정하기 위하여 범인을 발견·확보하고 증거를 수집·보전하는 수사기관의 활동은 수사 목적을 달성함에 필요한 경우에 한하여 사회통념상 상당하다고 인정되는 방법 등에 의하여 수행되어야 하는 것인바, 무인장비에 의한 제한속도 위반차량 단속은 이러한 수사활동의 일환으로서 도로에서의 위험을 방지하고 교통의 안전과 원활한 소통을 확보하기 위하여 도로교통법령에 따라 정해진 제한속도를 위반하여 차량을 주행하는 범죄가 현재 행하여지고 있고, 그 범죄의 성질·태양으로 보아 긴급하게 증거보전을 할 필요가 있는 상태에서 일반적으로 허용되는 한도를 넘지 않는 상당한 방법에 의한 것이라고 판단되므로, 이를 통하여 운전 차량의 차량번호 등을 촬영한 사진을 두고 위법하게 수집된 증거로서 증거능력이 없다고 말할 수 없다(대법원 1999.12.7, 98도3329).

201 거짓말탐지기의 검사는 일정한 조건이 모두 충족되어 증거능력이 있는 경우에도 그 검사 결과는 검사를 받는 사람의 진술의 신빙성을 가늠하는 정황증거로서의 기능을 하는 데 그친다. [경찰채용 14]

201 (O) 대법원 1987.7.21, 87도968

202 거짓말탐지기 검사 결과는 항상 진실에 부합한다고 단정할 수 없다 하더라도 검사를 받는 사람의 진술의 신빙성을 가늠하는 정황증거로서 기능을 하므로, 그 검사 결과만으로 범행 당시의 상황이나 범행 이후 정황에 부합하는 진술의 신빙성을 부정할 수 있다. [국가7급 23]

202 (X) 거짓말탐지기 검사 결과만으로 범행 당시 상황이나 범행 이후 정황에 부합하는 진술의 신빙성을 부정할 수 없다.

> **판례** 거짓말탐지기 검사 결과가 항상 진실에 부합한다고 단정할 수 없을 뿐 아니라, 검사를 받는 사람의 진술의 신빙성을 가늠하는 정황증거로서 기능을 하는 데 그치므로, 그와 같은 검사결과만으로 범행 당시의 상황이나 범행 이후 정황에 부합하는 공소외 1 진술의 신빙성을 부정할 수 없다(대법원 2017.1.25, 2016도15526).

203 검사가 피의자를 신문함에는 검찰청수사관 또는 서기관이나 서기를 참여하게 하여야 하고, 사법경찰관이 피의자를 신문함에는 사법경찰관리를 참여하게 하여야 한다. [경찰채용 19 1차]

203 (O) 제243조

> **해설+** 제243조【피의자신문과 참여자】검사가 피의자를 신문함에는 검찰청수사관 또는 서기관이나 서기를 참여하게 하여야 하고 사법경찰관이 피의자를 신문함에는 사법경찰관리를 참여하게 하여야 한다.

204 변호인에게 피의자신문 참여권을 인정하는 이유는 피의자 등이 가지는 '변호인의 조력을 받을 권리'를 충실하게 보장하기 위한 목적에서 비롯된 것이지, 그것이 변호인 자신의 기본권을 보장하기 위하여 인정되는 권리라고 볼 수는 없다. [경찰채용 18 2차]

204 (×) 변호인이 피의자신문에 자유롭게 참여할 수 있는 권리는 피의자가 가지는 변호인의 조력을 받을 권리를 실현하는 수단이므로 헌법상 기본권인 변호인의 변호권으로서 보호되어야 한다(헌법재판소 2017.11.30, 2016헌마503).

205 피의자신문에 대한 변호인의 참여권은 구속된 피의자의 방어권을 실질적으로 보장하기 위한 취지이므로 불구속 피의자의 피의자신문에 대해서는 정당한 사유가 있는 경우에만 변호인의 참여가 허용된다. [경찰채용 18 2차]

해설+ 제243조의2 【변호인의 참여 등】 ① 검사 또는 사법경찰관은 피의자 또는 그 변호인·법정대리인·배우자·직계친족·형제자매의 신청에 따라 변호인을 피의자와 접견하게 하거나 정당한 사유가 없는 한 피의자에 대한 신문에 참여하게 하여야 한다.

205 (×) 피의자신문에 대한 변호인의 참여권은 원칙적으로 모든 피의자에게 인정되는 것이고, 검사 또는 사법경찰관은 단지 정당한 사유가 있는 경우에만 제한할 수 있을 뿐이다(제243조의2 제1항).

206 피의자신문에 참여한 변호인은 신문 후 의견을 진술할 수 있는 것이 원칙이나, 신문 중이라도 검사 또는 사법경찰관의 승인을 얻어 의견을 진술할 수 있다. [국가7급 12]

206 (○) 제243조의2 제3항

207 신문에 참여한 변호인은 신문 후 의견을 진술할 수 있지만, 신문 중이라도 부당한 신문방법에 대하여 이의를 제기할 수 있다. [법원9급 14]

207 (○) 제243조의2 제3항

208 검사 또는 사법경찰관은 피의자에게 출석요구를 하려는 경우에는 피의자와 조사의 일시·장소에 관하여 협의해야 하고 변호인이 있는 때에는 변호인과도 협의해야 하나, 피의자 외의 사람에 대한 출석요구의 경우에는 협의를 요하지 아니한다. [경찰채용 21 2차]

해설+ 수사준칙 제19조 【출석요구】 ② 검사 또는 사법경찰관은 피의자에게 출석요구를 하려는 경우 피의자와 조사의 일시·장소에 관하여 협의해야 한다. 이 경우 변호인이 있는 경우에는 변호인과도 협의해야 한다.
⑥ 제1항부터 제5항까지의 규정은 피의자 외의 사람에 대한 출석요구의 경우에도 적용한다.

208 (×) 수사기관 출석요구 시 협의의무를 정한 내용으로, 이는 피의자·변호인뿐만 아니라 피의자 외의 사람에 대한 출석요구의 경우에도 동일하다(수사준칙 제19조 제6항).

209 검사 또는 사법경찰관은 피의자신문에 참여한 변호인이 피의자의 옆자리 등 실질적인 조력을 할 수 있는 위치에 앉도록 해야 하고, 정당한 사유가 없으면 피의자에 대한 법적인 조언·상담을 보장해야 하며, 피의자에 대한 신문이 아닌 단순 면담 등이라는 이유로 변호인의 참여·조력을 제한해서는 안 된다.   [경찰채용 21 2차]

209 (○) 수사준칙 제13조 제1항·제2항

210 검사 또는 사법경찰관은 피의자신문에 참여한 변호인이 피의자의 옆자리 등 실질적인 조력을 할 수 있는 위치에 앉도록 해야 하고, 정당한 사유가 없으면 피의자에 대한 법적인 조언·상담을 보장해야 하며, 법적인 조언·상담을 위한 변호인의 메모를 허용해야 한다.   [경찰승진 22] [소방간부 23]

210 (○) 수사준칙 제13조 제1항

해설+ 수사준칙 제13조 【변호인의 피의자신문 참여·조력】 ① 검사 또는 사법경찰관은 피의자신문에 참여한 변호인이 피의자의 옆자리 등 실질적인 조력을 할 수 있는 위치에 앉도록 해야 하고, 정당한 사유가 없으면 피의자에 대한 법적인 조언·상담을 보장해야 하며, 법적인 조언·상담을 위한 변호인의 메모를 허용해야 한다.
② 검사 또는 사법경찰관은 피의자에 대한 신문이 아닌 단순 면담 등이라는 이유로 변호인의 참여·조력을 제한해서는 안 된다.
③ 제1항 및 제2항은 검사 또는 사법경찰관의 사건관계인에 대한 조사·면담 등의 경우에도 적용한다.

211 피의자신문에 참여한 변호인은 검사 또는 사법경찰관의 신문 후 조서를 열람하고 의견을 진술할 수 있으며, 신문 중이라도 부당한 신문방법에 대해서는 검사 또는 사법경찰관의 승인을 받아 이의를 제기할 수 있다.   [경찰채용 21 2차]

211 (×)

해설+ 제243조의2 제3항에 근거를 둔 내용으로서 구체적으로는 수사준칙에서 이를 정하고 있다. 즉, 피의자신문에 참여한 변호인은 검사 또는 사법경찰관의 신문 후 조서를 열람하고 의견을 진술할 수 있으며(수사준칙 제14조 제1항), 부당한 신문방법에 대해서는 신문 중이라도 이의를 제기할 수 있다(동조 제3항). 이때에는 검사 또는 사법경찰관의 승인을 받을 필요가 없다.

212 피의자신문에 참여한 변호인은 검사 또는 사법경찰관의 신문 후 조서를 열람하고 별도의 서면으로 의견을 제출할 수 있으며, 검사 또는 사법경찰관은 해당 서면을 사건기록에 편철한다. [경찰승진 22]

212 (○) 수사준칙 제14조 제1항

해설+ 수사준칙 제14조【변호인의 의견진술】① 피의자신문에 참여한 변호인은 검사 또는 사법경찰관의 신문 후 조서를 열람하고 의견을 진술할 수 있다. 이 경우 변호인은 별도의 서면으로 의견을 제출할 수 있으며, 검사 또는 사법경찰관은 해당 서면을 사건기록에 편철한다.
② 피의자신문에 참여한 변호인은 신문 중이라도 검사 또는 사법경찰관의 승인을 받아 의견을 진술할 수 있다. 이 경우 검사 또는 사법경찰관은 정당한 사유가 있는 경우를 제외하고는 변호인의 의견진술 요청을 승인해야 한다.
③ 피의자신문에 참여한 변호인은 제2항에도 불구하고 부당한 신문방법에 대해서는 검사 또는 사법경찰관의 승인 없이 이의를 제기할 수 있다.
④ 검사 또는 사법경찰관은 제1항부터 제3항까지의 규정에 따른 의견진술 또는 이의제기가 있는 경우 해당 내용을 조서에 적어야 한다.

213 피의자신문에 참여한 변호인은 신문 후 의견을 진술할 수 있고, 부당한 신문방법에 대하여는 신문 중이더라도 이의를 제기하고 의견을 진술할 수 있다. 다만, 부당한 신문방법에 대한 신문 중의 이의제기는 검사 또는 사법경찰관의 승인을 얻어야 한다. [경찰채용 18 2차]

213 (×) 부당한 신문방법에 대한 이의제기는 신문 중이라 하더라도 수사기관의 승인을 요하지 아니한다 (제243조의2 제3항).

해설+ 제243조의2【변호인의 참여 등】③ 신문에 참여한 변호인은 신문 후 의견을 진술할 수 있다. 다만, 신문 중이라도 부당한 신문방법에 대하여 이의를 제기할 수 있고, 검사 또는 사법경찰관의 승인을 얻어 의견을 진술할 수 있다.

214 변호인의 의견이 기재된 피의자신문조서는 변호인에게 열람하게 한 후 변호인으로 하여금 그 조서에 기명날인 또는 서명하게 하여야 한다. [법원9급 14]

214 (○) 제243조의2 제4항

215 검사 또는 사법경찰관의 변호인참여 등에 관한 처분에 불복이 있으면, 그 직무집행지의 관할법원 또는 검사의 소속 검찰청에 대응한 법원에 그 처분의 취소 또는 변경을 청구할 수 있다. [법원9급 14]

215 (○) 제417조

216 신문에 참여한 변호인은 신문 중 의견을 진술할 수 있고, 이 경우 검사 또는 사법경찰관의 승인을 얻을 필요는 없다. [법원9급 13]

216 (×) '는 없다' → '가 있다' 신문 중 부당한 신문방법에 대한 이의제기는 가능하나, 의견진술에는 검사 또는 사법경찰관의 승인이 필요하다.

217 검사 또는 사법경찰관은 변호인의 신문참여 및 그 제한에 관한 사항을 피의자신문조서에 기재하여야 한다. [법원9급 13]

217 (○) 제243조의2 제5항

218 변호인의 피의자신문 참여에 관한 검사 등의 처분에 대하여 불복이 있으면 준항고할 수 있다. [국가7급 10]

218 (○) 제417조

219 검사의 구속영장 청구 전 피의자 대면조사에 있어 피의자는 검사의 출석 요구에 응할 의무가 없고, 피의자가 검사의 출석 요구에 동의한 때에 한하여 사법경찰관리는 피의자를 검찰청으로 호송하여야 한다. [경찰채용 18 1차] [법원9급 14]

219 (○) 대법원 2010.10.28, 2008도11999

220 피의자신문에 참여하고자 하는 변호인이 2인 이상인 때에는 피의자가 신문에 참여할 변호인 1인을 지정하고, 지정이 없는 경우에는 검사 또는 사법경찰관이 이를 지정할 수 있다. [경찰채용 17 1차] [국가7급 12]

220 (○) 제243조의2 제2항

221 검찰수사관이 피의자신문에 참여한 변호인에게 피의자 후방에 앉으라고 요구한 행위는 이를 정당화할 특별한 사정이 없는 한 변호인의 변호권을 침해하므로 헌법에 위배된다. [국가9급 18] [국가9급개론 18]

221 (○) 헌법재판소 2017.11.30, 2016헌마503

222 피의자신문에 참여한 변호인은 신문 중이라도 부당한 신문방법에 대하여 이의를 제기할 수 있고, 검사 또는 사법경찰관의 부당한 신문방법에 대한 이의제기는 고성, 폭언 등 그 방식이 부적절하거나 또는 합리적 근거 없이 반복적으로 이루어지는 등의 특별한 사정이 없는 한, 원칙적으로 변호인에게 인정된 권리의 행사에 해당하며, 신문을 방해하는 행위로는 볼 수 없다.

[경찰채용 20 2차]

222 (O)

해설+ 형사소송법 제243조의2 제1항은 검사 또는 사법경찰관은 피의자 또는 변호인 등이 신청할 경우 정당한 사유가 없는 한 변호인을 피의자신문에 참여하게 하여야 한다고 규정하고 있다. 여기에서 '정당한 사유'란 변호인이 피의자신문을 방해하거나 수사기밀을 누설할 염려가 있음이 객관적으로 명백한 경우 등을 말한다. 형사소송법 제243조의2 제3항 단서는 피의자신문에 참여한 변호인은 신문 중이라도 부당한 신문방법에 대하여 이의를 제기할 수 있다고 규정하고 있으므로, 검사 또는 사법경찰관의 부당한 신문방법에 대한 이의제기는 고성, 폭언 등 그 방식이 부적절하거나 또는 합리적 근거 없이 반복적으로 이루어지는 등의 특별한 사정이 없는 한, 원칙적으로 변호인에게 인정된 권리의 행사에 해당하며, 신문을 방해하는 행위로는 볼 수 없다. 따라서 검사 또는 사법경찰관이 그러한 특별한 사정 없이, 단지 변호인이 피의자신문 중에 부당한 신문방법에 대한 이의제기를 하였다는 이유만으로 변호인을 조사실에서 퇴거시키는 조치는 정당한 사유 없이 변호인의 피의자신문 참여권을 제한하는 것으로서 허용될 수 없다(대법원 2020.3.17, 2015모2357).

223 사법경찰관이 변호인 참여를 희망하는 피의자의 명시적 의사표시를 무시한 채 정당한 사유 없이 변호인을 불참시킨 가운데 피의자를 신문하여 작성한 조서는 「형사소송법」제308조의2의 위법수집증거이자 제312조 제3항의 '적법한 절차와 방식'에도 반하는 증거이다.

[군무원9급 23]

223 (O)

해설+ 헌법 제12조 제1항, 제4항 본문, 형사소송법 제243조의2 제1항 및 그 입법 목적 등에 비추어 보면, 피의자가 변호인의 참여를 원한다는 의사를 명백하게 표시하였음에도 수사기관이 정당한 사유 없이 변호인을 참여하게 하지 아니한 채 피의자를 신문하여 작성한 피의자신문조서는 형사소송법 제312조에 정한 '적법한 절차와 방식'에 위반된 증거일 뿐만 아니라, 형사소송법 제308조의2에서 정한 '적법한 절차에 따르지 아니하고 수집한 증거'에 해당하므로 이를 증거로 할 수 없다(대법원 2013.3.28, 2010도3359).

224 피의자가 변호인의 참여를 원한다는 의사를 명백하게 표시하였음에도 수사기관이 정당한 사유 없이 변호인을 참여하게 하지 아니한 채 피의자를 신문하여 작성한 피의자신문조서는 「형사소송법」제312조에서 정한 '적법한 절차와 방식'에 위반된 증거일 뿐만 아니라, 「형사소송법」제308조의2에서 정한 '적법한 절차에 따르지 아니하고 수집한 증거'에 해당하므로 이를 증거로 할 수 없다.

[경찰채용 16·17 1차] [법원9급 15]

224 (O) 대법원 2013.3.28, 2010도3359

225 피의자가 "변호인의 조력을 받을 권리를 행사할 것인가요"라는 사법경찰관의 물음에 "예"라고 답변하였음에도 사법경찰관이 변호인의 참여를 제한하여야 할 정당한 사유 없이 변호인이 참여하지 아니한 상태에서 계속하여 피의자를 상대로 신문을 행한 경우, 그 내용을 기재한 피의자신문조서는 적법한 절차에 따르지 않고 수집한 증거에 해당한다.　　　[경찰채용 18 2차]

해설+　헌법 제12조 제1항, 제4항 본문, 형사소송법 제243조의2 제1항 및 그 입법 목적 등에 비추어 보면, 피의자가 변호인의 참여를 원한다는 의사를 명백하게 표시하였음에도 수사기관이 정당한 사유 없이 변호인을 참여하게 하지 아니한 채 피의자를 신문하여 작성한 피의자신문조서는 형사소송법 제312조에 정한 '적법한 절차와 방식'에 위반된 증거일 뿐만 아니라, 형사소송법 제308조의2에서 정한 '적법한 절차에 따르지 아니하고 수집한 증거'에 해당하므로 이를 증거로 할 수 없다(대법원 2013.3.28, 2010도3359).

225 (○)

226 검사 또는 사법경찰관은 피의자의 연령·성별·국적 등의 사정을 고려하여 그 심리적 안정의 도모와 원활한 의사소통을 위하여 필요한 경우에는 직권 또는 피의자·법정대리인의 신청에 따라 피의자와 신뢰관계에 있는 자를 동석하게 하여야 한다.　　　[경찰경채 23]

해설+　형사소송법 244조의5 【장애인 등 특별히 보호를 요하는 자에 대한 특칙】 검사 또는 사법경찰관은 피의자를 신문하는 경우 다음 각 호의 어느 하나에 해당하는 때에는 직권 또는 피의자·법정대리인의 신청에 따라 피의자와 신뢰관계에 있는 자를 동석하게 할 수 있다.
1. 피의자가 신체적 또는 정신적 장애로 사물을 변별하거나 의사를 결정·전달할 능력이 미약한 때
2. 피의자의 연령·성별·국적 등의 사정을 고려하여 그 심리적 안정의 도모와 원활한 의사소통을 위하여 필요한 경우

226 (×) 피의자신문시 신뢰관계자 동석은 임의적 동석이다. 제244조의5 제2호 참조.

227 사법경찰관은 피의자를 신문할 시에 피의자가 정신적 장애로 의사를 전달할 능력이 미약하다면 법정대리인의 신청이 없더라도 피의자와의 신뢰관계 유무를 확인한 후 직권으로 신뢰관계에 있는 자를 동석하게 할 수 있다.　　　[경찰간부 18]

227 (○) 제244조의5

228 피의자와 신뢰관계에 있는 자의 동석을 허락하는 경우에도 동석한 사람으로 하여금 피의자를 대신하여 진술하도록 하여서는 안 되며, 동석한 사람이 피의자를 대신하여 진술한 부분이 조서에 기재되어 있다면 그 부분은 피의자의 진술을 기재한 것이 아니라 동석한 사람의 진술을 기재한 조서에 해당하므로, 그 사람에 대한 진술조서로서의 증거능력을 취득하기 위한 요건을 충족하지 못하는 한 이를 유죄 인정의 증거로 사용할 수 없다.　　　[경찰간부 18] [경찰채용 17 1차]

228 (○) 대법원 2009.6.23, 2009도1322

229 피의자를 신문하는 경우 피의자와 신뢰관계에 있는 자의 동석을 허락할 것인지는 원칙적으로 검사 또는 사법경찰관이 여러 사정을 고려하여 재량에 따라 판단할 수 있으나, 이를 허락하는 경우에도 동석한 사람으로 하여금 피의자를 대신하여 진술하도록 하여서는 안 된다. [경찰채용 20 2차]

229 (○) 대법원 2009.6.23, 2009도1322

230 피의자의 진술을 영상녹화하는 경우 피의자 또는 변호인의 동의를 받아야 영상녹화할 수 있고, 피의자가 아닌 자의 진술을 영상녹화하고자 할 때에는 미리 피의자가 아닌 자에게 영상녹화사실을 알려주어야 영상녹화할 수 있다. [경찰채용 17 1차·18 3차 유사]

230 (×) '피의자' → '피의자 아닌 자', '피의자 아닌 자' → '피의자'(제244조의2 제1항, 제221조 제1항)

231 피의자의 진술은 피의자 또는 변호인의 동의 없이도 영상을 녹화할 수 있으나, 다만 미리 영상녹화사실을 알려주어야 하며 조사의 개시부터 종료까지의 전 과정 및 객관적 정황을 영상녹화해야 한다. [경찰간부 23] [국가7급 12 변형]

231 (○) 형사소송법 제244조의2 제1항

해설+ 형사소송법 제244조의2 【피의자진술의 영상녹화】 ① 피의자의 진술은 영상녹화할 수 있다. 이 경우 미리 영상녹화사실을 알려주어야 하며, 조사의 개시부터 종료까지의 전 과정 및 객관적 정황을 영상녹화하여야 한다.

참조판례 형사소송법은 제244조의2 제1항에서 피의자의 진술을 영상녹화하는 경우 조사의 개시부터 종료까지의 전 과정 및 객관적 정황을 영상녹화하여야 한다고 규정하고 있고, 형사소송규칙은 제134조의2 제3항에서 영상녹화물은 조사가 개시된 시점부터 조사가 종료되어 피의자가 조서에 기명날인 또는 서명을 마치는 시점까지 전 과정이 영상녹화된 것으로서 피의자의 신문이 영상녹화되고 있다는 취지의 고지, 영상녹화를 시작하고 마친 시각 및 장소의 고지, 신문하는 검사와 참여한 자의 성명과 직급의 고지, 진술거부권·변호인의 참여를 요청할 수 있다는 점 등의 고지, 조사를 중단·재개하는 경우 중단 이유와 중단 시각, 중단 후 재개하는 시각, 조사를 종료하는 시각의 내용을 포함하는 것이어야 한다고 규정한다. 형사소송법 등에서 조사가 개시된 시점부터 조사가 종료되어 조서에 기명날인 또는 서명을 마치는 시점까지 조사 전 과정이 영상녹화되는 것을 요구하는 취지는 진술 과정에서 연출이나 조작을 방지하고자 하는 데 있다. 여기서 조사가 개시된 시점부터 조사가 종료되어 조서에 기명날인 또는 서명을 마치는 시점까지라 함은 기명날인 또는 서명의 대상인 조서가 작성된 개별 조사에서의 시점을 의미하므로 수회의 조사가 이루어진 경우에도 최초의 조사부터 모든 조사 과정을 빠짐없이 영상녹화하여야 한다고 볼 수 없고, 같은 날 이루어진 수회의 조사라 하더라도 특별한 사정이 없는 한 조사 과정 전부를 영상녹화하여야 하는 것도 아니다(대법원 2022.7.14, 2020도13957).

232 참고인의 경우는 동의를 얻어 영상녹화할 수 있으나, 피의자의 경우 고지를 하고 영상녹화할 수 있다. [국가9급 08]

232 (○) 제221조 제1항, 제244조의2 제1항

233 수사기관이 미성년자인 피의자의 진술을 영상녹화할 경우에는 「형사소송법」상 변호인의 동의를 얻어야 한다. [경찰채용 12]

233 (×) '「형사소송법」상 변호인의 동의를 얻어야' → '미리 영상녹화사실을 알려주어야'(제244조의2 제1항)

234 영상녹화가 완료된 이후 피의자가 영상녹화물의 내용에 대하여 이의를 진술하는 때에는 그 진술을 따로 영상녹화하여 첨부하여야 한다. [경찰채용 12]

234 (×) '그 진술을 따로 영상녹화하여' → '그 취지를 기재한 서면을' 이의진술을 따로 영상녹화할 필요는 없다(제244조의2 제3항).

235 수사기관은 피의자신문절차에서 피의자의 동의 없이도 피의자의 진술을 영상녹화할 수 있으며, 영상녹화물의 내용에 대해 피의자가 이의를 진술하는 경우 그 진술을 따로 영상녹화하여 첨부하여야 한다. [경찰채용 18 2차]

235 (×)

해설+ 수사기관은 피의자신문절차에서 피의자의 동의 없이 영상녹화사실을 사전고지한 후 피의자의 진술을 영상녹화할 수 있다(제244조의2 제1항). 다만, 영상녹화물의 내용에 대해 피의자가 이의를 진술한 경우에는 그 취지를 기재한 서면을 첨부하여야 한다(동조 제3항).

236 영상녹화가 완료된 때에는 피의자 또는 변호인 앞에서 지체 없이 그 원본을 봉인하고 피의자로 하여금 기명날인 또는 서명하게 하여야 한다. [국가9급 08]

236 (○) 제244조의2 제2항

237 검사 또는 사법경찰관은 피의자나 사건관계인에 대해 원칙적으로 오후 9시부터 오전 6시까지 사이에 심야조사를 해서는 안 되지만, 이미 작성된 조서의 열람을 위한 절차는 예외적으로 오후 9시부터 오전 6시까지 사이에 진행할 수 있다. [경찰승진 22]

237 (✕) 심야조사는 원칙적으로 금지되나, 이미 작성된 조서의 열람을 위한 절차는 '자정 이전까지' 진행할 수 있다(수사준칙 제21조 제1항 단서).

> **해설+** 수사준칙 제21조【심야조사 제한】① 검사 또는 사법경찰관은 조사, 신문, 면담 등 그 명칭을 불문하고 피의자나 사건관계인에 대해 오후 9시부터 오전 6시까지 사이에 조사(이하 "심야조사"라 한다)를 해서는 안 된다. 다만, 이미 작성된 조서의 열람을 위한 절차는 '자정 이전'까지 진행할 수 있다.
> ② 제1항에도 불구하고 다음 각 호의 어느 하나에 해당하는 경우에는 심야조사를 할 수 있다. 이 경우 심야조사의 사유를 조서에 명확하게 적어야 한다.
> 1. 피의자를 체포한 후 48시간 이내에 구속영장의 청구 또는 신청 여부를 판단하기 위해 불가피한 경우
> 2. 공소시효가 임박한 경우
> 3. 피의자나 사건관계인이 출국, 입원, 원거리 거주, 직업상 사유 등 재출석이 곤란한 구체적인 사유를 들어 심야조사를 요청한 경우(변호인이 심야조사에 동의하지 않는다는 의사를 명시한 경우는 제외한다)로서 해당 요청에 상당한 이유가 있다고 인정되는 경우
> 4. 그 밖에 사건의 성질 등을 고려할 때 심야조사가 불가피하다고 판단되는 경우 등 법무부장관, 경찰청장 또는 해양경찰청장이 정하는 경우로서 검사 또는 사법경찰관의 소속 기관의 장이 지정하는 인권보호 책임자의 허가 등을 받은 경우
> (→ 영/시/청/기허 심야조사 돼)

238 검사 또는 사법경찰관은 피의자를 체포한 후 48시간 이내에 구속영장의 청구 또는 신청 여부를 판단하기 위해 불가피한 경우 오후 9시부터 오전 6시까지 사이에 심야조사를 할 수 있다. [경찰승진 22] [해경승진 23]

238 (○)

> **해설+** 체포 후 48시간 이내에 검사가 구속영장을 청구하지 않으면 석방하여야 하는데(형사소송법 제200조의2 제5항), 48시간 이내에 검사의 구속영장 청구 또는 사법경찰관의 구속영장 신청 여부를 판단하기 위해 불가피한 경우에는 예외적으로 심야조사가 가능하다(수사준칙 제21조 제2항 제1호).

239 검사 또는 사법경찰관은 사건의 성질 등을 고려할 때 심야조사가 불가피하다고 판단되는 경우 등 법무부장관, 경찰청장 또는 해양경찰청장이 정하는 경우로서 검사 또는 사법경찰관의 소속기관의 장이 지정하는 인권보호 책임자의 허가 등을 받은 때에는 오후 9시부터 오전 6시까지 사이에 심야조사를 할 수 있다.   [경찰승진 22] [해경승진 23]

> **해설+** 심야조사가 가능한 예외적인 경우는 ㉠ 체포 후 48시간 이내에 구속영장의 청구 또는 신청 여부를 판단하기 위해 불가피한 경우, ㉡ 공소시효가 임박한 경우, ㉢ 피의자나 사건관계인이 재출석이 곤란한 구체적인 사유를 들어 심야조사를 요청한 경우(이때 변호인의 명시적 부동의가 있으면 심야조사 금지) 그리고 ㉣ 그밖에 사건의 성질 등을 고려할 때 심야조사가 불가피하다고 판단되는 경우 등 법무부장관, 경찰청장, 해양경찰청장이 정하는 경우 등 네 가지가 있다(영/시/청/기허 심야조사 돼). 마지막 ㉣의 경우에는 검사 또는 사법경찰관의 소속기관의 장이 지정하는 인권보호 책임자의 허가 등을 받아야 한다(수사준칙 제21조 제2항).

> **참고** 검사 또는 사법경찰관은 피의자나 사건관계인에 대한 조사를 마친 때부터 8시간 내에는 재조사가 금지되나, 역시 위 네 가지 경우에는 8시간 내 재조사가 가능하다(영/시/청/기 8시간 내 재조사 돼).

240 검사 또는 사법경찰관은 특별한 사정이 없으면 총조사시간 중 식사시간, 휴식시간 및 조서의 열람시간 등을 제외한 실제 조사시간이 12시간을 초과하지 않도록 해야 한다.   [경찰채용 21 1차]

240 (×) 총조사시간은 12시간, 실제 조사시간은 8시간 이내로 한다.

> **해설+** 수사준칙 제22조 【장시간 조사 제한】 ② 검사 또는 사법경찰관은 특별한 사정이 없으면 총조사시간 중 식사시간, 휴식시간 및 조서의 열람시간 등을 제외한 실제 조사시간이 8시간을 초과하지 않도록 해야 한다.

241 검사 또는 사법경찰관은 조사, 신문, 면담 등 그 명칭을 불문하고 피의자나 사건관계인을 조사하는 경우에는 원칙적으로 대기시간, 휴식시간, 식사시간 등 모든 시간을 합산한 조사시간이 12시간을 초과하지 않도록 해야 한다.   [경찰승진 22] [해경승진 23]

241 (○) 수사준칙 제22조 제1항

> **해설+** 수사준칙 제22조 【장시간 조사 제한】 ① 검사 또는 사법경찰관은 조사, 신문, 면담 등 그 명칭을 불문하고 피의자나 사건관계인을 조사하는 경우에는 대기시간, 휴식시간, 식사시간 등 모든 시간을 합산한 조사시간(이하 "총조사시간"이라 한다)이 12시간을 초과하지 않도록 해야 한다. 다만, 다음 각 호의 어느 하나에 해당하는 경우에는 예외로 한다.
> 1. 피의자나 사건관계인의 서면 요청에 따라 조서를 열람하는 경우
> 2. 제21조 제2항 각 호의 어느 하나에 해당하는 경우
> ② 검사 또는 사법경찰관은 특별한 사정이 없으면 총조사시간 중 식사시간, 휴식시간 및 조서의 열람시간 등을 제외한 실제 조사시간이 8시간을 초과하지 않도록 해야 한다.
> ③ 검사 또는 사법경찰관은 피의자나 사건관계인에 대한 조사를 마친 때부터 8시간이 지나기 전에는 다시 조사할 수 없다. 다만, 제1항 제2호에 해당하는 경우에는 예외로 한다.

76 형사소송법의 수사와 증거

242 검사 또는 사법경찰관은 조사, 신문, 면담 등 그 명칭을 불문하고 피의자에 대해 원칙적으로 오후 9시부터 오전 6시까지 사이에는 심야조사를 해서는 안 되며, 조서를 열람하거나 예외적으로 심야조사가 허용되는 경우를 제외하고는 총 조사시간은 12시간을 초과하지 않아야 한다. [경찰간부 23]

243 검사 또는 사법경찰관은 조사에 상당한 시간이 소요되는 경우에는 특별한 사정이 없으면 피의자 또는 사건관계인에게 조사 도중에 최소한 2시간마다 10분 이상의 휴식시간을 주어야 한다. [경찰채용 21 1차]

해설+ 수사준칙 제23조 【휴식시간 부여】① 검사 또는 사법경찰관은 조사에 상당한 시간이 소요되는 경우에는 특별한 사정이 없으면 피의자 또는 사건관계인에게 조사 도중에 최소한 2시간마다 10분 이상의 휴식시간을 주어야 한다.
② 검사 또는 사법경찰관은 조사 도중 피의자, 사건관계인 또는 그 변호인으로부터 휴식시간의 부여를 요청받았을 때에는 그때까지 조사에 소요된 시간, 피의자 또는 사건관계인의 건강상태 등을 고려해 적정하다고 판단될 경우 휴식시간을 주어야 한다.
③ 검사 또는 사법경찰관은 조사 중인 피의자 또는 사건관계인의 건강상태에 이상 징후가 발견되면 의사의 진료를 받게 하거나 휴식하게 하는 등 필요한 조치를 해야 한다.

244 검사가 조사실에서 피의자를 신문할 때 도주, 자해 등의 위험이 없다면 교도관에게 피의자의 수갑 해제를 요청할 의무가 있고, 교도관은 이에 응하여야 한다. [국가7급 21]

보충 형사소송법 제417조는 검사 또는 사법경찰관의 '구금에 관한 처분'에 불복이 있으면 법원에 그 처분의 취소 또는 변경을 청구할 수 있다고 규정하고 있다. 검사 또는 사법경찰관이 보호장비 사용을 정당화할 예외적 사정이 존재하지 않음에도 구금된 피의자에 대한 교도관의 보호장비 사용을 용인한 채 그 해제를 요청하지 않는 경우에, 검사 및 사법경찰관의 이러한 조치를 형사소송법 제417조에서 정한 '구금에 관한 처분'으로 보지 않는다면 구금된 피의자로서는 이에 대하여 불복하여 침해된 권리를 구제받을 방법이 없게 된다. 따라서 검사 또는 사법경찰관이 구금된 피의자를 신문할 때 피의자 또는 변호인으로부터 보호장비를 해제해 달라는 요구를 받고도 거부한 조치는 형사소송법 제417조에서 정한 '구금에 관한 처분'에 해당한다고 보아야 한다(대법원 2020.3.17, 2015모2357).

245 검사 또는 사법경찰관은 피의자의 범죄수법, 범행동기, 피해자와의 관계, 언동 및 그 밖의 상황으로 보아 피해자가 피의자 또는 그 밖의 사람으로부터 생명·신체에 위해를 입거나 입을 염려가 있다고 인정되는 경우에는 피해자의 신청이 있는 때에 한하여 신변보호에 필요한 조치를 강구할 수 있다.

[경찰채용 21 2차]

245 (×) 수사기관의 피해자 보호의무를 정한 내용으로, 수사기관의 직권으로도 가능하다.

해설+ **수사준칙 제15조【피해자 보호】**② 검사 또는 사법경찰관은 피의자의 범죄수법, 범행동기, 피해자와의 관계, 언동 및 그 밖의 상황으로 보아 피해자가 피의자 또는 그 밖의 사람으로부터 생명·신체에 위해를 입거나 입을 염려가 있다고 인정되는 경우에는 직권 또는 피해자의 신청에 따라 신변보호에 필요한 조치를 강구해야 한다.

246 피의자의 진술은 조서에 기재하여야 하며, 조서를 열람하게 하거나 읽어 들려주는 과정에서 피의자가 이의를 제기하거나 의견을 진술한 때에는 이를 조서에 추가로 기재하여야 한다.

[경찰간부 23]

246 (○) 형사소송법 제244조 제1항, 제2항 참조.

해설+ **형사소송법 244조【피의자신문조서의 작성】**① 피의자의 진술은 조서에 기재하여야 한다. ② 제1항의 조서는 피의자에게 열람하게 하거나 읽어 들려주어야 하며, 진술한 대로 기재되지 아니하였거나 사실과 다른 부분의 유무를 물어 피의자가 증감 또는 변경의 청구 등 이의를 제기하거나 의견을 진술한 때에는 이를 조서에 추가로 기재하여야 한다. 이 경우 피의자가 이의를 제기하였던 부분은 읽을 수 있도록 남겨두어야 한다.

247 피의자가 피의자신문조서를 열람한 후 이의를 제기한 경우 이를 조서에 추가로 기재해야 하며, 이의를 제기하였던 부분은 부당한 심증형성의 기초가 되지 않도록 삭제하여야 한다.

[경찰채용 19 2차]

247 (×) 이의제기 부분은 읽을 수 있도록 남겨두어야 한다(제244조 제2항 제2문).

CHAPTER 02 강제처분과 강제수사

1 체포와 구속

Ⅰ 체포

대표유형

수사기관이 영장에 의한 체포를 하고자 하는 경우 검사는 관할 지방법원판사에게 체포영장을 청구할 수 있고, 사법경찰관리는 검사의 승인을 얻어 관할 지방법원판사에게 체포영장을 청구할 수 있다. [경찰채용 18 2차]

(×)

해설+ 검사는 관할 지방법원판사에게 체포영장을 청구할 수 있으나, 사법경찰관은 검사에게 신청하여 검사의 청구로 관할 지방법원판사의 체포영장을 발부받아 피의자를 체포할 수 있을 뿐이다(세200조의2 제1항 본문).

제200조의2【영장에 의한 체포】 ① 피의자가 죄를 범하였다고 의심할 만한 상당한 이유가 있고, 정당한 이유 없이 제200조의 규정에 의한 출석요구에 응하지 아니하거나 응하지 아니할 우려가 있는 때에는 검사는 관할 지방법원판사에게 청구하여 체포영장을 발부받아 피의자를 체포할 수 있고, 사법경찰관은 검사에게 신청하여 검사의 청구로 관할 지방법원판사의 체포영장을 발부받아 피의자를 체포할 수 있다. 다만, 다액 50만원 이하의 벌금, 구류 또는 과료에 해당하는 사건에 관하여는 피의자가 일정한 거주가 없는 경우 또는 정당한 이유 없이 제200조의 규정에 의한 출석요구에 응하지 아니한 경우에 한한다.

대표유형

사법경찰관이 긴급체포한 피의자에 대하여 구속영장을 신청하지 아니하고 석방한 경우에는 7일 이내에 검사에게 보고하여야 한다. [경찰승진 22]

(×) 제200조의4 제6항

해설+ **제200조의4【긴급체포와 영장청구기간】** ⑥ 사법경찰관은 긴급체포한 피의자에 대하여 구속영장을 신청하지 아니하고 석방한 경우에는 즉시 검사에게 보고하여야 한다.

대표유형

현행범인은 누구든지 영장 없이 체포할 수 있는데, 현행범인으로 체포하기 위하여는 행위의 가벌성, 범죄의 현행성·시간적 접착성, 범인·범죄의 명백성 이외에 체포의 필요성 즉, 도망 또는 증거인멸의 염려가 있어야 하고, 이러한 요건을 갖추지 못한 현행범인 체포는 법적 근거에 의하지 아니한 영장 없는 체포로서 위법한 체포에 해당한다. [법원9급 14]

(○) 대법원 2011.5.26, 2011도3682

001 다액 50만 원 이하의 벌금, 구류 또는 과료에 해당하는 사건의 경우, 피의 자가 일정한 주거가 없는 때에 한하여 사법경찰관은 체포영장을 발부받아 피의자를 체포할 수 있다. [경찰채용 22 2차]

001 (×)

> **해설+** 경미사건 피의자에 대한 영장에 의한 체포는 ㉠ (출석요구에 응하지 아니할 우려가 있는 때) 일정한 주거가 없는 경우뿐만 아니라, ㉡ 정당한 이유 없이 출석요구에 응하지 아니한 경우에도 가능하다(제200조의2 제1항 단서).

002 피의자가 죄를 범하였다고 의심할 만한 상당한 이유가 있고 정당한 이유 없이 출석요구에 응하지 아니하거나 응하지 아니할 우려가 있는 때라고 하 더라도 명백히 체포의 필요가 없다고 인정되는 때에는 체포영장 청구를 받 은 지방법원판사는 체포영장의 청구를 기각하여야 한다. [경찰간부 23]

002 (○) 영장에 의한 체포에 있 어서 체포의 필요성은 적극적 요건 은 아니나 소극적 요건으로서는 기 능한다. 형사소송법 제200조의2 제2항 참조.

> **해설+** 제200조의2【영장에 의한 체포】① 피의자가 죄를 범하였다고 의심할 만한 상당한 이유 가 있고, 정당한 이유 없이 제200조의 규정에 의한 출석요구에 응하지 아니하거나 응하지 아니할 우려가 있는 때에는 검사는 관할 지방법원판사에게 청구하여 체포영장을 발부받아 피의자를 체포할 수 있고, 사법경찰관은 검사에게 신청하여 검사의 청구로 관할지방법원판사의 체포영장을 발부받아 피의자를 체포할 수 있다. 다만, 다액 50만원 이하의 벌금, 구류 또는 과료에 해당하는 사건에 관하 여는 피의자가 일정한 주거가 없는 경우 또는 정당한 이유 없이 제200조의 규정에 의한 출석요구에 응하지 아니한 경우에 한한다.
> ② 제1항의 청구를 받은 지방법원판사는 상당하다고 인정할 때에는 체포영장을 발부한다. 다만, 명백히 체포의 필요가 인정되지 아니하는 경우에는 그러하지 아니하다.

003 체포영장의 청구서에는 체포사유로서 도망이나 증거인멸의 우려가 있는 사유를 기재하여야 한다. [경찰간부 23]

003 (×) 영장에 의한 체포의 사 유는 출석요구에 불응하거나 불응 할 우려이지, 체포의 필요성 즉, 도 망이나 증거인멸의 우려가 아니다. 따라서 체포영장청구서의 기재사 항에도 형사소송법 제200조의2 제1항에 규정한 체포의 사유(출석 요구에 응하지 아니하거나 응하지 아니할 우려가 있는 때)는 포함되 나(형사소송규칙 제95조 제7호), 도 망이나 증거인멸의 우려가 있는 사 유는 포함되지 아니한다. 형사소송 규칙 제95조 참조.

> **해설+** 형사소송규칙 제95조【체포영장청구서의 기재사항】체포영장의 청구서에는 다음 각 호의 사항을 기재하여야 한다.
> 1. 피의자의 성명(분명하지 아니한 때에는 인상, 체격, 그 밖에 피의자를 특정할 수 있는 사항), 주민 등록번호 등, 직업, 주거
> 2. 피의자에게 변호인이 있는 때에는 그 성명
> 3. 죄명 및 범죄사실의 요지
> 4. 7일을 넘는 유효기간을 필요로 하는 때에는 그 취지 및 사유
> 5. 여러 통의 영장을 청구하는 때에는 그 취지 및 사유
> 6. 인치구금할 장소
> 7. 법 제200조의2 제1항에 규정한 체포의 사유
> 8. 동일한 범죄사실에 관하여 그 피의자에 대하여 전에 체포영장을 청구하였거나 발부받은 사실이 있는 때에는 다시 체포영장을 청구하는 취지 및 이유
> 9. 현재 수사 중인 다른 범죄사실에 관하여 그 피의자에 대하여 발부된 유효한 체포영장이 있는 경우에는 그 취지 및 그 범죄사실

004 사법경찰관이 체포영장을 집행함에는 피의자에게 이를 제시하는 것으로 충분하고, 신속히 지정된 법원 기타 장소에 인치하여야 한다. [경찰승진 23]

004 (×) 영장을 제시하고 사본을 교부하여야 한다(형사소송법 제85조 제1항, 제200조의6).

> **해설+** 형사소송법 제85조 【구속영장집행의 절차】 ① 구속영장을 집행함에는 피고인에게 반드시 이를 제시하고 그 사본을 교부하여야 하며 신속히 지정된 법원 기타 장소에 인치하여야 한다.
>
> 제200조의6 【준용규정】 제75조, 제81조 제1항 본문 및 제3항, 제82조, 제83조, 제85조 제1항·제3항 및 제4항, 제86조, 제87조, 제89조부터 제91조까지, 제93조, 제101조 제4항 및 제102조 제2항 단서의 규정은 검사 또는 사법경찰관이 피의자를 체포하는 경우에 이를 준용한다. 이 경우 "구속"은 이를 "체포"로, "구속영장"은 이를 "체포영장"으로 본다.

005 체포영장을 집행하는 경우 피의자에게 반드시 체포영장을 제시하고 그 사본을 교부하여야 하며 신속히 지정된 법원 기타 장소에 인치하여야 한다. [경찰간부 23]

005 (○) 형사소송법 제200조의6, 제85조 제1항 참조.

> **해설+** 형사소송법 제200조의6 【준용규정】 제75조, 제81조 제1항 본문 및 제3항, 제82조, 제83조, 제85조 제1항·제3항 및 제4항, 제86조, 제87조, 제89조부터 제91조까지, 제93조, 제101조 제4항 및 제102조 제2항 단서의 규정은 검사 또는 사법경찰관이 피의자를 체포하는 경우에 이를 준용한다. 이 경우 "구속"은 이를 "체포"로, "구속영장"은 이를 "체포영장"으로 본다.
>
> 제85조 【구속영장집행의 절차】 ① 구속영장을 집행함에는 피고인에게 반드시 이를 제시하고 그 사본을 교부하여야 하며 신속히 지정된 법원 기타 장소에 인치하여야 한다.

006 영장을 집행함에 있어서는 원본을 제시하여야 하므로, 검사 또는 사법경찰관이 체포영장을 소지하지 아니하여 영장 원본을 제시할 수 없는 경우 급속을 요하는 경우라도 영장을 집행할 수 없다. [변호사 21]

006 (×)

> **해설+** 구속영장을 소지하지 아니한 경우에 급속을 요하는 때에는 피고인에 대하여 공소사실의 요지와 영장이 발부되었음을 고하고 집행할 수 있다(제85조 제3항). 제75조, 제81조 제1항 본문 및 제3항, 제82조, 제83조, 제85조 제1항·제3항 및 제4항, 제86조, 제87조, 제89조부터 제91조까지, 제93조, 제101조 제4항 및 제102조 제2항 단서의 규정은 검사 또는 사법경찰관이 피의자를 체포하는 경우에 이를 준용한다. 이 경우 "구속"은 이를 "체포"로, "구속영장"은 이를 "체포영장"으로 본다(제200조의6).

007 A가 체포영장의 제시 및 미란다원칙을 고지하려고 할 때, 만약 甲이 흉기를 꺼내 폭력으로 대항하여 甲을 실력으로 제압할 수밖에 없는 경우에는 A가 甲을 제압하고 지체 없이 체포영장을 제시하면서 미란다원칙을 고지할 수 있다. [변호사 21]

007 (○) 대법원 2008.10.9, 2008도3640

008 체포한 피의자를 구속하고자 할 때에는 체포한 때부터 48시간 이내에 「형사소송법」 제201조의 규정에 의하여 구속영장을 청구하여야 하고, 그 기간 내에 구속영장을 청구하지 아니하는 때에는 피의자를 즉시 석방하여야 한다.

[경찰채용 17 1차]

008 (○) 제200조의2 제5항

009 체포영장을 발부받은 후 피의자를 체포하지 아니한 경우 검사는 변호인이 있는 때에는 피의자의 변호인에게, 변호인이 없는 때에는 피의자 또는 피의자의 동거가족 중 피의자가 지정하는 자에게 지체 없이 그 사유를 서면으로 통지해야 한다.

[경찰승진 22] [경찰채용 18 2차]

해설+ 제204조【영장발부와 법원에 대한 통지】체포영장 또는 구속영장의 발부를 받은 후 피의자를 체포 또는 구속하지 아니하거나 체포 또는 구속한 피의자를 석방한 때에는 지체 없이 검사는 영장을 발부한 법원에 그 사유를 서면으로 통지하여야 한다.〈개정 1995.12.29.〉

009 (×) 체포영장을 발부받았음에도 피의자를 체포하지 아니하거나 체포한 피의자를 석방한 때에 검사는, 변호인 등이 아닌 영장을 발부한 법원에 지체 없이 그 사유를 서면으로 통지하여야 한다(제204조).

010 체포영장 또는 구속영장의 발부를 받은 후 피의자를 체포 또는 구속하지 아니하거나 체포 또는 구속한 피의자를 석방한 때에는 지체 없이 검사는 영장을 발부한 법원에 그 사유를 서면으로 통지하여야 한다. [법원9급 14]

010 (○) 제204조

011 「수사준칙」 제31조에 의하면 사법경찰관은 동일한 범죄사실로 다시 체포영장을 신청하는 경우에 그 취지를 체포영장 신청서에 적어야 한다.

[경찰채용 22 2차]

011 (○) 수사준칙 제31조

해설+ 체포·구속영장의 재청구·재신청에 관하여는 수사준칙 제31조에서 규정하고 있는데, 원래 체포영장 청구서에 관하여는 형사소송법 제200조의2 제4항 및 형사소송규칙 제95조 제8호에서 같은 내용을 규정하고 있다.

수사준칙 제31조【체포·구속영장의 재청구·재신청】 검사 또는 사법경찰관은 동일한 범죄사실로 다시 체포·구속영장을 청구하거나 신청하는 경우(체포·구속영장의 청구 또는 신청이 기각된 후 다시 체포·구속영장을 청구하거나 신청하는 경우와 이미 발부받은 체포·구속영장과 동일한 범죄사실로 다시 체포·구속영장을 청구하거나 신청하는 경우를 말한다)에는 그 취지를 체포·구속영장 청구서 또는 신청서에 적어야 한다.

형사소송법 제200조의2【영장에 의한 체포】 ④ 검사가 제1항의 청구를 함에 있어서 동일한 범죄사실에 관하여 그 피의자에 대하여 전에 체포영장을 청구하였거나 발부받은 사실이 있는 때에는 다시 체포영장을 청구하는 취지 및 이유를 기재하여야 한다.

형사소송규칙 제95조【체포영장 청구서의 기재사항】 체포영장의 청구서에는 다음 각 호의 사항을 기재하여야 한다.

8. 동일한 범죄사실에 관하여 그 피의자에 대하여 전에 체포영장을 청구하였거나 발부받은 사실이 있는 때에는 다시 체포영장을 청구하는 취지 및 이유

012 검사와 사법경찰관의 상호협력과 일반적 수사준칙에 관한 규정 제35조에 의하면 검사 또는 사법경찰관은 체포영장·구속영장의 유효기간 내에 영장의 집행에 착수하지 못한 경우, 반환사유 등을 적은 영장반환서에 해당 영장을 첨부하여 즉시 법원에 반환하여야 하고, 체포영장·구속영장이 여러 통 발부된 경우에는 모두 반환하여야 한다. [경찰채용 22 2차 변형]

012 (○) 수사준칙 제35조 제1항·제2항

해설+ 수사준칙 제35조【체포·구속영장의 반환】① 검사 또는 사법경찰관은 체포·구속영장의 유효기간 내에 영장의 집행에 착수하지 못했거나, 그 밖의 사유로 영장의 집행이 불가능하거나 불필요하게 되었을 때에는 즉시 해당 영장을 법원에 반환해야 한다. 이 경우 체포·구속영장이 여러 통 발부된 경우에는 모두 반환해야 한다.
② 검사 또는 사법경찰관은 제1항에 따라 체포·구속영장을 반환하는 경우에는 반환사유 등을 적은 영장반환서에 해당 영장을 첨부하여 반환하고, 그 사본을 사건기록에 편철한다.
③ 제1항에 따라 사법경찰관이 체포·구속영장을 반환하는 경우에는 그 영장을 청구한 검사에게 반환하고, 검사는 사법경찰관이 반환한 영장을 법원에 반환한다.

형사소송법 제204조【영장발부와 법원에 대한 통지】체포영장 또는 구속영장의 발부를 받은 후 피의자를 체포 또는 구속하지 아니하거나 체포 또는 구속한 피의자를 석방한 때에는 지체 없이 검사는 영장을 발부한 법원에 그 사유를 서면으로 통지하여야 한다.

형사소송규칙 제96조의19【영장발부와 통지】① 법 제204조의 규정에 의한 통지는 다음 각호의 1에 해당하는 사유가 발생한 경우에 이를 하여야 한다.
1. 피의자를 체포 또는 구속하지 아니하거나 못한 경우
③ 제1항 제1호에 해당하는 경우에는 체포영장 또는 구속영장의 원본을 첨부하여야 한다.

013 체포에 대하여는 헌법과 형사소송법이 정한 체포적부심사라는 구제절차가 존재함에도 불구하고, 체포적부심사절차를 거치지 않고 제기된 헌법소원심판청구는 법률이 정한 구제절차를 거치지 않고 제기된 것으로서 보충성의 원칙에 반하여 부적법하다. [법원9급 14]

013 (○) 헌법재판소 2010.11.16, 2010헌아291; 2010.9.30, 2008헌마628.

014 피의자가 장기 3년 이상의 징역에 해당하는 죄를 범하였다고 의심할 만한 상당한 이유가 있고 체포영장을 받을 시간적 여유가 없는 때에는 영장 없이 체포할 수 있다. [국가9급 13]

014 (○) 제200조의3 제1항

015 피의자에게 장기 3년 이상의 징역이나 금고에 해당하는 죄를 범하였다고 의심할 만한 상당한 이유가 있는 것만으로도 긴급체포할 수 있다.

[해경채용 23 2차]

> **해설+** 제200조의3【긴급체포】① 검사 또는 사법경찰관은 피의자가 사형·무기 또는 장기 3년 이상의 징역이나 금고에 해당하는 죄를 범하였다고 의심할 만한 상당한 이유가 있고, 다음 각 호의 어느 하나에 해당하는 사유가 있는 경우에 긴급을 요하여 지방법원판사의 체포영장을 받을 수 없는 때에는 그 사유를 알리고 영장 없이 피의자를 체포할 수 있다. 이 경우 긴급을 요한다 함은 피의자를 우연히 발견한 경우 등과 같이 체포영장을 받을 시간적 여유가 없는 때를 말한다.
> 1. 피의자가 증거를 인멸할 염려가 있는 때
> 2. 피의자가 도망하거나 도망할 우려가 있는 때

015 (×) 범죄의 중대성만으로는 안 되고, 긴급성 및 필요성의 요건을 모두 갖추어야 긴급체포를 할 수 있다. 형사소송법 제200조의3 제1항 참조

016 사법경찰관이 기소중지된 피의자를 해당 수사관서가 위치하는 특별시·광역시·도 또는 특별자치도 외의 지역에서 긴급체포하였을 때에는 12시간 내에 검사에게 긴급체포의 승인을 요청해야 한다.

[경찰채용 19 2차 변형]

> **해설+** 수사준칙 제27조【긴급체포】① 사법경찰관은 법 제200조의3제2항에 따라 긴급체포 후 12시간 내에 검사에게 긴급체포의 승인을 요청해야 한다. 다만, 다음 각 호의 어느 하나에 해당하는 경우에는 긴급체포 후 24시간 이내에 긴급체포의 승인을 요청해야 한다.
> 1. 제51조제1항제4호가목에 따른 피의자중지 또는 제52조제1항제3호에 따른 기소중지 결정이 된 피의자를 소속 경찰관서가 위치하는 특별시·광역시·특별자치시·도 또는 특별자치도 외의 지역에서 긴급체포한 경우
> 2. 「해양경비법」 제2조제2호에 따른 경비수역에서 긴급체포한 경우

016 (×) ⊙ 원칙적으로 12시간 내이고, ⓒ 수사중지 결정 또는 기소중지 결정이 된 피의자를 소속 경찰관서가 위치하는 특별시·광역시·특별자치시·도 또는 특별자치도 외의 지역에서 긴급체포한 경우에는, 긴급체포 후 24시간 이내에 긴급체포의 승인을 요청해야 한다(수사준칙 제27조 제1항).

017 「수사준칙」에 의하면, 사법경찰관은 긴급체포 후 12시간 내에 검사에게 긴급체포의 승인을 요청해야 한다. 다만 수사중지 결정 또는 기소중지 결정이 된 피의자를 소속 경찰관서가 위치하는 특별시·특별자치시·도 또는 특별자치도 외의 지역이나 「연안관리법」 제2조 제2호 나목의 바다(현 「해양경비법」 제2조 제2호에 따른 경비수역)에서 긴급체포한 경우에는 긴급체포 후 24시간 이내에 긴급체포의 승인을 요청해야 한다.

[경찰경채 23]

> **보충** 「연안관리법」 제2조 제2호 나목의 바다에서 긴급체포한 경우는 2023.11.1. 시행 수사준칙에서는 "「해양경비법」 제2조 제2호에 따른 경비수역에서 긴급체포한 경우"로 개정되었다.

017 (○) 수사준칙 제27조 제1항

018 사법경찰관이 피고인을 수사관서까지 동행한 것이 사실상의 강제연행, 즉 불법체포에 해당하더라도 불법체포로부터 6시간 상당이 경과한 후에 이루어진 긴급체포는 하자가 치유된 것으로 적법하다. [국가9급 11]

018 (×) '하자가 치유된 것으로 적법하다' → '위법하다'
사실상 강제연행인 불법체포에 해당하는 경우에는 이에 이어진 긴급체포도 위법한 것이다(대법원 2006. 7.6, 2005도6810).

019 긴급체포는 영장주의원칙에 대한 예외인 만큼 요건을 갖추지 못한 긴급체포는 법적 근거에 의하지 아니한 영장 없는 체포로서 위법한 체포에 해당하는 것이고, 여기서 긴급체포의 요건을 갖추었는지 여부는 사후에 밝혀진 객관적 사정을 기초로 판단하여야 하고, 이에 관한 검사나 사법경찰관 등 수사주체의 판단에는 재량의 여지가 없다. [경찰채용 18 1차 유사] [법원9급 14]

019 (×) '사후에 밝혀진 객관적 사정을 기초로 판단하여야 하고' → '체포 당시의 상황을 기초로 판단하여야 하고', '없다' → '있다'
체포 당시의 상황을 기초로 판단하여야 하고, 수사주체의 판단에는 상당한 재량의 여지가 있다(대법원 2008.3.27, 2007도11400).

020 긴급체포의 요건을 갖추었는지 여부에 관한 검사나 사법경찰관 등 수사주체의 판단에는 상당한 재량의 여지가 있다고 할 것이나, 요건의 충족 여부에 관한 검사나 사법경찰관의 판단이 경험칙에 비추어 현저히 합리성을 잃은 경우에는 그 체포는 위법한 체포이다. [국가9급 11]

020 (○) 대법원 2006.9.8, 2006도148

021 긴급체포요건을 갖추었는지 여부는 체포 당시 상황과 사후에 밝혀진 사정을 종합적으로 판단함으로써 검사나 사법경찰관 등 수사주체의 판단에는 상당한 재량의 여지가 있다. [경찰승진 22 유사] [경찰채용 20 2차]

021 (×)

해설+ 긴급체포의 요건을 갖추었는지 여부는 사후에 밝혀진 사정을 기초로 판단하는 것이 아니라 체포 당시의 상황을 기초로 판단하여야 하고, 이에 관한 검사나 사법경찰관 등 수사주체의 판단에는 상당한 재량의 여지가 있다고 할 것이나, 긴급체포 당시의 상황으로 보아서도 그 요건의 충족 여부에 관한 검사나 사법경찰관의 판단이 경험칙에 비추어 현저히 합리성을 잃은 경우에는 그 체포라 위법한 체포라 할 것이다(대법원 2003.3.27, 2002모81; 2008.3.27, 2007도11400).

022 피의자가 마약투약을 하였다고 의심할 만한 상당한 이유가 있었더라도, 경찰관이 이미 피의자의 신원과 주거지 및 전화번호 등을 모두 파악하고 있었고 당시 증거가 급속하게 소멸될 상황도 아니었다면 긴급체포의 요건으로 미리 체포영장을 받을 시간적 여유가 없었던 경우에 해당하지 않는다.

[국가9급개론 17]

022 (○) 대법원 2016.10.13, 2016도5814

023 사법경찰관이 「형사소송법」 제200조의3(긴급체포)에 의하여 피의자를 긴급체포한 때에는 즉시 검사의 승인을 얻어야 한다.

[경찰채용 17 2차·18 1차] [국가9급 13]

023 (○) 제200조의3 제2항

024 검사는 사법경찰관의 긴급체포 승인 요청이 이유 없다고 인정하는 경우에는 지체 없이 사법경찰관에게 불승인 통보를 해야 하며, 이 경우 사법경찰관은 긴급체포된 피의자를 즉시 석방하고 그 석방 일시와 사유 등을 검사에게 통보해야 한다.

[경찰승진 23]

해설+ 수사준칙 제27조 【긴급체포】 ④ 검사는 사법경찰관의 긴급체포 승인 요청이 이유 없다고 인정하는 경우에는 지체 없이 사법경찰관에게 불승인 통보를 해야 한다. 이 경우 사법경찰관은 긴급체포된 피의자를 즉시 석방하고 그 석방 일시와 사유 등을 검사에게 통보해야 한다.

024 (○) 수사준칙 제27조 제4항 참조

025 사법경찰관은 피의자를 긴급체포한 경우 즉시 긴급체포서를 작성해야 하나, 검사가 피의자를 긴급체포한 경우에는 긴급체포서를 작성할 필요가 없다.

[경찰승진 22]

025 (✕) 검사 또는 사법경찰관이 피의자를 긴급체포한 경우에는 즉시 긴급체포서를 작성하여야 한다 (제200조의3 제3항).

026 긴급체포서에는 범죄사실의 요지, 긴급체포의 사유 등을 기재하여야 한다.

[경찰채용 17 2차]

026 (○) 제200조의3 제4항

027 피의자를 긴급체포하는 때에는 영장 없이 타인의 주거에서 피의자를 수색하거나 체포현장에서 압수·수색·검증을 할 수 있다. [국가9급 13]

027 (○) 제216조 제1항 제1호, 제216조 제1항 제2호

참고 2019.12.31. 개정 제216조 제1항 제1호에도 불구하고 이 지문은 여전히 맞는 지문이다.

028 긴급체포된 자가 소유·소지 또는 보관하는 물건에 대하여 체포 후 24시간 이내에 영장 없이 압수할 수 있지만, 압수한 물건을 계속 압수할 필요가 있을 때에는 지체 없이 압수 후 48시간 이내에 압수영장을 청구하여야 한다. [국가9급 13]

028 (✕) '체포 후' → '체포한 때부터', '압수 후' → '체포한 때부터' 압수수색영장의 청구는 "체포한 때부터" 48시간 이내에 하여야 한다(제217조 제1항·제2항).

029 사법경찰관은 긴급체포된 자가 소유·소지 또는 보관하는 물건에 대하여 긴급히 압수할 필요가 있는 경우에는 체포한 때부터 48시간 이내에 한하여 영장 없이 압수·수색 또는 검증을 할 수 있다. [경찰승진 22]

029 (✕) 제217조 제1항

해설+ 제217조【영장에 의하지 아니하는 강제처분】① 검사 또는 사법경찰관은 제200조의3(긴급체포)에 따라 체포된 자가 소유·소지 또는 보관하는 물건에 대하여 긴급히 압수할 필요가 있는 경우에는 체포한 때부터 24시간 이내에 한하여 영장 없이 압수·수색 또는 검증을 할 수 있다.

030 사법경찰관이 긴급체포한 피의자에 대하여 구속영장을 신청하지 아니하고 석방한 경우에는 즉시 검사에게 보고하여야 한다.
[국가9급 09 변형][경찰채용 19 2차]

030 (○) 형사소송법 제200조의4 제6항, 수사준칙 제36조 제2항 제2호 참조.

해설+ 제200조의4【긴급체포와 영장청구기간】① 검사 또는 사법경찰관이 제200조의3의 규정에 의하여 피의자를 체포한 경우 피의자를 구속하고자 할 때에는 지체 없이 검사는 관할지방법원판사에게 구속영장을 청구하여야 하고, 사법경찰관은 검사에게 신청하여 검사의 청구로 관할지방법원판사에게 구속영장을 청구하여야 한다. 이 경우 구속영장은 피의자를 체포한 때부터 48시간 이내에 청구하여야 하며, 제200조의3제3항에 따른 긴급체포서를 첨부하여야 한다.
② 제1항의 규정에 의하여 구속영장을 청구하지 아니하거나 발부받지 못한 때에는 피의자를 즉시 석방하여야 한다.
⑥ 사법경찰관은 긴급체포한 피의자에 대하여 구속영장을 신청하지 아니하고 석방한 경우에는 즉시 검사에게 보고하여야 한다.

참고 2020.2.4. 검·경 수사권 조정 형사소송법 개정 및 2020.10.7. 제정 대통령령(수사준칙)에도 불구하고, 사법경찰관이 구속영장을 신청하지 아니하고 체포한 피의자를 석방한 때에는 지체 없이 검사에게 석방사실을 통보하고, 긴급체포한 피의자를 석방한 때에는 즉시 검사에게 석방사실을 보고해야 한다.

031 검사의 구속영장 청구 전 피의자 대면조사는 긴급체포의 적법성을 의심할
만한 사유가 기록 기타 객관적 자료에 나타나고 피의자의 대면조사를 통해
그 여부의 판단이 가능할 것으로 보이는 예외적인 경우에 한하여 허용될
뿐, 긴급체포의 합당성이나 구속영장 청구에 필요한 사유를 보강하기 위한
목적으로 실시되어서는 아니 된다.   [국가9급개론 17 변형]

031 (○) 대법원 2010.10.28, 2008
도11999

032 검사는 피의자를 긴급체포한 때부터 48시간 이내에 체포영장을 청구하여
야 하며, 체포영장 청구시 긴급체포서를 첨부하여야 한다.   [국가9급 09]

032 (×) '체포' → '구속'
체포 시부터 48시간 이내에 청구
해야 하는 것은 '구속'영장이다(제
200조의4 제1항).

해설+ 제200조의4 【긴급체포와 영장청구기간】 ① 검사 또는 사법경찰관이 제200조의3의 규
정에 의하여 피의자를 체포한 경우 피의자를 구속하고자 할 때에는 지체 없이 검사는 관할지방법원
판사에게 구속영장을 청구하여야 하고, 사법경찰관은 검사에게 신청하여 검사의 청구로 관할지방법
원판사에게 구속영장을 청구하여야 한다. 이 경우 구속영장은 피의자를 체포한 때부터 48시간 이내
에 청구하여야 하며, 제200조의3 제3항에 따른 긴급체포서를 첨부하여야 한다.

033 수사기관이 긴급체포된 자에 대하여 구속영장을 청구하지 아니하거나 발
부받지 못한 때에는 피의자를 즉시 석방하여야 하고, 이 경우 석방된 자는
영장 없이는 동일한 범죄사실에 관하여 체포하지 못한다.

[경찰채용 18 1차 유사] [국가9급개론 17] [법원9급 14]

033 (○) 제200조의4 제2항·제
3항

034 긴급체포 후 구속영장을 발부받지 못하여 석방한 경우 동일한 범죄사실로
다시 긴급체포 할 수 없다. 그러나 체포영장을 다시 발부받은 경우 체포가
가능하다.   [경찰채용 20 2차]

034 (○) 제200조의4 제3항 참조

035 「형사소송법」 제200조의4 제3항은 영장 없이는 긴급체포 후 석방된 피의자를 동일한 범죄사실에 관하여 체포하지 못한다는 규정으로, 위와 같이 석방된 피의자는 법원으로부터 구속영장을 발부받아도 구속할 수 없다.

[경찰채용 18 1차] [국가9급 10 유사]

035 (×)

해설+ 형사소송법 제200조의4 제3항은 영장 없이는 긴급체포 후 석방된 피의자를 동일한 범죄사실에 관하여 체포하지 못한다는 규정으로, 위와 같이 석방된 피의자라도 법원으로부터 구속영장을 발부받아 구속할 수 있음은 물론이고, 같은 법 제208조 소정의 '구속되었다가 석방된 자'라 함은 구속영장에 의하여 구속되었다가 석방된 경우를 말하는 것이지, 긴급체포나 현행범으로 체포되었다가 사후영장 발부 전에 석방된 경우는 포함되지 않는다 할 것이므로, 피고인이 수사 당시 긴급체포되었다가 수사기관의 조치로 석방된 후 법원이 발부한 구속영장에 의하여 구속이 이루어진 경우 앞서 본 법조에 위배되는 위법한 구속이라고 볼 수 없다(대법원 2001.9.28, 2001도4291).

036 검사 또는 사법경찰관에 의하여 영장에 의해 체포되었다가 석방된 자는 다른 중요한 증거를 발견한 경우를 제외하고는 동일한 범죄사실로 재차 체포하지 못한다.

[국가9급 23]

036 (×) 이 내용은 피의자구속의 경우 석방된 자에 대한 재구속 제한사유이지, 영장에 의한 체포의 경우에는 재체포 제한이 적용되지 않는다.

해설+ 형사소송법 제208조 【재구속의 제한】 ① 검사 또는 사법경찰관에 의하여 구속되었다가 석방된 자는 다른 중요한 증거를 발견한 경우를 제외하고는 동일한 범죄사실에 관하여 재차 구속하지 못한다.

037 국가보안법 위반죄로 공소보류 처분을 받은 피의자에 대해 공소보류가 취소된 때에는 동일한 범죄사실로 그 피의자를 다시 구속할 수 있다.

[군무원9급 23]

037 (○) 국가보안법 제20조 제4항 참조

해설+ 국가보안법 제20조 【공소보류】 ① 검사는 이 법의 죄를 범한 자에 대하여 형법 제51조의 사항을 참작하여 공소제기를 보류할 수 있다.
② 제1항에 의하여 공소보류를 받은 자가 공소의 제기 없이 2년을 경과한 때에는 소추할 수 없다.
③ 공소보류를 받은 자가 법무부장관이 정한 감시·보도에 관한 규칙에 위반한 때에는 공소보류를 취소할 수 있다.
④ 제3항에 의하여 공소보류가 취소된 경우에는 형사소송법 제208조의 규정에 불구하고 동일한 범죄사실로 재구속할 수 있다.

038 「형사소송법」 제208조(재구속의 제한)에서 말하는 '구속되었다가 석방된 자'의 범위에는 긴급체포나 현행범으로 체포되었다가 사후영장 발부 전에 석방된 경우도 포함된다.

[경찰채용 20 2차] [경찰승진 23]

038 (×)

해설+ 법 제208조 소정의 '구속되었다가 석방된 자'라 함은 구속영장에 의하여 구속되었다가 석방된 경우를 말하는 것이지, 긴급체포나 현행범으로 체포되었다가 사후영장 발부 전에 석방된 경우는 포함되지 않는다(대법원 2001.9.28, 2001도4291).

039 사법경찰관은 긴급체포한 피의자에 대하여 구속영장을 신청하지 아니하고 석방한 경우에는 즉시 검사에게 보고하여야 하고, 검사는 석방한 날부터 30일 이내에 서면으로 긴급체포 후 석방된 자의 인적사항, 긴급체포의 일시 · 장소와 긴급체포하게 된 구체적 이유 등을 법원에 통지하여야 한다.

[경찰채용 23 2차]

039 (○) 전단은 형사소송법 제200조의4 제6항, 후단은 동 제4항 참조.

해설+ 제200조의4【긴급체포와 영장청구기간】④ 검사는 제1항에 따른 구속영장을 청구하지 아니하고 피의자를 석방한 경우에는 석방한 날부터 30일 이내에 서면으로 다음 각 호의 사항을 법원에 통지하여야 한다. 이 경우 긴급체포서의 사본을 첨부하여야 한다.
1. 긴급체포 후 석방된 자의 인적사항
2. 긴급체포의 일시·장소와 긴급체포하게 된 구체적 이유
3. 석방의 일시·장소 및 사유
4. 긴급체포 및 석방한 검사 또는 사법경찰관의 성명
⑤ 긴급체포 후 석방된 자 또는 그 변호인·법정대리인·배우자·직계친족·형제자매는 통지서 및 관련 서류를 열람하거나 등사할 수 있다.
⑥ 사법경찰관은 긴급체포한 피의자에 대하여 구속영장을 신청하지 아니하고 석방한 경우에는 즉시 검사에게 보고하여야 한다.

040 긴급체포 후 석방된 자 또는 그 변호인 · 법정대리인 · 배우자 · 직계친족 · 형제자매는 통지서 및 관련 서류를 열람하거나 등사할 수 있다.

[경찰채용 18 1차] [국가9급 10 유사] [국가9급개론 17]

040 (○) 제200조의4 제5항

041 긴급체포되어 조사를 받고 구속영장이 청구되지 아니하여 석방된 후 검사가 그 석방일로부터 30일 이내에 석방통지를 법원에 하지 아니하더라도, 긴급체포 당시의 상황과 경위, 긴급체포 후 조사과정 등에 특별한 위법이 없는 이상, 그 긴급체포에 의한 유치 중에 작성된 피의자신문조서가 위법하게 작성되었다고 볼 수는 없다.

[경찰채용 21 1차]

041 (○)

해설+ 기록에 의하면, 공소외 7이 2009.11.2. 22:00경 긴급체포되어 조사를 받고 구속영장이 청구되지 아니하여 2009.11.4. 20:10경 석방되었음에도 검사가 그로부터 30일 이내에 법 제200조의4에 따른 석방통지를 법원에 하지 아니한 사실을 알 수 있으나, 공소외 7에 대한 긴급체포 당시의 상황과 경위, 긴급체포 후 조사 과정 등에 특별한 위법이 있다고 볼 수 없는 이상, 단지 사후에 석방통지가 법에 따라 이루어지지 않았다는 사정만으로 그 긴급체포에 의한 유치 중에 작성된 공소외 7에 대한 피의자신문조서들의 작성이 소급하여 위법하게 된다고 볼 수는 없다(대법원 2014.8.26, 2011도6035).

042 검사는 긴급체포한 피의자를 구속영장 청구 없이 석방한 경우에는 석방한 날로부터 30일 이내에 긴급체포서 사본과 함께 법정기재사항이 기재된 서면으로 법원에 통지하여야 하고, 만약 사후에 석방통지가 법에 따라 이루어지지 않은 사정이 있다면 그와 같은 사정만으로도 긴급체포 중에 작성된 피의자신문조서의 증거능력은 소급하여 부정된다.   [경찰채용 22 1차]

042 (×)

해설+ 전단은 형사소송법 제200조의4 제4항의 내용으로 맞다. 그러나 후단은 대법원 2014. 8.26, 2011도6035 판례에 근기히여 틀렸다.

043 현행범인 체포의 요건으로 '범죄의 실행행위를 종료한 직후'란 시간적으로나 장소적으로 보아 체포를 당하는 자가 방금 범죄를 실행한 범인이라는 점에 관한 죄증이 명백히 존재하는 것으로 인정되는 경우를 말한다.   [국가7급 16]

043 (○) 대법원 2002.5.10, 2001 도300

044 「형사소송법」 제211조의 '범죄의 실행의 즉후인 자'라 함은 범죄의 실행행위를 종료한 직후의 범인이라는 것이 체포하는 자의 입장에서 볼 때 명백한 경우를 일컫는 것이다.   [경찰채용 16]

044 (○) 대법원 2007.4.13, 2007 도1249

045 피고인의 행위가 구성요건에 해당하지 않아 사후적으로 무죄로 판단된다고 하더라도, 피고인이 소란을 피운 당시 상황에서는 객관적으로 보아 피고인이 현행범이라고 인정할 만한 충분한 이유가 있는 경우에는 피고인에 대한 현행범 체포는 적법하다.   [국가9급 16]

045 (○) 대법원 2013.8.23, 2011 도4763

046 피고인의 소란행위가 업무방해죄의 구성요건에 해당하지 않아 사후적으로 무죄로 판단된다고 하더라도, 피고인이 경찰관 앞에서 소란을 피운 당시 상황에서는 객관적으로 보아 피고인이 업무방해죄의 현행범이라고 인정할 만한 충분한 이유가 있었다면 경찰관들이 피고인을 현행범으로 체포하려고 한 행위는 적법하다. [경찰채용 18 2차]

046 (○)

해설+ 현행범 체포의 적법성은 체포 당시의 구체적 상황을 기초로 객관적으로 판단하여야 하고, 사후에 범인으로 인정되었는지에 의할 것은 아니다. 따라서 비록 피고인이 식당 안에서 소리를 지르거나 양은그릇을 부딪치는 등의 소란행위가 업무방해죄의 구성요건에 해당하지 않아 사후적으로 무죄로 판단된다고 하더라도, 피고인이 상황을 설명해 달라거나 밖에서 얘기하자는 경찰관의 요구를 거부하고 경찰관 앞에서 소리를 지르고 양은그릇을 두드리면서 소란을 피운 당시 상황에서는 객관적으로 보아 피고인이 업무방해죄의 현행범이라고 인정할 만한 충분한 이유가 있으므로, 경찰관들이 피고인을 체포하려고 한 행위는 적법한 공무집행이라고 보아야 하고, 그 과정에서 피고인이 체포에 저항하며 피해자들을 폭행하거나 상해를 가한 것은 공무집행방해죄 등을 구성한다(대법원 2013.8.23, 2011도4763).

047 '범죄의 실행행위를 종료한 직후'라고 함은 범죄행위를 실행하여 끝마친 순간 또는 이에 아주 접착된 시간적 단계를 의미하는 것으로 해석되므로, 시간적으로나 장소적으로 보아 체포를 당하는 자가 방금 범죄를 실행한 범인이라는 점에 관한 죄증이 명백히 존재하는 것으로 인정된다면 현행범인으로 볼 수 있다. [국가9급 16]

047 (○) 대법원 2007.4.13, 2007 도1249

048 현행범인으로 체포하기 위하여는 행위의 가벌성, 범죄의 현행성·시간적 접착성, 범인·범죄의 명백성이 있으면 족하고, 도망 또는 증거인멸의 염려가 있어야 하는 것은 아니다. [경찰채용 20 2차]

048 (×)

해설+ 현행범인은 누구든지 영장 없이 체포할 수 있다(제212조). "현행범인으로 체포하기 위하여는 행위의 가벌성, 범죄의 현행성과 시간적 접착성, 범인·범죄의 명백성 이외에 체포의 필요성, 즉 도망 또는 증거인멸의 염려가 있어야 한다. 이러한 요건을 갖추지 못한 현행범인 체포는 법적 근거에 의하지 아니한 영장 없는 체포로서 위법한 체포에 해당한다(대법원 2017.4.7, 2016도 19907)."

보충 학설로는 체포의 필요성은 현행범인 체포의 요건으로 볼 수 없다는 소극설이 다수설이다.

049 영장에 의한 체포나 긴급체포를 위해서는 체포의 필요성, 즉 도망 또는 증거인멸의 염려가 있어야 하지만, 현행범체포의 경우는 그러하지 아니하다.

[해경승진 23]

049 (×)

해설+ 현행범인은 누구든지 영장 없이 체포할 수 있다(형사소송법 제212조). 현행범인으로 체포하기 위하여는 행위의 가벌성, 범죄의 현행성과 시간적 접착성, 범인·범죄의 명백성 이외에 체포의 필요성, 즉 도망 또는 증거인멸의 염려가 있어야 한다. 이러한 요건을 갖추지 못한 현행범인 체포는 법적 근거에 의하지 아니한 영장 없는 체포로서 위법한 체포에 해당한다(대법원 2017.4.7, 2016도1990/).

보충 (출제자는 신경을 쓰지 않은 것 같지만) 영장에 의한 체포의 요건은 출석요구에 불응하거나 불응할 우려이고, 도주나 증거인멸의 염려는 이것이 명백히 없을 때 판사가 체포영장을 발부할 수 없게 하는 소극적 요건에 불과하다. 따라서 영장에 의한 체포 부분도 틀린 것이다. 다만, 여기서는 출제의 의도를 고려하여 현행범체포에 관해서만 해설을 한 것이다.

050 현행범 체포의 적법성은 체포 당시의 구체적 상황을 기초로 주관적으로 판단하여야 하고, 사후에 범인으로 인정되었는지에 의할 것은 아니다.

[경찰채용 20 2차]

050 (×)

해설+ 공무집행방해죄는 공무원의 적법한 공무집행이 전제로 되는데, 추상적인 권한에 속하는 공무원의 어떠한 공무집행이 적법한지 여부는 행위 당시의 구체적 상황에 기하여 객관적·합리적으로 판단하여야 하고 사후적으로 순수한 객관적 기준에서 판단할 것은 아니다. 마찬가지로 현행범 체포의 적법성은 체포 당시의 구체적 상황을 기초로 객관적으로 판단하여야 하고, 사후에 범인으로 인정되었는지에 의할 것은 아니다(대법원 2013.8.23, 2011도4763).

051 甲과 乙이 주차문제로 다투던 중 乙이 112 신고를 하였고, 甲이 출동한 경찰관에게 폭행을 가하여 공무집행방해죄의 현행범으로 체포된 경우, 112에 신고를 한 것은 乙이었고, 甲이 현행범으로 체포되어 파출소에 도착한 이후에도 경찰관의 신분증 제시 요구에 20여 분 동안 응하지 아니하면서 인적사항을 밝히지 아니하였다면, 甲에게는 현행범 체포 당시에 도망 또는 증거인멸의 염려가 있었다고 할 수 있다.

[국가7급 21]

051 (○) 대법원 2018.3.29, 2017도21537

052 다액 100만원 이하의 벌금, 구류 또는 과료에 해당하는 죄의 현행범인은 주거가 분명하지 아니한 때에 한하여 현행범인으로 체포할 수 있다.

[경찰간부 18]

052 (×) '100만원' → '50만원' (제214조)

053 수사기관이 아닌 사인(私人)이 현행범인을 체포한 때에는 즉시 수사기관에 인도하여야 하며, 여기서 '즉시'란 '정당한 이유 없이 인도를 지연하거나 체포를 계속하는 등으로 불필요한 지체를 함이 없이'라는 의미이다.

[경찰간부 18] [국가7급 16]

053 (○) 대법원 2011.12.22, 2011도12927

054 현행범인은 누구든지 영장 없이 체포할 수 있고, 검사 또는 사법경찰관리가 아닌 자가 현행범인을 체포한 때에는 즉시 검사 등에게 인도하여야 하며, 이때 인도시점은 반드시 체포시점과 시간적으로 밀착된 시점이어야 한다.

[경찰채용 23 1차] [경찰채용 20 2차 변형]

054 (×)

해설+ 현행범인은 누구든지 영장 없이 체포할 수 있고(형사소송법 제212조), 검사 또는 사법경찰관리 아닌 이가 현행범인을 체포한 때에는 즉시 검사 등에게 인도하여야 한다(형사소송법 제213조 제1항). 여기서 '즉시'라고 함은 반드시 체포시점과 시간적으로 밀착된 시점이어야 하는 것은 아니고, '정당한 이유 없이 인도를 지연하거나 체포를 계속하는 등으로 불필요한 지체를 함이 없이'라는 뜻으로 볼 것이다(대법원 2011.12.22, 2011도12927).

055 사인의 현행범 체포과정에서 일어날 수 있는 물리적 충돌이 적정한 한계를 벗어났는지 여부는 그 행위가 소극적인 방어행위인가 적극적인 공격행위인가에 따라 결정된다.

[경찰채용 23 1차]

055 (×)

해설+ 적정한 한계를 벗어나는 현행범인 체포행위는 그 부분에 관한 한 법령에 의한 행위로 될 수 없다고 할 것이나, 적정한 한계를 벗어나는 행위인가 여부는 결국 정당행위의 일반적 요건을 갖추었는지 여부에 따라 결정되어야 할 것이지 그 행위가 소극적인 방어행위인가 적극적인 공격행위인가에 따라 결정되어야 하는 것은 아니다(대법원 1999.1.26, 98도3029).

056 사법경찰관리가 현행범인을 체포하는 경우에는 반드시 범죄사실의 요지, 체포의 이유와 변호인을 선임할 수 있음을 말하고 변명할 기회를 주어야 한다.

[경찰채용 11]

056 (○) 제213조의2, 제200조의5

057 수사기관이 현행범인을 직접 체포한 경우와는 달리 사인에 의해 체포된 현행범인을 인도받는 경우에는 피의자에 대하여 피의사실의 요지, 체포의 이유와 변호인을 선임할 수 있음을 말하고 변명할 기회를 주지 않아도 된다.

[국가7급 16]

해설+ 제213조의2【준용규정】제87조, 제89조, 제90조, 제200조의2제5항 및 제200조의5의 규정은 검사 또는 사법경찰관리가 현행범인을 체포하거나 현행범인을 인도받은 경우에 이를 준용한다.

제200조의5【체포와 피의사실 등의 고지】검사 또는 사법경찰관은 피의자를 체포하는 경우에는 피의사실의 요지, 체포의 이유와 변호인을 선임할 수 있음을 말하고 변명할 기회를 주어야 한다.

057 (×) '주지 않아도 된다' → '주어야 한다'
피의사실의 요지, 체포의 이유와 변호인을 선임할 수 있음을 말하고 변명할 기회를 주어야 한다.

058 공장을 점거하여 농성 중이던 조합원들이 경찰과 부식반입문제를 협의하거나 기자회견장 촬영을 위해 공장 밖으로 나오자, 전투경찰대원들은 '고착관리'라는 명목으로 그 조합원들을 방패로 에워싸고 이동하지 못하게 한 사안에서, 위 조합원들이 어떠한 범죄행위를 목전에서 저지르려고 하는 등 긴급한 사정이 있는 경우가 아니라면, 위 전투경찰대원들의 행위는 「형사소송법」상 체포에 해당한다.

[경찰채용 23 1차]

058 (○)

해설+ ○○자동차 주식회사 △△공장을 점거하여 농성 중이던 □□□□노동조합 ○○자동차지부 조합원인 공소외 1 등이 2009. 6. 26. 경찰과 부식 반입 문제를 협의하거나 기자회견장 촬영을 위해 공장 밖으로 나오자, 전투경찰대원들은 '고착관리'라는 명목으로 위 공소외 1 등 6명의 조합원을 방패로 에워싸 이동하지 못하게 하였다. 위 조합원들이 어떠한 범죄행위를 목전에서 저지르려고 하거나 이들의 행위로 인하여 인명·신체에 위해를 미치거나 재산에 중대한 손해를 끼칠 우려 등 긴급한 사정이 있는 경우가 아닌데도 방패를 든 전투경찰대원들이 위 조합원들을 둘러싸고 이동하지 못하게 가둔 행위는 구 경찰관 직무집행법 제6조 제1항에 근거한 제지 조치라고 볼 수 없고, 이는 형사소송법상 체포에 해당한다(대법원 2017.3.15, 2013도2168).

보충 전투경찰대원들이 위 조합원들을 체포하는 과정에서 체포의 이유 등을 제대로 고지하지 않다가 30~40분이 지난 후 피고인 등의 항의를 받고 나서야 비로소 체포의 이유 등을 고지한 것은 형사소송법상 현행범인 체포의 적법한 절차를 준수한 것이 아니므로 적법한 공무집행이라고 볼 수 없다(위 판례).

059 경찰관이 시위에 참가한 6명의 조합원을 집회 및 시위에 관한 법률 위반 혐의로 현행범 체포 후 경찰서로 연행하였는데, 그 과정에서 체포의 이유를 설명하지 않다가 조합원들의 항의를 받고 1시간이 지난 후 그 이유를 설명한 것은 위법하다.

[해경승진 22]

059 (○)

해설+ 검사 또는 사법경찰관리가 현행범인을 체포하는 경우에는 반드시 피의사실의 요지, 체포의 이유와 변호인을 선임할 수 있음을 말하고 변명할 기회를 주어야 한다(형사소송법 제213조의2, 제200조의5). 이와 같은 고지는 체포를 위한 실력행사에 들어가기 전에 미리 하는 것이 원칙이다. 그러나 달아나는 피의자를 쫓아가 붙들거나 폭력으로 대항하는 피의자를 실력으로 제압하는 경우에는 붙들거나 제압하는 과정에서 고지하거나, 그것이 여의치 않은 경우에는 일단 붙들거나 제압한 후에 지체 없이 고지하여야 한다. 전투경찰대원들이 위 조합원들을 체포하는 과정에서 체포의 이유 등을 제대로 고지하지 않다가 30~40분이 지난 후 피고인 등의 항의를 받고 나서야 비로소 체포의 이유 등을 고지한 것은 형사소송법상 현행범인 체포의 적법한 절차를 준수한 것이 아니므로 적법한 공무집행이라고 볼 수 없다(대법원 2017.3.15, 2013도2168).

보충 (따라서) 피고인이 위와 같은 위법한 공무집행에 항의하면서 공소사실과 같이 전투경찰대원들의 방패를 손으로 잡아당기거나 전투경찰대원들을 발로 차고 몸으로 밀었다고 하더라도 공무집행방해죄가 성립할 수 없다(위 판례).

060 전투경찰대원들이 공장에서 점거농성 중이던 조합원들을 체포하는 과정에서 체포의 이유 등을 제대로 고지하지 않다가 30~40분이 지난 후 체포된 조합원 등의 항의를 받고 나서야 비로소 체포의 이유 등을 고지한 것은 현행범 체포의 적법한 절차를 준수한 것이 아니므로 적법한 공무집행이라고 볼 수 없다.

[국가7급 21]

060 (○) 대법원 2017.3.15, 2013도2168

061 검사 또는 사법경찰관은 피의자를 체포하거나 구속할 때에는 피의자에게 피의사실의 요지, 체포·구속의 이유와 변호인을 선임할 수 있음을 말하고, 변명할 기회를 주어야 하며, 진술거부권을 알려주어야 한다.

[소방간부 23]

061 (○) 수사준칙 제32조 제1항 참조.

해설+ 수사준칙 제32조 【체포·구속영장 집행 시의 권리 고지】① 검사 또는 사법경찰관은 피의자를 체포하거나 구속할 때에는 법 제200조의5(법 제209조에서 준용하는 경우를 포함한다)에 따라 피의자에게 피의사실의 요지, 체포·구속의 이유와 변호인을 선임할 수 있음을 말하고, 변명할 기회를 주어야 하며, 진술거부권을 알려주어야 한다.

062 검사나 사법경찰관이 피의자 체포 시에 알려주어야 하는 체포의 이유 등을 체포를 위한 실력행사를 한 이후에 알려주었더라도 반드시 위법하다고 볼 수는 없다. [군무원9급 23]

062 (O)

해설+ 사법경찰관 등이 체포영장을 소지하고 피의자를 체포하기 위해서는 체포영장을 피의자에게 제시하고(형사소송법 제200조의6, 제85조 제1항), 피의사실의 요지, 체포의 이유와 변호인을 선임할 수 있음을 말하고 변명할 기회를 주어야 한다(형사소송법 제200조의5). 이와 같은 체포영장의 제시나 고지 등은 체포를 위한 실력행사에 들어가기 이전에 미리 하여야 하는 것이 원칙이다. 그러나 달아나는 피의자를 쫓아가 붙들거나 폭력으로 대항하는 피의자를 실력으로 제압하는 경우에는 붙들거나 제압하는 과정에서 하거나, 그것이 여의치 않은 경우에는 일단 붙들거나 제압한 후에 지체 없이 하여야 한다(대법원 2017.9.21, 2017도10866).

063 검사 또는 사법경찰관리는 현행범인을 체포하거나 일반인이 체포한 현행범인을 인도받는 경우 「형사소송법」 제213조의2에 의하여 준용되는 제200조의5에 따라 피의자에 대하여 피의사실의 요지, 체포의 이유와 변호인을 선임할 수 있음을 말하고 변명할 기회를 주어야 하고, 이와 같은 고지는 체포를 위한 실력행사에 들어가기 전에 미리 하여야 하는 것이 원칙이지만, 달아나는 피의자를 쫓아가 붙들거나 폭력으로 대항하는 피의자를 실력으로 제압하는 경우에는 붙들거나 제압하는 과정에서 하거나 그것이 여의치 않은 경우에는 일단 붙들거나 제압한 후에 지체 없이 하면 된다. [국가9급 16 변형]

063 (O) 대법원 2012.2.9, 2011도7193

064 경찰관이 현행범인 체포요건을 갖추지 못하였는데도 실력으로 현행범인을 체포하려고 하였다면 적법한 공무집행이라고 할 수 없고, 현행범인 체포행위가 적법한 공무집행을 벗어나 불법인 것으로 볼 수밖에 없다면, 현행범이 체포를 면하려고 반항하는 과정에서 경찰관에게 상해를 가한 것은 불법체포로 인한 신체에 대한 현재의 부당한 침해에서 벗어나기 위한 행위로서 정당방위에 해당하여 위법성이 조각된다. [법원9급 14]

064 (O) 대법원 2011.5.26, 2011도3682

065 경찰관의 현행범인 체포경위 및 그에 관한 현행범인체포서와 범죄사실의 기재에 다소 차이가 있더라도, 그것이 논리와 경험칙상 장소적 · 시간적 동일성이 인정되는 범위 내라면 그 체포행위가 공무집행방해죄의 요건인 적법한 공무집행에 해당한다.　[경찰채용 16]

065 (○) 대법원 2008.10.9, 2008도3640

066 경찰관들이 성폭력범죄 혐의에 대한 체포영장을 근거로 체포절차에 착수하였으나 피의자가 흥분하여 타고 있던 승용차를 출발시켜 경찰관들에게 상해를 입히는 범죄를 추가로 저지르자, 경찰관들이 그 승용차를 멈춘 후 저항하는 피의자를 별도 범죄인 특수공무집행방해치상의 현행범으로 적법하게 체포하였더라도, 집행완료에 이르지 못한 성폭력 범죄 체포영장은 사후에 그 피의자에게 제시하여야 한다.　[경찰채용 23 2차]

066 (×) 피고인에 대한 체포가 체포영장과 관련 없는 새로운 피의사실인 특수공무집행방해치상을 이유로 별도의 현행범 체포 절차에 따라 진행된 이상 집행완료에 이르지 못한 체포영장을 사후에 피고인에게 제시할 필요는 없다.

> **판례** 검사 또는 사법경찰관이 체포영장을 집행할 때에는 피의자에게 반드시 체포영장을 제시하여야 한다. 다만 체포영장을 소지하지 아니한 경우에 급속을 요하는 때에는 피의자에게 범죄사실의 요지와 영장이 발부되었음을 고하고 체포영장을 집행할 수 있다. 이 경우 집행을 완료한 후에는 신속히 체포영장을 제시하여야 한다(형사소송법 제200조의6, 제85조 제1항, 제3항, 제4항). …… 경찰관들이 체포영장을 근거로 체포절차에 착수하였으나 피고인이 흥분하며 타고 있던 승용차를 출발시켜 경찰관들에게 상해를 입히는 범죄를 추가로 저지르자, 경찰관들이 위 승용차를 멈춘 후 저항하는 피고인을 별도 범죄인 특수공무집행방해치상의 현행범으로 체포한 경우, …… 체포영장에 의한 체포절차가 착수된 단계에 불과하였고, 피고인에 대한 체포가 체포영장과 관련 없는 새로운 피의사실인 특수공무집행방해치상을 이유로 별도의 현행범 체포 절차에 따라 진행된 이상, 집행완료에 이르지 못한 체포영장을 사후에 피고인에게 제시할 필요는 없는 점을 고려하면 피고인에 대한 체포절차는 적법하다(대법원 2021.6.24, 2021도4648).

067 긴급을 요하여 체포영장을 제시하지 않은 채 체포영장에 기한 체포절차에 착수하였으나, 이에 피고인이 저항하면서 경찰관을 폭행하는 등 행위를 하여 특수공무집행방해의 현행범으로 체포한 후 체포영장을 별도로 제시하지 않은 것은 적법하지 않다.

067 (×) 대법원 2021.6.24, 2021도4648

068 사법경찰관은 현행범으로 체포한 피의자에 대하여 구속영장을 신청하지 아니하고 석방한 경우에는 즉시 검사에게 보고하여야 한다. [군무원9급 21]

해설+ 수사준칙 제36조【피의자의 석방】① 검사 또는 사법경찰관은 법 제200조의2 제5항 또는 제200조의4 제2항에 따라 구속영장을 청구하거나 신청하지 않고 체포 또는 긴급체포한 피의자를 석방하려는 때에는 다음 각 호의 구분에 따른 사항을 적은 피의자 석방서를 작성해야 한다.
1. 체포한 피의자를 석방하려는 때: 체포 일시·장소, 체포 사유, 석방 일시·장소, 석방 사유 등
2. 긴급체포한 피의자를 석방하려는 때: 법 제200조의4 제4항 각 호의 사항
② 사법경찰관은 제1항에 따라 피의자를 석방한 경우 다음 각 호의 구분에 따라 처리한다.
1. 체포한 피의자를 석방한 때: 지체 없이 검사에게 석방사실을 통보하고, 그 통보서 사본을 사건기록에 편철한다.
2. 긴급체포한 피의자를 석방한 때: 법 제200조의4 제6항에 따라 즉시 검사에게 석방 사실을 보고하고, 그 보고서 사본을 사건기록에 편철한다.

보충 긴급체포한 피의자에 대하여 구속영장을 신청하지 아니하고 석방한 경우에는 즉시 검사에게 보고하여야 한다(형사소송법 제200조의4 제6항).

보충 사법경찰관이 현행범인을 석방했을 때에는 석방 후 지체 없이 검사에게 석방사실을 통보해야 한다(수사준칙 제28조 제2항).

수사준칙 제28조【현행범인 조사 및 석방】① 검사 또는 사법경찰관은 법 제212조 또는 제213조에 따라 현행범인을 체포하거나 체포된 현행범인을 인수했을 때에는 조사가 현저히 곤란하다고 인정되는 경우가 아니면 지체 없이 조사해야 하며, 조사 결과 계속 구금할 필요가 없다고 인정할 때에는 현행범인을 즉시 석방해야 한다.
② 검사 또는 사법경찰관은 제1항에 따라 현행범인을 석방했을 때에는 석방 일시와 사유 등을 적은 피의자 석방서를 작성해 사건기록에 편철한다. 이 경우 사법경찰관은 석방 후 지체 없이 검사에게 석방 사실을 통보해야 한다.

068 (✕) 사법경찰관은 현행범으로 체포된 피의자에 대하여 구속영장을 신청하지 않고 석방한 때에는 지체 없이 검사에게 석방사실을 통보하는 것(수사준칙 제28조 제2항 제2문, 제36조 제2항 제1호)이지 보고하는 것이 아니다.

069 사인이 현행범인을 체포하여 수사기관에 인도한 경우 수사기관이 그 피의자를 구속하고자 할 때에는 수사기관이 사인으로부터 현행범인을 인도받은 때로부터 48시간 이내에 구속영장을 청구하여야 한다. [국가7급 16]

069 (○) 대법원 2011.12.22, 2011도12927

Ⅱ 구속

대표유형

피고인 구속기간은 2개월로 하되, 특히 구속을 계속할 필요가 있는 경우에는 심급마다 2개월 단위로 2차에 한하여 갱신할 수 있다. 다만 제1심은 피고인 또는 변호인이 신청한 증거의 조사 등으로 추가 심리가 필요한 부득이한 경우에는 3차에 한하여 갱신할 수 있다. [법원9급 13] [경찰간부 18 변형]

(✕) '제1심' → '상소심'(제92조 제2항)

A는 체포영장에 의하여 체포된 甲에게 구속의 필요성이 인정되어 체포된 다음 날 구속영장을 신청하였고, B의 구속영장 청구와 지방법원판사가 발부한 구속영장에 의해 甲이 구속된 경우, A는 구속영장에 의해 甲이 구속된 때로부터 10일 이내에 검사에게 甲을 인치하지 아니하면 석방하여야 한다. [변호사 21]

(×)

해설+ A는 체포영장에 의해 甲을 체포한 때로부터 10일 내에 검사에게 인치하지 아니하면 석방해야 하므로(제202조), 사법경찰관의 구속기간의 기산일은 구속된 날이 아니라 체포된 날이 된다. 따라서 위 지문에서 '구속된 때로부터 10일 이내'라는 표현은 틀린 것이다. 또한 법원이 구속영장청구서, 수사 관계 서류 및 증거물을 접수한 날부터 구속영장을 발부하여 검찰청에 반환한 날까지의 기간은 위 10일에 산입하지 않아야 한다는 표현도 들어가야 정확한 지문이 된다(제201조의2 제7항).

---

070 다액 50만 원 이하의 벌금, 구류 또는 과료에 해당하는 사건에 관하여는 피고인이 일정한 주거가 없는 경우 외에는 구속할 수 없다. [법원9급 15]

070 (○) 제70조 제3항

해설+ 법 제70조【구속의 사유】① 법원은 피고인이 죄를 범하였다고 의심할 만한 상당한 이유가 있고 다음 각 호의 1에 해당하는 사유가 있는 경우에는 피고인을 구속할 수 있다.
1. 피고인이 일정한 주거가 없는 때
2. 피고인이 증거를 인멸할 염려가 있는 때
3. 피고인이 도망하거나 도망할 염려가 있는 때
② 법원은 제1항의 구속사유를 심사함에 있어서 범죄의 중대성, 재범의 위험성, 피해자 및 중요 참고인 등에 대한 위해우려 등을 고려하여야 한다.
③ 다액 50만원이하의 벌금, 구류 또는 과료에 해당하는 사건에 관하여는 제1항제1호의 경우를 제한 외에는 구속할 수 없다.

---

071 '범죄의 중대성, 재범의 위험성, 피해자 및 중요 참고인 등에 대한 위해우려 등'은 독립된 구속사유가 아니라 구속사유를 심사함에 있어서 필요적 고려사항이다. [국가9급 21]

071 (○) 제70조 제2항

---

072 법원은 구속의 사유를 판단함에 있어서 피해자에 대한 위해가능성도 고려하여야 한다. [국가7급 10]

072 (○) 법원은 제1항의 구속사유를 심사함에 있어서 범죄의 중대성, 재범의 위험성, 피해자 및 중요 참고인 등에 대한 위해우려 등을 고려하여야 한다(제70조 제2항).

---

073 수사기관의 청구에 의하여 발부하는 구속영장은 허가장으로서의 성질을 가지며, 법원이 직권으로 발부하는 영장은 명령장으로서의 성질을 가진다. [경찰간부 23]

073 (○) 헌법재판소 1997.3.27, 96헌바28 전원합의체

074 구속영장 발부에 의하여 적법하게 구금된 피의자가 피의자신문을 위한 출석요구에 응하지 아니하면서 수사기관 조사실에 출석을 거부하는 경우에도 수사기관은 구속영장의 효력에 의하여 피의자를 조사실로 구인할 수 없다.

[국가9급 21]

074 (×)

해설+ 형사소송법(이하 '법') 제70조 제1항 제1호, 제2호, 제3호, 제199조 제1항, 제200조, 제200조의2 제1항, 제201조 제1항의 취지와 내용에 비추어 보면, 수사기관이 관할 지방법원 판사가 발부한 구속영장에 의하여 피의자를 구속하는 경우, 그 구속영장은 기본적으로 장차 공판정에의 출석이나 형의 집행을 담보하기 위한 것이지만, 이와 함께 법 제202조, 제203조에서 정하는 구속기간의 범위 내에서 수사기관이 법 제200조, 제241조 내지 제244조의5에 규정된 피의자신문의 방식으로 구속된 피의자를 조사하는 등 적정한 방법으로 범죄를 수사하는 것도 예정하고 있다고 할 것이다. 따라서 구속영장 발부에 의하여 적법하게 구금된 피의자가 피의자신문을 위한 출석요구에 응하지 아니하면서 수사기관 조사실에 출석을 거부한다면 수사기관은 그 구속영장의 효력에 의하여 피의자를 조사실로 구인할 수 있다고 보아야 한다(대법원 2013.7.1, 2013모160).

075 영장에 의한 체포·긴급체포 또는 현행범체포에 따라 체포된 피의자에 대하여 구속영장을 청구받은 판사는 구속의 사유를 판단하기 위해 필요하다고 인정하는 때에는 피의자를 심문할 수 있다.

[경찰경채 23]

075 (×) 구속전피의자심문은 판사의 필요성 판단과 관계없는 필수적 질차이다(법 제201조의2 제1항 제1문).

해설+ 제201조의2【구속영장 청구와 피의자 심문】① 제200조의2·제200조의3 또는 제212조에 따라 체포된 피의자에 대하여 구속영장을 청구받은 판사는 지체 없이 피의자를 심문하여야 한다. 이 경우 특별한 사정이 없는 한 구속영장이 청구된 날의 다음 날까지 심문하여야 한다.
② 제1항 외의 피의자에 대하여 구속영장을 청구받은 판사는 피의자가 죄를 범하였다고 의심할 만한 이유가 있는 경우에 구인을 위한 구속영장을 발부하여 피의자를 구인한 후 심문하여야 한다. 다만, 피의자가 도망하는 등의 사유로 심문할 수 없는 경우에는 그러하지 아니하다.

076 판사는 피의자가 구속전피의자심문의 심문기일에의 출석을 거부하거나 질병 그 밖의 사유로 출석이 현저하게 곤란하고, 피의자를 심문 법정에 인치할 수 없다고 인정되는 때에는 피의자의 출석 없이 심문절차를 진행할 수 있다.

[법원9급 23]

076 (○) 구속전피의자심문에 있어서 불출석심문의 경우이다(형사소송규칙 제96조의13 제1항).

해설+ 형사소송규칙 제96조의13【피의자의 심문절차】① 판사는 피의자가 심문기일에의 출석을 거부하거나 질병 그 밖의 사유로 출석이 현저하게 곤란하고, 피의자를 심문 법정에 인치할 수 없다고 인정되는 때에는 피의자의 출석 없이 심문절차를 진행할 수 있다.

077 피의자가 출석을 거부하거나 질병 기타 부득이한 사유로 법원에 출석할 수 없는 때에는 경찰서에서 피의자에 대한 구속 전 심문을 할 수 있다.

[경찰간부 22]

해설+ **규칙 제96조의15【심문장소】** 피의자의 심문은 법원청사 내에서 하여야 한다. 다만, 피의자가 출석을 거부하거나 질병 기타 부득이한 사유로 법원에 출석할 수 없는 때에는 경찰서, 구치소 기타 적당한 장소에서 심문할 수 있다.

077 (○) 구속 전 피의자심문의 장소는 원칙적으로 법원청사 내이나, 예외적으로 경찰서 등 적당한 장소에서도 가능하다.

078 변호인은 구속영장이 청구된 피의자에 대한 심문 시작 전에 피의자와 접견할 수 있다.

[국가7급 15]

078 (○) 규칙 제96조의20 제1항

079 검사와 피의자의 변호인은 구속 전 피의자 심문기일에 출석하여 의견을 진술하여야 한다.

[경찰채용 18 2차] [경찰특공대 22]

해설+ **제201조의2【구속영장 청구와 피의자 심문】** ① 제200조의2·제200조의3 또는 제212조에 따라 체포된 피의자에 대하여 구속영장을 청구받은 판사는 지체 없이 피의자를 심문하여야 한다. 이 경우 특별한 사정이 없는 한 구속영장이 청구된 날의 다음날까지 심문하여야 한다.
② 제1항 외의 피의자에 대하여 구속영장을 청구받은 판사는 피의자가 죄를 범하였다고 의심할 만한 이유가 있는 경우에 구인을 위한 구속영장을 발부하여 피의자를 구인한 후 심문하여야 한다. 다만, 피의자가 도망하는 등의 사유로 심문할 수 없는 경우에는 그러하지 아니하다.
③ 판사는 제1항의 경우에는 즉시, 제2항의 경우에는 피의자를 인치한 후 즉시 검사, 피의자 및 변호인에게 심문기일과 장소를 통지하여야 한다. 이 경우 검사는 피의자가 체포되어 있는 때에는 심문기일에 피의자를 출석시켜야 한다.
④ 검사와 변호인은 제3항에 따른 심문기일에 출석하여 의견을 진술할 수 있다.
⑤ 판사는 제1항 또는 제2항에 따라 심문하는 때에는 공범의 분리심문이나 그 밖에 수사상의 비밀보호를 위하여 필요한 조치를 하여야 한다.
⑥ 제1항 또는 제2항에 따라 피의자를 심문하는 경우 법원사무관등은 심문의 요지 등을 조서로 작성하여야 한다.
⑦ 피의자심문을 하는 경우 법원이 구속영장청구서·수사 관계 서류 및 증거물을 접수한 날부터 구속영장을 발부하여 검찰청에 반환한 날까지의 기간은 제202조 및 제203조의 적용에 있어서 그 구속기간에 산입하지 아니한다.
⑧ 심문할 피의자에게 변호인이 없는 때에는 지방법원판사는 직권으로 변호인을 선정하여야 한다. 이 경우 변호인의 선정은 피의자에 대한 구속영장 청구가 기각되어 효력이 소멸한 경우를 제외하고는 제1심까지 효력이 있다.
⑨ 법원은 변호인의 사정이나 그 밖의 사유로 변호인 선정결정이 취소되어 변호인이 없게 된 때에는 직권으로 변호인을 다시 선정할 수 있다.
⑩ 제71조, 제71조의2, 제75조, 제81조부터 제83조까지, 제85조제1항·제3항·제4항, 제86조, 제87조제1항, 제89조부터 제91조까지 및 제200조의5는 제2항에 따라 구인을 하는 경우에 준용하고, 제48조, 제51조, 제53조, 제56조의2 및 제276조의2는 피의자에 대한 심문의 경우에 준용한다.

079 (×) '진술하여야 한다' → '진술할 수 있다'(제201조의2 제4항)

080 구속영장을 청구받은 판사는 검사, 피의자 및 변호인에게 심문기일과 장소를 통지하여야 하며, 검사와 변호인은 심문기일에 출석하여 의견을 진술할 수 있다.

[경찰경채 23]

080 (○) 제201조의2 제3항·제4항 참조.

081 변호인은 구속영장이 청구된 피의자에 대한 심문 시작 전에 피의자와 접견할 수 있고, 피의자는 판사의 심문이 끝난 후에만 변호인에게 조력을 구할 수 있다.

[경찰승진 22] [해경승진 23]

081 (×)

해설+ 변호인은 구속영장이 청구된 피의자에 대한 심문 시작 전에 피의자와 접견할 수 있고(규칙 제96조의20 제1항), 피의자는 판사의 심문 도중에도 변호인에게 조력을 구할 수 있다(규칙 제96조의16 제4항).

해설+ **규칙 제96조의16【심문기일의 절차】** ① 판사는 피의자에게 구속영장청구서에 기재된 범죄사실의 요지를 고지하고, 피의자에게 일체의 진술을 하지 아니하거나 개개의 질문에 대하여 진술을 거부할 수 있으며, 이익 되는 사실을 진술할 수 있음을 알려주어야 한다.
② 판사는 구속 여부를 판단하기 위하여 필요한 사항에 관하여 신속하고 간결하게 심문하여야 한다. 증거인멸 또는 도망의 염려를 판단하기 위하여 필요한 때에는 피의자의 경력, 가족관계나 교우관계 등 개인적인 사항에 관하여 심문할 수 있다.
③ 검사와 변호인은 판사의 심문이 끝난 후에 의견을 진술할 수 있다. 다만, 필요한 경우에는 심문 도중에도 판사의 허가를 얻어 의견을 진술할 수 있다.
④ 피의자는 판사의 심문 도중에도 변호인에게 조력을 구할 수 있다.
⑤ 판사는 구속 여부의 판단을 위하여 필요하다고 인정하는 때에는 심문장소에 출석한 피해자 그 밖의 제3자를 심문할 수 있다.
⑥ 구속영장이 청구된 피의자의 법정대리인, 배우자, 직계친족, 형제자매나 가족, 동거인 또는 고용주는 판사의 허가를 얻어 사건에 관한 의견을 진술할 수 있다.
⑦ 판사는 심문을 위하여 필요하다고 인정하는 경우에는 호송경찰관 기타의 자를 퇴실하게 하고 심문을 진행할 수 있다.
규칙 제96조의20(변호인의 접견 등) ① 변호인은 구속영장이 청구된 피의자에 대한 심문 시작 전에 피의자와 접견할 수 있다.
② 지방법원 판사는 심문할 피의자의 수, 사건의 성격 등을 고려하여 변호인과 피의자의 접견 시간을 정할 수 있다.
③ 지방법원 판사는 검사 또는 사법경찰관에게 제1항의 접견에 필요한 조치를 요구할 수 있다.

082 구속 전 피의자심문제도와 관련하여 판사는 지정된 심문기일에 피의자를 심문할 수 없는 특별한 사정이 있는 경우에는 그 심문기일을 변경할 수 있으며, 법원은 변호인의 사정이나 그 밖의 사유로 변호인 선정결정이 취소되어 변호인이 없게 된 때에는 직권으로 변호인을 다시 선정할 수 있다.

[경찰승진 22] [해경승진 23]

082 (○) 규칙 제96조의22, 법 제201조의2 제9항

해설+ **규칙 제96조의22【심문기일의 변경】** 판사는 지정된 심문기일에 피의자를 심문할 수 없는 특별한 사정이 있는 경우에는 그 심문기일을 변경할 수 있다.
법 제201조의2【구속영장 청구와 피의자 심문】 ⑨ 법원은 변호인의 사정이나 그 밖의 사유로 변호인 선정결정이 취소되어 변호인이 없게 된 때에는 직권으로 변호인을 다시 선정할 수 있다.

083 이미 심문을 실시하여 구속영장의 청구를 기각한 피의자에 대하여 구속영 장이 재청구되었으나 다시 심문할 필요 없이 구속영장의 재청구를 기각하 여야 할 것이 명백한 때에는 심문결정을 할 필요가 없다. [법원승진 10]

083 (O) 법원실무의 입장이다. 법 원실무제요 형사(1) 291면.

084 미체포된 피의자에 대하여 구속영장을 청구받은 판사는 피의자가 죄를 범 하였다고 의심할 만한 이유가 있는 경우에 피의자가 도망하는 등의 사유로 심문할 수 없는 경우 외에는 피의자를 구인한 후 심문하여야 한다. [경찰채용 15] [법원9급 18]

084 (O) 제201조의2 제2항

> **해설+** 법 제201조의2 【구속영장 청구와 피의자 심문】 ① 제200조의2 · 제200조의3 또는 제 212조에 따라 체포된 피의자에 대하여 구속영장을 청구받은 판사는 지체 없이 피의자를 심문하여야 한다. 이 경우 특별한 사정이 없는 한 구속영장이 청구된 날의 다음날까지 심문하여야 한다.
> ② 제1항 외의 피의자에 대하여 구속영장을 청구받은 판사는 피의자가 죄를 범하였다고 의심할 만한 이유가 있는 경우에 구인을 위한 구속영장을 발부하여 피의자를 구인한 후 심문하여야 한다. 다만, 피의자가 도망하는 등의 사유로 심문할 수 없는 경우에는 그러하지 아니하다.

085 체포된 피의자 외의 피의자에 대한 (구속전피의자)심문기일은 관계인에 대 한 심문기일의 통지 및 그 출석에 소요되는 시간 등을 고려하여 피의자가 법원에 인치된 때로부터 가능한 한 빠른 일시로 지정하여야 한다. [해경승진 22] [국가7급 15 변형]

085 (O) 규칙 제96조의12 제2항

> **해설+** 규칙 제96조의12 【심문기일의 지정, 통지】 ② 체포된 피의자외의 피의자에 대한 심문기 일은 관계인에 대한 심문기일의 통지 및 그 출석에 소요되는 시간 등을 고려하여 피의자가 법원에 인치된 때로부터 가능한 한 빠른 일시로 지정하여야 한다.
> ③ 심문기일의 통지는 서면 이외에 구술 · 전화 · 모사전송 · 전자우편 · 휴대전화 문자전송 그 밖에 적당한 방법으로 신속하게 하여야 한다. 이 경우 통지의 증명은 그 취지를 심문조서에 기재함으로써 할 수 있다.

086 (구속전피의자)심문기일의 통지는 서면 이외에 구술 · 전화 · 모사전송 · 전 자우편 · 휴대전화 문자전송 그밖에 적당한 방법으로 신속하게 하여야 한다. [해경승진 22]

086 (O) 규칙 제96조의12 제3항 참조.

087 구인한 피고인을 법원에 인치한 경우에 구금할 필요가 없다고 인정한 때에는 그 인치한 때로부터 48시간 내에 석방하여야 한다.

[경찰채용 18 1차] [법원9급 15·18]

해설+ 법 제70조 【구속의 사유】 ①법원은 피고인이 죄를 범하였다고 의심할 만한 상당한 이유가 있고 다음 각 호의 1에 해당하는 사유가 있는 경우에는 피고인을 구속할 수 있다.
1. 피고인이 일정한 주거가 없는 때
2. 피고인이 증거를 인멸할 염려가 있는 때
3. 피고인이 도망하거나 도망할 염려가 있는 때
② 법원은 제1항의 구속사유를 심사함에 있어서 범죄의 중대성, 재범의 위험성, 피해자 및 중요 참고인 등에 대한 위해우려 등을 고려하여야 한다.
③ 다액 50만원이하의 벌금, 구류 또는 과료에 해당하는 사건에 관하여는 제1항제1호의 경우를 제한 외에는 구속할 수 없다.
제71조 【구인의 효력】 구인한 피고인을 법원에 인치한 경우에 구금할 필요가 없다고 인정한 때에는 그 인치한 때로부터 24시간 내에 석방하여야 한다.
제71조의2 【구인 후의 유치】 법원은 인치받은 피고인을 유치할 필요가 있는 때에는 교도소·구치소 또는 경찰서 유치장에 유치할 수 있다. 이 경우 유치기간은 인치한 때부터 24시간을 초과할 수 없다.

087 (×) '48시간' → '24시간'(제71조)

088 영장실질심사와 적부심에 있어서 피의자에 대한 심문절차는 공개하지 아니하지만, 판사는 상당하다고 인정하는 경우에는 일반인의 방청을 허가할 수 있다.

[국가7급 15]

해설+ 규칙 제96조의14 【심문의 비공개】 피의자에 대한 심문절차는 공개하지 아니한다. 다만, 판사는 상당하다고 인정하는 경우에는 피의자의 친족, 피해자 등 이해관계인의 방청을 허가할 수 있다.

088 (×) '있다' → '없다'
수사단계이므로 비공개로 진행한다. 따라서 일반인의 방청을 허용할 수는 없고, 예외적으로 이해관계인의 방청을 허가할 수 있을 뿐이다(규칙 제96조의14).

089 피의자에 대한 구속 전 심문절차는 공개하지 아니하지만, 판사는 상당하다고 인정하는 경우 이해관계인의 방청을 허가할 수 있다. [경찰간부 22]

089 (○) 규칙 제96조의14

090 영장실질심사와 적부심에 있어서 검사와 변호인은 판사의 심문이 끝난 후에 의견을 진술할 수 있지만, 필요한 경우에는 심문 도중에도 판사의 허가를 얻어 의견을 진술할 수 있다. [국가7급 15]

090 (○) 규칙 제96조의16 제3항

091 판사는 구속 여부를 판단하기 위하여 필요한 사항에 관하여 신속하고 간결하게 심문하여야 하며, 피의자의 교우관계 등 개인적인 사항에 관하여 심문할 수는 없다. [경찰간부 22]

091 (×) '심문할 수는 없다' → '심문할 수 있다'

> **해설+** 규칙 제96조의16 【심문기일의 절차】 ① 판사는 피의자에게 구속영장청구서에 기재된 범죄사실의 요지를 고지하고, 피의자에게 일체의 진술을 하지 아니하거나 개개의 질문에 대하여 진술을 거부할 수 있으며, 이익되는 사실을 진술할 수 있음을 알려주어야 한다.
> ② 판사는 구속 여부를 판단하기 위하여 필요한 사항에 관하여 신속하고 간결하게 심문하여야 한다. 증거인멸 또는 도망의 염려를 판단하기 위하여 필요한 때에는 피의자의 경력, 가족관계나 교우관계 등 개인적인 사항에 관하여 심문할 수 있다.

092 판사는 구속 여부의 판단을 위하여 필요하다고 인정하는 때에는 심문절차를 일시 중단하고 피해자 그 밖의 제3자가 의견을 진술하도록 할 수는 있으므로 심문장소에 출석한 피해자 그 밖의 제3자를 심문할 수는 없다. [해경승진 22 변형] [법원9급 23]

092 (×) 형사소송규칙 제96조의16 제5항 참조.

> **해설+** 형사소송규칙 제96조의16 【심문기일의 절차】 ⑤ 판사는 구속 여부의 판단을 위하여 필요하다고 인정하는 때에는 심문장소에 출석한 피해자 그 밖의 제3자를 심문할 수 있다.

093 구속영장이 청구되거나 구속된 피의자의 변호인은 구속영장 또는 그 청구서를 보관하고 있는 검사, 사법경찰관 또는 법원사무관 등에게 그 등본의 교부를 청구할 수 있다. [국가7급 09]

093 (○) 피의자·변호인 등에게는 체포·구속영장등본교부청구권이 있다(규칙 제101조).

> **해설+** 규칙 제101조 【체포·구속적부심청구권자의 체포·구속영장등본 교부청구등】 구속영장이 청구되거나 체포 또는 구속된 피의자, 그 변호인, 법정대리인, 배우자, 직계친족, 형제자매나 동거인 또는 고용주는 긴급체포서, 현행범인체포서, 체포영장, 구속영장 또는 그 청구서를 보관하고 있는 검사, 사법경찰관 또는 법원사무관등에게 그 등본의 교부를 청구할 수 있다.

094 지방법원 판사가 구속기간의 연장을 허가하지 않는 결정을 하더라도 「형사소송법」 제402조 또는 제403조가 정하는 항고의 방법으로는 불복할 수 없으며, 다만, 「형사소송법」 제416조가 정하는 준항고의 대상이 될 뿐이다. [경찰채용 14 변형] [경찰채용 23 2차]

094 (×)

> **해설+** 형사소송법 제402조, 제403조에서 말하는 법원은 형사소송법상의 수소법원만을 가리키므로, 같은 법 제205조 제1항 소정의 구속기간의 연장을 허가하지 아니하는 지방법원 판사의 결정에 대하여는 같은 법 제402조, 제403조가 정하는 항고의 방법으로는 불복할 수 없고, 나아가 그 지방법원 판사는 수소법원으로서의 재판장 또는 수명법관도 아니므로 그가 한 재판은 같은 법 제416조가 정하는 준항고의 대상이 되지도 않는다(대법원 1997.6.16, 97모1).

095 지방법원 판사가 구속영장청구를 기각한 경우에 검사는 구속영장을 재청구하거나 「형사소송법」 제416조의 준항고를 통해 불복할 수 있다. [변호사 21]

> **보충** 검사로서는 구속사유를 인정할 수 있는 자료를 보강하여 추후 구속영장을 재청구하는 방법만 남아 있을 뿐이다.

095 (×) 제416조는 준항고의 대상을 재판장 또는 수명법관의 재판으로 정하고 있으므로, 지방법원 판사의 재판에 대해서는 준항고가 허용되지 않는다.

096 구속영장을 집행함에는 피의자의 신청이 있는 때에 한하여 피의자에게 그 사본을 교부할 수 있다. [경찰채용 22 2차]

> **해설+** 제85조 【구속영장 집행의 절차】 ① 구속영장을 집행함에는 피고인에게 반드시 이를 제시하고 그 사본을 교부하여야 히며 신속히 지정된 법원 기타 장소에 인치하여야 한다.
> 제209조 【준용규정】 제70조 제2항, 제71조, 제75조, 제81조 제1항 본문·제3항, 제82조, 제83조, 제85조부터 제87조까지, 제89조부터 제91조까지, 제93조, 제101조 제1항, 제102조 제2항 본문(보석의 취소에 관한 부분은 제외한다) 및 제200조의5는 검사 또는 사법경찰관의 피의자 구속에 관하여 준용한다.

096 (×) 피의자의 신청 여부를 따지지 않고 영장을 제시하고 그 사본을 교부하여야 한다. 2022.2.3. 개정 제85조 제1항, 제209조 참조.

097 피의자에 대한 구속영장의 제시와 집행이 그 발부 시로부터 정당한 사유 없이 지체되어 이루어졌다 하더라도 구속영장의 집행이 구속영장의 유효기간 내에 이루어졌다면 구속영장을 지체 없이 집행하지 않은 기간 동안의 체포 내지 구금 상태를 위법하다고 할 수는 없다.

> **해설+** 법관이 검사의 청구에 의하여 체포된 피의자의 구금을 위한 구속영장을 발부하면 검사와 사법경찰관리는 지체 없이 신속하게 구속영장을 집행하여야 한다. 피의자에 대한 구속영장의 제시와 집행이 그 발부 시로부터 정당한 사유 없이 시간이 지체되어 이루어졌다면, 구속영장이 그 유효기간 내에 집행되었다고 하더라도 위 기간 동안의 체포 내지 구금 상태는 위법하다(대법원 2021.4.29, 2020도16438).

> **보충** 사법경찰리가 현행범인 체포된 피의자에 대하여 구속영장 발부일로부터 만 3일이 경과하여 구속영장 원본 제시에 의한 구속영장을 집행한 사안에서, 사법경찰리의 피고인에 대한 구속영장 집행은 지체 없이 이루어졌다고 볼 수 없고, 구속영장이 주말인 토요일에 발부되어 담당경찰서의 송치담당자가 월요일 일과시간 중 이를 받아왔고 피고인에 대한 사건 담당자가 외근 수사 중이어서 화요일에 구속영장 원본 제시에 의한 집행을 한 사정은 구속영장 집행 지연에 대한 정당한 사유에 해당하지 않는다고 보아 구속영장의 집행이 정당한 사유 없이 지체된 기간 동안의 피고인에 대한 체포 내지 구금 상태는 위법하다고 판단한 사례이다(다만, 피고인에 대한 구속영장 집행이 위법하더라도 그로 인하여 피고인의 방어권, 변호권이 본질적으로 침해되어 원심판결의 정당성마저 인정하기 어렵다고 보여지는 정도에 이르지 않았다고 보아 피고인의 상고를 기각한 사례이기도 하다).

097 (×)

098 체포된 피의자에 대한 수사기관의 구속영장의 제시와 집행이 그 발부 시로부터 정당한 사유 없이 시간이 지체되어 이루어졌다 하더라도, 구속영장이 그 유효기간 내에 집행되었다면 위 기간 동안의 체포 내지 구금 상태를 위법하다고 할 수 없다. [경찰채용 22 1차] [법원9급 23]

098 (×) 대법원 2021.4.29, 2020도16438

> **보충** 다만, 판결내용 자체가 아니고 피고인의 신병확보를 위한 구금 등의 처분에 관한 절차가 법령에 위반된 경우에는, 그 구금 등의 처분에 대하여 형사소송법 제417조에 따라 법원에 그 처분의 취소 또는 변경을 청구하는 것은 별론으로 하고 그로 인하여 피고인의 방어권, 변호권이 본질적으로 침해되고 판결의 정당성마저 인정하기 어렵다고 보이는 정도에 이르지 아니하는 한, 그 구금 등의 처분이 위법하다는 것만으로 판결결과에 영향이 있어 독립한 상고이유가 된다고 할 수 없다(대법원 1985.7.23, 85도1003; 1994.11.4, 94도129; 2002.7.12, 2002도1869; 2019.2.28, 2018도19034 등). 그런데 이 사건 기록을 살펴보아도 상고이유에서 주장하는 바와 같은 구금의 집행절차상의 법령위반이 피고인의 방어권이나 변호권을 본질적으로 침해하여 원심판결의 정당성마저 인정할 수 없게 한다거나 판결결과에 영향을 미쳤다고 보이지 아니하므로, 원심판결에 구금의 집행절차상의 위법성 등에 관한 법리오해의 잘못이 있다는 취지의 상고이유 주장은 이유 없다(대법원 2021. 4.29, 2020도16438).

099 사법경찰관이 피의자를 구속한 때에는 10일 이내에 피의자를 검사에게 인치하지 아니하면 석방하여야 한다. [경찰채용 17 1차]

099 (○) 제202조

100 영장실질심사에 있어서 법원이 수사 관계 서류와 증거물을 접수한 때부터 결정 후 검찰청에 반환된 때까지의 기간은 구속기간에 산입하지 아니한다. [경찰채용 16]

100 (○) 제214조의2 제13항

101 긴급체포된 피의자를 구속 전 피의자심문을 하는 경우 구속기간은 구속영장 발부 시가 아닌 피의자를 체포한 날부터 기산하며, 법원이 구속영장청구서 · 수사 관계 서류 및 증거물을 접수한 날부터 구속영장을 발부하여 검찰청에 반환한 날까지의 기간은 구속기간에 산입하지 않는다. [국가9급 21]

101 (○) 제201조의2 제7항

102 긴급체포된 피의자에 대하여 구속영장이 발부된 경우에 구속기간은 피의자를 체포한 날부터 기산한다. [경찰채용 12]

102 (○) 제203조의2

103 　현행범으로 체포된 피의자의 구속기간은 구속영장이 발부된 때로부터 기산한다. [국가9급 10]

103 (×) '구속영장이 발부된 때' → '피의자를 체포 또는 구인한 날' (제203조의2)

104 　구속기간연장허가결정이 있는 경우에 그 연장기간은 구속기간이 만료된 날로부터 기산한다. [국가9급 10 변형] [국가9급 23]

해설+ 형사소송규칙 제98조【구속기간연장기간의 계산】구속기간연장허가결정이 있는 경우에 그 연장기간은 법 제203조의 규정에 의한 구속기간만료 다음 날로부터 기산한다.

104 (×) 구속기간 만료일 다음 날로부터 기산한다(형사소송규칙 제98조).

105 　공소제기 후 법원이 피고인에 대하여 구속영장을 발부하는 경우에는 검사의 신청을 요하지 않는다. [국가7급 16]

105 (○) 대법원 1996.8.12, 96모46

106 　피고인에 대하여 범죄사실의 요지, 구속의 이유와 변호인을 선임할 수 있음을 말하고 변명할 기회를 준 후가 아니면 구속할 수 없다. 다만, 피고인이 도망한 경우에는 그러하지 아니하다. [법원9급 15]

해설+ 법 제72조【구속과 이유의 고지】피고인에 대하여 범죄사실의 요지, 구속의 이유와 변호인을 선임할 수 있음을 말하고 변명할 기회를 준 후가 아니면 구속할 수 없다. 다만, 피고인이 도망한 경우에는 그러하지 아니하다.

106 (○) 제72조

107 　법원이 피고인에 대하여 구속영장을 발부함에 있어 사전에「형사소송법」제72조의 규정에 따른 절차를 거치지 아니한 채 구속영장을 발부하였다면 그 구속영장 발부결정은 위법하고, 피고인이 변호인을 선정하여 공판절차에서 변명과 증거의 제출을 다하고 그의 변호 아래 판결을 선고받더라도 달라지지 아니한다. [경찰채용 14]

107 (×) '선고받더라도 달라지지 아니한다' → '선고받았다면 위법하다고 볼 것은 아니다'(대법원 2000. 11.10, 2000모134)

108 법원이 피고인 구속 시에 구속의 이유 등을 알려주는 절차의 일부 또는 전부를 거치지 않고서 피고인에 대해 구속영장을 발부했다면, 그 발부결정은 사전청문절차 규정을 위반한 것으로 언제나 위법하다. [군무원9급 23]

108 (×)

해설+ 형사소송법 제72조는 "피고인에 대하여 범죄사실의 요지, 구속의 이유와 변호인을 선임할 수 있음을 말하고 변명할 기회를 준 후가 아니면 구속할 수 없다."고 규정하고 있는바, 이는 피고인을 구속함에 있어 법관에 의한 사전 청문절차를 규정한 것으로서, 구속영장을 집행함에 있어 집행기관이 취하여야 하는 절차가 아니라 구속영장을 발부함에 있어 수소법원 등 법관이 취하여야 하는 절차라 할 것이므로, 법원이 피고인에 대하여 구속영장을 발부함에 있어 사전에 위 규정에 따른 절차를 거치지 아니한 채 구속영장을 발부하였다면 그 발부결정은 위법하다고 할 것이나, 위 규정은 피고인의 절차적 권리를 보장하기 위한 규정이므로 이미 변호인을 선정하여 공판절차에서 변명과 증거의 제출을 다하고 그의 변호 아래 판결을 선고받은 경우 등과 같이 위 규정에서 정한 절차적 권리가 실질적으로 보장되었다고 볼 수 있는 경우에는, 이에 해당하는 절차의 전부 또는 일부를 거치지 아니한 채 구속영장을 발부하였다 하더라도 이러한 점만으로 그 발부결정이 위법하다고 볼 것은 아니다(대법원 2000.11.10, 2000모134).

109 「형사소송법」 제72조는 "피고인에 대하여 범죄사실의 요지, 구속의 이유와 변호인을 선임할 수 있음을 말하고 변명할 기회를 준 후가 아니면 구속할 수 없다"고 규정하고 있는데, 이는 구속영장을 집행함에 있어 집행기관이 취해야 하는 절차를 규정한 것이다. [국가9급 17]

109 (×) '집행함에 있어 집행기관이' → '발부함에 있어 법관이'(대법원 2000.11.10, 2000모134)

110 「형사소송법」 제88조는 "피고인을 구속한 때에는 즉시 공소사실의 요지와 변호인을 선임할 수 있음을 알려야 한다."고 규정하고 있는바, 이를 위반하였다면 구속영장의 효력이 상실된다. [경찰채용 14]

110 (×) '효력이 상실된다' → '효력에 어떠한 영향을 미치는 것은 아니다'(대법원 2000.11.10, 2000모134)

111 피고인 甲은 「형사소송법」 제72조에 정한 사전청문절차 없이 발부된 구속 영장에 기하여 구속되었다. 제1심 법원이 그 위법을 시정하기 위하여 구속 취소결정 후 적법한 청문절차를 밟아 甲에 대한 구속영장을 발부하였고, 甲이 이 청문절차부터 제1·2심의 소송절차에 이르기까지 변호인의 조력 을 받았다면, 법원은 甲에 대한 구속영장 발부와 집행에 관한 소송절차의 법령위반 등을 다투는 상고이유 주장은 받아들이지 않는다.

[경찰채용 20 2차]

111 (O)

> **해설+** 판결내용 자체가 아니고 다만 피고인의 신병확보를 위한 구속 등 소송절차가 법령에 위반된 경우에는, 그로 인하여 피고인의 방어권이나 변호인의 조력을 받을 권리가 본질적으로 침해되고 판결의 정당성마저 인정하기 어렵다고 보이는 정도에 이르지 않는 한, 그것 자체만으로는 판결에 영향을 미친 위법이라고 할 수 없다(대법원 1985.7.23, 85도1003; 1994.11.4, 94도129 등). … (위 지문의 경우) 피고인에 대한 신체구금 과정에 피고인의 방어권이 본질적으로 침해되어 원심판결 의 정당성마저 인정하기 어렵다고 볼 정도의 위법은 없다. 따라서 피고인에 대한 구속영장 발부와 집행에 관한 소송절차의 법령위반 등을 다투는 상고이유 주장은 받아들이지 않는다(대법원 2019. 2.28, 2018도19034).

112 불출석상태에서 징역형을 선고받고 항소한 피고인에 대하여 제1심법원이 소 송기록이 항소심법원에 도달하기 전에 구속영장을 발부한 것은 위법하다.

[경찰채용 11]

112 (X) '위법' → '적법'(대법원 2007.7.10, 2007모460)

113 피고인을 구속한 때에는 변호인이 있는 경우에는 변호인에게, 변호인이 없 는 경우에는 법정대리인, 배우자, 직계친족과 형제자매 중 피고인이 지정 한 자에게 피고사건명, 구속일시·장소, 범죄사실의 요지, 구속의 이유와 변호인을 선임할 수 있는 취지를 알려야 한다. 통지는 지체 없이 서면으로 하여야 한다.

[경찰간부 18 변형] [경찰채용 15] [법원9급 16]

113 (O) 제87조 제1항·제2항

114 구속기간의 초일은 시간을 계산하지 않고 1일로 산정한다. [법원9급 16]

114 (O) 제66조 제1항 단서

115 구속기간의 말일이 공휴일 또는 토요일이면 구속기간에 산입하지 아니한다.

[법원승진 13]

115 (×) '산입하지 아니한다' → '산입한다'
기간의 말일이 공휴일 또는 토요일이라도 구속의 기간에 포함한다(제66조 제3항).

116 피고인의 구속기간은 원칙적으로 2개월이고, 이는 제1회 공판기일부터 기산한다.

[국가9급 10]

116 (×) '제1회 공판기일 → '공소제기된 날'(제92조 제1항, 제92조 제3항)

117 피고인에 대한 구속기간은 2개월이며, 공소제기 전의 체포·구속기간은 법원의 구속기간에 산입하지 아니하고 공소제기일을 기준으로 1심 구속기간을 계산한다.

[경찰채용 13]

117 (○) 제92조

118 법원의 구속기간은 2개월로 하며, 구속을 계속할 필요가 있는 경우에는 심급마다 2개월 단위로 2차에 한하여 결정으로 갱신할 수 있다. 다만, 상소심은 검사, 피고인 또는 변호인이 신청한 증거의 조사, 상소이유를 보충하는 서면의 제출 등으로 추가 심리가 필요한 부득이한 경우에는 3차에 한하여 갱신할 수 있다.

[법원9급 21]

118 (×) 상소심의 예외적 3차 갱신의 사유인 신청주체에 검사는 포함되어 있지 않다(제92조 제1항·제2항).

119 대법원의 파기환송 판결에 의하여 사건을 환송받은 법원은 「형사소송법」 제92조 제1항에 따라 2월의 구속기간이 만료되면 특히 계속할 필요가 있는 경우에는 2차(대법원이 형사소송규칙 제57조 제2항에 의하여 구속기간을 갱신한 경우에는 1차)에 한하여 결정으로 구속기간을 갱신할 수 있다.

[법원9급 13]

119 (○) 대법원 2001.11.30, 2001도5225

120 기피신청으로 소송진행이 정지된 기간은 구속기간에 산입되지 아니한다.

[법원9급 16]

120 (○) 제92조 제3항

121 　공소장의 변경으로 공판절차가 정지된 기간은 구속기간에 산입하지 아니한다.

[국가7급 10]

121 (○) 제92조 제3항 참조.

122 　감정유치기간은 구속기간에 산입하지 않지만, 미결구금일수를 산입할 때에는 구속기간으로 간주한다.

[국가9급 10]

122 (○) 제172조 제8항, 제172조의2

123 　피고인에 대한 구속기간(원칙적으로 2개월)에는 공소제기 진의 체포기간도 포함한다.

[법원9급 14]

123 (×) '도 포함한다' → '은 산입하지 아니한다'
공소제기 전의 체포·구인·구금기간은 제1항 및 제2항의 기간에 산입하지 아니한다(제92조 제3항).

124 　기피신청으로 소송진행이 정지된 기간, 공소장의 변경이 피고인의 불이익을 증가할 염려가 있다고 인정되어 피고인으로 하여금 필요한 방어의 준비를 하게 하기 위하여 결정으로 공판절차를 정지한 기간, 공소제기 전의 체포·구인·구금기간은 법원의 구속기간에 산입하지 아니한다. [법원9급 21]

124 (○) 제92조 제3항

125 　구속되었다가 공소제기 후 수소법원이 석방한 피고인은 다른 중요한 증거가 발견된 경우가 아니면 동일한 범죄사실에 관하여 재차 구속하지 못한다.

[법원9급 18]

125 (×) '구속하지 못한다' → '구속할 수 있다'

해설+ 형사소송법 제208조의 규정은 법원이 피고인을 구속하는 것까지를 제한하는 것이었다고는 할 수 없다(대법원 1969.5.27, 69도509).

126 구속의 효력은 원칙적으로 「형사소송법」 제75조 제1항의 방식에 따라 작성된 구속영장에 기재된 범죄사실에만 미치는 것이므로, 구속기간이 만료될 무렵에 종전 구속영장에 기재된 범죄사실과 다른 범죄사실로 피고인을 구속하였다는 사정만으로는 피고인에 대한 구속이 위법하다고 할 수 없다.

[경찰채용 14 변형] [경찰채용 23 2차] [경찰간부 23 변형] [법원9급 18 변형]

126 (○) 구속영장의 효력범위에 관한 사건단위설에 의하여 이중구속의 적법성은 인정된다.

> **판례** 형사소송법 제75조 제1항은, "구속영장에는 피고인의 성명, 주거, 죄명, 공소사실의 요지, 인치구금할 장소, 발부연월일, 그 유효기간과 그 기간을 경과하면 집행에 착수하지 못하며 영장을 반환하여야 할 취지를 기재하고 재판장 또는 수명법관이 서명날인하여야 한다."고 규정하고 있는바, <u>구속의 효력은 원칙적으로 위 방식에 따라 작성된 구속영장에 기재된 범죄사실에만 미치는 것이므로, 구속기간이 만료될 무렵에 종전 구속영장에 기재된 범죄사실과 다른 범죄사실로 피고인을 구속하였다는 사정만으로는 피고인에 대한 구속이 위법하다고 할 수 없다</u>(대법원 2000.11.10, 2000모134).

Ⅲ 접견교통권

 대표유형

구속된 피고인의 변호인과의 접견교통권과 달리 변호인의 구속된 피고인과의 접견교통권은 헌법이 아니라 「형사소송법」에 의해 보장되는 권리이므로, 그 제한은 법령 또는 법원의 결정에 의해서만 가능하고 수사기관의 처분에 의해서는 할 수 없다. [국가7급 20]

(×)

해설+ 변호인의 구속된 피고인 또는 피의자와의 접견교통권은 피고인 또는 피의자 자신이 가지는 변호인과의 접견교통권과는 성질을 달리하는 것으로서 헌법상 보장된 권리라고는 할 수 없고, 형사소송법 제34조에 의하여 비로소 보장되는 권리라는 것은 과거의 판례이다(대법원 2002.5.6, 2000모112). 2019년 헌법재판소는 "변호인 되려는 자의 접견교통권은 피의자 등을 조력하기 위한 핵심적인 부분으로서 피의자 등이 가지는 헌법상 기본권인 변호인 되려는 자와의 접견교통권과 표리의 관계에 있으므로, 변호인 되려는 자의 접견교통권도 역시 헌법상 기본권으로 보장되어야 한다."고 판시하였다(헌법재판소 2019.2.28, 2015헌마1204). 따라서 변호인의 피고인과의 접견교통권은 법률에 의한 제한만 가능하고, 법원의 결정이나 수사기관의 처분에 의해서는 제한할 수 없다.

 대표유형

임의동행의 형식으로 수사기관에 연행된 피의자에게도 변호인 또는 변호인이 되려는 자와의 접견교통권이 인정되지만, 임의동행의 형식으로 연행된 피내사자의 경우에는 그러하지 아니하다. [국가7급 15]

(×) '에는 그러하지 아니하다' → '에도 이는 마찬가지이다'(대법원 1996.6.3, 96모18)

'변호인이 되려는 자'의 접견교통권은 피의자 등이 가지는 '변호인이 되려는 자'의 조력을 받을 권리가 실질적으로 확보되기 위하여 헌법상 기본권으로서 보장되어야 한다.

[경찰채용 21 1차]

(○) 헌법재판소 2019.2.28, 2015헌마1204

127 불구속 피의자의 경우 변호인의 조력을 받을 권리는 우리 헌법에 나타난 법치국가원리, 적법절차원칙에서 인정되는 당연한 내용이다. [경찰채용 18 3차]

127 (○)

해설+ 우리 헌법은 변호인의 조력을 받을 권리가 불구속 피의자·피고인 모두에게 포괄적으로 인정되는지 여부에 관하여 명시적으로 규율하고 있지는 않지만, 불구속 피의자의 경우에도 변호인의 조력을 받을 권리는 우리 헌법에 나타난 법치국가원리, 적법절차원칙에서 인정되는 당연한 내용이고, 헌법 제12조 제4항도 이를 전제로 특히 신체구속을 당한 사람에 대하여 변호인의 조력을 받을 권리의 중요성을 강조하기 위하여 별도로 명시하고 있다(헌법재판소 2004.9.23, 2000헌마138 전원합의체).

헌법 제12조 ④ 누구든지 체포 또는 구속을 당한 때에는 즉시 변호인의 조력을 받을 권리를 가진다. 다만, 형사피고인이 스스로 변호인을 구할 수 없을 때에는 법률이 정하는 바에 의하여 국가가 변호인을 붙인다.

128 변호인의 조력을 받을 권리는 불구속 피의자·피고인 모두에게 포괄적으로 인정되는 권리이므로 신체 구속상태에 있지 아니한 자도 변호인의 조력을 받을 권리의 주체가 될 수 있다. [해경승진 22]

128 (○) 헌법재판소 2004.9.23, 2000헌마138

129 불구속 피의자나 피고인의 경우 「형사소송법」상 특별한 명문의 규정이 없으므로 스스로 선임한 변호인의 조력을 받기 위하여 수사절차의 개시부터 재판절차의 종료에 이르기까지 언제나 변호인을 옆에 두고 조언과 상담을 구하는 것이 허용되는 것은 아니다. [소방간부 23]

129 (×) 불구속 피의자나 피고인의 경우 수사절차의 개시부터 재판절차의 종료까지 변호인을 옆에 두고 조언과 상담을 구하는 것은 특별한 명문의 규정이 없어도 언제나 가능하다.

판례 불구속 피의자나 피고인의 경우 형사소송법상 특별한 명문의 규정이 없더라도 스스로 선임한 변호인의 조력을 받기 위하여 변호인을 옆에 두고 조언과 상담을 구하는 것은 수사절차의 개시에서부터 재판절차의 종료에 이르기까지 언제나 가능하다. 따라서 불구속 피의자가 피의자신문 시 변호인을 대동하여 신문과정에서 조언과 상담을 구하는 것은 신문과정에서 필요할 때마다 퇴거하여 변호인으로부터 조언과 상담을 구하는 번거로움을 피하기 위한 것으로서 불구속 피의자가 피의자신문장소를 이탈하여 변호인의 조언과 상담을 구하는 것과 본질적으로 아무런 차이가 없다. 형사소송법 제243조는 피의자신문 시 의무적으로 참여하여야 하는 자를 규정하고 있을 뿐 적극적으로 위 조항에서 규정한 자 이외의 자의 참여나 입회를 배제하고 있는 것은 아니다. 따라서 불구속 피의자가 피의자신문 시 변호인의 조언과 상담을 원한다면, 위법한 조력의 우려가 있어 이를 제한하는 다른 규정이 있고 그가 이에 해당한다고 하지 않는 한 수사기관은 피의자의 위 요구를 거절할 수 없다(헌법재판소 2004.9.23, 2000헌마138).

130 어떤 사람이 변호인이 되려는 의사를 표시하였고 객관적으로 변호인이 될 가능성이 있다고 인정되는 경우에는 「형사소송법」 제34조 "변호인이 되려는 자"의 지위를 갖는다. [변호사 21]

130 (○) 대법원 2017.3.9, 2013도16162

131 변호인이 되려는 의사를 표시한 자가 객관적으로 변호인이 될 가능성이 있다고 인정되는데도, 「형사소송법」 제34조에서 정한 '변호인 또는 변호인이 되려는 자'가 아니라고 보아 신체구속을 당한 피고인 또는 피의자와 접견하지 못하도록 제한하여서는 아니 된다. [경찰채용 19 1차]

131 (○)

> **해설+** 형사소송법 제34조는 "변호인 또는 변호인이 되려는 자는 신체구속을 당한 피고인 또는 피의자와 접견하고 서류 또는 물건을 수수할 수 있으며 의사로 하여금 진료하게 할 수 있다."고 규정하고 있으므로, 변호인이 되려는 의사를 표시한 자가 객관적으로 변호인이 될 가능성이 있다고 인정되는데도, 형사소송법 제34조에서 정한 '변호인 또는 변호인이 되려는 자'가 아니라고 보아 신체구속을 당한 피고인 또는 피의자와 접견하지 못하도록 제한하여서는 아니 된다(대법원 2017. 3.9, 2013도16162).

132 변호인 선임에 관한 서면을 제출하지 않았지만 변호인이 되려는 의사를 표시하고 객관적으로 변호인이 될 가능성이 있는 경우에 이와 같이 변호인이 되려는 자에게도 피의자를 접견할 권한이 있기 때문에 수사기관이 정당한 이유 없이 접견을 거부해서는 안 된다. [변호사 23]

132 (○) 대법원 2017.3.9, 2013도16162

133 변호인과의 자유로운 접견은 신체구속을 당한 사람에게 보장된 변호인의 조력을 받을 권리의 가장 중요한 내용이어서 국가안전보장, 질서유지, 공공복리 등 어떠한 명분으로도 제한될 수 있는 성질의 것이 아니다. [법원9급 17]

133 (○) 헌법재판소 2011.5.26, 2009헌마341

116 형사소송법의 수사와 증거

134 변호인의 구속된 피고인 또는 피의자와의 접견교통권은 피고인 또는 피의자 자신이 가지는 변호인과의 접견교통권과는 성질을 달리하는 것으로서 헌법상 보장된 권리라고 할 수 없으므로, 수사기관의 처분 등에 의하여 이를 제한할 수 있으며 반드시 법령에 의하여서만 제한 가능한 것은 아니다.

[경찰채용 23 1차]

134 (✕) 변호인의 구속된 피고인 또는 피의자와의 접견교통권은 헌법상 보장된 권리로, 수사기관의 처분 등에 의하여 이를 제한할 수 없으며 반드시 법령에 의하여서만 제한 가능하다.

판례 피의자 등이 가지는 '변호인이 되려는 자'의 조력을 받을 권리가 실질적으로 확보되기 위해서는 '변호인이 되려는 자'의 접견교통권 역시 헌법상 기본권으로서 보장되어야 한다(헌법재판소 2019.2.28, 2015헌마1204 전원합의체).

135 「형사소송법」 제34조에 의한 변호인의 접견교통권은 법령에 의한 제한이 없는 한 수사기관의 처분은 물론 법원의 결정으로도 이를 제한할 수 없다.

[경찰채용 19 2차]

135 (○)

해설+ 접견교통권은 피고인 또는 피의자나 피내사자의 인권보장과 방어준비를 위하여 필수불가결한 권리이므로 법령에 의한 제한이 없는 한 수사기관의 처분은 물론 법원의 결정으로도 이를 제한할 수 없다(대법원 1996.6.3, 96모18).

136 변호인의 조력을 받을 권리가 침해되었다고 하기 위해서는 특정 시점에 접견이 불허됨으로써 피의자의 방어권 행사에 어느 정도는 불이익이 초래되었다고 인정할 수 있어야 한다.

[경찰채용 18 2차] [해경승진 23]

136 (○)

해설+ 변호인의 조력을 받을 권리를 보장하는 목적은 피의자 또는 피고인의 방어권 행사를 보장하기 위한 것이므로, 미결수용자 또는 변호인이 원하는 특정한 시점에 접견이 이루어지지 못하였다 하더라도 그것만으로 곧바로 변호인의 조력을 받을 권리가 침해되었다고 단정할 수는 없는 것이고, 변호인의 조력을 받을 권리가 침해되었다고 하기 위해서는 접견이 불허된 특정한 시점을 전후한 수사 또는 재판의 진행 경과에 비추어 보아, 그 시점에 접견이 불허됨으로써 피의자 또는 피고인의 방어권 행사에 어느 정도는 불이익이 초래되었다고 인정할 수 있어야만 하며, 그 시점을 전후한 변호인 접견의 상황이나 수사 또는 재판의 진행 과정에 비추어 미결수용자가 방어권을 행사하기 위해 변호인의 조력을 받을 기회가 충분히 보장되었다고 인정될 수 있는 경우에는, 비록 미결수용자 또는 그 상대방인 변호인이 원하는 특정 시점에는 접견이 이루어지지 못하였다 하더라도 변호인의 조력을 받을 권리가 침해되었다고 할 수 없다(헌법재판소 2011.5.26, 2009헌마341).

137 변호인의 조력을 받을 권리를 보장하는 목적은 피의자 또는 피고인의 방어 권 행사를 보장하기 위한 것이므로, 변호인의 조력을 받을 기회가 충분히 보 장되었다고 인정될 수 있는 경우에는 미결수용자 또는 변호인이 원하는 특 정한 시점에 접견이 이루어지지 못하였다 하더라도 그것만으로 곧바로 변호 인의 조력을 받을 권리가 침해되었다고 단정할 수는 없다. [경찰채용 23 1차]

137 (O) 헌법재판소 2011.5.26, 2009헌마341

138 변호인이 되려는 의사표시를 한 자가 객관적으로 변호인이 될 가능성이 있 다면 신체구속을 당한 피고인과의 접견교통을 제한할 수 없다. [경찰간부 18]

138 (O) 대법원 2017.3.9, 2013 도16162

139 신체구속을 당한 피고인이 범한 것으로 의심받고 있는 범죄행위에 해당 변 호인이 공범으로 관련되어 있다 하더라도 그 변호인의 접견교통을 금지할 수 없다. [경찰간부 18] [국가7급 15]

139 (O) 대법원 2007.1.31, 2006 모656

140 구속된 피고인에 대한 변호인이 여러 명인 경우, 변호인의 접견교통권 행 사가 그 한계를 일탈한 것인지의 여부는 해당 변호인을 기준으로 하여 개 별적으로 판단하여야 한다. [국가9급 23]

140 (O)

해설+ 변호인의 접견교통의 상대방인 신체구속을 당한 사람이 그 변호인을 자신의 범죄행위에 공범으로 가담시키려고 하였다는 등의 사정만으로 그 변호인의 신체구속을 당한 사람과의 접견교통 을 금지하는 것이 정당화될 수는 없다. 이러한 법리는 신체구속을 당한 사람의 변호인이 1명이 아니 라 여러 명이라고 하여 달라질 수 없고, 어느 변호인의 접견교통권의 행사가 그 한계를 일탈한 것인 지의 여부는 해당 변호인을 기준으로 하여 개별적으로 판단하여야 할 것이다(대법원 2007.1.31, 2006모657).

141 변호인과 구속피의자와의 접견에는 교도관이 참여하지 못하며 그 내용을 청취 또는 녹취할 수 없지만, 보이는 거리에서 관찰할 수 있다. [국가7급 15]

141 (O) 형의 집행 및 수용자의 처우에 관한 법률 제84조

142 구치소장이 「형의 집행 및 수용자의 처우에 관한 법률 및 그 시행규칙」의 규정에 따라 변호인 접견실에 영상녹화, 음성수신, 확대기능 등이 없는 CCTV를 설치하여 미결수용자와 변호인 간의 접견을 관찰하였다 하더라도 이를 통해 대화내용을 알게 되는 것이 불가능하였다면 변호인의 조력을 받을 권리를 침해한 것이라고 할 수 없다. [해경승진 22]

142 (○)

해설+ 형집행법은 전자장비에 따라 계호하는 경우에는 피계호자의 인권이 침해되지 아니하도록 유의하여야 한다고 명시하고(제94조 제3항), 전자장비의 종류·실치징소·사용빙법 및 녹화기록물의 관리 등에 관하여 필요한 사항은 법무부령으로 정하도록 하였다(제94조 제4항). …… 이 사건 변호인접견실에 설치된 CCTV는 영상만 실시간으로 촬영할 뿐 영상녹화기능이나 음성수신기능이 활성화되어 있지 않고, 확대기능이 없으며 촬영 영상도 19인치 크기의 모니터에 16개로 분할되어 나타나므로 미결수용자의 표정이나 입 모양 등을 통하여 대화내용을 알게 되는 것은 불가능하다. 따라서 교도관이 CCTV를 통해 미결수용자와 변호인 간의 접견을 관찰하더라도 접견내용의 비밀이 침해되거나 접견교통에 방해가 되지 아니한다. 따라서 이 사건 CCTV 관찰행위는 청구인의 변호인의 조력을 받을 권리를 침해하지 아니한다(헌법재판소 2016.4.28, 2015헌마243).

143 변호인이 피의자를 접견할 때 국가정보원 직원이 승낙 없이 사진촬영을 한 것은 접견교통권 침해에 해당한다. [법원9급 17]

143 (○) 대법원 2003.1.10, 2002 다56628

144 법령에 의한 제한이 없는 한 변호인의 구속피의자에 대한 접견이 접견신청일이 경과하도록 이루어지지 아니한 것은 실질적으로 접견불허가처분이 있는 것과 동일시된다. [경찰채용 17 2차]

144 (○) 대법원 1990.2.13, 89 모37

145 검사 또는 사법경찰관이 피의자에 대한 신문에 변호인의 참여를 제한하거나 퇴거시킨 경우 그 이후 공판절차에서 변호인의 피의자신문에 대한 참여권이 침해되었다는 이유를 들어 그 피의자신문조서의 증거능력을 다툴 수 있으므로 위 제한이나 퇴거처분을 준항고로 다툴 수 없다. [법원9급 17]

145 (×) '없다' → '있다' 피의자신문 시 변호인의 참여 등에 관한 처분에 대하여 불복이 있으면 준항고로 다툴 수 있다(제417조).

146 피의자가 구속되어 국가안전기획부에서 조사를 받다가 변호인의 접견신청이 불허되어 이에 대한 준항고를 제기 중에 검찰로 송치되어 검사가 피의자를 신문하여 제1회 피의자신문조서를 작성한 후 준항고절차에서 위 접견불허처분이 취소되어 접견이 허용된 경우에는 검사의 피의자에 대한 위 제1회 피의자신문은 변호인의 접견교통을 침해한 상황에서 시행된 것이다.

[경찰채용 19 1차]

146 (O) 대법원 1990.9.25, 90도1586

147 교도관이 변호인 접견이 종료된 뒤 변호인과 미결수용자가 지켜보는 가운데 미결수용자와 변호인 간에 주고받는 서류를 확인하여 그 제목을 소송관계처리부에 기재하여 등재한 행위는 이를 통해 내용에 대한 검열이 이루어질 수 없었다 하더라도 침해의 최소성 요건을 갖추지 못하였으므로 변호인의 조력을 받을 권리를 침해한다.

[해경승진 22]

147 (×)

해설+ 서류 확인 및 등재행위는 구금시설의 안전과 질서를 유지하고, 금지물품이 외부로부터 반입 또는 외부로 반출되는 것을 차단하기 위한 것으로서 그 목적이 정당하고, 변호인 접견 시 수수된 서류에 소송서류 외에 제3자 앞으로 보내는 서신과 같은 서류가 포함되어 있는지 또는 금지물품이 서류 속에 숨겨져 있는지 여부를 확인하고 이를 기록하는 것은 위 목적 달성에 적절한 수단이다. 서류확인 및 등재는 변호인 접견이 종료된 뒤 이루어지고, 교도관은 변호인과 미결수용자가 지켜보는 가운데 서류를 확인하여 그 제목 등을 소송관계처리부에 기재하여 등재하므로 내용에 대한 검열이 이루어질 수도 없는 점에 비추어 보면 침해의 최소성 요건을 갖추었고, 달성하고자 하는 공익과 제한되는 청구인의 사익 간에 불균형이 발생한다고 볼 수 없으므로 법익의 균형성도 갖추었다. 따라서 이 사건 서류 확인 및 등재행위는 청구인의 변호인의 조력을 받을 권리를 침해한다고 할 수 없다 (헌법재판소 2016.4.28, 2015헌마243).

148 교도관이 미결수용자와 변호인 간에 주고받는 서류내용의 검열 없이 금지물품 차단 등을 위해 서류를 확인하고, 소송관계서류처리부에 그 제목을 기재하여 등재한 행위는 접견당사자의 소송수행에 관한 개인정보자기결정권 제한이므로, 이러한 행위는 그 자체로 변호인의 접견교통권을 침해한 것이다.

[경찰채용 18 2차]

148 (×)

해설+ 교도관은 수수한 서류의 내용을 확인하거나 검열을 하는 것이 아니라 단지 소송 서류인지 여부만을 확인하고 있고 등재하는 내용도 서류의 제목에 불과하여 내용적 정보가 아니라 소송서류와 관련된 외형적이고 형식적인 사항들로서 개인의 인격과 밀접하게 연관된 민감한 정보라고 보기도 어렵다고 할 것이므로, 이는 구금시설의 안전과 질서를 유지하기 위하여 필요한 범위 내의 제한이다. … 따라서 이 사건 서류 확인 및 등재행위는 변호인조력권 및 개인정보자기결정권을 침해하지 아니한다(헌법재판소 2016.4.28, 2015헌마243).

149 교도관이 미결수용자와 변호인 간에 주고받는 서류를 확인하고, 소송관계 서류처리부에 그 제목을 기재하여 등재한 행위는 미결수용자의 변호인접견교통권이나 개인정보자기결정권을 침해하지 아니한다. [경찰채용 17 2차]

149 (○) 헌법재판소 2016.4.28, 2015헌마243

150 변호인이 피의자에 대한 접견신청을 하였을 때 피의자가 변호인의 조력을 받을 권리의 의미와 범위를 정확히 이해하면서 이성적 판단에 따라 자발적으로 그 권리를 포기한 경우라도 수사기관이 접견을 허용하지 않는다면 변호인의 접견교통권을 침해하는 것이다. [경찰채용 19 2차]

150 (×)

해설+ 변호인의 접견교통권은 피의자 등이 변호인의 조력을 받을 권리를 실현하기 위한 것으로서, 피의자 등이 헌법 제12조 제4항에서 보장한 기본권의 의미와 범위를 정확히 이해하면서도 이성적 판단에 따라 자발적으로 그 권리를 포기한 경우까지 피의자 등의 의사에 반하여 변호인의 접견이 강제될 수 있는 것은 아니다(대법원 2018.12.27, 2016다266736).

151 법원은 일정한 경우에 직권 또는 검사의 청구에 의하여 구속된 피고인과 변호인(변호인이 되려는 자 포함) 이외의 타인과의 접견을 금할 수 있다. [법원9급 17]

151 (○) 제91조

152 법원은 도망하거나 또는 죄증을 인멸할 염려가 있다고 인정할 만한 상당한 이유가 있는 때에는 직권 또는 검사의 청구에 의하여 결정으로 구속된 피고인과 비변호인과의 접견을 금지할 수 있고, 서류나 그 밖의 물건(의류·양식·의료품 포함)을 수수하지 못하게 하거나 검열 또는 압수할 수 있다. [해경승진 23]

152 (×) 의류·양식·의료품의 수수를 금지하거나 압수할 수는 없다(형사소송법 제91조 단서).

해설+ 형사소송법 제91조 【변호인 아닌 자와의 접견·교통】 법원은 도망하거나 범죄의 증거를 인멸할 염려가 있다고 인정할 만한 상당한 이유가 있는 때에는 직권 또는 검사의 청구에 의하여 결정으로 구속된 피고인과 제34조에 규정한 외의 타인과의 접견을 금지할 수 있고, 서류나 그 밖의 물건을 수수하지 못하게 하거나 검열 또는 압수할 수 있다. 다만, 의류·양식·의료품은 수수를 금지하거나 압수할 수 없다.

대표유형

체포된 피의자에 대하여 구속영장을 청구받은 판사는 지체 없이 피의자를 심문하여야 하고 이 경우 특별한 사정이 없는 한 구속영장이 청구된 날의 다음 날까지 심문하여야 하는데 이는 체포영장에 의한 체포이건 긴급체포이건 아니면 현행범 체포이건 모두 마찬가지이다.

[법원승진 11]

(O) 제201조의2 제1항

대표유형

체포 · 구속적부심사에 있어서 청구를 받은 법원은 청구서가 접수된 때로부터 48시간 이내에 체포 또는 구속된 피의자를 심문하고 수사 관계 서류와 증거물을 조사하여 그 청구가 이유 있다고 인정한 때에는 결정으로 체포 또는 구속된 피의자의 석방을 명하여야 하며, 석방결정은 그 결정서의 등본이 검찰청에 송달된 때에 효력을 발생한다. 심사청구 후 피의자에 대하여 공소제기가 있는 경우에도 또한 같다.

[국가9급개론 18] [법원9급 11]

(O) 제214조의2 제4항, 제42조 참조.

153 체포영장에 의하여 체포된 피의자만이 체포적부심사를 청구할 수 있다.

[국가9급 11]

153 (×) '있다' → '있는 것은 아니다'
영장에 의하지 아니하고 체포된 피의자 등에게도 명문규정으로써 적부심사청구권이 인정된다.

154 긴급체포 등 체포영장에 의하지 아니하고 체포된 피의자의 경우에도 체포 · 구속적부심사를 청구할 권리를 가진다.

[경찰채용 17 2차]

154 (O) 2007년 개정에 의하여 영장요건이 삭제되었다. 제214조의2 제1항 참조.

155 체포 또는 구속된 피의자의 단순한 동거인이나 고용주는 적부심사를 청구할 수 없다.

[법원9급 13]

155 (×) '없다' → '있다'(제214조의2 제1항)

156 체포 · 구속적부심사청구 후 검사의 공소제기가 있더라도 법원은 석방결정을 내릴 수 있다.

[경찰간부 18 유사] [경찰채용 12]

156 (O) 제214조의2 제4항

157 구속적부심사청구 후 검사가 피의자를 기소한 경우, 법원은 심문 없이 결정으로 청구를 기각하여야 하며 피고인은 수소법원에 보석을 청구할 수 있다.

[해경승진 23]

해설+ 형사소송법 제214조의2【체포와 구속의 적부심사】④ 제1항의 청구를 받은 법원은 청구서가 접수된 때부터 48시간 이내에 체포되거나 구속된 피의자를 심문하고 수사 관계 서류와 증거물을 조사하여 그 청구가 이유 없다고 인정한 경우에는 결정으로 기각하고, 이유 있다고 인정한 경우에는 결정으로 체포되거나 구속된 피의자의 석방을 명하여야 한다. 심사 청구 후 피의자에 대하여 공소제기가 있는 경우에도 또한 같다.

157 (×) 전격기소(피의자의 체포·구속적부심사청구 후 검사가 공소를 제기하거나 법원이 석방결정을 하고 나서 그 결정서 등본이 검찰청에 송달되기 전에 검사가 공소를 제기한 것) 시에도 적부심 절차는 유지된다. 형사소송법 제214조의2 제4항 제2문 참조.

158 체포구속적부심사의 청구에 대한 법원의 석방결정은 피의자에 대한 공소제기가 있는 경우에도 그 효력이 유지된다.

[국가9급 10]

158 (○) 제214조의2 제4항 제2문 참조.

159 체포된 피의자는 관할법원에 체포의 직부심사를 청구할 수 있으며, 청구를 받은 법원은 심사청구 후 피의자에 대하여 공소제기가 있는 경우에도 청구가 이유 있다고 인정한 때에는 결정으로 피의자의 석방을 명하여야 한다.

[경찰채용 19 2차]

159 (○) 제214조의2 제1항·제4항 참조.

해설+ 제214조의2【체포와 구속의 적부심사】① 체포되거나 구속된 피의자 또는 그 변호인, 법정대리인, 배우자, 직계친족, 형제자매나 가족, 동거인 또는 고용주는 관할법원에 체포 또는 구속의 적부심사(適否審査)를 청구할 수 있다.
④ 제1항의 청구를 받은 법원은 청구서가 접수된 때부터 48시간 이내에 체포되거나 구속된 피의자를 심문하고 수사 관계 서류와 증거물을 조사하여 그 청구가 이유 없다고 인정한 경우에는 결정으로 기각하고, 이유 있다고 인정한 경우에는 결정으로 체포되거나 구속된 피의자의 석방을 명하여야 한다. 심사 청구 후 피의자에 대하여 공소제기가 있는 경우에도 또한 같다.

160 변호인은 영장실질심사 또는 구속적부심사를 위하여 제출된 구속영장청구서 및 그에 첨부된 고소·고발장, 피의자의 진술을 기재한 서류와 피의자가 제출한 서류를 열람할 수 있다.

[국가7급 09]

160 (○) 규칙 제96조의21 제1항, 제104조의2

161 구속 전 피의자심문에 참여할 변호인과 체포·구속적부심사를 청구한 피의자의 변호인은 지방법원판사에게 제출된 구속영장청구서 및 그에 첨부된 고소·고발장, 피의자의 진술을 기재한 서류와 피의자가 제출한 서류를 열람·등사할 수 있다. [소방간부 23]

해설+ 규칙 제96조의21【구속영장청구서 및 소명자료의 열람】① 피의자심문에 참여할 변호인은 지방법원 판사에게 제출된 구속영장청구서 및 그에 첨부된 고소·고발장, 피의자의 진술을 기재한 서류와 피의자가 제출한 서류를 열람할 수 있다.

제104조의2【준용규정】제96조의21의 규정은 체포·구속의 적부심사를 청구한 피의자의 변호인에게 이를 준용한다.

161 (×) 열람은 가능하나 등사는 불가하다. 규칙 제96조의21 제1항, 제104조의2 참조.

162 구속전피의자심문이나 체포·구속적부심사에 참여할 변호인은 지방법원판사에게 제출된 구속영장청구서 및 그에 첨부된 고소·고발장, 피의자의 진술을 기재한 서류와 피의자가 제출한 서류를 열람할 수 있으나, 지방법원판사는 구속영장청구서를 제외하고는 위 서류의 전부 또는 일부의 열람을 제한할 수 있다. [경찰간부 22 변형]

해설+ 규칙 제96조의21【구속영장청구서 및 소명자료의 열람】① 피의자심문에 참여할 변호인은 지방법원 판사에게 제출된 구속영장청구서 및 그에 첨부된 고소·고발장, 피의자의 진술을 기재한 서류와 피의자가 제출한 서류를 열람할 수 있다.
② 검사는 증거인멸 또는 피의자나 공범 관계에 있는 자가 도망할 염려가 있는 등 수사에 방해가 될 염려가 있는 때에는 지방법원 판사에게 제1항에 규정된 서류(구속영장청구서는 제외한다)의 열람제한에 관한 의견을 제출할 수 있고, 지방법원 판사는 검사의 의견이 상당하다고 인정하는 때에는 그 전부 또는 일부의 열람을 제한할 수 있다.
③ 지방법원 판사는 제1항의 열람에 관하여 그 일시, 장소를 지정할 수 있다.

제104조의2【준용규정】제96조의21의 규정은 체포·구속의 적부심사를 청구한 피의자의 변호인에게 이를 준용한다.

162 (○) 구속전피의자심문 및 적부심사에 참여하는 변호인에게는 일정한 서류에 대한 열람권이 부여된다(규칙 제96조의21 제1항)(학설에서는 열람권뿐 아니라 등사권도 부여된다는 주장이 있다). 이에 검사는 증거인멸이나 도망의 염려 등 수사방해의 염려가 있으면 구속영장청구서를 제외한 나머지 서류에 대한 열람제한 의견을 제출할 수 있고, 지방법원 판사는 검사의 의견이 상당하면 열람을 제한할 수 있다(동조 제2항).

163 고소로 시작된 형사피의사건의 구속적부심절차에서 피구속자의 변호를 맡은 변호인에게는 수사기록 중 고소장과 피의자신문조서를 열람·등사할 권리가 인정된다. [경찰간부 18]

163 (○) 헌법재판소 2003.3.27, 2000헌마474

164 헌법재판소는 구속적부심의 변호인의 피구속자에 대한 고소장 및 피의자 신문조서의 열람·등사신청을 수사기관이 거부한 것이 변호인이 가지는 피의자 조력권 및 알 권리를 침해한 위헌의 잘못이 있다고 판단했다.

[법원9급 10]

164 (○) 헌법재판소 2003.3.27, 2000헌마474

165 체포영장 또는 구속영장을 발부한 법관이라 하더라도 체포·구속적부심사의 심문·조사·결정에 관여할 수 있다. [법원9급 12]

165 (×) '있다' → '없다'(원칙적 부정, 제214조의2 제12항 본문)

해설+ 법 제214조의2【체포와 구속의 적부심사】⑫ 체포영장이나 구속영장을 발부한 법관은 제4항부터 제6항까지의 심문·조사·결정에 관여할 수 없다. 다만, 체포영장이나 구속영장을 발부한 법관 외에는 심문·조사·결정을 할 판사가 없는 경우에는 그러하지 아니하다.

166 체포영장 또는 구속영장을 발부한 법관은 체포·구속적부심사 청구된 피의자의 석방 여부를 결정하기 위한 심문·조사·결정에 관여하지 못하고 이는 체포영장 또는 구속영장을 발부한 법관 외에는 심문·조사·결정을 할 판사가 없는 경우에도 마찬가지이다. [경찰간부 18] [국가9급개론 18]

166 (×) '마찬가지이다' → '그러하지 아니하다'(제214조의2 제12항 단서).

167 체포 또는 구속의 적부심사 청구를 받은 법원은 청구서가 접수된 때부터 24시간 이내에 체포되거나 구속된 피의자를 심문하여야 한다. [경찰특공대 22]

167 (×) 48시간 이내이다(형사소송법 제214조의2 제4항).

해설+ 형사소송법 제214조의2【체포와 구속의 적부심사】④ 제1항의 청구를 받은 법원은 청구서가 접수된 때부터 48시간 이내에 체포되거나 구속된 피의자를 심문하고 수사 관계 서류와 증거물을 조사하여 그 청구가 이유 없다고 인정한 경우에는 결정으로 기각하고, 이유 있다고 인정한 경우에는 결정으로 체포되거나 구속된 피의자의 석방을 명하여야 한다. 심사 청구 후 피의자에 대하여 공소제기가 있는 경우에도 또한 같다.

168 체포·구속적부심사의 청구를 받은 법원은 청구서가 접수된 때부터 48시간 이내에 체포 또는 구속된 피의자를 심문하고 수사 관계 서류와 증거물을 조사하여야 한다. [경찰채용 15]

168 (○) 제214조의2 제4항

169 체포 · 구속적부심사의 심문기일에 출석한 검사 · 변호인은 법원의 심문이 끝난 후에 피의자를 심문할 수 있다. [경찰채용 15] [법원9급 18]

169 (×) '있다' → '없다'
검사와 변호인은 피의자신문권이 아닌 의견진술권만이 있을 뿐이다 (규칙 제105조 제1항, 법 제214조의2 제4항).

170 체포 · 구속적부심사에 있어서 공범 또는 공동피의자의 순차청구가 수사방해의 목적이 명백한 때에는 법원은 심문 없이 결정으로 청구를 기각할 수 있다. [경찰간부 18] [국가9급개론 18]

170 (○) 제214조의2 제3항

해설+ 법 제214조의2 **【체포와 구속의 적부심사】** ③ 법원은 제1항에 따른 청구가 다음 각 호의 어느 하나에 해당하는 때에는 제4항에 따른 심문 없이 결정으로 청구를 기각할 수 있다.
1. 청구권자 아닌 사람이 청구하거나 동일한 체포영장 또는 구속영장의 발부에 대하여 재청구한 때
2. 공범이나 공동피의자의 순차청구(順次請求)가 수사 방해를 목적으로 하고 있음이 명백한 때

171 체포 · 구속적부심사에 있어서 동일한 체포영장 또는 구속영장의 발부에 대하여 재청구한 때에는 심문 없이 결정으로 청구를 기각할 수 있다. [법원9급 13]

171 (○) 제214조의2 제3항 제1호

정리 적부심 간이기각: 권/재/순

172 법원은 체포 또는 구속된 피의자에 대한 심문이 종료된 때로부터 24시간 이내에 체포 · 구속적부심사청구에 대한 결정을 하여야 한다. [경찰채용 14]

172 (○) 규칙 제106조

해설+ 규칙 제106조 **【결정의 기한】** 체포 또는 구속의 적부심사청구에 대한 결정은 체포 또는 구속된 피의자에 대한 심문이 종료된 때로부터 24시간 이내에 이를 하여야 한다.

173 구속된 피의자로부터 구속적부심사의 청구를 받은 법원이 피의자의 출석을 보증할 만한 보증금의 납입을 조건으로 하여 석방결정을 하는 경우에 주거의 제한, 법원 또는 검사가 지정하는 일시 · 장소에 출석할 의무 기타 적당한 조건을 부가할 수 있다. [경찰채용 17 2차]

173 (○) 제214조의2 제5항 · 제6항

해설+ **법 제214조의2【체포와 구속의 적부심사】** ⑤ 법원은 구속된 피의자(심사청구 후 공소제기된 사람을 포함한다)에 대하여 피의자의 출석을 보증할 만한 보증금의 납입을 조건으로 하여 결정으로 제4항의 석방을 명할 수 있다. 다만, 다음 각 호에 해당하는 경우에는 그러하지 아니하다.
1. 범죄의 증거를 인멸할 염려가 있다고 믿을 만한 충분한 이유가 있는 때
2. 피해자, 당해 사건의 재판에 필요한 사실을 알고 있다고 인정되는 사람 또는 그 친족의 생명 · 신체나 재산에 해를 가하거나 가할 염려가 있다고 믿을 만한 충분한 이유가 있는 때
⑥ 제5항의 석방 결정을 하는 경우에는 주거의 제한, 법원 또는 검사가 지정하는 일시 · 장소에 출석할 의무, 그 밖의 적당한 조건을 부가할 수 있다.
⑦ 제5항에 따라 보증금 납입을 조건으로 석방을 하는 경우에는 제99조와 제100조를 준용한다.
⑧ 제3항과 제4항의 결정에 대해서는 항고할 수 없다.

제99조【보석조건의 결정 시 고려사항】 ① 법원은 제98조의 조건을 정할 때 다음 각 호의 사항을 고려하여야 한다.
1. 범죄의 성질 및 죄상(罪狀)
2. 증거의 증명력
3. 피고인의 전과(前科) · 성격 · 환경 및 자산
4. 피해자에 대한 배상 등 범행 후의 정황에 관련된 사항
② 법원은 피고인의 자금능력 또는 자산 정도로는 이행할 수 없는 조건을 정할 수 없다.

제100조【보석집행의 절차】 ① 제98조제1호 · 제2호 · 제5호 · 제7호 및 제8호의 조건은 이를 이행한 후가 아니면 보석허가결정을 집행하지 못하며, 법원은 필요하다고 인정하는 때에는 다른 조건에 관하여도 그 이행 이후 보석허가결정을 집행하도록 정할 수 있다.
② 법원은 보석청구자 이외의 자에게 보증금의 납입을 허가할 수 있다.
③ 법원은 유가증권 또는 피고인 외의 자가 제출한 보증서로써 보증금에 갈음함을 허가할 수 있다.
④ 전항의 보증서에는 보증금액을 언제든지 납입할 것을 기재하여야 한다.
⑤ 법원은 보석허가결정에 따라 석방된 피고인이 보석조건을 준수하는데 필요한 범위 안에서 관공서나 그 밖의 공사단체에 대하여 적절한 조치를 취할 것을 요구할 수 있다.

174 보증금납입조건부 피의자석방제도는 구속적부심사의 청구가 있을 때에만 허용되며, 법원의 직권에 의하여 석방을 명할 수 있을 뿐인 직권보석이다. [법원9급 11]

174 (○) 제214조의2 제5항 본문

175 구속된 피의자로부터 구속적부심사의 청구를 받은 법원이 보증금납입조건부 피의자석방결정을 내린 경우 보증금이 납입된 후에야 피의자를 석방할 수 있다. [변호사 23]

175 (○) 보증금을 납입한 후가 아니면 피의자보석결정을 집행하지 못한다(법 제214조의2 제7항, 제100조 제1항 전단).

보충 다만 법원은 유가증권 또는 피의자 외의 자가 제출한 보증서로써 보증금에 갈음함을 허가할 수 있다(법 제214조의2 제7항, 제100조 제3항). 이 보증서에는 보증금액을 언제든지 납입할 것을 기재하여야 한다(제100조 제4항).

176 법원은 구속된 피의자에 대하여 보증금의 납입을 조건으로 석방을 명할 수 있고, 이 경우 구속적부심사 청구인 이외의 자에게 보증금의 납입을 허가할 수 있다.   [국가9급개론 18] [법원9급 13]

176 (○) 제214조의2 제5항·제7항, 제100조 제2항

177 현행법상 체포된 피의자에 대하여는 보증금납입조건부 석방결정이 허용되지 않는다는 것이 판례의 입장이다.   [경찰채용 13] [경찰간부 18] [국가9급개론 18]

177 (○) 대법원 1997.8.27, 97모21

178 보증금납입조건부 피의자석방제도는 체포된 피의자가 아니라 구속된 피의자의 보석청구로 보증금의 납입을 조건으로 석방하는 제도이다. [경찰채용 15]

178 (×) '보석청구로' → 삭제

해설+ 구속피의자의 보석청구권은 인정되지 아니한다. 다만, 구속적부심을 청구한 경우에 법관의 재량으로 석방을 명할 수 있을 뿐이다(제214조의2 제5항).

179 보증금납입을 조건으로 석방된 피의자가 동일한 범죄사실에 관하여 형의 선고를 받고 그 판결이 확정된 후, 집행하기 위한 소환을 받고 정당한 이유 없이 출석하지 아니하거나 도망한 때에는 검사의 결정으로 보증금의 전부 또는 일부를 몰수하여야 한다.   [국가7급 23]

179 (×) 검사는 결정권이 아니라 청구권만 있을 뿐이고 법원의 결정에 의한다. 형사소송법 제214조의4 제2항 참조.

해설+ 제214조의4 【보증금의 몰수】② 법원은 제214조의2 제5항에 따라 석방된 자가 동일한 범죄사실에 관하여 형의 선고를 받고 그 판결이 확정된 후, 집행하기 위한 소환을 받고 정당한 이유 없이 출석하지 아니하거나 도망한 때에는 직권 또는 검사의 청구에 의하여 결정으로 보증금의 전부 또는 일부를 몰수하여야 한다.

180 법원은 체포·구속적부심사청구가 있는 경우 피의자의 출석을 보증할 만한 보증금의 납입을 조건으로 석방을 명할 수 있다.   [경찰채용 12]

180 (×) '체포' → 삭제
구속된 피의자에 대하여 석방을 명할 수 있다(제214조의2 제5항).

181 체포·구속적부심사청구에 대한 기각결정에 대하여는 3일 이내에 항고할 수 있다.   [경찰채용 17 2차]

181 (×) '있다' → '없다'
항고하지 못한다(제214조의2 제8항).

182 체포·구속적부심사에 관한 법원의 결정에 대하여는 기각결정과 석방결정을 불문하고 항고가 허용되지 않는다. [법원9급 18]

182 (○) 제214조의2 제8항

183 체포의 적부심사는 구속의 적부심사와 달리 국선변호인에 관한 규정이 준용되지 않으므로 체포된 피의자가 심신장애의 의심이 있는 경우에도 법원은 원칙적으로 국선변호인을 선정하지 않고 심사를 진행할 수 있다. [해경승진 22]

183 (×) 형사소송법 제214조의2 제10항 참조.

> **해설+** 형사소송법 제214조의2【체포와 구속의 적부심사】⑩ 체포되거나 구속된 피의자에게 변호인이 없는 때에는 제33조(국선변호인)를 준용한다.

184 법원이 구속된 피의자에 대하여 피의자의 출석을 보증할 만한 보증금납입을 조건으로 석방결정을 한 때에는 「형사소송법」 제402조에 따른 항고를 할 수 없다. [변호사 23]

184 (×)

> **해설+** 형사소송법 제402조의 규정에 의하면, 법원의 결정에 대하여 불복이 있으면 항고를 할 수 있으나 다만 같은 법에 특별한 규정이 있는 경우에는 예외로 하도록 되어 있는바, 체포 또는 구속적부심사절차에서의 법원의 결정에 대한 항고의 허용 여부에 관하여 같은 법 제214조의2 제7항은 제2항과 제3항의 기각결정 및 석방결정에 대하여 항고하지 못하는 것으로 규정하고 있을 뿐이고 제4항에 의한 석방결정에 대하여 항고하지 못한다는 규정은 없을 뿐만 아니라, …… 기소 후 보석결정에 대하여 항고가 인정되는 점에 비추어 그 보석결정과 성질 및 내용이 유사한 기소 전 보증금 납입 조건부 석방결정에 대하여도 항고할 수 있도록 하는 것이 균형에 맞는 측면도 있다 할 것이므로, 같은 법 제214조의2 제4항의 석방결정에 대하여는 피의자나 검사가 그 취소의 실익이 있는 한 같은 법 제402조에 의하여 항고할 수 있다(대법원 1997.8.27, 97모21).

185 구속적부심사에 있어서 법원의 보증금납입조건부 석방결정에 대하여 검사는 항고할 수 없다. [국가7급 15]

185 (×) '없다' → '있다'
피의자보석결정에 대해서는 검사든 피의자든 보통항고가 가능하다 (대법원 1997.8.27, 97모21).

186 구속적부심문조서는 특히 신용할 만한 정황에 의하여 작성된 문서라고 할 것이므로 특별한 사정이 없는 한, 피고인이 증거로 함에 부동의하더라도 당연히 그 증거능력이 인정된다. [법원9급 11]

186 (○) 대법원 2004.1.16, 2003도5693

187 체포 · 구속적부심사결정에 의하여 석방된 피의자가 도망하거나 죄증을 인멸하는 경우를 제외하고는 동일한 범죄사실에 관하여 재차 체포 또는 구속하지 못한다. [경찰채용 17 2차] [국가7급 15] [국가7급 23 변형] [국가9급 23]

187 (○) 제214조의3 제1항

해설+ 법 제214조의3【재체포 및 재구속의 제한】① 제214조의2제4항에 따른 체포 또는 구속적부심사결정에 의하여 석방된 피의자가 도망하거나 범죄의 증거를 인멸하는 경우를 제외하고는 동일한 범죄사실로 재차 체포하거나 구속할 수 없다.

188 보증금 납입을 조건으로 석방된 피의자가 주거의 제한이나 그 밖에 법원이 정한 조건을 위반한 때에는 동일한 범죄사실로 재차 체포하거나 구속할 수 있다. [국가9급 23]

188 (○) 구속적부심에서 보증금 납입조건부 피의자석방결정에 의하여 석방된 피의자에 대한 재구속 사유로서 형사소송법 제214조의3 제2항 제4호에 해당한다.

해설+ 형사소송법 제214조의3【재체포 및 재구속의 제한】② 제214조의2 제5항에 따라 석방된 피의자에게 다음 각 호의 어느 하나에 해당하는 사유가 있는 경우를 제외하고는 동일한 범죄사실로 재차 체포하거나 구속할 수 없다.
1. 도망한 때
2. 도망하거나 범죄의 증거를 인멸할 염려가 있다고 믿을 만한 충분한 이유가 있는 때
3. 출석요구를 받고 정당한 이유없이 출석하지 아니한 때
4. 주거의 제한이나 그 밖에 법원이 정한 조건을 위반한 때

189 보증금 납입을 조건으로 석방된 피의자가 피해자, 당해 사건의 재판에 필요한 사실을 알고 있다고 인정되는 자 또는 그 친족의 생명 · 신체 · 재산에 해를 가하거나 가할 염려가 있다고 믿을 만한 충분한 이유가 있는 때에는 동일한 범죄사실로 재차 체포하거나 구속할 수 있다. [국가9급 23]

189 (×) 피고인 보석에 대한 보석취소사유이지, 보증금납입조건부 피의자석방의 재구속사유는 아니다.

해설+ 형사소송법 제102조【보석조건의 변경과 취소 등】① 법원은 직권 또는 제94조에 규정된 자의 신청에 따라 결정으로 피고인의 보석조건을 변경하거나 일정기간 동안 당해 조건의 이행을 유예할 수 있다.
② 법원은 피고인이 다음 각 호의 어느 하나에 해당하는 경우에는 직권 또는 검사의 청구에 따라 결정으로 보석 또는 구속의 집행정지를 취소할 수 있다. 다만, 제101조 제4항에 따른 구속영장의 집행정지는 그 회기 중 취소하지 못한다.
1. 도망한 때
2. 도망하거나 죄증을 인멸할 염려가 있다고 믿을 만한 충분한 이유가 있는 때
3. 소환을 받고 정당한 사유 없이 출석하지 아니한 때
4. 피해자, 당해 사건의 재판에 필요한 사실을 알고 있다고 인정되는 자 또는 그 친족의 생명·신체· 재산에 해를 가하거나 가할 염려가 있다고 믿을 만한 충분한 이유가 있는 때
5. 법원이 정한 조건을 위반한 때
③ 법원은 피고인이 정당한 사유 없이 보석조건을 위반한 경우에는 결정으로 피고인에 대하여 1천만원 이하의 과태료를 부과하거나 20일 이내의 감치에 처할 수 있다.
④ 제3항의 결정에 대하여는 즉시항고를 할 수 있다.

V 보석

대표유형

「형사소송법」은 필요적 보석을 원칙으로 하고 있으며, 필요적 보석은 청구보석과 직권보석 모두 인정된다.

[국가9급 10]

대표유형

보석이 취소된 경우 보증금 납입을 포함한 모든 보석조건은 즉시 그 효력을 상실한다.

[국가7급 21]

190 피고인이 집행유예기간 중에 있을 때에는 보석을 허가할 수 없다.

[법원9급 10·18]

191 필요적 보석의 제외사유에 해당하는 경우, 법원은 보석을 허가할 수 없다.

[군무원9급 23]

> **해설+** 형사소송법 제96조 【임의적 보석】 법원은 제95조의 규정에 불구하고 상당한 이유가 있는 때에는 직권 또는 제94조에 규정한 자의 청구에 의하여 결정으로 보석을 허가할 수 있다.

192 법원이 집행유예기간 중에 있는 피고인의 보석을 허가한 경우, 이러한 법원의 결정은 누범과 상습범을 필요적 보석의 제외사유로 규정한 「형사소송법」 제95조 제2호의 취지에 반하여 위법이라고 할 수 없다.　[경찰채용 19 1차]

> **해설+** 피고인이 집행유예의 기간 중에 있어 집행유예의 결격자라고 하여 보석을 허가할 수 없는 것은 아니고 형사소송법 제95조는 그 제1 내지 5호 이외의 경우에는 필요적으로 보석을 허가하여야 한다는 것이지 여기에 해당하는 경우에는 보석을 허가하지 아니할 것을 규정한 것이 아니므로 집행유예기간 중에 있는 피고인의 보석을 허가한 것이 누범과 상습범에 대하여는 보석을 허가하지 아니할 수 있다는 형사소송법 제95조 제2호의 취지에 위배되어 위법하다고 할 수 없다(대법원 1990. 4.18, 90모22).

(×) '과 직권보석 모두' → '에만'
제95조, 제96조 참조.
필요적 보석은 청구보석에만 인정되고, 임의적 보석은 청구보석과 직권보석 모두에 인정된다.

(×) 보석이 취소된 경우, 보증금 납입 및 담보제공조건을 제외한 다른 보석조건이 실효되는 것이다.

190 (×) '없다' → '있다'
보석을 허가한 것이 위법이라고 할 수 없다(대법원 1990.4.18, 90모22).

191 (×) 필요적 보석의 제외사유에 해당하는 경우에는 보석을 허가하지 않을 수 있는 것이지, 보석을 허가할 수 없는 것은 아니다. 임의적 보석에 관해서는 형사소송법 제96조 참조.

192 (○)

193 피고인이 누범에 해당하는 경우 필요적 보석의 제외사유에 해당한다.

[군무원9급 21]

193 (○) 형사소송법 제95조 제2호

> **해설+** 형사소송법 제95조 【필요적 보석】 보석의 청구가 있는 때에는 다음 이외의 경우에는 보석을 허가하여야 한다.
> 1. 피고인이 사형, 무기 또는 장기 10년이 넘는 징역이나 금고에 해당하는 죄를 범한 때
> 2. 피고인이 누범에 해당하거나 상습범인 죄를 범한 때
> 3. 피고인이 죄증을 인멸하거나 인멸할 염려가 있다고 믿을 만한 충분한 이유가 있는 때
> 4. 피고인이 도망하거나 도망할 염려가 있다고 믿을 만한 충분한 이유가 있는 때
> 5. 피고인의 주거가 분명하지 아니한 때
> 6. 피고인이 피해자, 당해 사건의 재판에 필요한 사실을 알고 있다고 인정되는 자 또는 그 친족의 생명·신체나 재산에 해를 가하거나 가할 염려가 있다고 믿을만한 충분한 이유가 있는 때

194 피고인이 사형·무기 또는 장기 10년이 넘는 징역이나 금고에 해당하는 때에도 상당한 이유가 있는 경우에는 법원이 직권 또는 보석청구권자의 청구에 의하여 보석을 허가할 수 있다.

[국가9급개론 18] [법원9급 10]

194 (○) 제95조, 제96조

195 피고인, 피고인의 변호인·법정대리인·배우자·직계친족·형제자매·가족·동거인 또는 고용주는 법원에 구속된 피고인의 보석을 청구할 수 있다.

[국가7급 12] [국가9급개론 18]

195 (○) 제94조 참조.

196 피의자, 피의자의 변호인·법정대리인·배우자·직계친족·형제자매·가족·동거인 또는 고용주는 구속된 피의자의 보석을 법원에 청구할 수 있다.

[국가9급 23]

196 (×) 피의자보석 청구제도는 없다. 형사소송법 제94조의 피고인보석 청구 조항에서 피고인을 피의자로 바꿔서 틀린 지문으로 출제된 것이다.

> **해설+** 형사소송법 제94조 【보석의 청구】 피고인, 피고인의 변호인·법정대리인·배우자·직계친족·형제자매·가족·동거인 또는 고용주는 법원에 구속된 피고인의 보석을 청구할 수 있다.
>
> **보충** 피의자보석이 가능한 유일한 경우에는 구속적부심에서 법원이 직권으로 보증금납입조건부 석방결정을 하는 경우인데(법 제214조의2 제5항), 이 경우도 피의자보석을 청구할 수 있는 것은 아니다.
>
> **참조조문** 법 제214조의2 【체포와 구속의 적부심사】 ⑤ 법원은 구속된 피의자(심사청구 후 공소제기된 사람을 포함한다)에 대하여 피의자의 출석을 보증할 만한 보증금의 납입을 조건으로 하여 결정으로 제4항의 석방을 명할 수 있다.

197　심문기일을 정한 법원은 즉시 검사, 피고인, 보석청구인 및 피고인을 구금하고 있는 관서의 장에게 심문기일과 장소를 통지하여야 한다.

[해경승진 22]

해설+　형사소송규칙 제54조의2【보석의 심리】② 제1항의 규정에 의하여 심문기일을 정한 법원은 즉시 검사, 변호인, 보석청구인 및 피고인을 구금하고 있는 관서의 장에게 심문기일과 장소를 통지하여야 하고, 피고인을 구금하고 있는 관서의 장은 위 심문기일에 피고인을 출석시켜야 한다.

197 (○) 형사소송규칙 제54조의2 제2항 참조.

198　재판장은 보석에 관한 결정을 하기 전에 검사의 의견을 물어야 한다.

[법원9급 17]

정리　검사 의견 필요적 청취: 집/보/구/간/개

198 (○) 제97조 제1항

199　재판장은 보석에 관한 결정을 하기 전에 검사의 의견을 물어야 하나, 급속을 요하는 경우에는 그러하지 아니하다.

[법원9급 11 변형]

199 (×) 재판장은 보석에 관한 결정을 하기 전에 검사의 의견을 물어야 하고, 급속을 요하는 경우에도 마찬가지이다. 제97조 제1항·제2항 참조.

200　검사의 의견청취절차는 보석에 관한 결정의 본질적 부분이므로 이를 거치지 아니한 보석허가결정은 절차상의 하자로 인하여 취소되어야 한다.

[법원9급 17]

200 (×) '본질적 부분이므로' → '본질적 부분이 아니므로', '취소되어야 한다' → '취소할 수는 없다' (대법원 1997.11.27, 97모88)

201　법원이 검사의 의견을 듣지 아니한 채 보석에 관한 결정을 하였다면 절차상의 하자가 있어 그 결정을 취소할 수 있다.

[군무원9급 23]

해설+　(원래 당해 결정이 적정한 경우라는 말이 들어있어야 올바른 출제일 것이나, 출제의 의도를 고려하여 해설함) 검사의 의견청취의 절차는 보석에 관한 결정의 본질적 부분이 되는 것은 아니므로, 설사 법원이 검사의 의견을 듣지 아니한 채 보석에 관한 결정을 하였다고 하더라도 그 결정이 적정한 이상, 절차상의 하자만을 들어 그 결정을 취소할 수는 없다(대법원 1997.11.27, 97모88).

201 (×)

202   보석의 청구를 받은 법원은 24시간 이내에 심문기일을 정하여 구속된 피고인을 심문하여야 하고, 특별한 사정이 없는 한 보석의 청구를 받은 날부터 7일 이내에 그에 관한 결정을 하여야 한다.   [해경승진 23]

해설+   규칙 제54조의2 【보석의 심리】 ① 보석의 청구를 받은 법원은 지체 없이 심문기일을 정하여 구속된 피고인을 심문하여야 한다. 다만, 다음 각호의 어느 하나에 해당하는 때에는 그러하지 아니하다.
1. 법 제94조에 규정된 청구권자 이외의 사람이 보석을 청구한 때
2. 동일한 피고인에 대하여 중복하여 보석을 청구하거나 재청구한 때
3. 공판준비 또는 공판기일에 피고인에게 그 이익되는 사실을 진술할 기회를 준 때
4. 이미 제출한 자료만으로 보석을 허가하거나 불허가할 것이 명백한 때

규칙 제55조 【보석 등의 결정기한】 법원은 특별한 사정이 없는 한 보석 또는 구속취소의 청구를 받은 날부터 7일 이내에 그에 관한 결정을 하여야 한다.

202 (×) 보석청구를 받은 법원의 심문기일 지정은 24시간 이내가 아니라 지체없이 이루어져야 한다(형사소송규칙 제54조의2). 보석 청구에 관한 결정의 기한은 7일이다(형사소송규칙 제55조).

203   법원은 특별한 사정이 없는 한 보석의 청구를 받은 날부터 7일 이내에 그에 관한 결정을 하여야 한다.   [국가9급 15] [법원9급 17]

203 (○) 규칙 제55조

204   상소기간 중 또는 상소 중의 사건에 관하여 보석에 대한 결정은 소송기록이 원심법원에 있는 때에는 원심법원이 하여야 한다.   [법원9급 17]

204 (○) 제105조

205   법원은 보석의 조건을 정함에 있어서 범죄의 성질 및 죄상(罪狀), 증거의 증명력, 피고인의 전과·성격·환경 및 자산, 피해자에 대한 배상 등 범행 후의 정황에 관련된 사항을 고려하여야 한다.   [경찰채용 13]

205 (○) 제99조 제1항

206   법원은 유가증권 또는 피고인 외의 자가 제출한 보증서로써 보증금에 갈음함을 허가할 수 있다.   [경찰채용 13] [국가9급개론 18]

206 (○) 제100조 제3항

207 　법원은 보석허가결정을 집행한 후에 서약서, 보증금 약정서, 출석보증서, 피해액 공탁, 보증금 납입과 같은 보석조건을 이행하도록 정할 수 있다.

[국가7급 09]

207 (×) '집행한 후' → '집행하기 전'(제100조 제1항 전단)

208 　「형사소송법」 제98조 제1호(피고인 본인의 서약서), 제2호(피고인 본인의 보증금 약정서), 제5호(피고인 이외의 자의 출석보증서), 제7호(피해자의 권리회복에 필요한 금원의 공탁이나 담보제공), 제8호(보증금납부 또는 담보제공)의 보석조건을 이행한 후가 아니면 보석허가결정을 집행하지 못한다.

[해경승진 22]

208 (○) 선이행조건이다. 형사소송법 제100조 제1항 참조.

보충　후이행조건은 선이행조건으로 변경할 수 있으나, 선이행조건은 후이행조건으로 변경할 수 없다(동조 동항 후문).

해설+　법 제100조 【보석집행의 절차】 ① 제98조 제1호·제2호·제5호·제7호 및 제8호의 조건은 이를 이행한 후가 아니면 보석허가결정을 집행하지 못하며, 법원은 필요하다고 인정하는 때에는 다른 조건에 관하여도 그 이행 이후 보석허가결정을 집행하도록 정할 수 있다.

법 제98조 【보석의 조건】 법원은 보석을 허가하는 경우에는 필요하고 상당한 범위 안에서 나음 각 호의 조건 중 하나 이상의 조건을 정하여야 한다.
1. 법원이 지정하는 일시·장소에 출석하고 증거를 인멸하지 아니하겠다는 서약서를 제출할 것
2. 법원이 정하는 보증금에 해당하는 금액을 납입할 것을 약속하는 약성서를 제출할 것
3. 법원이 지정하는 장소로 주거를 제한하고 주거를 변경할 필요가 있는 경우에는 법원의 허가를 받는 등 도주를 방지하기 위하여 행하는 조치를 받아들일 것
4. 피해자, 당해 사건의 재판에 필요한 사실을 알고 있다고 인정되는 사람 또는 그 친족의 생명·신체·재산에 해를 가하는 행위를 하지 아니하고 주거·직장 등 그 주변에 접근하지 아니할 것
5. 피고인 아닌 자가 작성한 출석보증서를 제출할 것
6. 법원의 허가 없이 외국으로 출국하지 아니할 것을 서약할 것
7. 법원이 지정하는 방법으로 피해자의 권리 회복에 필요한 금전을 공탁하거나 그에 상당하는 담보를 제공할 것
8. 피고인이나 법원이 지정하는 자가 보증금을 납입하거나 담보를 제공할 것
9. 그 밖에 피고인의 출석을 보증하기 위하여 법원이 정하는 적당한 조건을 이행할 것

209 　법원의 보석허가결정에 대하여 검사는 즉시항고를 할 수 없다. [국가9급 10]

209 (○)

해설+　보석허가결정에 대하여 검사가 즉시항고를 할 수 있도록 한 규정에 대하여 위헌결정을 하였으므로(헌법재판소 1993.12.23, 93헌가2), 법원의 보석허가결정에 대하여 검사가 즉시항고를 할 수는 없다.

210 검사가 보통항고의 방법으로 보석허가결정에 대하여 불복하는 것은 허용되지 아니한다. [국가7급 12]

> **해설+** 법원의 보석에 관한 결정(보석청구기각결정·보석허가결정·보석취소결정)에 대하여는 보통항고가 가능하다(제403조 제2항).

210 (×) '허용되지 아니한다' → '허용된다'

211 법원은 보석허가결정 이후에 피고인의 보석조건을 변경할 수는 있으나, 일정기간 동안 당해 조건의 이행을 유예할 수는 없다. [해경승진 22]

> **해설+** 형사소송법 제102조 【보석조건의 변경과 취소 등】 ① 법원은 직권 또는 제94조에 규정된 자의 신청에 따라 결정으로 피고인의 보석조건을 변경하거나 일정기간 동안 당해 조건의 이행을 유예할 수 있다.

211 (×) 형사소송법 제102조 제1항 참조.

212 법원은 직권 또는 검사의 신청에 따라 결정으로 피고인의 보석조건을 변경하거나 일정 기간 동안 당해 조건의 이행을 유예할 수 있다. [국가7급 09]

212 (×) '검사' → '제94조에 규정된 자'
신청권자는 보석청구권자(피/변/법배직형/가동고)이다. 따라서 검사는 신청권자가 아니다.

213 법원은 피고인이 정당한 사유 없이 보석조건을 위반한 경우에는 결정으로 피고인에 대하여 1천만 원 이하의 과태료를 부과하거나 20일 이내의 감치에 처할 수 있다. 이와 같은 결정에 대하여는 즉시항고를 할 수 있다. [경찰채용 13] [국가9급 15]

213 (○) 제102조 제3항·제4항

214 법원은 피고인 이외의 자가 작성한 출석보증서를 제출할 것을 조건으로 한 보석허가 결정에 따라 석방된 피고인이 정당한 사유 없이 기일에 불출석하는 경우에는 결정으로 그 출석보증인에 대하여 과태료를 부과하거나 감치에 처할 수 있다. [경찰채용 14]

214 (×) 과태료 부과는 가능하지만 감치에 처할 수는 없다. 제100조의2 제1항 참조.
보석조건 위반의 제재 중 감치는 피고인에 대한 것이므로, 제3자인 출석보증인을 감치에 처할 수는 없다.

215 구속영장의 효력이 소멸한 때에는 보석조건은 즉시 그 효력을 상실한다.

[국가7급 12] [법원9급 18]

215 (O) 제104조의2 제1항

216 보석은 무죄나 면소의 재판이 확정된 때에는 효력을 상실하지만 자유형이 확정된 경우에는 효력이 상실되지 않는다.

[국가9급 10]

216 (×) '확정' → '선고', '상실되지 않는다' → '상실된다'

해설+ 보석조건의 실효사유는 구속의 실효와 보석의 취소(단, 법 제98조 제8호의 보석조건은 예외)가 있는데, 위 문제는 구속의 실효에 의한 것이다. 그런데 구속의 실효는 무죄나 면소의 재판이 확정된 때가 아니라 선고된 경우이어야 하고, 자유형이 확정된 경우에는 구속이 실효됨에 따라 보석도 효력이 상실된다는 점에서 두 곳이 틀린 것이다. 제104조의2 참조.

217 검사는 보증금납입조건부 피의자석방결정과 보석허가결정에 대해서 항고할 수 있다.

[국가7급 21]

217 (O)

해설+ 판례는, 제214조의2 제8항에서는 동조 제3항(간이기각)·제4항(기각·석방)의 결정에 대해서만 항고불가규정을 두고 있으므로, 동조 제5항의 보증금납입조건부 피의자석방결정에 대해서는 검사와 피의자 모두 항고할 수 있다는 입장이다(대법원 1997.8.27, 97모21). 또한 보석허가결정에 대해서는 제403조 제2항에 의하여 역시 보통항고를 할 수 있다.

218 범죄사실과 관련하여 피고인에 대한 새로운 중요한 증거가 발견된 경우 법원은 보석을 취소할 수 있다.

[국가9급 15]

218 (×) '있다' → '없다'
피고인에 대한 새로운 중요한 증거가 발견된 경우가 보석취소사유가 되는 것은 아니다(제102조 제2항).

219 보석취소의 결정이 있는 때에는 새로운 구속영장을 발부하여 피고인을 재구금하여야 한다.

[법원9급 10·18]

219 (×) '구속영장을 발부하여' → '그 취소결정의 등본 또는 기간을 정한 구속집행정지결정의 등본에 의하여'(규칙 제56조 제1항)

220 보석허가결정의 취소는 그 취소결정을 고지하거나 결정법원에 대응하는 검찰청 검사에게 결정서를 교부 또는 송달함으로써 즉시 집행할 수 있는 것이고, 그 결정등본이 피고인에게 송달되어야 집행할 수 있는 것은 아니다.

[경찰채용 19 1차]

220 (○)

> **해설+** 보석허가결정의 취소는 그 취소결정을 고지하거나 결정법원에 대응하는 검찰청 검사에게 결정서를 교부 또는 송달함으로써 즉시 집행할 수 있는 것이고 그 결정등본이 피고인에게 송달(또는 고지)되어야 집행할 수 있는 것은 아니다(대법원 1983.4.21, 83모19).

221 법원은 보석취소 후에 별도로 보증금몰수결정을 할 수도 있다.

[경찰채용 19 1차]

221 (○)

> **해설+** 보석보증금을 몰수하려면 반드시 보석취소와 동시에 하여야만 가능한 것이 아니라 보석취소 후에 별도로 보증금몰수결정을 할 수 있다(대법원 2001.5.29, 2000모22).

222 보석으로 석방된 피고인이 재판 중 법원의 소환에 불응한 경우 법원은 직권 또는 검사의 청구에 따라 결정으로 보증금의 전부 또는 일부를 몰수하여야 한다.

[국가9급개론 18]

222 (×) '하여야 한다' → '할 수 있다' 제102조 제2항 제3호, 제103조 제1항 참조.

223 법원은 보석을 취소하는 때에는 직권 또는 검사의 청구에 따라 보증금 또는 담보의 전부를 몰취하는 결정을 하여야 한다.

[법원9급 11 변형]

223 (×) '하여야 한다' → '할 수 있다'
임의적 몰취이다(제103조 제1항).

224 보증금 몰수사건은 지방법원 단독판사의 관할이지만 소송절차 계속 중에 보석허가결정이나 그 취소결정을 본안 관할법원인 제1심 합의부가 한 경우 당해 합의부가 사물관할을 갖는다.

[국가9급 15]

224 (×) '갖는다' → '갖지 않는다'(대법원 2002.5.17, 2001모53)

225 구속 또는 보석을 취소하거나 구속영장의 효력이 소멸된 때에는 몰취하지 아니한 보증금 또는 담보를 청구한 날로부터 7일 이내에 환부하여야 한다.

[경찰채용 13]

225 (○) 제104조

226 보석취소결정을 비롯하여 고등법원이 한 최초 결정이 제1심 법원이 하였더라면 보통항고가 인정되는 결정인 경우에는 이에 대한 재항고와 관련한 집행정지의 효력은 인정되지 않는다. [국가7급 21]

226 (○)

해설+ 고등법원이 한 보석취소결정에 대하여는 집행정지의 효력을 인정할 수 없다. … 제1심 법원이 한 보석취소결정에 대하여 불복이 있으면 보통항고를 할 수 있고(형사소송법 제102조 제2항, 제402조, 제403조 제2항), 보통항고에는 재판의 집행을 정지하는 효력이 없다(형사소송법 제409조). 이는 결정과 동시에 집행력을 인정함으로써 석방되었던 피고인의 신병을 신속히 확보하려는 것으로, 당해 보석취소결정이 제1심 절차에서 이루어졌는지 항소심 절차에서 이루어졌는지 여부에 따라 그 취지가 달라진다고 볼 수 없다. … 형사소송법 제415조는 "고등법원의 결정에 대하여는 재판에 영향을 미친 헌법·법률·명령 또는 규칙의 위반이 있음을 이유로 하는 때에 한하여 대법원에 즉시항고를 할 수 있다."라고 규정하고 있다. 이는 재항고이유를 제한함과 동시에 재항고 제기기간을 즉시항고 제기기간 내로 정함으로써 재항고심의 심리부담을 경감하고 항소심 재판절차의 조속한 안정을 위한 것으로, 형사소송법 제415조가 고등법원의 결정에 대한 재항고를 즉시항고로 규정하고 있다고 하여 당연히 즉시항고가 가지는 집행정지의 효력이 인정된다고 볼 수는 없다. 만약 고등법원의 결정에 대하여 일률적으로 집행정지의 효력을 인정하면, 보석허가, 구속집행정지 등 제1심 법원이 결정하였다면 신속한 집행이 이루어질 사안에서 고등법원이 결정하였다는 이유만으로 피고인을 신속히 석방하지 못하게 되는 등 부당한 결과가 발생하게 되고, 나아가 항소심 재판절차의 조속한 안정을 보장하고자 한 형사소송법 제415조의 입법목적을 달성할 수 없게 된다(대법원 2020.10.29, 2020모633).

VI 구속집행정지

227 헌법 제44조에 의하여 국회로부터 구속된 국회의원에 대한 석방요구가 있으면 법원은 반드시 구속집행정지결정을 하여야 한다. [법원9급 10]

227 (×) '반드시 구속집행정지결정을 하여야 한다' → '구속영장의 집행이 정지된다' 제101조 제4항 참조.

보충 따라서 이 경우 법원의 결정은 요하지 않는다.

228 법원은 상당한 이유가 있는 때에는 결정으로 구속된 피고인을 친족·보호단체 기타 적당한 자에게 부탁하거나 피고인의 주거를 제한하여 구속의 집행을 정지할 수 있고, 이때 급속을 요하는 경우를 제외하고는 검사의 의견을 물어야 한다. [경찰채용 20 2차]

228 (○) 제101조 제1항·제2항 참조.

해설+ 제101조【구속의 집행정지】① 법원은 상당한 이유가 있는 때에는 결정으로 구속된 피고인을 친족·보호단체 기타 적당한 자에게 부탁하거나 피고인의 주거를 제한하여 구속의 집행을 정지할 수 있다.
② 전항의 결정을 함에는 검사의 의견을 물어야 한다. 단, 급속을 요하는 경우에는 그러하지 아니하다.

229 법원은 「형사소송법」 제101조 제4항에 따라 구속영장의 집행이 정지된 국회의원이 소환을 받고도 정당한 사유 없이 출석하지 아니한 때에는 그 회기 중이라도 구속영장의 집행정지를 취소할 수 있다. [경찰채용 20 2차]

229 (×) 국회의 석방요구에 의하여 구속영장 집행이 정지된 국회의원의 경우, 구속집행정지취소사유가 있어도 그 회기 중에는 취소하지 못한다(제102조 제2항 단서).

> **해설+** 제101조【구속의 집행정지】④ 헌법 제44조에 의하여 구속된 국회의원에 대한 석방요구가 있으면 당연히 구속영장의 집행이 정지된다.
> ⑤ 전항의 석방요구의 통고를 받은 검찰총장은 즉시 석방을 지휘하고 그 사유를 수소법원에 통지하여야 한다.
>
> 제102조【보석조건의 변경과 취소 등】② 법원은 피고인이 다음 각 호의 어느 하나에 해당하는 경우에는 직권 또는 검사의 청구에 따라 결정으로 보석 또는 구속의 집행정지를 취소할 수 있다. 다만, 제101조 제4항에 따른 구속영장의 집행정지는 그 회기 중 취소하지 못한다.
> 1. 도망한 때
> 2. 도망하거나 죄증을 인멸할 염려가 있다고 믿을 만한 충분한 이유가 있는 때
> 3. 소환을 받고 정당한 사유 없이 출석하지 아니한 때
> 4. 피해자, 당해 사건의 재판에 필요한 사실을 알고 있다고 인정되는 자 또는 그 친족의 생명·신체·재산에 해를 가하거나 가할 염려가 있다고 믿을 만한 충분한 이유가 있는 때
> 5. 법원이 정한 조건을 위반한 때

230 검사는 법원의 구속집행정지결정에 관하여 즉시항고를 할 수 없다. [법원9급 18]

230 (○) 헌법재판소 2012.6.27, 2011헌가36

▌Ⅶ 구속의 실효

대표유형

무죄, 면소, 형의 면제, 형의 선고유예, 형의 집행유예, 공소기각 또는 벌금이나 과료를 과하는 판결이 선고된 때에는 구속영장은 효력을 잃는다. [법원9급 14·18]

(○) 제331조

231 구속의 사유가 없거나 소멸된 때에는 법원은 직권 또는 검사, 피고인, 변호인과 제30조 제2항에 규정한 자의 청구에 의하여 결정으로 구속을 취소하여야 한다. [경찰채용 15]

231 (○) 제93조

232 구속의 사유가 없거나 소멸된 때에는 피고인, 피고인의 변호인·법정대리인·배우자·직계친족·형제자매·가족·동거인 또는 고용주는 법원에 구속된 피고인의 구속취소를 청구할 수 있다. [국가7급 20]

232 (×)

> **해설+** 구속의 사유가 없거나 소멸된 때에는 법원은 직권 또는 검사, 피고인, 변호인과 제30조 제2항에 규정한 자(법정대리인, 배우자, 직계친족과 형제자매)의 청구에 의하여 결정으로 구속을 취소하여야 한다(제93조). 따라서 가족·동거인·고용주는 구속취소청구권자에 포함되지 아니한다.

140 형사소송법의 수사와 증거

233 구속을 취소하는 결정에 대하여는 검사는 즉시항고를 할 수 없다.

[법원9급 10]

233 (×) '없다' → '있다'(제97조 제4항)

234 형의 집행유예 판결이 선고된 때에는 구속영장은 즉시 효력을 잃는다.

[법원9급 15]

234 (○) 석방내용의 판결이 선고되면 구속은 실효된다(제331조).

2 압수 · 수색 · 검증 · 감정

Ⅰ 압수 · 수색

🔗 대표유형

영장 발부의 사유로 된 범죄 혐의사실과 무관한 별개의 증거를 압수하였을 경우 이는 원칙적으로 유죄 인정의 증거로 사용할 수 없다. 그러나 압수 · 수색의 목적이 된 범죄나 이와 관련된 범죄의 경우에는 그 압수 · 수색의 결과를 유죄의 증거로 사용할 수 있다. [법원9급 21]

(○) 대법원 2017.12.5, 2017도13458; 2020.2.13, 2019도14341, 2019전도130

🔗 대표유형

수사기관의 압수 · 수색은 법관이 발부한 압수 · 수색영장에 의하여야 하는 것이 원칙이고, 그 영장에는 피의자의 성명, 압수할 물건, 수색할 장소 · 신체 · 물건과 압수 · 수색의 사유 등이 특정되어야 하며, 피의자 아닌 자의 신체 또는 물건은 압수할 물건이 있음을 인정할 수 있는 경우에 한하여 수색할 수 있다. [경찰채용 19 2차]

(○) 수사기관의 압수 · 수색은 법관이 발부한 압수수색영장에 의하여야 하는 것이 원칙이고, 그 영장에는 피의자의 성명, 압수할 물건, 수색할 장소 · 신체 · 물건과 압수수색의 사유 등이 특정되어야 한다(대법원 2017.9.7, 2015도10648). 후단은 제219조, 제109조 제2항 참조.

🔗 대표유형

피해자 등 제3자가 피의자의 소유 · 관리에 속하는 정보저장매체를 영장에 의하지 않고 임의제출한 경우에는 특별한 사정이 없는 한 피의자에게도 참여권을 보장하고 압수한 전자정보 목록을 교부하는 등 피의자의 절차적 권리를 보장하기 위한 적절한 조치가 이루어져야 한다. [소방간부 23 변형] [변호사 23]

(○)

해설+ 피해자 등 제3자가 피의자의 소유 · 관리에 속하는 정보저장매체를 영장에 의하지 않고 임의제출한 경우에는 실질적 피압수 · 수색 당사자인 피의자가 수사기관으로 하여금 그 전자정보 전부를 무제한 탐색하는 데 동의한 것으로 보기 어려울 뿐만 아니라 피의자 스스로 임의제출한 경우 피의자의 참여권 등이 보장되어야 하는 것과 견주어 보더라도 특별한 사정이 없는 한 형사소송법 제219조, 제121조, 제129조에 따라 피의자에게 참여권을 보장하고 압수한 전자정보 목록을 교부하는 등 피의자의 절차적 권리를 보장하기 위한 적절한 조치가 이루어져야 한다(대법원 2022.1.27, 2021도11170).

운전 중 교통사고를 내고 의식을 잃은 채 병원 응급실로 호송되자, 출동한 경찰관이 영장 없이 의사로 하여금 채혈을 하도록 한 경우, 위 혈액을 이용한 혈중알코올농도에 관한 감정서 등의 증거능력은 인정된다. [국가9급 12]

(×) '인정된다' → '부정된다'

해설+ "영장 없이"라는 표현은 사전영장·사후영장 모두 발부받지 않았다는 뜻으로 출제된 문제이다. 이러한 판단은 해당 문제의 구성과 맥락을 보고 하여야 한다. 위 혈액과 감정서 모두 위법수집증거에 해당한다(대법원 2011.5.13, 2009도10871).

235 공소제기 후 법원이 공판정 외에서 압수 · 수색을 하는 경우에도 영장 발부가 필요하고, 이는 검사가 청구하여야 한다. [경찰채용 13]

235 (×) '검사가 청구하여야' → '법원의 직권으로 발부'
법원의 공판정 외 압수·수색은 영장 발부를 요하나(제113조), 이는 검사의 청구 없이 직권으로 발부하는 것이다.

236 수사기관과 법원은 압수할 물건을 지정하여 소유자 등에게 제출을 명할 수 있다. [경찰채용 11]

236 (×) '수사기관' → 삭제
법원은 제출명령권이 있으나(제106조 제2항), 수사기관에게는 인정되지 않는다.

237 우편물 통관검사절차에서 이루어지는 우편물의 개봉, 시료채취, 성분분석 등의 검사는 행정조사의 성격을 가지는 것이라 하더라도 수사기관의 강제처분의 성격도 함께 가지므로 압수 · 수색영장 없이 이루어졌다면 원칙적으로 위법하다. [법원9급 16]

237 (×) '위법하다' → '위법하다고 볼 수 없다'(대법원 2013.9.26, 2013도7718)

238 「마약류 불법거래 방지에 관한 특례법」 제4조 제1항에 따른 조치의 일환으로 특정한 수출입물품을 개봉하여 검사하고 그 내용물의 점유를 취득한 행위는 수출입물품에 대한 적정한 통관 등을 목적으로 하는 조사로서 사전 또는 사후에 영장을 받아야 한다. [소방간부 23]

238 (×)

해설+ 마약류 불법거래 방지에 관한 특례법 제4조 제1항에 따른 조치의 일환으로 특정한 수출입물품을 개봉하여 검사하고 그 내용물의 점유를 취득한 행위는 위에서 본 수출입물품에 대한 적정한 통관 등을 목적으로 조사를 하는 경우와는 달리, 범죄수사인 압수 또는 수색에 해당하여 사전 또는 사후에 영장을 받아야 한다(대법원 2017.7.18, 2014도8719).

239 법원은 필요한 때에는 피고사건과 관계가 있다고 인정할 수 있는 것에 한정하여 우체물 또는 「통신비밀보호법」 제2조 제3호에 따른 전기통신에 관한 것으로서 체신관서, 그 밖의 관련 기관 등이 소지 또는 보관하는 물건의 제출을 명하거나 압수를 할 수 있다. [법원9급 10 변형]

239 (O) 제107조 제1항

240 공무원 또는 공무원이었던 자가 소지 또는 보관하는 물건은 본인 또는 그 해당 공무소가 직무상의 비밀에 관한 것임을 신고한 때에는 그 소속공무소 또는 당해 감독관공서의 승낙 없이는 압수하지 못하나, 소속공무소 또는 당해 감독관공서는 국가의 중대한 이익을 해하는 경우를 제외하고는 승낙을 거부하지 못한다. [국가9급 17]

240 (O) 제111조, 제219조

241 검사는 범죄수사에 필요한 때에는 피의자가 죄를 범하였다고 의심할 만한 정황이 있고 해당 사건과 관계가 있다고 인정할 수 있는 것에 한정하여 지방법원판사에게 청구하여 발부받은 영장에 의하여 압수·수색을 할 수 있다. [국가9급 17]

241 (O) 제215조 제1항

242 압수·수색영장에 압수할 물건을 '압수장소에 보관 중인 물건'이라고 기재하고 있는 것을 '압수장소에 현존하는 물건'으로 해석할 수는 없다. [경찰간부 18]

242 (O) 대법원 2009.3.12, 2008도763

243 　영장 발부의 사유로 된 범죄사실과 별개의 증거를 압수하였을 경우 이는 원칙적으로 유죄 인정의 증거로 사용할 수 없으나, 예외적으로 그 범죄사실과 객관적·인적 관련성이 있는 때에는 사용할 수 있다. 이때 객관적 관련성은 압수·수색영장에 기재된 혐의사실의 내용과 수사의 대상, 수사 경위 등을 종합하여 혐의 사실과 구체적·개별적 연관관계가 있는 경우뿐만 아니라 단순히 동종 또는 유사 범행인 경우도 인정된다.　　　[경찰채용 20 2차]

해설＋　형사소송법 제215조 제1항은 "검사는 범죄수사에 필요한 때에는 피의자가 죄를 범하였다고 의심할 만한 정황이 있고 해당 사건과 관계가 있다고 인정할 수 있는 것에 한정하여 지방법원판사에게 청구하여 발부받은 영장에 의하여 압수, 수색 또는 검증을 할 수 있다."라고 정하고 있다. 따라서 영장 발부의 사유로 된 범죄 혐의사실과 무관한 별개의 증거를 압수하였을 경우 이는 원칙적으로 유죄 인정의 증거로 사용할 수 없다. 그러나 압수·수색의 목적이 된 범죄나 이와 관련된 범죄의 경우에는 그 압수·수색의 결과를 유죄의 증거로 사용할 수 있다. 압수·수색영장의 범죄 혐의사실과 관계있는 범죄라는 것은 압수·수색영장에 기재한 혐의사실과 객관적 관련성이 있고 압수·수색영장 대상자와 피의자 사이에 인적 관련성이 있는 범죄를 의미한다. 그중 혐의사실과의 객관적 관련성은 압수·수색영장에 기재된 혐의사실 자체 또는 그와 기본적 사실관계가 동일한 범행과 직접 관련되어 있는 경우는 물론 범행 동기와 경위, 범행 수단과 방법, 범행 시간과 장소 등을 증명하기 위한 간접증거나 정황증거 등으로 사용될 수 있는 경우에도 인정될 수 있다. 이러한 객관적 관련성은 압수·수색영장에 기재된 혐의사실의 내용과 수사의 대상, 수사 경위 등을 종합하여 구체적·개별적 연관관계가 있는 경우에만 인정된다고 보아야 하고, 혐의사실과 단순히 동종 또는 유사 범행이라는 사유만으로 객관적 관련성이 있다고 할 것은 아니다(대법원 2020.2.13, 2019도14341).

244 　압수·수색영장의 범죄 혐의사실과 관계있는 범죄라는 것은 압수·수색영장에 기재한 혐의사실과 객관적 관련성이 있고 압수·수색영장 대상자와 피의자 사이에 인적 관련성이 있는 범죄를 의미한다. 그중 객관적 관련성은 압수·수색영장에 기재된 혐의사실의 내용과 수사의 대상, 수사 경위 등을 종합하여 구체적·개별적 연관관계가 있는 경우에만 인정되고, 혐의사실과 단순히 동종 또는 유사 범행이라는 사유만으로 관련성이 있다고 할 것은 아니다.　　　[법원9급 22]

244 (○) 대법원 2017.12.5, 2017도13458

245 　압수·수색영장에 기재된 혐의사실과의 객관적 관련성은 압수·수색영장에 기재된 혐의사실 자체 또는 그와 기본적 사실관계가 동일한 범행과 직접 관련되어 있는 경우는 물론 범행 동기와 경위 등을 증명하기 위한 간접증거나 정황증거 등으로 사용될 수 있는 경우에도 인정될 수 있다.　　　[변호사 22]

245 (○) 대법원 2017.12.5, 2017도13458

144　형사소송법의 수사와 증거

246 압수·수색영장에 기재한 혐의사실과 범죄와의 객관적 관련성은 압수·수색영장에 기재된 혐의사실의 내용과 수사의 대상, 수사 경위 등을 종합하여 구체적·개별적 연관관계가 있는 경우에는 인정되지만, 혐의사실과 단순히 동종 또는 유사 범행이라는 사유만으로 관련성이 있다고 할 것은 아니다. [경찰채용 19 1차]

246 (○)

해설+ 압수·수색영장의 범죄 혐의사실과 관계있는 범죄라는 것은 압수·수색영장에 기재한 혐의사실과 객관적 관련성이 있고 압수·수색영장 대상자와 피의자 사이에 인적 관련성이 있는 범죄를 의미한다. 그중 혐의사실과의 객관적 관련성은 압수·수색영장에 기재된 혐의사실 자체 또는 그와 기본적 사실관계가 동일한 범행과 직접 관련되어 있는 경우는 물론 범행 동기와 경위, 범행 수단과 방법, 범행 시간과 장소 등을 증명하기 위한 간접증거나 정황증거 등으로 사용될 수 있는 경우에도 인정될 수 있다. 그 관련성은 압수·수색영장에 기재된 혐의사실의 내용과 수사의 대상, 수사 경위 등을 종합하여 구체적·개별적 연관관계가 있는 경우에만 인정되고, 혐의사실과 단순히 동종 또는 유사 범행이라는 사유만으로 관련성이 있다고 할 것은 아니다(대법원 2017.12.5, 2017도13458).

247 압수·수색영장의 범죄 혐의사실과 관계있는 범죄라는 것은 압수·수색영장에 기재한 혐의사실과 객관적 관련성이 있을 뿐 아니라, 압수·수색영장 대상자와 피의자 사이에 인적 관련성이 있는 범죄를 의미하는데, 이때 피의자와 사이의 인적 관련성은 압수·수색영장에 기재된 대상자의 공동정범이나 교사범 등 공범이나 간접정범은 물론 필요적 공범 등에 대한 피고사건에 대해서도 인정될 수 있다. [경찰채용 19 1차 유사][변호사 22]

247 (○) 대법원 2017.12.5, 2017도13458; 2021.7.29, 2020도14654

248 압수·수색영장의 집행 과정에서 피압수자의 지위가 참고인에서 피의자로 전환될 수 있는 증거가 발견되었더라도 그 증거가 압수·수색영장에 기재된 범죄사실과 객관적으로 관련되어 있다면 이는 압수·수색영장의 집행 범위 내에 있으므로 다시 피압수자에 대하여 영장을 발부받을 필요는 없다. [경찰간부 23]

248 (○)

해설+ 검찰은 1차 압수·수색영장의 집행 과정에서 압수목록 교부서를 작성하여 공소외 1에게 교부하였고, 공소외 1은 이미징(imaging) 등 참관 여부 확인서와 임의제출 동의서를 작성하여 교부하는 등 공소외 1의 참여권이 충분히 보장되었다. 또한 압수·수색영장의 집행 과정에서 피압수자의 지위가 참고인에서 피의자로 전환될 수 있는 증거가 발견되었더라도 그 증거가 압수·수색영장에 기재된 범죄사실과 객관적으로 관련되어 있다면 이는 압수·수색영장의 집행 범위 내에 있다. 따라서 다시 공소외 1에 대하여 영장을 발부받고 헌법상 변호인의 조력을 받을 권리를 고지하거나 압수·수색과정에 참여할 의사를 확인해야 한다고 보기 어렵다(대법원 2017.12.5, 2017도13458).

249 (아동 · 청소년 이용 음란물 제작 · 배포 · 소지 등으로 기소된) 피의자의 동생이 피의자로 기재된 압수 · 수색영장으로 피의자 소유의 정보저장매체를 압수한 영장집행은 적법하다.

249 (×)

> **해설+** 법관이 압수 · 수색영장을 발부하면서 '압수할 물건'을 특정하기 위하여 기재한 문언은 엄격하게 해석하여야 하고, 함부로 피압수자 등에게 불리한 내용으로 확장 또는 유추 해석하여서는 안 된다(대법원 2009.3.12, 2008도763 등). 따라서 피고인이 아닌 사람을 피의자로 하여 발부된 이 사건 영장을 집행하면서 피고인 소유의 이 사건 휴대전화 등을 압수한 것은 위법하다(대법원 2021.7.29, 2020도14654).

250 수사기관이 전자정보에 대한 압수 · 수색영장을 집행할 때에는 원칙적으로 영장 발부의 사유인 혐의사실과 관련된 부분만을 문서 출력물로 수집하거나 수사기관이 휴대한 저장매체에 해당 파일을 복사하는 방식으로 이루어져야 한다. [국가9급 12]

250 (○) 제106조 제3항

> **참조조문** 법 제106조(압수) ① 법원은 필요한 때에는 피고사건과 관계가 있다고 인정할 수 있는 것에 한정하여 증거물 또는 몰수할 것으로 사료하는 물건을 압수할 수 있다. 단, 법률에 다른 규정이 있는 때에는 예외로 한다.
> ② 법원은 압수할 물건을 지정하여 소유자, 소지자 또는 보관자에게 제출을 명할 수 있다.
> ③ 법원은 압수의 목적물이 컴퓨터용디스크, 그 밖에 이와 비슷한 정보저장매체(이하 이 항에서 "정보저장매체등"이라 한다)인 경우에는 기억된 정보의 범위를 정하여 출력하거나 복제하여 제출받아야 한다. 다만, 범위를 정하여 출력 또는 복제하는 방법이 불가능하거나 압수의 목적을 달성하기에 현저히 곤란하다고 인정되는 때에는 정보저장매체등을 압수할 수 있다.
> ④ 법원은 제3항에 따라 정보를 제공받은 경우 「개인정보 보호법」 제2조제3호에 따른 정보주체에게 해당 사실을 지체 없이 알려야 한다.

251 전자정보에 대한 압수 · 수색영장을 집행할 때에는 원칙적으로 영장 발부의 사유인 혐의사실과 관련된 부분만을 문서 출력물로 수집하거나 수사기관이 휴대한 저장매체에 해당파일을 복사하는 방식으로 이루어져야 하지만, 집행현장 사정상 이러한 방식에 의한 집행이 현저히 곤란한 부득이한 사정이 존재하는 경우에는 영장에의 기재 여부와 상관없이 저장매체 자체를 직접 혹은 하드카피나 이미징 등 형태로 수사기관 사무실 등 외부로 반출하여 해당 파일을 압수 · 수색할 수 있다. [경찰승진 23]

251 (×)

> **해설+** 전자정보에 대한 압수 · 수색영장의 집행에 있어서는 원칙적으로 영장 발부의 사유로 된 혐의사실과 관련된 부분만을 문서 출력물로 수집하거나 수사기관이 휴대한 저장매체에 해당 파일을 복사하는 방식으로 이루어져야 하고, 집행현장의 사정상 위와 같은 방식에 의한 집행이 불가능하거나 현저히 곤란한 부득이한 사정이 있더라도 그와 같은 경우에 그 저장매체 자체를 직접 또는 하드카피나 이미징 등 형태로 수사기관 사무실 등 외부로 반출하여 해당 파일을 압수 · 수색할 수 있도록 영장에 기재되어 있고 실제 그와 같은 사정이 발생한 때에 한하여 예외적으로 허용될 수 있을 뿐이다(대법원 2011.5.26, 2009모1190; 2014.2.27, 2013도12155 등).

252 전자정보에 대한 압수 · 수색영장을 집행할 때에는 원칙적으로 저장매체 자체를 수사기관 사무실 등으로 옮겨 혐의사실과 관련된 부분만을 문서로 출력하거나 해당 파일을 복사하는 방식으로 이루어져야 한다.

[경찰채용 17 2차]

252 (×) '원칙적' → '예외적'
원칙적으로 영장 발부의 사유로 된 혐의사실과 관련된 부분만을 문서 출력물로 수집하거나 수사기관이 휴대한 저장매체에 해당 파일을 복사하는 방식으로 이루어져야 한다 (대법원 2014.2.27, 2013도12155).

253 수사기관 사무실 등으로 반출된 저장매체 또는 복제본에서 혐의사실 관련성에 대한 구분 없이 임의로 저장된 전자정보를 문서로 출력하거나 파일로 복제하는 행위는 원칙적으로 영장주의 원칙에 반하는 위법한 압수가 된다.

[국가7급 16]

253 (○) 대법원 2015.7.16, 2011 모1839 전원합의체

254 압수 · 수색영장에 기재된 피의자와 무관한 타인의 범죄사실에 관한 녹음파일을 압수한 경우, 이 녹음파일은 적법한 절차에 따르지 아니하고 수집한 증거로서 이를 증거로 사용할 수 없다.

[경찰채용 15]

254 (○) 대법원 2014.1.16, 2013 도7101

255 수사기관이 전자정보에 대한 압수 · 수색이 종료되기 전에 혐의사실과 관련된 전자정보를 적법하게 탐색하는 과정에서 별도 범죄혐의와 관련된 전자정보를 우연히 발견한 경우, 대법원은 '우연한 육안발견 원칙(plain view doctrine)'에 의해 별도의 영장 없이 우연히 발견한 별도 범죄혐의와 관련된 전자정보를 압수 · 수색할 수 있다고 판시하였다. [경찰채용 23 2차] [경찰간부 18 변형]

255 (×)

해설+ 만약 전자정보에 대한 압수 · 수색이 종료되기 전에 범죄혐의사실과 관련된 전자정보를 적법하게 탐색하는 과정에서 별도의 범죄혐의와 관련된 전자정보를 우연히 발견한 경우라면, 수사기관은 더 이상의 추가 탐색을 중단하고 법원으로부터 별도의 범죄혐의에 대한 압수 · 수색영장을 발부받은 경우에 한하여 그러한 정보에 대하여도 적법하게 압수 · 수색을 할 수 있다. 따라서 임의제출된 정보저장매체에서 압수의 대상이 되는 전자정보의 범위를 넘어서는 전자정보에 대해 수사기관이 영장 없이 압수 · 수색하여 취득한 증거는 위법수집증거에 해당하고, 사후에 법원으로부터 영장이 발부되었다거나 피고인이나 변호인이 이를 증거로 함에 동의하였다고 하여 그 위법성이 치유되는 것도 아니다(대법원 2021.11.18, 2016도348 전원합의체).

참고 위 지문에서 언급된 '우연한 육안발견 원칙(plain view doctrine)'이라 함은 과거 미국의 판례에서 나타난 것으로서, 수사기관이 적법한 압수 · 수색을 하는 과정에서 관련성이 명백한 물건을 육안으로 발견한 경우 영장 없이 압수 · 수색할 수 있다는 이론이며, 특히 디지털증거에 대한 압수 · 수색절차에서 이를 적용할 수 있을지가 문제되나 헌법상 영장주의의 예외를 인정하기 위해서는 명시적인 법률적 근거가 필요하다는 점에서 우리의 학계와 대법원은 이를 받아들이지 않는 것으로 보인다.

256 법관이 압수 · 수색영장을 발부하면서 '압수할 물건'을 특정하기 위하여 기재한 문언은 이를 엄격하게 해석하여야 하므로, 압수 · 수색영장의 범죄사실과 기본적 사실관계가 동일한 범행 또는 동종 · 유사의 범행과 관련된다고 의심할 만한 상당한 이유가 있는 물건까지 압수하였다면 위법한 압수에 해당한다. [변호사 21]

256 (×)

해설+ 헌법과 형사소송법이 구현하고자 하는 적법절차와 영장주의의 정신에 비추어 볼 때, 법관이 압수수색영장을 발부하면서 '압수할 물건'을 특정하기 위하여 기재한 문언은 이를 엄격하게 해석하여야 하고, 함부로 피압수자 등에게 불리한 내용으로 확장 또는 유추해석하는 것은 허용될 수 없다. 그러나 압수의 대상을 압수수색영장의 범죄사실 자체와 직접적으로 연관된 물건에 한정할 것은 아니고, 압수 수색영장의 범죄사실과 기본적 사실관계가 동일한 범행 또는 동종 · 유사의 범행과 관련된다고 의심할 만한 상당한 이유가 있는 범위 내에서는 압수를 실시할 수 있다(대법원 2018.10.1, 2018도6252).

257 피고인 A의 2018.5.6.경 피해자 甲(여, 10세)에 대하여 저지른 간음유인미수 및 성폭력범죄의 처벌 등에 관한 특례법 위반(통신매체이용음란) 범행과 관련하여 수사기관이 A 소유의 휴대전화를 긴급체포현장에서 적법하게 압수하였는데, 위 휴대전화에 대한 디지털정보분석 결과 A가 2017.12.경부터 2018.4.경까지 사이에 저지른 피해자 乙(여, 12세), 丙(여, 10세), 丁(여, 9세)에 대한 간음유인 및 간음유인미수, 미성년자의제강간, 성폭력범죄의 처벌 등에 관한 특례법 위반(13세 미만 미성년자강간), 성폭력범죄의 처벌 등에 관한 특례법 위반(통신매체이용음란) 등 범행에 관한 추가 자료들이 획득되었다. 이러한 추가자료들의 증거능력은 인정된다.

257 (○)

해설+ 위 휴대전화는 피고인이 긴급체포되는 현장에서 적법하게 압수되었고, 형사소송법 제217조 제2항에 의해 발부된 법원의 사후 압수 · 수색 · 검증영장(이하 '압수 · 수색영장')에 기하여 압수 상태가 계속 유지되었으며, 압수 · 수색영장에는 범죄사실란에 甲에 대한 간음유인미수 및 통신매체 이용음란의 점만이 명시되었으나, 법원은 계속 압수 · 수색 · 검증이 필요한 사유로서 영장 범죄사실에 관한 혐의의 상당성 외에도 추가 여죄수사의 필요성을 포함시킨 점, 압수 · 수색영장에 기재된 혐의사실은 미성년자인 甲에 대하여 간음행위를 하기 위한 중간과정 내지 그 수단으로 평가되는 행위에 관한 것이고 나아가 피고인은 형법 제305조의2 등에 따라 상습범으로 처벌될 가능성이 완전히 배제되지 아니한 상태였으므로, 추가 자료들로 밝혀지게 된 乙, 丙, 丁에 대한 범행은 압수 · 수색영장에 기재된 혐의사실과 기본적 사실관계가 동일한 범행에 직접 관련되어 있는 경우라고 볼 수 있으며, 실제로 2017.12.경부터 2018.4.경까지 사이에 저질러진 추가 범행들은, 압수 · 수색영장에 기재된 혐의사실의 일시인 2018.5.7.과 시간적으로 근접할 뿐만 아니라, 피고인이 자신의 성적 욕망을 해소하기 위하여 미성년자인 피해자들을 대상으로 저지른 일련의 성범죄로서 범행 동기, 범행 대상, 범행의 수단과 방법이 공통되는 점, 추가 자료들은 압수 · 수색영장의 범죄사실 중 간음유인죄의 '간음할 목적'이나 성폭력처벌법 위반(통신매체이용음란)죄의 '자기 또는 다른 사람의 성적 욕망을 유발하거나 만족시킬 목적'을 뒷받침하는 간접증거로 사용될 수 있고, 피고인이 영장 범죄사실과 같은 범행을 저지른 수법 및 준비과정, 계획 등에 관한 정황증거에 해당할 뿐 아니라, 영장 범죄사실 자체에 대한 피고인 진술의 신빙성을 판단할 수 있는 자료로도 사용될 수 있었던 점 등을 종합하면, 추가 자료들로 인하여 밝혀진 피고인의 乙, 丙, 丁에 대한 범행은 압수 · 수색영장의 범죄사실과 단순히 동종 또는 유사 범행인 것을 넘어서서 이와 구체적 · 개별적 연관관계가 있는 경우로서 객관적 · 인적 관련성을 모두 갖추었으므로 추가 자료들은 위법하게 수집된 증거에 해당하지 않으므로 압수 · 수색영장의 범죄사실뿐 아니라 추가 범행들에 관한 증거로 사용할 수 있다(대법원 2020.2.13, 2019도14341,2019전도130).

258 피고인 A가 2014.12.11. 피해자 甲을 상대로 저지른 성폭력범죄의 처벌 등에 관한 특례법 위반(카메라등이용촬영) 범행(이하 '2014년 범행')에 대하여 甲이 즉시 피해 사실을 경찰에 신고하면서 A의 집에서 가지고 나온 A 소유의 휴대전화 2대에 A가 촬영한 동영상과 사진이 저장되어 있다는 취지로 말하고 이를 범행의 증거물로 임의제출하였는데, 경찰이 이를 압수한 다음 그 안에 저장된 전자정보를 탐색하다가 甲을 촬영한 휴대전화가 아닌 다른 휴대전화에서 A가 2013.12.경 피해자 乙, 丙을 상대로 저지른 같은 법 위반(카메라등이용촬영) 범행(이하 '2013년 범행')을 발견하고 그에 관한 동영상·사진 등을 영장 없이 복제한 CD를 증거로 제출하였다. 위 CD는 피고인 A의 2013년 범행을 입증하는 증거로서의 증거능력이 인정된다.

해설+ 甲은 경찰에 피고인의 휴대전화를 증거물로 제출할 당시 그 안에 수록된 전자정보의 제출 범위를 명확히 밝히지 않았고, 담당 경찰관들도 제출자로부터 그에 관한 확인절차를 거치지 않은 이상 휴대전화에 담긴 전자정보의 제출 범위에 관한 제출자의 의사가 명확하지 않거나 이를 알 수 없는 경우에 해당하므로, 휴대전화에 담긴 전자정보 중 임의제출을 통해 적법하게 압수된 범위는 임의제출 및 압수의 동기가 된 피고인의 2014년 범행 자체와 구체적·개별적 연관관계가 있는 전자정보로 제한적으로 해석하는 것이 타당하고, 이에 비추어 볼 때 범죄발생 시점 사이에 상당한 간격이 있고 피해자 및 범행에 이용한 휴대전화도 전혀 다른 피고인의 2013년 범행에 관한 동영상은 임의제출에 따른 압수의 동기가 된 범죄혐의사실(2014년 범행)과 구체적·개별적 연관관계 있는 전자정보로 보기 어려워 수사기관이 사전영장 없이 이를 취득한 이상 증거능력이 없고, 사후에 압수·수색영장을 받아 압수절차가 진행되었더라도 달리 볼 수 없다(피고인의 2013년 범행은 무죄, 대법원 2021.11.18, 2016도348 전원합의체).

259 압수영장에 기재된 메트암페타민(이하 '필로폰') 투약 혐의사실은 피고인이 2018.5.23. 시간불상경 부산 이하 불상지에서 필로폰 불상량을 불상의 방법으로 투약하였다는 것인데, 공소사실 중 필로폰 투약의 점은 피고인이 2018.6.21.경부터 같은 달 25.경까지 사이에 부산 이하 불상지에서 필로폰 불상량을 불상의 방법으로 투약하였다는 것이다. 그렇다면 압수영장 기재 혐의사실과 이 부분 공소사실 사이에는 연관성이 있다.

해설+ 마약류 투약 범죄는 그 범행일자가 다를 경우 별개의 범죄로 보아야 하고, 이 사건 압수영장 기재 혐의사실과 이 부분 공소사실은 그 범행 장소, 투약방법, 투약량도 모두 구체적으로 특정되어 있지 않아 어떠한 객관적인 관련성이 있는지 알 수 없다. 이 사건 압수영장 기재 혐의사실과 이 부분 공소사실이 동종 범죄라는 사정만으로 객관적 관련성이 있다고 할 수 없다. 경찰은 제보자의 진술을 토대로 이 사건 압수영장 기재 혐의사실을 특정하였는데, 이 사건 압수영장이 발부된 후 약 1달이 지난 2018.6.25.에야 이 사건 압수영장을 집행하여 피고인의 소변을 압수하였으나 그 때는 필로폰 투약자의 소변에서 마약류 등이 검출될 수 있는 기간이 지난 뒤였고, 별도의 압수·수색영장으로 압수한 피고인의 모발에서 마약류 등이 검출되지 않자 결국 압수된 피고인의 소변에서 필로폰 양성반응이 나온 점을 근거로 이 부분 공소사실과 같이 기소하였다. 이 사건 압수영장 기재 혐의사실의 내용과 수사의 대상, 수사 경위 등을 종합하여 보면, 이 부분 공소사실과 같은 필로폰 투약의 점은 경찰이 이 사건 압수영장을 발부받을 당시 전혀 예견할 수 없었던 혐의사실이었던 것으로 보이므로, 이 사건 압수영장 기재 혐의사실과 이 부분 공소사실 사이에 연관성이 있다고 보기 어렵다(위법수집증거로 본 사건, 대법원 2019.10.17, 2019도6775).

260 필로폰 투약의 혐의사실로 발부된 압수·수색영장에 따라 피고인의 소변, 모발을 압수하였고, 그에 대한 감정 결과 혐의사실과 수개월의 기간이 경과한 후의 다른 필로폰 투약사실이 밝혀져 압수물에 의하여 밝혀진 필로폰 투약사실로 공소가 제기된 경우, 압수·수색영장에 의하여 압수된 피고인의 소변 및 모발과 그에 대한 감정 결과 등은 증거로 사용할 수 없다.

해설+ 필로폰 투약의 혐의사실로 발부된 압수·수색영장에 따라 피고인의 소변, 모발을 압수하였고, 그에 대한 감정 결과 혐의사실과 다른 필로폰 투약사실이 밝혀져 압수물에 의하여 밝혀진 필로폰 투약사실로 공소가 제기된 경우, 법원이 압수·수색영장을 발부하면서 '압수·수색을 필요로 하는 사유'로 "필로폰 사범의 특성상 '피고인이 이전 소지하고 있던 필로폰을 투약하였을 가능성 또한 배제할 수 없어' 피고인의 필로폰 투약 여부를 확인 가능한 소변과 모발을 확보하고자 한다."라고 기재하고, '압수할 물건'으로 피고인의 소변뿐만 아니라 모발을 함께 기재한 것은 영장 집행일 무렵의 필로폰 투약 범행뿐만 아니라 그 이전의 투약 여부까지 확인하기 위한 것으로 볼 수 있는 점 등을 고려하면, 압수·수색영장에 의하여 압수한 피고인의 소변 및 모발과 그에 대한 감정 결과 등은 압수·수색영장 기재 혐의사실의 정황증거 내지 간접증거로 사용될 수 있는 경우에 해당하여 객관적 관련성이 인정된다. … 이 사건 각 압수·수색영장의 기재 내용, 마약류 범죄의 특성과 피고인에게 다수의 동종 범죄전력이 있는 점(피고인은 총 3회 동종 범행전력이 있고, 그중 2회는 징역형을, 1회는 징역형의 집행유예를 선고받았다)을 고려하면, 이 사건 각 압수·수색영장에 따라 압수된 피고인의 소변 및 모발에 대한 감정 결과에 의하여 피고인이 위 각 압수·수색영장 집행일 무렵뿐만 아니라 그 이전에도 반복적·계속적으로 필로폰을 투약해온 사실이 증명되면 이 사건 각 압수·수색영장 기재 혐의사실 일시 무렵에도 유사한 방법으로 필로폰을 투약하였을 개연성이 매우 높다고 할 것이므로, 비록 소변에서 '각 압수·수색영장 기재 필로폰 투약과 관련된 필로폰이 검출될 수 있는 기간이 경과된 이후에 영장이 집행'되어 압수된 소변으로 혐의사실을 직접 증명할 수는 없다고 하더라도, 유효기간 내에 집행된 위 각 압수·수색영장에 따라 압수된 피고인의 소변 및 모발 등은 적어도 위 각 압수·수색영장 기재 혐의사실을 증명하는 유력한 정황증거 내지 간접증거로 사용될 수 있는 경우에 해당한다고 보아야 한다. 나아가 이 사건 각 압수·수색영장 기재 혐의사실에 대한 공소가 제기되지 않았다거나 이 사건 공소사실이 위 각 압수·수색영장 발부 이후의 범행이라는 사정만으로 객관적 관련성을 부정할 것은 아니다(원심이 원용하고 있는 대법원 2019.10.17, 2019도6775 판결은 압수·수색영장의 '압수·수색을 필요로 하는 사유'의 기재 내용, 압수·수색영장의 집행 결과 등 수사의 경위에서 이 사건과 사실관계를 달리하므로, 이 사건에 그대로 적용하기에는 적절하지 않다)(대법원 2021.8.26, 2021도2205).

260 (×) 형사소송법 제215조 제1항의 '해당 사건과 관계가 있다고 인정할 수 있는 것'은 압수·수색영장의 범죄 혐의사실과 관련되고 이를 증명할 수 있는 최소한의 가치가 있는 것으로서 압수·수색영장의 범죄 혐의사실과 객관적 관련성이 인정되고 압수·수색영장 대상자와 피의자 사이에 인적 관련성이 있는 경우를 의미한다. 그중 혐의사실과의 객관적 관련성은 압수·수색영장에 기재된 혐의사실 자체 또는 그와 기본적 사실관계가 동일한 범행과 직접 관련되어 있는 경우는 물론 범행 동기와 경위, 범행 수단과 방법, 범행 시간과 장소 등을 증명하기 위한 간접증거나 정황증거 등으로 사용될 수 있는 경우에도 인정될 수 있다(대법원 2021.8.26, 2021도2205).

261 　필로폰 교부의 혐의사실로 발부된 압수 · 수색영장에 따라 피의자의 소변, 모발을 압수하였고 그에 대한 감정 결과 필로폰 투약사실이 밝혀져 필로폰 투약에 대한 공소가 제기된 경우, 압수 · 수색영장에 의하여 압수한 피고인의 소변 및 모발과 그에 대한 감정 결과 등은 증거로 사용할 수 있다.

261 (O)

해설+ ㉠ 법원이 압수할 물건으로 피고인의 소변뿐만 아니라 모발을 함께 기재하여 압수영장을 발부한 것은 영장 집행일 무렵의 필로폰 투약 범행뿐만 아니라 그 이전의 투약 여부까지 확인하기 위한 것으로 볼 수 있고, 피고인이 혐의사실인 필로폰 교부 일시 무렵 내지 ㄱ 이후 반복적으로 필로폰을 투약한 사실이 증명되면 필로폰 교부 당시에도 필로폰을 소지하고 있었거나 적어도 필로폰을 구할 수 있었다는 사실의 증명에 도움이 된다고 볼 수 있으므로, 압수한 피고인의 소변 및 모발은 압수영장의 혐의사실 증명을 위한 간접증거 내지 정황증거로 사용될 수 있는 경우에 해당하고, ㉡ 법원이 영장의 '압수 · 수색 · 검증을 필요로 하는 사유'로 "필로폰 사범의 특성상 '피고인이 이전 소지하고 있던 필로폰을 투약하였을 가능성 또한 배제할 수 없어' 필로폰 투약 여부를 확인 가능한 소변과 모발을 확보히고자 한다."라고 기재하고 있는 점 등에 비추어 볼 때 이 부분 공소사실이 이 사건 압수영장 발부 이후의 범행이라고 하더라도 영장 발부 당시 전혀 예상할 수 없었던 범행이라고 볼 수도 없으므로, 압수 · 수색영장에 따라 압수한 피고인의 소변 및 모발과 그에 대한 감정 결과 등은 위 압수 · 수색영장의 혐의사실과 객관적 · 인적 관련성을 모두 갖추어 투약의 공소사실의 증거로 사용할 수 있다(대법원 2021.7.29, 2021도3756).

262 　압수 · 수색영장의 집행과정에서 별건 범죄혐의와 관련된 증거를 우연히 발견하여 압수한 경우에는 별건 범죄혐의에 대해 별도의 압수 · 수색영장을 발부받지 않았다 하더라도 위법한 압수 · 수색에 해당하지 않는다.

[국가9급 21]

262 (×)

해설+ 전자정보에 대한 압수 · 수색이 종료되기 전에 혐의사실과 관련된 전자정보를 적법하게 탐색하는 과정에서 별도의 범죄혐의와 관련된 전자정보를 우연히 발견한 경우라면, 수사기관은 더 이상의 추가 탐색을 중단하고 법원에서 별도의 범죄혐의에 대한 압수 · 수색영장을 발부받은 경우에 한하여 그러한 정보에 대하여도 적법하게 압수 · 수색을 할 수 있다(대법원 2015.7.16, 2011모1839 전원합의체).

263 　검사가 압수 · 수색영장의 효력이 상실되었음에도 다시 그 영장에 기하여 피의자의 주거에 대한 압수 · 수색을 실시하여 증거물 또는 몰수할 것으로 사료되는 물건을 압수한 경우 압수 자체가 위법하게 됨은 별론으로 하더라도 몰수의 효력에는 영향을 미치지 않는다.

[경찰채용 19 2차]

263 (O) 대법원 2003.5.30, 2003도705

264 전자정보에 대한 압수·수색영장을 집행할 때, 특별한 사정에 의해 저장매체 자체를 수사기관 사무실 등으로 옮겼다 하더라도, 범죄 혐의 관련성에 대한 구분 없이 저장된 전자정보 중 임의로 문서출력 혹은 파일복사를 하는 행위는 원칙적으로 영장주의에 반하는 위법한 집행이다. [법원9급 16]

264 (○) 대법원 2011.5.26, 2009모1190

265 집행현장 사정상 출력이나 파일 복사와 같은 방식에 의한 집행이 불가능하거나 현저히 곤란한 부득이한 사정이 존재하더라도 저장매체 자체를 직접 혹은 하드카피나 이미징 등 형태로 수사기관 사무실 등 외부로 반출하여 해당 파일을 압수·수색할 수 있도록 영장에 기재되어 있고 실제 그와 같은 사정이 발생한 때에 한하여 위 방법이 예외적으로 허용될 수 있을 뿐이다. [경찰특공대 22]

265 (○)

해설+ 전자정보에 대한 압수·수색영장을 집행할 때에는 원칙적으로 영장 발부의 사유인 혐의사실과 관련된 부분만을 문서 출력물로 수집하거나 수사기관이 휴대한 저장매체에 해당 파일을 복사하는 방식으로 이루어져야 하고, 집행현장 사정상 위와 같은 방식에 의한 집행이 불가능하거나 현저히 곤란한 부득이한 사정이 존재하더라도 저장매체 자체를 직접 혹은 하드카피나 이미징 등 형태로 수사기관 사무실 등 외부로 반출하여 해당 파일을 압수·수색할 수 있도록 영장에 기재되어 있고 실제 그와 같은 사정이 발생한 때에 한하여 위 방법이 예외적으로 허용될 수 있을 뿐이다(대법원 2011.5.26, 2009모1190).

266 검사가 폐수무단방류 혐의가 인정된다는 이유로 피의자들의 공장부지, 건물, 기계류 일체 및 폐수운반차량 7대에 대하여 한 압수처분은 수사상의 필요에서 행하는 압수의 본래의 취지를 넘는 것으로 상당성이 없을 뿐만 아니라, 수사상의 필요와 그로 인한 개인의 재산권 침해의 정도를 비교형량해 보면 비례성의 원칙에 위배되어 위법하다. [경찰채용 15]

266 (○) 대법원 2004.3.23, 2003모126

267 수사기관이 네트워크 카메라 등을 설치·이용하여 피의자의 행동과 피의자가 본 태블릿 개인용 컴퓨터(PC) 화면내용을 촬영한 것은 일반적으로 허용되는 상당한 방법에 의한 것이므로 영장 없이 이루어져도 정당한 것이다. [소방간부 23]

267 (×)

해설+ 수사기관이 2013.11.2. 네트워크 카메라 등을 설치·이용하여 피고인의 행동과 피고인이 본 태블릿 개인용 컴퓨터(PC) 화면내용을 촬영한 것은 수사의 비례성·상당성 원칙과 영장주의 등을 위반한 것이므로 그로 인해 취득한 영상물 등의 증거는 증거능력이 없다. 또한 위 촬영은 일반적으로 허용되는 상당한 방법에 의한 것이 아니므로 영장 없이 이루어져 위법하다(대법원 2017.11.29, 2017도9747).

268 수사기관이 압수·수색에 착수하면서 그 장소의 관리책임자에게 영장을 제시하였다면 물건을 소지하고 있는 다른 사람으로부터 이를 압수하고자 하는 때에도 그 사람에게 따로 영장을 제시하여야 하는 것은 아니다.

[국가9급 17]

268 (×) '하는 것은 아니다' → '한다'(대법원 2009.3.12, 2008도 763)

269 압수·수색영장을 집행하는 수사기관은 원칙적으로 피압수자로 하여금 법관이 발부한 영장에 의한 압수·수색이라는 사실을 확인함과 동시에 「형사소송법」이 압수·수색영장에 필요적으로 기재하도록 정한 사항이나 그와 일체를 이루는 사항을 충분히 알 수 있도록 압수·수색영장을 제시하여야 한다.

[경찰채용 21 1차]

269 (○) 대법원 2017.9.21, 2015도12400

270 수사기관이 휴대전화 등을 압수할 당시 압수당한 피의자가 수사관에게 압수·수색영장의 내용을 보여 달라고 요구하였으나 수사관이 영장의 겉표지만 보여 주고 내용은 확인시켜 주지 않았더라도, 그 후 변호인이 피의자 조사에 참여하면서 영장을 확인하였다면 압수처분은 위법하지 아니하다.

[변호사 21]

270 (×)

해설+ 수사기관이 재항고인의 휴대전화 등을 압수할 당시 재항고인에게 압수·수색영장을 제시하였는데 재항고인이 영장의 구체적인 확인을 요구하였으나 수사기관이 영장의 범죄사실 기재 부분을 보여주지 않았고, 그 후 재항고인의 변호인이 재항고인에 대한 조사에 참여하면서 영장을 확인한 경우, 수사기관이 위 압수처분 당시 재항고인으로부터 영장 내용의 구체적인 확인을 요구받았음에도 압수·수색영장의 내용을 보여주지 않았던 것으로 보이므로 형사소송법 제219조, 제118조에 따른 적법한 압수·수색영장의 제시라고 인정하기 어렵다(대법원 2020.4.16, 2019모3526).

271 피압수자에게 영장의 표지인 첫 페이지와 피압수자의 혐의사실 부분만을 보여주고 나머지 부분을 확인하지 못하게 한 것은 압수·수색영장의 필요적 기재사항이나 그와 일체를 이루는 사항을 충분히 알 수 있도록 제시한 것이라 할 수 없다.

[경찰채용 19 1차]

271 (○)

해설+ 사법경찰관이 압수·수색영장의 피압수자에게 압수·수색영장을 제시함에 있어 표지에 해당하는 첫 페이지와 피압수자의 혐의사실이 기재된 부분만을 보여 주고, 나머지 압수·수색영장의 기재 내용(압수·수색·검증할 물건, 압수·수색·검증할 장소, 압수·수색·검증을 필요로 하는 사유, 압수 대상 및 방법의 제한 등 필요적 기재 사항 및 그와 일체를 이루는 일부 기각 취지 부분 등)을 확인하지 못하게 한 사안에서, 위와 같은 압수·수색영장의 제시는 피압수자로 하여금 그 내용을 충분히 알 수 있도록 제시한 것으로 보기 어려워 위법하고, 이로 인해 취득한 증거는 위법수집증거로서 증거능력이 없다(대법원 2017.9.21, 2015도12400).

272 수사기관이 압수·수색영장을 집행하면서 압수·수색대상 기관에 팩스로 영장 사본을 송신하기만 하였을 뿐 영장 원본을 제시하거나 압수조서와 압수물 목록을 작성하여 피압수·수색 당사자에게 교부하지도 않았다면 그 압수·수색은 위법하다. [국가9급 21]

272 (O) 대법원 2017.9.7, 2015 도10648

273 피고인이 발송한 이메일에 대한 압수·수색영장을 집행하면서 수사기관이 甲 회사에 팩스로 영장 사본을 송신하였다면, 비록 영장 원본을 제시하거나 압수조서와 압수물 목록을 작성하여 피압수·수색 당사자에게 교부하지 않았더라도, 이 같은 방법으로 압수된 피고인의 이메일은 위법수집증거의 증거능력을 인정할 수 있는 예외적인 경우에 해당하므로 증거능력이 부정되지 않는다.

273 (X) 수사기관이 甲 주식회사에서 압수수색영장을 집행하면서 甲 회사에 팩스로 영장 사본을 송신하기만 하고 영장 원본을 제시하거나 압수조서와 압수물 목록을 작성하여 피압수·수색 당사자에게 교부하지도 않은 채 피고인의 이메일을 압수한 후 이를 증거로 제출한 경우, 위와 같은 방법으로 압수된 이메일은 증거능력이 없다(대법원 2017.9.7, 2015도10648).

> **비교** 수사기관의 압수·수색은 법관이 발부한 압수·수색영장에 의하여야 하는 것이 원칙이고, 영장의 원본은 처분을 받는 자에게 반드시 제시되어야 하므로, 금융계좌추적용 압수·수색영장의 집행에 있어서도 수사기관이 금융기관으로부터 금융거래자료를 수신하기에 앞서 금융기관에 영장 원본을 사전에 제시하지 않았다면 원칙적으로 적법한 집행 방법이라고 볼 수는 없다. 다만 수사기관이 금융기관에 금융실명거래 및 비밀보장에 관한 법률(이하 '금융실명법') 제4조 제2항에 따라서 금융거래정보에 대하여 영장 사본을 첨부하여 그 제공을 요구한 결과 금융기관으로부터 회신받은 금융거래자료가 해당 영장의 집행 대상과 범위에 포함되어 있고, 이러한 모사전송 내지 전자적 송수신 방식의 금융거래정보 제공요구 및 자료 회신의 전 과정이 해당 금융기관의 자발적 협조의사에 따른 것이며, 그 자료 중 범죄혐의사실과 관련된 금융거래를 선별하는 절차를 거친 후 최종적으로 영장 원본을 제시하고 위와 같이 선별된 금융거래자료에 대한 압수절차가 집행된 경우로서, 그 과정이 금융실명법에서 정한 방식에 따라 이루어지고 달리 적법절차와 영장주의 원칙을 잠탈하기 위한 의도에서 이루어진 것이라고 볼 만한 사정이 없어, 이러한 일련의 과정을 전체적으로 '하나의 영장에 기하여 적시에 원본을 제시하고 이를 토대로 압수·수색하는 것'으로 평가할 수 있는 경우에 한하여, 예외적으로 영장의 적법한 집행 방법에 해당한다고 볼 수 있다(대법원 2022.1.27, 2021도11170).

274 피처분자가 현장에 없거나 현장에서 그를 발견할 수 없는 경우 등 영장제시가 현실적으로 불가능한 경우에는 영장을 제시하지 아니한 채 압수·수색을 하더라도 위법하다고 볼 수 없다. [경찰간부 18] [국가9급 17]

274 (O) 대법원 2015.1.22, 2014 도10978 전원합의체

275 압수·수색영장은 원칙적으로 처분을 받는 자에게 반드시 제시하고, 처분을 받는 자가 피의자인 경우에는 그 사본을 교부해야 하는데, 이는 준항고 등 피압수자의 불복신청의 기회를 실질적으로 보장하기 위한 것이다.

[경찰채용 23 2차]

해설+ 형사소송법 제118조【영장의 제시와 사본교부】압수·수색영장은 처분을 받는 자에게 반드시 제시하여야 하고, 처분을 받는 자가 피고인인 경우에는 그 사본을 교부하여야 한다. 다만, 처분을 받는 자가 현장에 없는 등 영장의 제시나 그 사본의 교부가 현실적으로 불가능한 경우 또는 처분을 받는 자가 영장의 제시나 사본의 교부를 거부한 때에는 예외로 한다.

제219조【준용규정】제106조, 제107조, 제109조 내지 제112조, 제114조, 제115조 제1항 본문, 제2항, 제118조부터 제132조까지, 제134조, 제135조, 제140조, 제141조, 제333조 제2항, 제486조의 규정은 검사 또는 사법경찰관의 본장의 규정에 의한 압수, 수색 또는 검증에 준용한다. 단, 사법경찰관이 제130조, 제132조 및 제134조에 따른 처분을 함에는 검사의 지휘를 받아야 한다.

275 (○) 형사소송법 제118조, 제219조 참조.

276 사법경찰관이 피의자에 대하여 압수·수색영장을 집행할 경우, 피의자에게 영장의 원본을 제시하면 족하고 영장의 사본을 교부할 필요는 없다.

[국가7급 22]

276 (×) (압수·수색영장의 집행에 있어서도) 영장을 제시하고 '피처분자가 피의자인 경우' 영장 사본을 교부하여야 한다. 형사소송법 제219조, 제118조 참조.

277 압수·수색영장은 처분을 받는 자에게 반드시 제시하여야 하고 처분을 받는 자가 피의자가 아니라 제3자인 경우에도 그 사본을 교부하여야 한다.

[소방간부 23]

해설+ 제118조【영장의 제시와 사본교부】압수·수색영장은 처분을 받는 자에게 반드시 제시하여야 하고, 처분을 받는 자가 피고인인 경우에는 그 사본을 교부하여야 한다. 다만, 처분을 받는 자가 현장에 없는 등 영장의 제시나 그 사본의 교부가 현실적으로 불가능한 경우 또는 처분을 받는 자가 영장의 제시나 사본의 교부를 거부한 때에는 예외로 한다.

277 (×) 처분을 받는 자가 피고인·피의자인 경우에 한하여 그 사본을 교부하여야 한다(제118조 참조).

278 압수·수색영장은 처분을 받는 자에게 반드시 제시하여야 하나, 처분을 받는 자가 현장에 없는 등 영장의 제시나 그 사본의 교부가 현실적으로 불가능한 경우 또는 처분을 받는 자가 영장의 제시나 사본의 교부를 거부한 때에는 예외로 한다.

[법원9급 23]

278 (○) 형사소송법 제118조 단서 참조.

279 압수 · 수색영장을 소지하지 아니한 경우에 급속을 요하는 때에는 피의자에 대하여 공소사실의 요지와 영장이 발부되었음을 고지하고 집행할 수 있다.

[경찰채용 23 2차]

279 (×) 압수·수색영장을 소지하지 아니한 경우에 급속을 요하는 경우라도 피의자에 대하여 공소사실의 요지와 영장이 발부되었음을 고지하고 집행할 수 없다.

> **비교** 체포 · 구속영장을 소지하지 아니한 경우에 급속을 요하는 때에는 피고인에 대하여 공소사실의 요지와 영장이 발부되었음을 고하고 집행할 수 있다.

> **참조조문** 법 제85조 【구속영장집행의 절차】 ③ 구속영장을 소지하지 아니한 경우에 급속을 요하는 때에는 피고인에 대하여 공소사실의 요지와 영장이 발부되었음을 고하고 집행할 수 있다. ④ 전항의 집행을 완료한 후에는 신속히 구속영장을 제시하고 그 사본을 교부하여야 한다.

> 제200조의6 【준용규정】 제75조, 제81조 제1항 본문 및 제3항, 제82조, 제83조, 제85조 제1항 · 제3항 및 제4항, 제86조, 제87조, 제89조부터 제91조까지, 제93조, 제101조 제4항 및 제102조 제2항 단서의 규정은 검사 또는 사법경찰관이 피의자를 체포하는 경우에 이를 준용한다. 이 경우 "구속"은 이를 "체포"로, "구속영장"은 이를 "체포영장"으로 본다.

> 제201조의2 【구속영장 청구와 피의자 심문】 ② 제1항 외의 피의자에 대하여 구속영장을 청구받은 판사는 피의자가 죄를 범하였다고 의심할 만한 이유가 있는 경우에 구인을 위한 구속영장을 발부하여 피의자를 구인한 후 심문하여야 한다. 다만, 피의자가 도망하는 등의 사유로 심문할 수 없는 경우에는 그러하지 아니하다. ⑩ 제71조, 제71조의2, 제75조, 제81조부터 제83조까지, 제85조 제1항 · 제3항 · 제4항, 제86조, 제87조 제1항, 제89조부터 제91조까지 및 제200조의5는 제2항에 따라 구인을 하는 경우에 준용하고, 제48조, 제51조, 제53조, 제56조의2 및 제276조의2는 피의자에 대한 심문의 경우에 준용한다.

> 제209조 【준용규정】 제70조 제2항, 제71조, 제75조, 제81조 제1항 본문 · 제3항, 제82조, 제83조, 제85조부터 제87조까지, 제89조부터 제91조까지, 제93조, 제101조 제1항, 제102조 제2항 본문 (보석의 취소에 관한 부분은 제외한다) 및 제200조의5는 검사 또는 사법경찰관의 피의자 구속에 관하여 준용한다.

280 압수 · 수색영장은 사전에 제시하여야 하나, 급속을 요하는 때에는 범죄사실의 요지와 영장이 발부되었음을 고하고 집행할 수 있다. 이 경우에 집행을 완료한 후에는 신속히 압수 · 수색영장을 제시하여야 한다. [경찰채용 11]

280 (×) '있다' → '없다'
압수·수색영장은 처분을 받는 자에게 반드시 제시하여야 한다(제118조).

> **비교** 체포영장 · 구속영장 집행 시에는 영장 미소지 상태에서의 긴급집행이 가능하나, 압수 · 수색영장은 그러하지 아니하다.

281 압수 · 수색영장을 집행함에는 검사, 피고인 또는 변호인이 참여하지 아니한다는 의사를 명시한 때 또는 급속을 요하는 때가 아니면 미리 집행의 일시와 장소를 검사, 피고인 또는 변호인에게 통지하여야 한다. [법원9급 12]

281 (○) 제122조

282 검사, 피고인, 변호인은 압수·수색영장의 집행에 참여할 수 있다. 따라서 압수·수색영장 집행 시에 미리 집행일시와 장소를 참여권자에게 통지하는 것이 원칙이다. [경찰채용 13]

282 (O) 제121조, 제122조

283 압수·수색영장의 집행에 참여할 수 있는 당사자의 권리는 급속을 요하는 때에는 제한될 수 있다. [경찰채용 11]

283 (O) 불참의사 명시 또는 급속을 요하는 때에는 통지를 생략할 수 있다. 제122조 참조.

284 압수·수색영장 집행 사실을 미리 알려주면 증거물을 은닉할 염려 등이 있어 압수·수색의 실효를 거두기 어려울 경우 피의자 또는 변호인에 대한 사전통지를 생략하더라도 적법하다. [군무원9급 22]

284 (O) 형사소송법 제122조 단서 참조

해설+ 형사소송법 제121조 【영장집행과 당사자의 참여】 검사, 피고인 또는 변호인은 압수·수색영장의 집행에 참여할 수 있다.

제122조 【영장집행과 참여권자에의 통지】 압수·수색영장을 집행함에는 미리 집행의 일시와 장소를 전조에 규정한 자에게 통지하여야 한다. 단, 전조에 규정한 자가 참여하지 아니한다는 의사를 명시한 때 또는 급속을 요하는 때에는 예외로 한다.

판례 피의자 또는 변호인은 압수·수색영장의 집행에 참여할 수 있고(형사소송법 제219조, 제121조), 압수·수색영장을 집행함에는 원칙적으로 미리 집행의 일시와 장소를 피의자 등에게 통지하여야 하나(형사소송법 제122조 본문), '급속을 요하는 때'에는 위와 같은 통지를 생략할 수 있다(형사소송법 제122조 단서). 여기서 '급속을 요하는 때'라고 함은 압수·수색영장 집행 사실을 미리 알려주면 증거물을 은닉할 염려 등이 있어 압수·수색의 실효를 거두기 어려울 경우라고 해석함이 옳고, 그와 같이 합리적인 해석이 가능하므로 형사소송법 제122조 단서가 명확성의 원칙 등에 반하여 위헌이라고 볼 수 없다(대법원 2012.10.11, 2012도7455).

285 경찰이 영장에 의해 압수된 피고인의 휴대전화를 탐색하던 중 영장에 기재된 범죄사실이 기록된 파일을 발견하여 이를 별도의 저장매체에 복제·출력한 경우, 이러한 탐색·복제·출력의 과정에서 피고인에게 참여의 기회를 부여하지 않았어도 사후에 그 파일에 대한 압수·수색영장을 발부받아 절차가 진행되었다면 적법하게 수집된 증거이다. [경찰채용 23 2차]

285 (×)

> **해설+** 압수의 대상이 되는 전자정보와 그렇지 않은 전자정보가 혼재된 정보저장매체나 그 복제본을 압수·수색한 수사기관이 정보저장매체 등을 수사기관 사무실 등으로 옮겨 이를 탐색·복제·출력하는 경우, 그와 같은 일련의 과정에서 형사소송법 제219조, 제121조에서 규정하는 피압수·수색 당사자(이하 '피압수자')나 변호인에게 참여의 기회를 보장하고 압수된 전자정보의 파일 명세가 특정된 압수목록을 작성·교부하여야 하며 범죄혐의사실과 무관한 전자정보의 임의적인 복제 등을 막기 위한 적절한 조치를 취하는 등 영장주의 원칙과 적법절차를 준수하여야 한다. 만약 그러한 조치가 취해지지 않았다면 피압수자 측이 참여하지 아니한다는 의사를 명시적으로 표시하였거나 절차 위반행위가 이루어진 과정의 성질과 내용 등에 비추어 피압수자 측에 절차 참여를 보장한 취지가 실질적으로 침해되었다고 볼 수 없을 정도에 해당한다는 등의 특별한 사정이 없는 이상 압수·수색이 적법하다고 평가할 수 없고, 비록 수사기관이 정보저장매체 또는 복제본에서 범죄혐의사실과 관련된 전자정보만을 복제·출력하였다 하더라도 달리 볼 것은 아니다. 따라서 수사기관이 피압수자 측에 참여의 기회를 보장하거나 압수한 전자정보 목록을 교부하지 않는 등 영장주의 원칙과 적법절차를 준수하지 않은 위법한 압수·수색 과정을 통하여 취득한 증거는 위법수집증거에 해당하고, 사후에 법원으로부터 영장이 발부되었다거나 피고인이나 변호인이 이를 증거로 함에 동의하였다고 하여 위법성이 치유되는 것도 아니다(대법원 2022.7.28, 2022도2960).

286 피압수자가 수사기관에 압수·수색영장의 집행에 참여하지 않는다는 의사를 명시하였다고 하더라도, 특별한 사정이 없는 한 그 변호인에게는 미리 집행의 일시와 장소를 통지하는 등으로 압수·수색영장의 집행에 참여할 기회를 별도로 보장하여야 한다. [경찰채용 21 1차] [국가7급 22 유사] [변호사 23 변형]

286 (○)

> **해설+** 형사소송법 제219조, 제121조가 규정한 변호인의 참여권은 피압수자의 보호를 위하여 변호인에게 주어진 고유권이다. 따라서 설령 피압수자가 수사기관에 압수·수색영장의 집행에 참여하지 않는다는 의사를 명시하였다고 하더라도, 특별한 사정이 없는 한 그 변호인에게는 형사소송법 제219조, 제122조에 따라 미리 집행의 일시와 장소를 통지하는 등으로 압수·수색영장의 집행에 참여할 기회를 별도로 보장하여야 한다(대법원 2020.11.26, 2020도10729).

287 저장매체에 대한 압수·수색 과정에서 압수의 목적을 달성하기에 현저히 곤란한 예외적인 사정이 인정되어 전자정보가 담긴 저장매체 등을 수사기관 사무실 등으로 옮겨 복제·탐색·출력하는 경우에도 피압수자나 변호인에게 참여 기회를 보장하여야 하는데, 이는 수사기관이 저장매체 등에서 혐의사실과 관련된 전자정보만을 복제·출력하는 경우에도 마찬가지이다. [경찰채용 21 1차]

287 (○) 대법원 2020.11.26, 2020도10729

288 전자정보가 담긴 저장매체 또는 복제본을 수사기관 사무실 등으로 옮겨 이를 복제·탐색·출력하는 경우, 피압수자 측에 절차 참여를 보장한 취지가 실질적으로 침해되었다면 수사기관이 저장매체 또는 복제본에서 혐의사실과 관련된 전자정보만을 복제·출력하였더라도 그 압수·수색은 위법하다.

[경찰채용 17 2차]

288 (O) 대법원 2015.7.16, 2011모1839 전원합의체

289 수사기관이 피의자 참여하에 정보저장매체에 기억된 정보 중에서 키워드 또는 확장자 검색 등을 통해 범죄 혐의사실과 관련 있는 정보를 선별한 다음 정보저장매체와 동일하게 비트열 방식으로 복제하여 생성한 파일을 제출받아 압수한 경우, 수사기관에서 위와 같이 압수된 파일을 탐색·복제·출력하는 과정에서도 피의자 등에게 참여의 기회를 보장하여야 한다. [변호사 21]

289 (×)

해설+ 수사기관이 정보저장매체에 기억된 정보 중에서 키워드 또는 확장자 검색 등을 통해 범죄 혐의사실과 관련 있는 정보를 선별한 다음 정보저장매체와 동일하게 비트열 방식으로 복제하여 생성한 파일(이하 '이미지 파일')을 제출받아 압수하였다면 이로써 압수의 목적물에 대한 압수·수색 절차는 종료된 것이므로, 수사기관이 수사기관 사무실에서 위와 같이 압수된 이미지 파일을 탐색·복제·출력하는 과정에서도 피의자 등에게 참여의 기회를 보장하여야 하는 것은 아니다(대법원 2018.2.8, 2017도13263).

290 수사기관이 정보저장매체에 기억된 정보 중에서 키워드 또는 확장자 검색 등을 통해 범죄 혐의사실과 관련 있는 정보를 선별한 다음 정보저장매체와 동일하게 비트열 방식으로 복제하여 생성한 파일(이하 '이미지 파일')을 제출받아 압수하였다면, 그 이후 수사기관 사무실에서 위와 같이 압수된 이미지 파일을 탐색·복제·출력하는 모든 과정에서도 피의자 등에게 참여의 기회를 보장하여야 한다. [경찰승진 22]

290 (×)

해설+ 대법원 2018.2.8, 2017도13263

291 수사기관이 정보저장매체에 기억된 정보 중에서 범죄 혐의사실과 관련 있는 정보를 선별한 다음, 선별한 파일을 복제하여 생성한 파일을 제출받아 적법하게 압수하였다면 수사기관 사무실에서 위와 같이 압수된 이미지 파일을 탐색·복제·출력하는 과정에서 피의자 등에게 참여의 기회를 보장하여야 하는 것은 아니다. [국가9급 21]

291 (O) 대법원 2018.2.8, 2017도13263

292 수사기관이 甲을 피의자로 하여 발부받은 압수·수색영장에 기하여 인터넷서비스업체인 A주식회사를 상대로 A주식회사의 본사 서버에 저장되어 있는 甲의 전자정보인 SNS 대화내용 등에 대하여 압수·수색을 실시한 경우, 수사기관은 압수·수색 과정에서 甲에게 참여권을 보장하여야 한다.

[국가7급 22]

판례 수사기관이 준항고인을 피의자로 하여 발부받은 압수·수색영장에 기하여 인터넷서비스업체인 甲 주식회사를 상대로 甲 회사의 본사 서버에 저장되어 있는 준항고인의 전자정보인 카카오톡 대화내용 등에 대하여 압수·수색을 실시하였는데, 준항고인은 수사기관이 압수·수색 과정에서 참여권을 보장하지 않는 등의 위법이 있다는 이유로 압수·수색의 취소를 청구한 경우, 수사기관이 압수·수색영장을 집행할 때 처분의 상대방인 甲 회사에 영장을 팩스로 송부하였을 뿐 영장 원본을 제시하지 않은 점, 甲 회사는 서버에서 일정 기간의 준항고인의 카카오톡 대화내용을 모두 추출한 다음 그중에서 압수·수색영장의 범죄사실과 관련된 정보만을 분리하여 추출할 수 없어 그 기간의 모든 대화내용을 수사기관에 이메일로 전달하였는데, 여기에는 준항고인이 자신의 부모, 친구 등과 나눈 일상적 대화 등 혐의사실과 관련 없는 내용이 포함되어 있는 점, 수사기관은 압수·수색 과정에서 준항고인에게 미리 집행의 일시와 장소를 통지하지 않았고, 甲 회사로부터 준항고인의 카카오톡 대화내용을 취득한 뒤 전자정보를 탐색·출력하는 과정에서도 준항고인에게 참여 기회를 부여하지 않았으며, 혐의사실과 관련된 부분을 선별하지 않고 그 일체를 출력하여 증거물로 압수하였고, 압수·수색영장 집행 이후 甲 회사와 준항고인에게 압수한 전자정보 목록을 교부하지 않은 점 등 제반 사정에 비추어 볼 때, …… 그 과정에서 압수·수색영장의 원본을 제시하지 않은 위법, 수사기관이 甲 회사로부터 입수한 전자정보에서 범죄 혐의사실과 관련된 부분의 선별 없이 그 일체를 출력하여 증거물로 압수한 위법, 그 과정에서 서비스이용자로서 실질적 피압수자이자 피의자인 준항고인에게 참여권을 보장하지 않은 위법과 압수한 전자정보 목록을 교부하지 않은 위법을 종합하면, 압수·수색에서 나타난 위법이 압수·수색절차 전체를 위법하게 할 정도로 중대하다고 보아 압수·수색을 취소한 원심의 결론을 수긍할 수 있다(대법원 2022.5.31, 2016모587).

293 수사기관이 범죄 혐의사실과 관련 있는 정보를 선별하여 압수한 후에도 그와 관련이 없는 나머지 정보를 삭제·폐기·반환하지 아니한 채 그대로 보관하고 있다면, 범죄 혐의사실과 관련이 없는 부분에 대하여는 압수의 대상이 되는 전자정보의 범위를 넘어서는 전자정보를 영장 없이 압수·수색하여 취득한 것이어서 위법하고, 사후에 압수·수색영장이 발부되었다거나 피고인이나 변호인이 이를 증거로 함에 동의하였다고 하여 그 위법성이 치유된다고 볼 수 없다.

[경찰채용 22 2차] [경찰채용 23 2차 변형]

해설+ 법원은 압수·수색영장의 집행에 관하여 범죄 혐의사실과 관련 있는 전자정보의 탐색·복제·출력이 완료된 때에는 지체 없이 영장 기재 범죄 혐의사실과 관련이 없는 나머지 전자정보에 대해 삭제·폐기 또는 피압수자 등에게 반환할 것을 정할 수 있다. 수사기관이 범죄 혐의사실과 관련 있는 정보를 선별하여 압수한 후에도 그와 관련이 없는 나머지 정보를 삭제·폐기·반환하지 아니한 채 그대로 보관하고 있다면 범죄 혐의사실과 관련이 없는 부분에 대하여는 압수의 대상이 되는 전자정보의 범위를 넘어서는 전자정보를 영장 없이 압수·수색하여 취득한 것이어서 위법하고, 사후에 법원으로부터 압수·수색영장이 발부되었다거나 피고인이나 변호인이 이를 증거로 함에 동의하였다고 하여 그 위법성이 치유된다고 볼 수 없다(대법원 2022.1.14, 2021모1586).

292 (○) 수·색영장의 원본을 제시하지 않은 위법, 수사기관이 카카오로부터 입수한 전자정보에서 범죄 혐의사실과 관련된 부분의 선별 없이 그 일체를 출력하여 증거물로 압수한 위법, 그 과정에서 서비스이용자로서 실질적 피압수자이자 피의자인 준항고인에게 참여권을 보장하지 않은 위법과 압수한 전자정보 목록을 교부하지 않은 위법을 종합하면, 이 사건 압수·수색에서 나타난 위법이 압수·수색절차 전체를 위법하게 할 정도로 중대하다(대법원 2022.5.31, 2016모587).

293 (○)

294 영장에 수색할 장소를 특정하도록 한 취지에 비추어 보면, 수색장소에 있는 정보처리장치를 이용하여 정보통신망으로 연결된 원격지의 저장매체에서 수색장소에 있는 정보처리장치로 전자정보를 내려받아 이를 압수하는 것은 압수·수색영장에서 허용한 집행의 장소적 범위를 위법하게 확대하는 것이다. [경찰채용 19 2차]

294 (×)

해설+ 수사기관이 인터넷서비스이용자인 피의자를 상대로 피의자의 컴퓨터 등 정보처리장치 내에 저장되어 있는 이메일 등 전자정보를 압수·수색하는 것은 전자정보의 소유자 내지 소지자를 상대로 해당 전자정보를 압수·수색하는 대물적 강제처분으로 형사소송법의 해석상 허용된다. 나아가 압수·수색할 전자정보가 압수·수색영장에 기재된 수색장소에 있는 컴퓨터 등 정보처리장치 내에 있지 아니하고 그 정보처리장치와 정보통신망으로 연결되어 제3자가 관리하는 원격지의 서버 등 저장매체에 저장되어 있는 경우에도, 수사기관이 피의자의 이메일 계정에 대한 접근권한에 갈음하여 발부받은 영장에 따라 영장 기재 수색장소에 있는 컴퓨터 등 정보처리장치를 이용하여 적법하게 취득한 피의자의 이메일 계정 아이디와 비밀번호를 입력하는 등 피의자가 접근하는 통상적인 방법에 따라 원격지의 저장매체에 접속하고 그곳에 저장되어 있는 피의자의 이메일 관련 전자정보를 수색장소의 정보처리장치로 내려받거나 그 화면에 현출시키는 것 역시 피의자의 소유에 속하거나 소지하는 전자정보를 대상으로 이루어지는 것이므로 그 전자정보에 대한 압수·수색을 위와 달리 볼 필요가 없다(대법원 2017.11.29, 2017도9747).

비교 압수·수색영장에 적힌 '압수할 물건'에 컴퓨터 등 정보처리장치 저장 전자정보만 기재되어 있다면 컴퓨터 등 정보처리장치를 이용하여 원격지 서버 저장 전자정보를 압수할 수는 없다. 압수·수색영장에 적힌 '압수할 물건'에 원격지 서버 저장 전자정보가 기재되어 있지 않은 이상 '압수할 물건'은 컴퓨터 하드디스크 및 외부 저장매체에 저장된 전자정보에 한정되므로 경찰이 압수한 불법촬영물은 위법수집증거에 해당하고, 이를 이용하여 수집한 다른 증거도 위법수집증거에 기한 2차적 증거에 해당하여 증거능력이 없다(대법원 2022.6.30, 2022도1452).

295 압수·수색할 전자정보가 영장에 기재된 수색장소에 있는 컴퓨터에 있지 않고 그 컴퓨터와 정보통신망으로 연결되어 제3자가 관리하는 원격지의 서버에 저장되어 있는 경우, 영장에 기재된 수색장소의 컴퓨터를 이용하여 원격지의 저장매체에 접속하는 것은 피의자가 접근하는 통상적인 방법에 따라 한 것이라도 허용된 집행의 장소적 범위를 벗어난 것으로 위법하다. [변호사 22]

295 (×)

해설+ 대법원 2017.11.29, 2017도9747

보충 법원이 발부한 압수·수색영장에 압수·수색·검증할 물건으로 '피고인이 북한 대남공작조직 225국과 간첩 통신수단으로 사용한 중국 인터넷서비스제공자인 공소외 1 회사와 공소외 2 회사가 제공하는 이메일서비스의 총 10개 계정 중 국가보안법 위반 혐의와 관련해 개설시점부터 2015.11.24.까지 사이의 이메일 계정, 받은 편지함 등 각종 편지함, 임시 보관함 등 각종 보관함(스팸·휴지통, 주소록 등 기타 내용 포함), 이메일과 연결된 드라이브 내 각종 문서함(휴지통·캘린더 등 기타 내용 포함)에 송·수신이 완료되어 저장되어 있는 내용과 동 내용을 출력한 출력물, 동 내용을 저장한 저장매체(메일 헤더가 기록된 원본내용 포함)'가 기재되어 있으므로, 위 압수·수색은 영장주의 위반이 아니다.

296 압수·수색할 전자정보가 영장에 기재된 수색장소에 있는 정보처리장치에 있지 않고 그 정보처리장치와 정보통신망으로 연결되어 제3자가 관리하고 있는 원격지의 저장매체에 저장되어 있는 경우, 수사기관이 압수·수색영장에 기재되어 있는 압수할 물건을 적법한 절차와 집행방법에 따라 수색장소의 정보처리장치를 이용하여 원격지의 저장매체에 접속하였다 하더라도 이와 같은 압수·수색은 「형사소송법」에 위반된다.   [국가9급개론 21]

296 (×)

해설+ 대법원 2017.11.29, 2017도9747

297 피의자의 컴퓨터 내에 저장되어 있는 이메일 등 전자정보를 압수·수색하는 것은 전자정보의 소유자 내지 소지자를 상대로 해당 전자정보를 압수·수색하는 대물적 강제처분으로 「형사소송법」의 해석상 허용된다.
[경찰채용 19 2차]

297 (○)

해설+ 대법원 2017.11.29, 2017도9747

298 피의자의 이메일 계정에 대한 접근권한에 갈음하여 발부받은 압수·수색영장의 효력은 대한민국의 사법관할권이 미치지 아니하는 해외 이메일서비스제공자의 해외 서버 및 그 해외 서버에 소재하는 저장매체 속 피의자의 전자정보에 대하여까지 미치지는 않는다.   [경찰채용 19 1차] [경찰승진 23]

298 (×)

해설+ 피의자의 이메일 계정에 대한 접근권한에 갈음하여 발부받은 압수·수색영장에 따라 원격지의 저장매체에 적법하게 접속하여 내려받거나 현출된 전자정보를 대상으로 하여 범죄 혐의사실과 관련된 부분에 대하여 압수·수색하는 것은, 압수·수색영장의 집행을 원활하고 적정하게 행하기 위하여 필요한 최소한도의 범위 내에서 이루어지며 그 수단과 목적에 비추어 사회통념상 타당하다고 인정되는 대물적 강제처분 행위로서 허용되며, 형사소송법 제120조 제1항에서 정한 압수·수색영장의 집행에 필요한 처분에 해당한다. 그리고 이러한 법리는 원격지의 저장매체가 국외에 있는 경우라 하더라도 그 사정만으로 달리 볼 것은 아니다(대법원 2017.11.29, 2017도9747).

299 수사기관이 피의자의 이메일 계정에 대한 접근권한에 갈음하여 발부받은 압수·수색영장에 따라, 원격지의 저장매체에 적법하게 접속하여 내려 받거나 현출된 전자정보를 대상으로 하여 범죄 혐의사실과 관련된 부분에 대하여 압수·수색하는 것은 특별한 사정이 없는 한 허용되지만, 원격지 저장매체가 국외에 있는 경우에는 허용되지 않는다.   [경찰채용 23 2차]

299 (×) 대법원 2017.11.29, 2017도9747

300 법원이 발부한 압수·수색영장에는 '압수할 물건'이 '여성의 신체를 몰래 촬영한 것으로 판단되는 사진, 동영상 파일이 저장된 컴퓨터 하드디스크 및 외부 저장매체'로 되어 있는데, 사법경찰관 P는 위 압수·수색영장으로 압수한 휴대전화가 구글계정에 로그인되어 있는 상태를 이용하여 구글클라우드에서 불법촬영물을 다운로드 받는 방식으로 압수하였다. P의 압수는 영장주의 위반이 아니다.

300 (×)

해설+ 압수할 전자정보가 저장된 저장매체로서 압수·영장에 기재된 수색장소에 있는 컴퓨터, 하드디스크, 휴대전화와 같은 컴퓨터 등 정보처리장치와 수색장소에 있지는 않으나 컴퓨터 등 정보처리장치와 정보통신망으로 연결된 원격지의 서버 등 저장매체(이하 '원격지 서버')는 소재지, 관리자, 저장공간의 용량 측면에서 서로 구별된다. 원격지 서버에 저장된 전자정보를 압수·수색하기 위해서는 컴퓨터 등 정보처리장치를 이용하여 정보통신망을 통해 원격지 서버에 접속하고 그곳에 저장되어 있는 전자정보를 컴퓨터 등 정보처리장치로 내려받거나 화면에 현출시키는 절차가 필요하므로, 컴퓨터 등 정보처리장치 자체에 저장된 전자정보와 비교하여 압수·수색의 방식에 차이가 있다. 원격지 서버에 저장되어 있는 전자정보와 컴퓨터 등 정보처리장치에 저장되어 있는 전자정보는 그 내용이나 질이 다르므로 압수·수색으로 얻을 수 있는 전자정보의 범위와 그로 인한 기본권 침해 정도도 다르다. 따라서 수사기관이 압수·수색영장에 적힌 '수색할 장소'에 있는 컴퓨터 등 정보처리장치에 저장된 전자정보 외에 원격지 서버에 저장된 전자정보를 압수·수색하기 위해서는 압수·수색영장에 적힌 '압수할 물건'에 별도로 원격지 서버 저장 전자정보가 특정되어 있어야 한다. 압수·수색영장에 적힌 '압수할 물건'에 컴퓨터 등 정보처리장치 저장 전자정보만 기재되어 있다면 컴퓨터 등 정보처리장치를 이용하여 원격지 서버 저장 전자정보를 압수할 수는 없다. 압수·수색영장에 적힌 '압수할 물건'에 원격지 서버 저장 전자정보가 기재되어 있지 않은 이상 '압수할 물건'은 컴퓨터 하드디스크 및 외부 저장매체에 저장된 전자정보에 한정되므로 경찰이 압수한 불법촬영물은 위법수집증거에 해당하고, 이를 이용하여 수집한 다른 증거도 위법수집증거에 기한 2차적 증거에 해당하여 증거능력이 없다(대법원 2022.6.30, 2022도1452).

301 수사기관이 압수·수색영장에 적힌 '수색할 장소'에 있는 컴퓨터 등 정보처리장치에 저장된 전자정보 외에 원격지클라우드에 저장된 전자정보를 압수·수색하기 위해서는 압수·수색영장에 적힌 '압수할 물건'에 별도로 원격지클라우드 저장 전자정보가 특정되어 있어야 한다.

[경찰채용 23 2차] [국가9급 23]

301 (○)

해설+ 수사기관이 압수·수색영장에 적힌 '수색할 장소'에 있는 컴퓨터 등 정보처리장치에 저장된 전자정보 외에 원격지 서버에 저장된 전자정보를 압수·수색하기 위해서는 압수·수색영장에 적힌 '압수할 물건'에 별도로 원격지 서버 저장 전자정보가 특정되어 있어야 한다. 압수·수색영장에 적힌 '압수할 물건'에 컴퓨터 등 정보처리장치저장 전자정보만 기재되어 있다면 컴퓨터 등 정보처리장치를 이용하여 원격지 서버 저장 전자정보를 압수할 수는 없다(대법원 2022.6.30, 2020모735).

302 압수·수색영장에 적힌 '압수할 물건'에 컴퓨터 등 정보처리장치 저장 전자정보만 기재되어 있고 별도로 원격지 서버 저장의 전자정보가 특정되어 있지 않았다 하더라도, 영장에 기재된 해당 컴퓨터 등 정보처리장치를 이용하여 로그인되어 있는 상태의 원격지 서버 저장 전자정보를 압수한 경우는 영장주의 원칙에 반하지 않는다. [경찰간부 23]

302 (×) 대법원 2022.6.30, 2022도1452

303 수사기관이 압수·수색영장으로 압수한 휴대전화가 클라우드 서버에 로그인되어 있는 상태를 이용하여 클라우드 서버에서 불법촬영물을 다운로드 받아 압수한 경우 압수·수색영장에 적힌 '압수할 물건'에 원격지 서버 저장 전자정보가 기재되어 있지 않았다면 압수한 불법촬영물은 유죄의 증거로 사용할 수 없다. [변호사 23]

303 (○) 대법원 2022.6.30, 2022도1452

304 사법경찰관은 피의사실이 중대하고 범죄혐의가 명백함에도 불구하고 피의자가 장시간의 설득에도 소변의 임의제출을 거부하면서 영장집행에 저항하여 다른 방법으로 수사 목적을 달성하기 곤란하다고 판단한 때에는, '압수·수색영장의 집행에 필요한 처분'으로 필요최소한의 한도 내에서 피의자를 강제로 인근 병원으로 데리고 가서 의사로 하여금 피의자의 신체에서 소변을 채취하는 것이 허용된다. [경찰채용 21 2차]

304 (○) 대법원 2018.7.12, 2018도6219

305 압수·수색의 방법으로 소변을 채취하는 경우 압수대상물인 피의자의 소변을 확보하기 위한 수사기관의 노력에도 불구하고, 피의자가 소변 채취에 적합한 인근 병원 등으로 이동하는 것에 저항하는 등 임의동행을 기대할 수 없는 사정이 있는 때에는, 수사기관으로서는 소변 채취에 적합한 장소로 피의자를 데려가기 위해서 필요최소한의 유형력을 행사하는 것이 허용된다. [국가9급 21]

305 (○) 대법원 2018.7.12, 2018도6219

306 도박 기타 풍속을 해하는 행위에 상용된다고 인정하는 장소에서 압수·수색영장을 집행함에는 압수·수색영장 야간집행의 제한을 받지 아니한다. 여관, 음식점 기타 야간에 공중이 출입할 수 있는 장소에서의 압수·수색영장 집행의 경우도 마찬가지이나 이때는 공개한 시간 내에 한한다.

[법원9급 10]

306 (○) 제126조

307 여자의 신체에 대하여 수색할 때에는 성년의 여자를 참여하게 하여야 한다. 일출 전, 일몰 후에는 압수·수색영장에 야간집행을 할 수 있는 기재가 없으면 그 영장을 집행하기 위하여 타인의 주거, 간수자 있는 가옥, 건조물, 항공기 또는 선차(船車) 내에 들어가지 못한다.

[법원9급 10]

307 (○) 제124조, 제125조

308 여자의 신체에 대하여 수색할 때에는 의사와 성년 여자를 참여하게 하여야 한다.

[국가9급 22]

보충 여자의 신체를 검사하는 경우에는 의사나 성년 여자를 참여하게 하여야 한다(제141조 제3항).

308 (×) '의사와' → 삭제
여자의 신체에 대하여 수색할 때에는 성년의 여자를 참여하게 하여야 한다(제124조).

309 압수물 목록은 피압수자 등이 압수물에 대한 환부·가환부 신청을 하거나 압수처분에 대한 준항고를 하는 등 권리행사절차를 밟는 가장 기초적인 자료가 되므로, 이러한 권리행사에 지장이 없도록 압수 직후 현장에서 바로 작성하여 교부해야 하는 것이 원칙이다.

[경찰채용 11]

309 (○) 대법원 2009.3.12, 2008도763

310 수사기관이 정보저장매체에 기억된 정보의 압수 직후 현장에서 작성하여 교부하는 압수된 정보의 상세목록에는 정보의 파일명세가 특정되어 있어야 하고, 수사기관은 이를 출력한 서면을 교부하거나 전자파일 형태로 복사해 주거나 이메일을 전송하는 등의 방식으로도 할 수 있다. [경찰채용 18 2차]

310 (O)

해설+ 형사소송법 제219조, 제121조에 의하면, 수사기관이 압수·수색영장을 집행할 때 피의자 또는 변호인은 그 집행에 참여할 수 있다. 압수의 목적물이 컴퓨터용디스크 그 밖에 이와 비슷한 정보저장매체인 경우에는 영장 발부의 사유로 된 범죄 혐의사실과 관련 있는 정보의 범위를 정하여 출력하거나 복제하여 이를 제출받아야 하고, 피의자나 변호인에게 참여의 기회를 보장하여야 한다. 만약 그러한 조치를 취하지 않았다면 이는 형사소송법에 정한 영장주의 원칙과 적법절차를 준수하지 않은 것이다. 수사기관이 정보저장매체에 기억된 정보 중에서 키워드 또는 확장자 검색 등을 통해 범죄 혐의사실과 관련 있는 정보를 선별한 다음 정보저장매체와 동일하게 비트열 방식으로 복제하여 생성한 파일(이하 '이미지 파일')을 제출받아 압수하였다면 이로써 압수의 목적물에 대한 압수·수색 절차는 종료된 것이므로, 수사기관이 수사기관 사무실에서 위와 같이 압수된 이미지 파일을 탐색·복제·출력하는 과정에서도 피의자 등에게 참여의 기회를 보장하여야 하는 것은 아니다. 압수물 목록은 피압수자 등이 압수처분에 대한 준항고를 하는 등 권리행사절차를 밟는 가장 기초적인 자료가 되므로, 수사기관은 이러한 권리행사에 지장이 없도록 압수 직후 현장에서 압수물 목록을 바로 작성하여 교부해야 하는 것이 원칙이다. 이러한 압수물 목록 교부 취지에 비추어 볼 때, 압수된 정보의 상세목록에는 정보의 파일 명세가 특정되어 있어야 하고, 수사기관은 이를 출력한 서면을 교부하거나 전자파일 형태로 복사해 주거나 이메일을 전송하는 등의 방식으로도 할 수 있다(대법원 2018.2.8, 2017도13263).

311 압수물 목록 교부 취지에 비추어 볼 때, 압수된 정보의 상세 목록에는 정보의 파일 명세가 특정되어 있어야 하고, 수사기관은 이를 출력한 서면을 교부하거나 전자파일 형태로 복사해 주거나 이메일을 전송하는 등의 방식으로도 할 수 있다. [경찰간부 23 변형] [국가7급 21]

311 (O)

해설+ 대법원 2018.2.8, 2017도13263

312 수사기관이 2022. 9. 12. 甲을 성폭력 범죄의 처벌 등에 관한 특례법위반(카메라등이용촬영)의 현행범으로 체포하면서 휴대전화를 임의제출받은 후 피의자신문과정에서 甲과 함께 휴대전화를 탐색하던 중 2022. 6.경의 동일한 범행에 관한 영상을 발견하고 그 영상을 甲에게 제시하였으며 甲이 해당 영상을 언제, 어디에서 촬영한 것인지 쉽게 알아보고 그에 관해 구체적으로 진술하였던 경우에 甲에게 전자정보의 파일 명세가 특정된 압수목록이 작성·교부되지 않았더라도 甲의 절차상 권리가 실질적으로 침해되었다고 볼 수 없다.

[변호사 23]

312 (O)

해설+ 수사기관이 휴대전화를 임의제출받은 후 피의자신문과정에서 피의자와 함께 휴대전화를 탐색하던 중 그 이전의 동일한 범행에 관한 영상을 발견하고 그 영상을 피의자에게 제시하였으며 피의자가 해당 영상을 언제, 어디에서 촬영한 것인지 쉽게 알아보고 그에 관해 구체적으로 진술하였던 경우에는 피의자가 위 휴대전화의 압수 과정에 참여하였다고 볼 수 있으므로, 피의자에게 전자정보의 파일 명세가 특정된 압수목록이 작성·교부되지 않았더라도 피의자의 절차상 권리가 실질적으로 침해되었다고 보기도 어렵다.

판례 다른 범행에 관한 영상은 임의제출에 따른 압수의 동기가 된 범행의 동기와 경위, 범행 수단과 방법 등을 증명하기 위한 간접증거나 정황증거 등으로 사용될 수 있으므로 구체적·개별적 연관관계가 인정되어 관련성이 있는 증거에 해당하고, 경찰이 1회 피의자신문 당시 휴대전화를 피고인과 함께 탐색하는 과정에서 다른 범행에 관한 영상을 발견하였으므로 피고인이 휴대전화의 탐색 과정에 참여하였다고 볼 수 있으며, 경찰은 같은 날 곧바로 진행된 2회 피의자신문에서 이 사건 사진을 피고인에게 제시하였고, 5장에 불과한 이 사건 사진은 모두 동일한 일시, 장소에서 촬영된 다른 범행에 관한 영상을 출력한 것임을 육안으로 쉽게 알 수 있으므로, 비록 피고인에게 전자정보의 파일 명세가 특정된 압수목록이 작성·교부되지 않았더라도 절차 위반행위가 이루어진 과정의 성질과 내용 등에 비추어 피고인의 절차상 권리가 실질적으로 침해되었다고 보기도 어렵다(대법원 2022.1.13, 2016도9596).

판례 피고인이 휴대전화로 성명 불상 피해자들의 신체를 그 의사에 반하여 촬영하거나(이하 '1~7번 범행'이라고 한다), 짧은 치마를 입고 횡단보도 앞에서 신호를 기다리던 피해자의 다리를 몰래 촬영하여(이하 '8번 범행'이라고 한다) 성폭력범죄의 처벌 등에 관한 특례법 위반(카메라등이용촬영)으로 기소되었는데, 8번 범행 피해자의 신고를 받고 출동한 경찰관이 현장에서 피고인으로부터 임의제출 받아 압수한 휴대전화를 사무실에서 탐색하는 과정에서 1~7번 범행의 영상을 발견한 경우, 1~7번 범행에 관한 동영상은 촬영 기간이 8번 범행 일시와 가깝고, 8번 범행과 마찬가지로 버스정류장 등 공공장소에서 촬영되어 임의제출의 동기가 된 8번 범죄혐의사실과 관련성 있는 증거인 점, 경찰관은 임의제출 받은 휴대전화를 피고인이 있는 자리에서 살펴보고 8번 범행이 아닌 영상을 발견하였으므로 피고인이 탐색에 참여하였다고 볼 수 있는 점, 경찰관이 피의자신문 시 1~7번 범행 영상을 제시하자 피고인은 그 영상이 언제 어디에서 찍은 것인지 쉽게 알아보고 그에 관해 구체적으로 진술하였으므로, 비록 피고인에게 압수된 전자정보가 특정된 목록이 교부되지 않았더라도 절차 위반행위가 이루어진 과정의 성질과 내용 등에 비추어 절차상 권리가 실질적으로 침해되었다고 보기 어려운 점 등을 종합하면, 1~7번 범행으로 촬영한 영상의 출력물과 파일 복사본을 담은 시디(CD)는 임의제출에 의해 적법하게 압수된 전자정보에서 생성된 것으로서 증거능력이 인정된다(대법원 2022.2.17, 2019도4938).

313 甲이 A 소유 모텔 객실에 위장형 카메라를 몰래 설치해 불법촬영을 하였는데 이후 甲의 범행을 인지한 수사기관이 A로부터 임의제출 형식으로 위 카메라를 압수한 경우, 카메라의 메모리카드에 사실상 대부분 압수의 대상이 되는 전자정보만이 저장되어 있어 해당 전자정보인 불법촬영 동영상을 탐색·출력하는 과정에서 위 임의제출에 따른 통상의 압수절차 외에 별도의 조치가 따로 요구되는 것은 아니므로, 甲에게 참여의 기회를 보장하지 않고 전자정보 압수목록을 작성·교부하지 않았다는 점만으로 곧바로 위 임의제출물의 증거능력을 부정할 수 없다. [변호사 23]

313 (○) 대법원 2021.11.25, 2019도7342

314 증거물을 압수하였을 때에는 압수조서 및 압수목록을 작성하여야 하지만, 수색한 결과 증거물이 없는 경우에는 그 취지의 증명서를 교부할 필요는 없다. [국가9급개론 21]

314 (×)

해설+ 검증, 압수 또는 수색에 관하여는 조서를 작성하여야 하고(제49조 제1항), 압수한 경우에는 목록을 작성하여 소유자, 소지자, 보관자 기타 이에 준할 자에게 교부하여야 하며(제129조), 수색한 경우에 증거물 또는 몰취할 물건이 없는 때에는 그 취지의 증명서를 교부하여야 한다(제128조).

315 체포영장의 집행을 위하여 타인의 주거를 수색하는 경우 별도로 영장을 발부받기 어려운 긴급한 사정이 있는지 여부를 구별하지 않고 피의자가 그 장소에 소재할 개연성만 소명되면 수색영장 없이 피의자 수색을 할 수 있도록 허용하는 규정은 영장주의에 위반된다. [경찰채용 19 2차 변형]

315 (○) 구 형사소송법 제216조 제1항 제1호에 대해서는 헌법재판소의 헌법불합치결정이 내려진 바 있다(헌법재판소 2018.4.26, 2016헌가7).

해설+ 헌법 제16조의 영장주의에 대해서도 그 예외를 인정하되, 이는 ㉠ 그 장소에 범죄혐의 등을 입증할 자료나 피의자가 존재할 개연성이 소명되고, ㉡ 사전에 영장을 발부받기 어려운 긴급한 사정이 있는 경우에만 제한적으로 허용될 수 있다고 보는 것이 타당하다. 심판대상조항은 체포영장을 발부받아 피의자를 체포하는 경우에 필요한 때에는 영장 없이 타인의 주거 등 내에서 피의자 수사를 할 수 있다고 규정함으로써, 앞서 본 바와 같이 별도로 영장을 발부받기 어려운 긴급한 사정이 있는지 여부를 구별하지 아니하고 피의자가 소재할 개연성만 소명되면 영장 없이 타인의 주거 등을 수색할 수 있도록 허용하고 있다. 이는 체포영장이 발부된 피의자가 타인의 주거 등에 소재할 개연성은 소명되나, 수색에 앞서 영장을 발부받기 어려운 긴급한 사정이 인정되지 않는 경우에도 영장 없이 피의자 수색을 할 수 있다는 것이므로, 위에서 본 헌법 제16조의 영장주의 예외 요건을 벗어나는 것으로서 영장주의에 위반된다(헌법재판소 2018.4.26, 2015헌바370, 2016헌가7).

316 수사기관이 체포영장을 집행하는 경우 필요한 때에는 영장 없이 타인의 주거에서 피의자 수색을 할 수 있다는 규정은 헌법상 영장주의에 위반되지 않는다. [경찰채용 18 2차]

317 검사 또는 사법경찰관은 제200조의2(영장에 의한 체포)·제200조의3(긴급체포)·제201조(구속) 또는 제212조(현행범인의 체포)의 규정에 의하여 피의자를 체포 또는 구속하는 경우에 필요한 때에는 영장 없이 타인의 주거나 타인이 간수하는 가옥, 건조물, 항공기, 선차 내에서의 피의자 수사를 할 수 있다. [국가9급 18] [국가9급개론 18] [법원9급 17]

> **참고** 이 지문에는 2019.12.31. 개정에 의하여 제216조 제1항 제1호 단서의 내용이 추가되어야 한다. "다만, 제200조의2 또는 제201조에 따라 피의자를 체포 또는 구속하는 경우의 피의자 수색은 미리 수색영장을 발부받기 어려운 긴급한 사정이 있는 때에 한정한다(헌법재판소 2018.4.26, 2015헌바370)."

318 검사 또는 사법경찰관이 피의자를 영장에 의하여 체포하는 경우에 필요한 때에는 영장 없이 타인의 주거나 타인이 간수하는 가옥, 건조물, 항공기, 선차 안에서의 피의자 수색이 허용된다. [경찰채용 22 1차]

> **해설+** 제216조【영장에 의하지 아니한 강제처분】① 검사 또는 사법경찰관은 제200조의2·제200조의3·제201조 또는 제212조의 규정에 의하여 피의자를 체포 또는 구속하는 경우에 필요한 때에는 영장 없이 다음 처분을 할 수 있다.
> 1. 타인의 주거나 타인이 간수하는 가옥, 건조물, 항공기, 선차 내에서의 피의자 수색. 다만, 제200조의2 또는 제201조에 따라 피의자를 체포 또는 구속하는 경우의 피의자 수색은 미리 수색영장을 발부받기 어려운 긴급한 사정이 있는 때에 한정한다.

319 체포영장이나 구속영장 집행을 위하여 영장 없이 타인의 주거 등을 수색하는 경우에는 사전에 수색영장을 발부받기 어려운 긴급한 사정이 있어야 한다. [경찰경채 23]

⊘ 사례

[320-1~4] 2019.12.31. 개정 전 구 「형사소송법」 제216조 제1항은 "검사 또는 사법경찰관은 제200조의2(영장에 의한 체포) · 제200조의3(긴급체포) · 제201조(구속) 또는 제212조(현행범인의 체포)의 규정에 의하여 피의자를 체포 또는 구속하는 경우에 필요한 때에는 영장 없이 다음 처분을 할 수 있다."라고 규정하면서 제1호에서 "타인의 주거나 타인이 간수하는 가옥, 건조물, 항공기, 선차 내에서의 피의자 수사"를 규정하고 있었다.

헌법재판소는 2018.4.26. 선고 2015헌바370,2016헌가7(병합) 결정에서, 위 제216조 제1항 제1호 중 제200조의2에 관한 부분(이하 '구법 조항')은 체포영장이 발부된 피의자가 타인의 주거 등에 소재할 개연성은 소명되나, 수색에 앞서 영장을 발부받기 어려운 긴급한 사정이 인정되지 않는 경우에도 영장 없이 피의자 수색을 할 수 있다는 것이므로, 헌법 제16조의 영장주의 예외 요건을 벗어나는 것으로서 영장주의에 위반된다고 판단하였다. 나아가 구법 조항에 대하여 단순위헌결정을 하여 그 효력을 즉시 상실시킨다면, 수색영장 없이 타인의 주거 등을 수색하여 피의자를 체포할 긴급한 필요가 있는 경우에도 이를 허용할 법률적 근거가 사라지게 되는 법적 공백상태가 발생하게 된다는 이유로 헌법불합치를 선언하면서, 구법 조항은 2020.3.31.을 시한으로 입법자가 개정할 때까지 계속 적용된다고 결정하였다(이하 '이 사건 헌법불합치결정').

이 사건 헌법불합치결정에 따라 2019.12.31. 개정된 「형사소송법」은 제216조 제1항 제1호 중 '피의자 수사'를 '피의자 수색'으로 개정하면서 단서에 "제200조의2 또는 제201조에 따라 피의자를 체포 또는 구속하는 경우의 피의자 수색은 미리 수색영장을 발부받기 어려운 긴급한 사정이 있는 때에 한정한다."라는 부분을 추가하였으나, 부칙은 소급적용에 관하여 아무런 규정을 두고 있지 않다.

320-1 헌법불합치결정 당시 구법 제216조 제1항 제1호의 위헌 여부가 쟁점이 되어 법원이 계속 중인 사건에 대해서는 구법 제216조 제1항 제1호가 적용되는 것이 아니라 위헌성이 제거된 개정법 제216조 제1항 제1호가 적용된다.

320-1 (○)

해설+ 어떤 법률조항에 대하여 헌법재판소가 헌법불합치결정을 하여 입법자에게 그 법률조항을 합헌적으로 개정 또는 폐지하는 임무를 입법자의 형성 재량에 맡긴 이상, 개선입법의 소급적용 여부와 소급적용 범위는 원칙적으로 입법자의 재량에 달린 것이다. 그러나 구법 조항에 대한 이 사건 헌법불합치결정의 취지나 위헌심판의 구체적 규범통제 실효성 보장이라는 측면을 고려할 때, 적어도 이 사건 헌법불합치결정을 하게 된 당해 사건 및 이 사건 헌법불합치결정 당시에 구법 조항의 위헌 여부가 쟁점이 되어 법원에 계속 중인 사건에 대하여는 이 사건 헌법불합치결정의 소급효가 미친다고 해야 하므로, 비록 현행 형사소송법 부칙에 소급적용에 관한 경과조치를 두고 있지 않더라도 이들 사건에 대하여는 구법 조항을 그대로 적용할 수는 없고, 위헌성이 제거된 현행 형사소송법의 규정을 적용하여야 한다(대법원 2011.9.29, 2008두18885 등; 2021.5.27, 2018도13458).

320-2 헌법재판소가 구「형사소송법」제216조 제1항 제1호 중 제200조의2에 관한 부분에 대해 헌법불합치결정을 하면서 계속 적용을 명한 부분의 효력은 '수색영장 없이 타인의 주거 등을 수색하여 피의자를 체포할 긴급한 필요가 없는 경우'까지 미치지 않는다.

320-2 (○)

> **해설+** 헌법재판소가 구법 조항의 위헌성을 확인하였음에도 불구하고 일정 시한까지 계속 적용을 명한 것은 구법 조항에 근거하여 수색영장 없이 타인의 주거 등을 수색하여 피의자를 체포할 긴급한 필요가 있는 경우에는 이를 허용할 필요성이 있었기 때문이다. 따라서 구법 조항 가운데 그 해석상 '수색영장 없이 타인의 주거 등을 수색하여 피의자를 체포할 긴급한 필요가 없는 경우' 부분은 영장주의에 위반되는 것으로서 개선입법 시행 전까지 적용중지 상태에 있었다고 보아야 한다(대법원 2021.5.27, 2018도13458).

320-3 체포영장이 발부된 피의자를 체포하기 위하여 건조물을 수색하기에 앞서 수색영장을 발부받기 어려운 긴급한 사정이 있었다고 볼 수 없음에도 수색영장 없이 경찰이 건조물을 수색한 행위는 적법한 공무집행에 해당한다.

320-3 (×)

> **해설+** 구법 조항이 헌법재판소법 제47조의 소급효가 인정되는 형벌조항은 아니지만, 기존의 법리에 따라, 이 사건 헌법불합치결정을 하게 된 당해 사건인 이 사건 및 이 사건 헌법불합치결정 당시 구법 조항의 위헌 여부가 쟁점이 되어 법원에 계속 중인 사건에 대하여는 위헌성이 제거된 현행 형사소송법의 규정이 적용되어야 한다. 따라서 이 사건 건조물을 수색하기에 앞서 수색영장을 발부받기 어려운 긴급한 사정이 있었다고 볼 수 없음에도 수색영장 없이 경찰이 이 사건 건조물을 수색한 행위는 적법한 공무집행에 해당하지 아니한다(대법원 2021.5.27, 2018도13458).

320-4 입법자가 구「형사소송법」제216조 제1항 제1호 중 제200조의2에 관한 부분에 대한 헌법불합치결정에 따라 위 법률조항을 개정하면서 부칙에 위헌성이 제거된 개정 조항이 소급적용에 관한 경과규정을 두지 않은 경우, 개정 조항이 (소급)적용될 수는 없다.

320-4 (×) 위헌성이 제거된 개정 제216조 제1항 제1호가 (소급) 적용된다(대법원 2021.5.27, 2018도13458).

321 검사가 피의자를 적법하게 체포하는 경우 그 체포현장에서 영장 없이 압수·수색을 할 수 있고, 이때 압수한 물건을 계속 압수할 필요가 있는 경우에는 늦어도 피의자를 체포한 때로부터 48시간 이내에 압수·수색영장을 청구하여야 한다.   [국가9급 17·18] [국가9급개론 18]

321 (○) 제216조 제1항 제2호, 제217조 제2항

322 검사 또는 사법경찰관은 제200조의2(영장에 의한 체포), 제200조의3(긴급체포), 제201조(구속) 또는 제212조(현행범인의 체포)의 규정에 의하여 피의자를 체포 또는 구속하는 경우에 필요한 때에는 영장 없이 체포현장에서의 압수, 수색, 검증을 할 수 있고, 검사 또는 사법경찰관은 이에 따라 압수한 물건을 계속 압수할 필요가 있는 경우에는 지체 없이 압수수색영장을 청구하여야 하며, 이 경우 압수수색영장의 청구는 체포한 때부터 24시간 이내에 하여야 한다.

[법원9급 17]

323 검사 또는 사법경찰관이 체포현장에서 영장 없이 압수·수색을 한 경우 체포와의 시간적 접착성이 인정되면 계속 압수할 필요가 있는 경우에도 사후에 별도로 압수·수색영장을 받지 않아도 된다.

[법원9급 15]

324 음란물유포의 범죄혐의를 이유로 압수·수색영장을 발부받은 사법경찰관이 피의자의 주거지를 수색하는 과정에서 대마를 발견하자 피의자를 마약류관리에관한법률위반죄의 현행범으로 체포하면서 대마를 압수하고 그 다음 날 피의자를 석방하면서 압수한 대마에 대해 사후 압수·수색영장을 발부받았다면 적법하다.

[국가9급개론 17] [법원9급 18]

325 피의자를 긴급체포하는 경우에 필요한 때에는 영장 없이 체포 현장에서 압수·수색을 할 수 있고, 이에 따라 압수한 물건을 계속 압수할 필요가 있는 경우에는 지체 없이 압수·수색영장을 청구하여야 하며, 청구한 압수·수색영장을 발부받지 못한 때에는 압수한 물건을 즉시 반환하여야 하는바, 이를 위반하여 압수·수색영장을 발부받지 아니하고도 즉시 반환하지 아니한 압수물은 피고인이나 변호인이 이를 증거로 함에 동의하지 않는 한 유죄 인정의 증거로 사용할 수 없다.

[경찰채용 21 1차]

해설+ 형사소송법 제216조 제1항 제2호, 제217조 제2항, 제3항은 사법경찰관은 형사소송법 제200조의3(긴급체포)의 규정에 의하여 피의자를 체포하는 경우에 필요한 때에는 영장 없이 체포현장에서 압수·수색을 할 수 있고, 압수한 물건을 계속 압수할 필요가 있는 경우에는 지체 없이 압수수색영장을 청구하여야 하며, 청구한 압수수색영장을 발부받지 못한 때에는 압수한 물건을 즉시 반환하여야 한다고 규정하고 있는바, 형사소송법 제217조 제2항, 제3항에 위반하여 압수수색영장을 청구하여 이를 발부받지 아니하고도 즉시 반환하지 아니한 압수물은 이를 유죄 인정의 증거로 사용할 수 없는 것이고, 헌법과 형사소송법이 선언한 영장주의의 중요성에 비추어 볼 때 피고인이나 변호인이 이를 증거로 함에 동의하였다고 하더라도 달리 볼 것은 아니다(대법원 2009.12.24, 2009도11401).

326 범행 중 또는 범행 직후의 범죄 장소에서 긴급을 요하여 법원판사의 영장을 받을 수 없는 때에는 영장 없이 압수, 수색 또는 검증을 할 수 있다. 이 경우에는 사후에 지체 없이 영장을 받아야 한다. [법원9급 17]

326 (○) 제216조 제3항

327 범행 중 또는 범행 직후의 범죄 장소에서 영장 없이 압수 · 수색 또는 검증을 할 수 있도록 규정한 「형사소송법」 제216조 제3항의 요건 중 어느 하나라도 갖추지 못한 경우 압수 · 수색 또는 검증은 잠정적으로 위법하지만, 이에 대하여 사후에 법원으로부터 영장을 발부받게 되면 그 위법성은 소급하여 치유될 수 있다. [국가7급 21] [경찰경채 23 유사]

327 (×)

해설+ 수사에 관한 강제처분은 형사소송법에 특별한 규정이 없으면 하지 못하고(형사소송법 제199조 제1항 단서), 사법경찰관이 범죄수사에 필요한 때에는 검사에게 신청하여 검사의 청구로 지방법원 판사가 발부한 영장에 의하여 압수 · 수색 또는 검증을 할 수 있으며(형사소송법 제215조 제2항), 다만 범행 중 또는 범행직후의 범죄 장소에서 긴급을 요하여 법원판사의 영장을 받을 수 없는 때에는 영장 없이 압수, 수색 또는 검증을 할 수 있으나, 이 경우에는 사후에 지체 없이 영장을 받아야 한다(형사소송법 제216조 제3항). 형사소송법 제216조 제3항의 요건 중 어느 하나라도 갖추지 못한 경우 그러한 압수 · 수색 또는 검증은 위법하고, 이에 대하여 사후에 법원으로부터 영장을 발부받았다고 하여 그 위법성이 치유되는 것은 아니다(대법원 2012.2.9, 2009도14884). 예컨대, 형사소송법 제216조 제3항이 정한 '긴급을 요하여 법원 판사의 영장을 받을 수 없는 때'의 요건을 갖추지 못하였음에도 영장 없이 압수 · 수색을 한 경우에는 사후영장을 발부받았다 하더라도 그 위법이 치유될 수 없다(대법원 2017.11.29, 2014도16080).

해설+ 제216조【영장에 의하지 아니한 강제처분】③ 범행 중 또는 범행 직후의 범죄 장소에서 긴급을 요하여 법원판사의 영장을 받을 수 없는 때에는 영장 없이 압수, 수색 또는 검증을 할 수 있다. 이 경우에는 사후에 지체 없이 영장을 받아야 한다.

328 범행 직후의 범죄 장소에서 수사상 필요가 있는 때에는 긴급한 경우가 아니더라도 수사기관은 영장 없이 압수 · 수색 또는 검증을 할 수 있으나, 사후에 지체 없이 영장을 받아야 한다. [경찰승진 22]

328 (×) 대법원 2017.11.29, 2014도16080

329 "범행 중 또는 범행 직후의 범죄 장소에서 긴급을 요하여 법원판사의 영장을 받을 수 없는 때에는 영장 없이 압수 · 수색 또는 검증을 할 수 있다. 이 경우에는 사후에 지체 없이 영장을 받아야 한다."고 규정하고 있는 「형사소송법」 제216조 제3항의 요건 중 어느 하나라도 갖추지 못한 경우에 그러한 압수 · 수색 또는 검증은 위법하며, 이에 대하여 사후에 법원으로부터 영장을 발부받았다고 하여 그 위법성이 치유되지 아니한다. [경찰채용 21 1차] [소방간부 23 변형]

329 (○) 대법원 2017.11.29, 2014도16080

330 경찰관이 음주운전자를 단속하면서 주취운전이라는 범죄행위로 체포 · 구속하지 아니한 경우에도 필요하다면 그 음주운전자의 차량열쇠는 영장 없이 압수할 수 있다.

[국가9급 15]

330 (O) 그 차량열쇠는 범행 중 또는 범행 직후의 범죄 장소에서의 압수로서 형사소송법 제216조 제3항에 의하여 영장 없이 이를 압수할 수 있다(대법원 1998.5.8, 97다54482).

331 의식불명인 甲에 대하여 영장을 발부받을 시간적 여유가 없는 상황에서 甲에게서 술냄새가 강하게 나는 등 준현행범인의 요건이 갖추어져 있고 교통사고 발생 시각으로부터 범행 직후라고 볼 수 있는 시간 내라면, 사법경찰관은 의료인으로 하여금 의학적인 방법에 따라 필요최소한의 한도 내에서 甲의 혈액을 채취하게 한 후 그 혈액을 영장 없이 압수할 수 있다.

[경찰채용 21 2차]

331 (O) 대법원 2012.11.15, 2011도15258. 다만, 이후 지체 없이 사후영장을 받아야 한다(제216조 제3항 단서).

332 甲의 법정대리인인 부모가 병원 응급실에 있는 경우 사법경찰관은 부모의 동의를 받아 의료인으로 하여금 의료용 기구로 의학적인 방법에 따라 필요최소한의 한도 내에서 甲의 혈액을 채취하게 한 후 그 혈액을 압수할 수 있으며, 이 경우 사후영장도 요하지 않는다.

[경찰채용 21 2차 변형]

332 (×)

해설+ 음주운전과 관련한 도로교통법 위반죄의 범죄수사를 위하여 미성년자인 피의자의 혈액채취가 필요한 경우에도 피의자에게 의사능력이 있다면 피의자 본인만이 혈액채취에 관한 유효한 동의를 할 수 있고, 피의자에게 의사능력이 없는 경우에도 명문의 규정이 없는 이상 법정대리인이 피의자를 대리하여 동의할 수는 없다(대법원 2014.11.13, 2013도1228). 또한 만약 제216조 제3항에 의하여 혈액을 압수한 경우라도 지체 없이 사후영장을 받아야 한다.

333 음주운전 중 교통사고를 당하여 의식불명 상태에 빠져 병원에 후송된 피의자에 대해 사법경찰관이 수사의 목적으로 피의자의 가족으로부터 동의를 받고 의료진에게 요청하여 피의자의 혈액을 채취하였으나 사후 압수 · 수색영장을 발부받지 않은 경우 적법하다.

[국가9급개론 17]

333 (×) '적법하다' → '위법하다' 사법경찰관이 사후에 압수 · 수색영장을 발부받지 않았으므로 혈액의 채취는 위법하다. 아울러 가족으로부터 받은 채혈동의는 무효이다(대법원 2016.12.27, 2014두46850).

334 검사 또는 사법경찰관은 제200조의3(긴급체포)에 따라 체포된 자가 소유·소지 또는 보관하는 물건에 대하여 긴급히 압수할 필요가 있는 경우에는 체포한 때부터 24시간 이내에 한하여 영장 없이 압수, 수색 또는 검증을 할 수 있다. [법원9급 17]

334 (○) 제217조 제1항

335 경찰관이 이른바 전화사기죄 범행의 혐의자를 긴급체포하면서 그가 보관하고 있던 다른 사람의 주민등록증, 운전면허증 등을 압수한 경우, 이는 「형사소송법」 제217조 제1항에서 규정한 해당 범죄사실의 수사에 필요한 범위 내의 압수가 아니므로, 이를 위 혐의자의 점유이탈물횡령죄 범행에 대한 유죄의 증거로 사용할 수 없다. [경찰채용 13]

335 (✕) '압수가 아니므로' → '압수이므로', '없다' → '있다'
제217조 제1항에서 규정한 해당 범죄사실의 수사에 필요한 범위 내의 압수로서 적법하므로, 증거로 인정된다(대법원 2008.7.10, 2008도2245).

336 사법경찰관은 2017.3.1. 10:00 보이스피싱 혐의로 피의자를 긴급체포하고 그 다음 날인 3.2. 09:00 피의자가 보관하고 있던 다른 사람의 주민등록증을 발견하고 압수한 다음, 그것을 계속 압수할 필요가 있다고 판단하여 곧바로 검사에게 사후영장 청구를 신청하였고 검사는 같은 날 11:00 사후영장을 청구한 경우 사법경찰관의 압수·수색은 적법하다. [국가9급개론 17]

336 (○) 제217조 제1항·제2항

337 사법경찰관은 긴급체포된 자가 소유·소지 또는 보관하는 물건에 대하여 긴급히 압수할 필요가 있는 경우에는 체포한 때부터 24시간 이내에 한하여 영장 없이 압수·수색 또는 검증을 할 수 있으며, 이 경우 압수·수색 또는 검증은 체포현장이 아닌 장소에서도 할 수 있다. [경찰채용 21 2차]

337 (○) 대법원 2017.9.12, 2017도10309

338 교도관이 재소자가 맡긴 비망록을 수사기관에 임의로 제출한 경우, 그 비망록의 증거사용에 대하여 재소자의 사생활의 비밀 기타 인격적 법익이 침해되는 등의 특별한 사정이 없는 한 반드시 그 재소자의 동의를 받아야 하는 것은 아니다. [경찰간부 18]

338 (○) 대법원 2008.5.15, 2008도1097

339 사법경찰관이 현행범 체포의 현장에서 소지자로부터 임의로 제출받은 물건을 영장 없이 압수하고 사후에 압수·수색영장을 발부받지 않았다면 적법하다. [국가9급개론 17]

340 검사나 사법경찰관은 현행범 체포 현장이나 범죄 장소에서 소지자 등이 임의로 제출하는 물건을 영장 없이 압수할 수 있으나, 이 경우 사후에 영장을 받아야 한다. [경찰채용 19 2차]

해설+ 형사소송법 제218조에 의하면 검사 또는 사법경찰관은 피의자 등이 유류한 물건이나 소유자·소지자 또는 보관자가 임의로 제출한 물건은 영장 없이 압수할 수 있으므로, 현행범 체포 현장이나 범죄 장소에서도 소지자 등이 임의로 제출하는 물건은 위 조항에 의하여 영장 없이 압수할 수 있고, 이 경우에는 검사나 사법경찰관이 사후에 영장을 받을 필요가 없다(대법원 2016.2.18, 2015 도13726).

341 사법경찰관이 절도죄의 피의자 A를 현행범으로 체포하면서 A로부터 절도를 위하여 소지하고 있던 드라이버를 임의제출받은 경우 사법경찰관은 「형사소송법」 제216조 제1항 제2호 및 같은 법 제217조 제2항에 따라서 사후에 압수영장을 발부받아야 한다. [경찰간부 22]

해설+ 형사소송법 제218조에 의하면 검사 또는 사법경찰관은 피의자 등이 유류한 물건이나 소유자·소지자 또는 보관자가 임의로 제출한 물건은 영장 없이 압수할 수 있으므로, 현행범 체포 현장이나 범죄 장소에서도 소지자 등이 임의로 제출하는 물건은 위 조항에 의하여 영장 없이 압수할 수 있고, 이 경우에는 검사나 사법경찰관이 사후에 영장을 받을 필요가 없다(대법원 2016.2.18, 2015 도13726).

342 간호사가 병원이나 담당 의사를 대리하여 甲의 혈액을 사법경찰관에게 임의로 제출할 수 있는 권한이 없다고 볼 특별한 사정이 없는 이상, 사법경찰관은 간호사가 진료 목적으로 채혈해 둔 甲의 혈액 중 일부를 주취운전 여부에 대한 감정의 목적으로 임의로 제출받아 압수할 수 있다. [경찰채용 21 2차]

343 교통사고로 의식을 잃어 응급실에 실려 온 운전자에게서 담당의사가 응급 수술을 목적으로 이미 채취한 혈액 중 일부를 주취운전 여부의 감정을 목적으로 출동한 경찰관이 담당의사로부터 임의로 제출받아 이를 압수한 경우, 담당의사에게 혈액제출권한이 없었다고 볼 특별한 사정이 없는 한 사후영장을 받지 않아도 이러한 압수는 위법하지 않다. [경찰채용 18 2차]

343 (○)

해설+ 형사소송법 및 기타 법령상 의료인이 진료 목적으로 채혈한 혈액을 수사기관이 수사 목적으로 압수하는 절차에 관하여 특별한 절차적 제한을 두고 있지 않으므로, 의료인이 진료 목적으로 채혈한 환자의 혈액을 수사기관에 임의로 제출하였다면 그 혈액의 증거사용에 대하여도 환자의 사생활의 비밀 기타 인격적 법익이 침해되는 등의 특별한 사정이 없는 한 반드시 그 환자의 동의를 받아야 하는 것이 아니고, 따라서 경찰관이 간호사로부터 진료 목적으로 이미 채혈되어 있던 피고인의 혈액 중 일부를 주취운전 여부에 대한 감정을 목적으로 임의로 제출받아 이를 압수한 경우, 당시 간호사가 위 혈액의 소지자 겸 보관자인 병원 또는 담당의사를 대리하여 혈액을 경찰관에게 임의로 제출할 수 있는 권한이 없었다고 볼 특별한 사정이 없는 이상, 그 압수절차가 피고인 또는 피고인의 가족의 동의 및 영장 없이 행하여졌다고 하더라도 이에 적법절차를 위반한 위법이 있다고 할 수 없다(대법원 1999.9.3, 98도968).

344 甲은 휴대전화기를 이용하여 A에게 공포심을 유발하는 글을 반복적으로 도달하게 한 혐의로 정보통신망이용촉진및정보보호등에관한법률위반죄로 기소되었다. 검사는 乙이 甲의 부탁을 받고 甲의 휴대전화기를 보관하고 있다는 사실을 알고 乙에게 부탁하여 甲의 휴대전화기를 임의제출받았다. 한편 A는 B의 휴대전화기에 "甲으로부터 수차례 협박 문자메시지를 받았다"는 내용의 문자메시지를 발송하였다. 甲의 휴대전화기는 甲의 승낙이나 영장 없이 위법하게 수집된 증거로서 증거능력이 부정된다. [국가9급 17]

344 (×) '부정된다' → '부정되지 아니한다'
검사가 보관자인 乙이 임의로 제출한 휴대전화기를 압수한 것은 적법하므로(제218조), 휴대전화기의 증거능력은 부정되지 아니한다.

345 「형사소송법」 제218조 규정을 위반하여 소유자, 소지자 또는 보관자가 아닌 자로부터 제출받은 물건을 영장 없이 압수한 경우, 그 '압수물' 및 '압수물을 찍은 사진'은 피고인이나 변호인이 이를 증거로 함에 동의하였다고 하더라도 이를 유죄 인정의 증거로 사용할 수 없다. [국가7급 12]

345 (○) 대법원 2010.1.28, 2009도10092

346 　甲은 드라이버로 문을 열고 A의 집에 절도 목적으로 침입하였고, 순찰 중이던 경찰관 P는 A의 신고를 받고 즉시 현장에 출동하여 A 소유의 금 목걸이를 훔쳐서 A의 집에서 나오던 甲을 발견하고 적법하게 현행범으로 체포하면서 甲을 경찰차에 태우려고 하였다. 이에 甲은 친구 집에서 나온 것이라고 하면서 P의 체포에 저항하였고, 그 과정에서 P를 때려 2주간의 치료를 요하는 상해를 가하였다. 이에 검사는 甲을 절도, 공무집행방해와 상해로 기소하였다. 甲이 현행범으로 체포되면서 그가 소지하고 있던 위 드라이버를 임의로 제출하였다고 하더라도, 그로부터 48시간 이내에 영장을 받아야 계속 압수할 수 있고, 영장을 발부받지 못하였을 때에는 즉시 이를 반환하여야 한다.　　　　　　　　　　　　　　　　　　　　[변호사 21]

346 (×)

해설+ 형사소송법 제218조에 의하면 검사 또는 사법경찰관은 피의자 등이 유류한 물건이나 소유자·소지자 또는 보관자가 임의로 제출한 물건은 영장 없이 압수할 수 있으므로, 현행범 체포 현장이나 범죄 장소에서도 소지자 등이 임의로 제출하는 물건은 위 조항에 의하여 영장 없이 압수할 수 있고, 이 경우에는 검사나 사법경찰관이 사후에 영장을 받을 필요가 없다(대법원 2016.2.18, 2015도13726).

347 　검사나 사법경찰관에게는 현행범 체포 현장에서 소지자 등이 임의로 제출하는 물건을 「형사소송법」 제218조에 의하여 영장 없이 압수하는 것이 허용되는데, 이후 검사나 사법경찰관이 압수한 물건을 계속 압수할 필요가 있는 경우에는 지체 없이 영장을 청구하여야 한다.　　　　　[경찰채용 21 1차]

347 (×)

해설+ 형사소송법 제218조에 의하면 검사 또는 사법경찰관은 피의자 등이 유류한 물건이나 소유자·소지자 또는 보관자가 임의로 제출한 물건은 영장 없이 압수할 수 있으므로, 현행범 체포 현장이나 범죄 장소에서도 소지자 등이 임의로 제출하는 물건은 위 조항에 의하여 영장 없이 압수할 수 있고, 이 경우에는 검사나 사법경찰관이 사후에 영장을 받을 필요가 없다(대법원 2016.2.18, 2015도13726).

348 　피의자가 자기 소유의 휴대전화를 임의제출하면서 클라우드 등 제3자가 관리하는 원격지에 저장되어 있는 전자정보를 수사기관에게 제출한다는 의사로 수사기관에 클라우드 등에 접속하기 위한 자신의 아이디와 비밀번호를 임의로 제공한 경우, 위 클라우드 등에 저장된 전자정보를 임의제출하는 것으로 볼 수 있다.　　　　　　[경찰채용 23 1차] [경찰채용 23 2차]

348 (○)

해설+ 피의자가 휴대전화를 임의제출하면서 휴대전화에 저장된 전자정보가 아닌 클라우드 등 제3자가 관리하는 원격지에 저장되어 있는 전자정보를 수사기관에 제출한다는 의사로 수사기관에게 클라우드 등에 접속하기 위한 아이디와 비밀번호를 임의로 제공하였다면 위 클라우드 등에 저장된 전자정보를 임의제출하는 것으로 볼 수 있다(대법원 2021.7.29, 2020도14654).

349 유류물의 경우 영장 없이 압수하였더라도 영장주의를 위반한 잘못이 있다 할 수 없고, 압수 후 압수조서의 작성 및 압수 목록의 작성 · 교부 절차가 제대로 이행되지 아니한 잘못이 있다 하더라도, 그것이 적법절차의 실질적인 내용을 침해하는 경우에 해당하는 것은 아니다. [국가7급 21]

349 (O)

해설+ 이 사건 강판조각은 형사소송법 제218조에 규정된 유류물에, 이 사건 차량에서 탈거 또는 채취된 이 사건 보강용 강판과 페인트는 위 차량의 보관자가 감정을 위하여 임의로 제출한 물건에 각 해당함을 알 수 있다. 따라서 이 사건 강판조각과 보강용 강판 및 차량에서 채취된 페인트는 형사소송법 제218조에 의하여 영장 없이 압수할 수 있으므로 위 각 증거의 수집 과정에 영장주의를 위반한 잘못이 있다 할 수 없고, 나아가 이 사건 공소사실과 위 각 증거와의 관련성 및 그 내용 기타 이 사건 수사의 개시 및 진행 과정 등에 비추어, 비록 상고이유의 주장처럼 위 각 증거의 압수 후 압수조서의 작성 및 압수목록의 작성·교부 절차가 제대로 이행되지 아니한 잘못이 있다 하더라도, 그것이 적법절차의 실질적인 내용을 침해하는 경우에 해당한다거나 앞서 본 위법수집증거의 배제법칙에 비추어 그 증거능력의 배제가 요구되는 경우에 해당한다고 볼 수는 없다(대법원 2011. 5.26, 2011도1902).

350 「형사소송법」 제218조에 의하여 영장 없이 압수할 수 있는 유류물의 압수 후 압수조서의 작성 및 압수목록의 작성 교부 절차가 제대로 이행되지 아니한 잘못이 있더라도 이는 위법수집증거의 배제법칙에 비추어 증거능력의 배제가 요구되는 경우에 해당한다고 볼 수는 없다. [경찰채용 23 2차]

350 (O)

해설+ 이 사건 사고일인 2008. 11. 11.부터 3개월 가까이 경과한 2009. 2. 2. 이 사건 사고가 발생한 대전차 방호벽의 안쪽 벽면에 부착된 철제구조물에서 발견된 강판조각은 …… 형사소송법 제218조에 규정된 유류물에 해당하므로 형사소송법 제218조에 의하여 영장 없이 압수할 수 있으므로 위 각 증거의 수집 과정에 영장주의를 위반한 잘못이 있다 할 수 없고, 나아가 …… 압수 후 압수조서의 작성 및 압수목록의 작성·교부 절차가 제대로 이행되지 아니한 잘못이 있다 하더라도, 그것이 적법절차의 실질적인 내용을 침해하는 경우에 해당한다거나 위법수집증거의 배제법칙에 비추어 그 증거능력의 배제가 요구되는 경우에 해당한다고 볼 수는 없다(대법원 2011.5.26, 2011도1902).

351 전자정보에 대한 압수·수색영장의 집행의 방식은 정보저장매체에 해당하는 임의제출물의 압수에는 동일하게 적용될 수 없다.

351 (×)

해설+ 수사기관의 전자정보에 대한 압수·수색은 원칙적으로 영장 발부의 사유로 된 범죄혐의사실과 관련된 부분만을 문서 출력물로 수집하거나 수사기관이 휴대한 정보저장매체에 해당 파일을 복제하는 방식으로 이루어져야 하고, 정보저장매체 자체를 직접 반출하거나 저장매체에 들어 있는 전자파일 전부를 하드카피나 이미징 등 형태(이하 '복제본')로 수사기관 사무실 등 외부로 반출하는 방식으로 압수·수색하는 것은 현장의 사정이나 전자정보의 대량성으로 인하여 관련 정보 획득에 긴 시간이 소요되거나 전문 인력에 의한 기술적 조치가 필요한 경우 등 범위를 정하여 출력 또는 복제하는 방법이 불가능하거나 압수의 목적을 달성하기에 현저히 곤란하다고 인정되는 때에 한하여 예외적으로 허용될 수 있을 뿐이다. 위와 같은 법리는 정보저장매체에 해당하는 임의제출물의 압수(형사소송법 제218조)에도 마찬가지로 적용된다. 임의제출물의 압수는 압수물에 대한 수사기관의 점유 취득이 제출자의 의사에 따라 이루어진다는 점에서 차이가 있을 뿐 범죄혐의를 전제로 한 수사목적이나 압수의 효력은 영장에 의한 경우와 동일하기 때문이다. 따라서 수사기관은 특정 범죄혐의와 관련하여 전자정보가 수록된 정보저장매체를 임의제출받아 그 안에 저장된 전자정보를 압수하는 경우 그 동기가 된 범죄혐의사실과 관련된 전자정보의 출력물 등을 임의제출받아 압수하는 것이 원칙이다. 다만 현장의 사정이나 전자정보의 대량성과 탐색의 어려움 등의 이유로 범위를 정하여 출력 또는 복제하는 방법이 불가능하거나 압수의 목적을 달성하기에 현저히 곤란하다고 인정되는 때에 한하여 예외적으로 정보저장매체 자체나 복제본을 임의제출받아 압수할 수 있다(대법원 2021. 11.18, 2016도348 전원합의체).

352 임의제출물의 압수는 압수물에 대한 수사기관의 점유취득이 제출자의 의사에 따라 이루어지므로, 임의제출된 정보저장매체에서 압수의 대상이 되는 전자정보의 범위를 초과하여 수사기관이 임의로 전자정보를 탐색·복제·출력하는 것은 원칙적으로 위법한 압수·수색에 해당한다고 할 수 없다.

[경찰채용 22 1차]

352 (×)

해설+ 수사기관이 제출자의 의사를 쉽게 확인할 수 있음에도 이를 확인하지 않은 채 특정 범죄혐의사실과 관련된 전자정보와 그렇지 않은 전자정보가 혼재된 정보저장매체를 임의제출받은 경우, 그 정보저장매체에 저장된 전자정보 전부가 임의제출되어 압수된 것으로 취급할 수는 없다. 전자정보를 압수하고자 하는 수사기관이 정보저장매체와 거기에 저장된 전자정보를 임의제출의 방식으로 압수할 때, 제출자의 구체적인 제출 범위에 관한 의사를 제대로 확인하지 않는 등의 사유로 인해 임의제출자의 의사에 따른 전자정보 압수의 대상과 범위가 명확하지 않거나 이를 알 수 없는 경우에는 임의제출에 따른 압수의 동기가 된 범죄혐의사실과 관련되고 이를 증명할 수 있는 최소한의 가치가 있는 전자정보에 한하여 압수의 대상이 된다. 이때 범죄혐의사실과 관련된 전자정보에는 범죄혐의사실 그 자체 또는 그와 기본적 사실관계가 동일한 범행과 직접 관련되어 있는 것은 물론 범행 동기와 경위, 범행 수단과 방법, 범행 시간과 장소 등을 증명하기 위한 간접증거나 정황증거 등으로 사용될 수 있는 것도 포함될 수 있다. 다만 그 관련성은 임의제출에 따른 압수의 동기가 된 범죄혐의사실의 내용과 수사의 대상, 수사의 경위, 임의제출의 과정 등을 종합하여 구체적·개별적 연관관계가 있는 경우에만 인정되고, 범죄혐의사실과 단순히 동종 또는 유사 범행이라는 사유만으로 관련성이 있다고 할 것은 아니다(대법원 2021.11.18, 2016도348 전원합의체).

353 전자정보를 압수하고자 하는 수사기관이 정보저장매체와 거기에 저장된 전자정보를 임의제출의 방식으로 압수할 때, 제출자의 구체적인 제출 범위에 관한 의사를 제대로 확인하지 않는 등의 사유로 인해 임의제출자의 의사에 따른 전자정보 압수의 대상과 범위가 명확하지 않거나 이를 알 수 없는 경우에는 임의제출에 따른 압수의 동기가 된 범죄혐의사실과 관련되고 이를 증명할 수 있는 최소한의 가치가 있는 전자정보에 한하여 압수의 대상이 된다.

353 (○) 대법원 2021.11.18, 2016도348 전원합의체

354 피의자가 소유·관리하는 정보저장매체를 피의자 아닌 피해자 등 제3자가 임의제출하는 경우에는, 그 임의제출 및 그에 따른 수사기관의 압수가 적법하므로 임의제출의 동기가 된 범죄혐의사실과 구체적·개별적 연관관계가 있는 전자정보에 한하여 압수의 대상이 되는 것으로 더욱 제한적으로 해석하여야 할 필요는 없다.

354 (×)

해설+ 피의자가 소유·관리하는 정보저장매체를 피의자 아닌 피해자 등 제3자가 임의제출하는 경우에는, 그 임의제출 및 그에 따른 수사기관의 압수가 적법하더라도 임의제출의 동기가 된 범죄혐의사실과 구체적·개별적 연관관계가 있는 전자정보에 한하여 압수의 대상이 되는 것으로 더욱 제한적으로 해석하여야 한다. 피의자 개인이 소유·관리하는 정보저장매체에는 그의 사생활의 비밀과 자유, 정보에 대한 자기결정권 등 인격적 법익에 관한 모든 것이 저장되어 있어 제한 없이 압수·수색이 허용될 경우 피의자의 인격적 법익이 현저히 침해될 우려가 있기 때문이다(대법원 2021.11.18, 2016도348 전원합의체).

355 피의자 소유 정보저장매체를 제3자가 보관하고 있던 중 이를 수사기관에 임의제출하면서 그곳에 저장된 모든 전자정보를 일괄하여 임의제출한다는 의사를 밝힌 경우에도 특별한 사정이 없는 한 수사기관은 범죄혐의사실과 관련된 전자정보에 한정하여 영장 없이 적법하게 압수할 수 있다.

[국가9급 22] [해경승진 23]

355 (○)

해설+ 임의제출에 따른 압수의 동기가 된 범죄혐의사실과 관련되고 이를 증명할 수 있는 최소한의 가치가 있는 전자정보에 한하여 압수의 대상이 된다(대법원 2021.11.18, 2016도348 전원합의체).

356 수사기관이 제출자의 의사를 쉽게 확인할 수 있음에도 이를 확인하지 않은 채 특정 범죄혐의사실과 관련된 전자정보와 그렇지 않은 전자정보가 혼재된 정보저장매체를 임의제출받은 경우, 그 정보저장매체에 저장된 전자정보 전부가 임의제출되어 압수된 것으로 취급할 수는 없다.

356 (○) 대법원 2021.11.18, 2016도348 전원합의체

357 범죄혐의사실과 관련된 전자정보인지를 판단할 때는 범죄혐의사실의 내용과 성격, 임의제출의 과정 등을 토대로 구체적 · 개별적 연관관계를 살펴볼 필요가 있는데, 휴대전화인 스마트폰을 이용한 불법촬영 범죄의 경우 그 안에 저장되어 있는 같은 유형의 전자정보에서 발견되는 간접증거나 정황증거는 범죄혐의사실과 구체적 · 개별적 연관관계가 인정될 수 없다.

357 (×)

> **해설+** 카메라의 기능과 정보저장매체의 기능을 함께 갖춘 휴대전화인 스마트폰을 이용한 불법촬영 범죄와 같이 범죄의 속성상 해당 범행의 상습성이 의심되거나 성적 기호 내지 경향성의 발현에 따른 일련의 범행의 일환으로 이루어진 것으로 의심되고, 범행의 직접증거가 스마트폰 안에 이미지 파일이나 동영상 파일의 형태로 남아 있을 개연성이 있는 경우에는 그 안에 저장되어 있는 같은 유형의 전자정보에서 그와 관련한 유력한 간접증거나 정황증거가 발견될 가능성이 높다는 점에서 이러한 간접증거나 정황증거는 범죄혐의사실과 구체적 · 개별적 연관관계를 인정할 수 있다(대법원 2021.11.18, 2016도348 전원합의체).

> **보충** 이처럼 범죄의 대상이 된 피해자의 인격권을 현저히 침해하는 성격의 전자정보를 담고 있는 불법촬영물은 범죄행위로 인해 생성된 것으로서 몰수의 대상이기도 하므로 임의제출된 휴대전화에서 해당 전자정보를 신속히 압수 · 수색하여 불법촬영물의 유통 가능성을 적시에 차단함으로써 피해자를 보호할 필요성이 크다. 나아가 이와 같은 경우에는 간접증거나 정황증거이면서 몰수의 대상이자 압수 · 수색의 대상인 전자정보의 유형이 이미지 파일 내지 동영상 파일 등으로 비교적 명확하게 특정되어 그와 무관한 사적 전자정보 전반의 압수 · 수색으로 이어질 가능성이 적어 상대적으로 폭넓게 관련성을 인정할 여지가 많다는 점에서도 그러하다.

358 수사기관이 임의제출된 정보저장매체에서 범죄혐의사실이 아닌 별도의 범죄혐의와 관련된 전자정보를 우연히 발견한 경우, 당해 정보저장매체에 대한 임의제출에 기한 압수 · 수색이 종료되기 전이라면 별도의 영장을 발부받지 않고 이를 적법하게 압수 · 수색할 수 있으나 임의제출에 의한 압수 · 수색이 종료되었던 경우에는 별도의 범죄혐의에 대한 압수 · 수색영장을 발부받아야 이를 적법하게 압수할 수 있다. [국가9급 22]

358 (×) 임의제출에 기한 압수 · 수색이 종료되기 전이라 하더라도 별도의 영장을 발부받아야 한다.

> **해설+** 임의제출된 정보저장매체에서 압수의 대상이 되는 전자정보의 범위를 초과하여 수사기관이 임의로 전자정보를 탐색 · 복제 · 출력하는 것은 원칙적으로 위법한 압수 · 수색에 해당하므로 허용될 수 없다. 만약 전자정보에 대한 압수 · 수색이 종료되기 전에 범죄혐의사실과 관련된 전자정보를 적법하게 탐색하는 과정에서 별도의 범죄혐의와 관련된 전자정보를 우연히 발견한 경우라면, 수사기관은 더 이상의 추가 탐색을 중단하고 법원으로부터 별도의 범죄혐의에 대한 압수 · 수색영장을 발부받은 경우에 한하여 그러한 정보에 대하여도 적법하게 압수 · 수색을 할 수 있다. 따라서 임의제출된 정보저장매체에서 압수의 대상이 되는 전자정보의 범위를 넘어서는 전자정보에 대해 수사기관이 영장 없이 압수 · 수색하여 취득한 증거는 위법수집증거에 해당하고, 사후에 법원으로부터 영장이 발부되었다거나 피고인이나 변호인이 이를 증거로 함에 동의하였다고 하여 그 위법성이 치유되는 것도 아니다(대법원 2021.11.18, 2016도348 전원합의체).

359 임의제출된 정보저장매체에서 압수의 대상이 되는 전자정보의 범위를 넘어서는 전자정보에 대해 수사기관이 영장 없이 압수·수색하여 취득한 증거는 위법수집증거에 해당하나, 이에 대해 사후에 법원으로부터 영장이 발부되었다면 1차적 증거와의 인과관계가 단절되므로 증거능력이 부여된다.

> **해설+** 임의제출된 정보저장매체에서 압수의 대상이 되는 전자정보의 범위를 초과하여 수사기관이 임의로 전자정보를 탐색·복제·출력하는 것은 원칙적으로 위법한 압수·수색에 해당하므로 허용될 수 없다. 만약 전자정보에 대한 압수·수색이 종료되기 전에 범죄혐의사실과 관련된 전자정보를 적법하게 탐색하는 과정에서 별도의 범죄혐의와 관련된 전자정보를 우연히 발견한 경우라면, 수사기관은 더 이상의 추가 탐색을 중단하고 법원으로부터 별도의 범죄혐의에 대한 압수·수색영장을 발부받은 경우에 한하여 그러한 정보에 대하여도 적법하게 압수·수색을 할 수 있다. 따라서 임의제출된 정보저장매체에서 압수의 대상이 되는 전자정보의 범위를 넘어서는 전자정보에 대해 수사기관이 영장 없이 압수·수색하여 취득한 증거는 위법수집증거에 해당하고, 사후에 법원으로부터 영장이 발부되었다기나 피고인이나 변호인이 이를 증거로 함에 동의하였다고 하여 그 위법성이 치유되는 것도 아니다(대법원 2021.11.18, 2016도348 전원합의체).

360 임의제출된 정보저장매체에서 압수의 대상이 되는 전자정보의 범위를 넘어서는 전자정보에 대해 수사기관이 영장 없이 압수·수색하여 취득한 증거는 위법수집증거에 해당하고, 사후에 법원으로부터 영장이 발부되었거나 피고인이나 변호인이 이를 증거로 함에 동의한 경우라도 그 위법성이 치유되는 것도 아니다. [국가9급 22 유사][법원9급 22]

360 (○) 대법원 2021.11.18, 2016도348

361 압수의 대상이 되는 전자정보와 그렇지 않은 전자정보가 혼재된 정보저장매체나 복제본을 임의제출받은 수사기관이 정보저장매체 등을 수사기관 사무실 등으로 옮겨 탐색 · 복제 · 출력하는 일련의 과정에서, 피압수자나 그 변호인의 참여의 기회를 보장하고 범죄혐의사실과 무관한 전자정보의 임의적인 복제 등을 막기 위한 적절한 조치를 취하지 않은 경우에 압수 · 수색은 원칙적으로 적법하지 않지만, 이때 정보저장매체 또는 복제본에서 범죄혐의사실과 관련된 전자정보만을 복제 · 출력하였다면 경미한 위법에 불과하므로 전체적으로 압수 · 수색은 적법하다고 평가받을 수 있다.

해설+ 압수의 대상이 되는 전자정보와 그렇지 않은 전자정보가 혼재된 정보저장매체나 그 복제본을 임의제출받은 수사기관이 그 정보저장매체 등을 수사기관 사무실 등으로 옮겨 이를 탐색 · 복제 · 출력하는 경우, 그와 같은 일련의 과정에서 형사소송법 제219조, 제121조에서 규정하는 피압수 · 수색 당사자(이하 '피압수자')나 그 변호인에게 참여의 기회를 보장하고 압수된 전자정보의 파일 명세가 특정된 압수목록을 작성 · 교부하여야 하며 범죄혐의사실과 무관한 전자정보의 임의적인 복제 등을 막기 위한 적절한 조치를 취하는 등 영장주의 원칙과 적법절차를 준수하여야 한다. 만약 그러한 조치가 취해지지 않았다면 피압수자 측이 참여하지 아니한다는 의사를 명시적으로 표시하였거나 임의제출의 취지와 경과 또는 그 절차 위반행위가 이루어진 과정의 성질과 내용 등에 비추어 피압수자 측에 절차 참여를 보장한 취지가 실질적으로 침해되었다고 볼 수 없을 정도에 해당한다는 등의 특별한 사정이 없는 이상 압수 · 수색이 적법하다고 평가할 수 없고, 비록 수사기관이 정보저장매체 또는 복제본에서 범죄혐의사실과 관련된 전자정보만을 복제 · 출력하였다 하더라도 달리 볼 것은 아니다 (대법원 2021.11.18, 2016도348 전원합의체).

보충 나아가 피해자 등 제3자가 피의자의 소유 · 관리에 속하는 정보저장매체를 영장에 의하지 않고 임의제출한 경우에는 실질적 피압수자인 피의자가 수사기관으로 하여금 그 전자정보 전부를 무제한 탐색하는 데 동의한 것으로 보기 어려울 뿐만 아니라 피의자 스스로 임의제출한 경우 피의자의 참여권 등이 보장되어야 하는 것과 견주어 보더라도 특별한 사정이 없는 한 형사소송법 제219조, 제121조, 제129조에 따라 피의자에게 참여권을 보장하고 압수한 전자정보 목록을 교부하는 등 피의자의 절차적 권리를 보장하기 위한 적절한 조치가 이루어져야 한다.

362 압수의 대상이 되는 전자정보와 그렇지 않은 전자정보가 혼재된 정보저장매체나 복제본을 임의제출받은 수사기관이 정보저장매체 등을 수사기관 사무실 등으로 옮겨 탐색 · 복제 · 출력하는 일련의 과정에서, 범죄혐의사실과 무관한 전자정보의 임의적인 복제 등을 막기 위한 적절한 조치를 취하지 않은 경우, 압수 · 수색은 원칙적으로 적법하다고 평가할 수 없다.

362 (○) 대법원 2021.11.18, 2016도348 전원합의체

363 정보저장매체를 임의제출받아 이를 탐색·복제·출력하는 경우, 압수·수색 당시 또는 이와 시간적으로 근접한 시기까지 해당 정보저장매체를 현실적으로 지배·관리하지는 아니하였더라도 그곳에 저장되어 있는 개별 전자정보의 생성·이용 등에 관여한 자에 대하여서는 압수·수색절차에 대한 참여권을 보장해 주어야 한다.　　　　　　　[국가9급 22]

363 (×)

　해설+　피해자 등 제3자가 피의자의 소유·관리에 속하는 정보저장매체를 영장에 의하지 않고 임의제출한 경우에는 실질적 피압수·수색 당시자(이하 '피압수자')인 피의자가 수사기관으로 하여금 그 전자정보 전부를 무제한 탐색하는 데 동의한 것으로 보기 어려울 뿐만 아니라 피의자 스스로 임의제출한 경우 피의자의 참여권 등이 보장되어야 하는 것과 견주어 보더라도 특별한 사정이 없는 한 형사소송법 제219조, 제121조, 제129조에 따라 피의자에게 참여권을 보장하고 압수한 전자정보 목록을 교부하는 등 피의자의 절차적 권리를 보장하기 위한 적절한 조치가 이루어져야 한다. 이와 같이 정보저장매체를 임의제출한 피압수자에 더하여 임의제출자 아닌 피의자에게도 참여권이 보장되어야 하는 '피의자의 소유·관리에 속하는 정보저장매체'란, 피의자가 압수·수색 당시 또는 이와 시간적으로 근접한 시기까지 해당 정보저장매체를 현실적으로 지배·관리하면서 그 정보저장매체 내 전자정보 전반에 관한 전속적인 관리처분권을 보유·행사하고, 달리 이를 자신의 의사에 따라 제3자에게 양도하거나 포기하지 아니한 경우로써, 피의자를 그 정보저장매체에 저장된 전자정보에 대하여 실질적인 피압수자로 평가할 수 있는 경우를 말하는 것이다. 이에 해당하는지 여부는 민사법상 권리의 귀속에 따른 법률적·사후적 판단이 아니라 압수·수색 당시 외형적·객관적으로 인식 가능한 사실상의 상태를 기준으로 판단하여야 한다. 이러한 정보저장매체의 외형적·객관적 지배·관리 등 상태와 별도로 단지 피의자나 그 밖의 제3자가 과거 그 정보저장매체의 이용 내지 개별 전자정보의 생성·이용 등에 관여한 사실이 있다거나 그 과정에서 생성된 전자정보에 의해 식별되는 정보주체에 해당한다는 사정만으로 그들을 실질적으로 압수·수색을 받는 당사자로 취급하여야 하는 것은 아니다(대법원 2022.1.27, 2021도11170).

364 정보저장매체를 임의제출한 피압수자와 임의제출자 아닌 피의자에게도 참여권이 보장되어야 하는 '피의자 소유·관리에 속하는 정보저장매체'에 해당하는지 여부는 압수·수색 당시 외형적·객관적으로 인식가능한 사실상의 상태를 기준으로 판단하는 것이 아니라 민사법상 권리의 귀속에 따른 법률적·사후적 판단을 기준으로 판단하여야 한다.　[경찰간부 23] [변호사 23]

364 (×)

　해설+　정보저장매체를 임의제출한 피압수자에 더하여 임의제출자 아닌 피의자에게도 참여권이 보장되어야 하는 '피의자의 소유·관리에 속하는 정보저장매체'란, …… 피의자를 그 정보저장매체에 저장된 전자정보에 대하여 실질적인 피압수자로 평가할 수 있는 경우를 말하는 것으로서 이에 해당하는지 여부는 민사법상 권리의 귀속에 따른 법률적·사후적 판단이 아니라 압수·수색 당시 외형적·객관적으로 인식 가능한 사실상의 상태를 기준으로 판단하여야 한다(대법원 2022.1.27, 2021도11170).

365 수사기관이 임의제출받은 정보저장매체가 대부분 임의제출에 따른 적법한 압수의 대상이 되는 전자정보만이 저장되어 있어서 그렇지 않은 전자정보와 혼재될 여지가 거의 없는 경우라 하더라도, 전자정보인 이상 소지·보관자의 임의제출에 따른 통상의 압수절차 외에 피압수자에게 참여의 기회를 보장하지 않았고 전자정보 압수목록을 작싱·교부하지 않았다면 곧바로 증거능력을 인정할 수 없다.　　　　　　　　　　　　　　　　[경찰간부 23]

365 (×)

해설+ (위장형 카메라 등 특수한 정보저장매체의 경우에 관한 판례의 법리임) 수사기관이 임의제출받은 정보저장매체가 그 기능과 속성상 임의제출에 따른 적법한 압수의 대상이 되는 전자정보와 그렇지 않은 전자정보가 혼재될 여지가 거의 없어 사실상 대부분 압수의 대상이 되는 전자정보만이 저장되어 있는 경우에는 소지·보관자의 임의제출에 따른 통상의 압수절차 외에 피압수자에게 참여의 기회를 보장하지 않고 전자정보 압수목록을 작성·교부하지 않았다는 점만으로 곧바로 증거능력을 부정할 것은 아니다(대법원 2021.11.25, 2019도7342).

보충 임의제출된 이 사건 각 위장형 카메라 및 그 메모리카드에 저장된 전자정보처럼 오직 불법촬영을 목적으로 방실 내 나체나 성행위 모습을 촬영할 수 있는 벽 등에 은밀히 설치되고, 촬영대상 목표물의 동작이 감지될 때에만 카메라가 작동하여 촬영이 이루어지는 등, 그 설치 목적과 장소, 방법, 기능, 작동원리상 소유자의 사생활의 비밀 기타 인격적 법익의 관점에서 그 소지·보관자의 임의제출에 따른 적법한 압수의 대상이 되는 전자정보와 구별되는 별도의 보호 가치 있는 전자정보의 혼재 가능성을 상정하기 어려운 경우에는 위 소지·보관자의 임의제출에 따른 통상의 압수절차 외에 별도의 조치가 따로 요구된다고 보기는 어렵다. 따라서 피고인 내지 변호인에게 참여의 기회를 보장하지 않고 전자정보 압수목록을 작성·교부하지 않았다는 점만으로 곧바로 증거능력을 부정할 것은 아니다. 따라서 수사기관이 이 사건 각 위장형 카메라에 저장된 205호, 308호, 507호에서 각 촬영된 영상은 그 증거능력이 인정된다(위 판례).

366 수색한 경우에 증거물 또는 몰수할 물건이 없는 때에는 그 취지의 증명서를 교부하여야 한다. 압수한 경우에는 목록을 작성하여 소유자, 소지자, 보관자 기타 이에 준할 자에게 교부하여야 한다. 운반 또는 보관에 불편한 압수물에 관하여는 간수자를 두거나 소유자 또는 적당한 자의 승낙을 얻어 보관하게 할 수 있다. 위험발생의 염려가 있는 압수물은 폐기할 수 있다.　　　　　　　　　　[법원9급 10]

366 (○) 제128조, 제129조, 제130조

367 법령상 생산·제조·소지·소유 또는 유통이 금지된 압수물로서 부패의 염려가 있거나 보관하기 어려운 압수물은 소유자 등 권한 있는 자의 동의를 받아 폐기할 수 있다. [경찰채용 15 변형] [해경승진 23]

367 (○) 형사소송법 제130조 제3항 참조

> **해설+** 법 제130조【압수물의 보관과 폐기】③ 법령상 생산·제조·소지·소유 또는 유통이 금지된 압수물로서 부패의 염려가 있거나 보관하기 어려운 압수물은 소유자 등 권한 있는 자의 동의를 받아 폐기할 수 있다.
>
> **판례** 형사소송법은 "몰수하여야 할 압수물로서 멸실, 파손, 부패 또는 현저한 가치 감소의 염려가 있거나 보관하기 어려운 압수물은 매각하여 대가를 보관할 수 있다."라고 규정하면서(제132조 제1항), "법령상 생산·제조·소지·소유 또는 유통이 금지된 압수물로서 부패의 염려가 있거나 보관하기 어려운 압수물은 소유자 등 권한 있는 자의 동의를 받아 폐기할 수 있다."라고 규정하고 있다(제130조 제3항). 따라서 부패의 염려가 있거나 보관하기 어려운 압수물이라 하더라도 법령상 생산·제조·소지·소유 또는 유통이 금지되어 있고, 권한 있는 자의 동의를 받지 못하는 한 이를 폐기할 수 없고, 만약 그러한 요건이 갖추어지지 않았음에도 폐기하였다면 이는 위법하다(대법원 2022.1.14, 2019다282197).

368 몰수하여야 할 압수물로서 멸실·파손·부패 또는 현저한 가치 감소의 염려가 있거나 보관하기 어려운 압수물은 매각하여 대가를 보관할 수 있다. [경찰채용 12 변형]

368 (○) 제132조 제1항

369 환부하여야 할 압수물 중 환부를 받을 자가 누구인지 알 수 없거나 그 소재가 불명한 경우로서 그 압수물의 멸실·파손·부패 또는 현저한 가치 감소의 염려가 있거나 보관하기 어려운 압수물은 매각하여 대가를 보관할 수 있다. [경찰채용 12]

369 (○) 제132조 제2항

370 「형사소송법」 제133조 제1항의 '증거에 공할 압수물'에는 증거물로서의 성격과 몰수할 것으로 사료되는 물건으로서의 성격을 가진 압수물이 포함되어 있다고 해석함이 상당하다. [법원9급 17]

370 (○) 대법원 1998.4.16, 97모25

371 증거에 공할 압수물을 가환부할 것인지의 여부는 범죄의 태양, 경중, 압수물의 증거로서의 가치, 압수물의 은닉, 인멸, 훼손될 위험, 수사나 공판수행상의 지장 유무, 압수에 의하여 받는 피압수자 등의 불이익의 정도 등 여러 사정을 검토하여 종합적으로 판단하여야 할 것이다. [경찰채용 16]

371 (○) 대법원 1994.8.18, 94모42

372 가환부의 대상은 증거로 사용될 압수물에 한하므로, 몰수의 대상이 되는 물건은 비록 임의적 몰수의 대상에 해당하는 물건이라도 이를 가환부할 수 없다. [경찰채용 11]

372 (×) '없다' → '있다' 형법 제48조에 해당하는 물건에 대하여는 이를 몰수할 것인지는 법원의 재량에 맡겨진 것이므로 가환부할 수 있다(대법원 1998.4.16, 97모25).

373 피고사건 종결 전이라도 증거에만 공할 목적으로 압수한 물건으로서 그 소유자 또는 소지자가 계속 사용하여야 할 물건은 사진촬영 기타 원형보존의 조치를 취하고 신속히 환부하여야 한다. [경찰채용 11·18 변형] [군무원9급 22]

해설+ 법 제133조【압수물의 환부, 가환부】② 증거에만 공할 목적으로 압수한 물건으로서 그 소유자 또는 소지자가 계속 사용하여야 할 물건은 사진촬영 기타 원형보존의 조치를 취하고 신속히 가환부하여야 한다.

373 (×) 환부는 압수를 계속할 필요가 없을 때 하는 것이다. 위 지문에서는 가환부로 바뀌어야 한다. 형사소송법 제133조 제2항 참조

374 압수를 계속할 필요가 없다고 인정되는 압수물은 피고사건 종결 전이라도 결정으로 환부하여야 하고, 증거에 공할 압수물은 소유자, 소지자, 보관자 또는 제출인의 청구에 의하여 가환부할 수 있다. [법원9급 10 변형·17]

374 (○) 제133조 제1항

375 세관이 시계행상이 소지한 외국산 시계를 관세장물 혐의로 압수했으나 검사가 관세 포탈품인지를 확인할 수 없어 그 사건에 대해 기소중지한 경우에는 압수를 계속할 필요가 없다. [법원9급 13]

375 (○) 대법원 1988.12.14, 88모55

376 피압수자 등 환부를 받을 자가 압수 후 그 소유권을 포기하는 등에 의하여 실체법상 권리를 상실하더라도 그 때문에 압수물을 환부하여야 하는 수사기관의 의무에 어떠한 영향을 미칠 수 없다. [경찰채용 12]

376 (○) 대법원 1996.8.16, 94모51 전원합의체

377 피압수자 등 환부를 받을 자가 압수 후 그 소유권을 포기하더라도 그 때문에 압수물을 환부하여야 하는 수사기관의 의무에 어떠한 영향을 미칠 수 없으나 만약 그가 수사기관에 대하여 「형사소송법」상의 환부청구권을 포기한다는 의사표시를 하였다면 수사기관은 환부의무를 면하게 된다. [법원9급 17]

377 (×) '면하게 된다' → '면제된다고 볼 수는 없다'

해설+ 형사소송법상의 환부청구권을 포기한다는 의사표시를 하더라도 그 효력이 없어 그에 의하여 수사기관의 필요적 환부의무가 면제된다고 볼 수는 없다(대법원 1996.8.16, 94모51 전원합의체).

378 외국산 물품을 관세장물의 혐의가 있다고 보아 압수하였다 하더라도 그것이 언제, 누구에 의하여 관세포탈된 물건인지 알 수 없어 기소중지 처분을 한 경우에는 그 압수물은 관세장물이라고 단정할 수 없으므로 이를 국고에 귀속시킬 수 없으나, 압수는 계속할 필요가 있다. [경찰채용 20 2차]

378 (×)

해설+ 그 압수물은 관세장물이라고 단정할 수 없어 이를 국고에 귀속시킬 수 없을 뿐만 아니라 압수를 더 이상 계속할 필요도 없다(대법원 1996.8.16, 94모51 전원합의체).

379 종국재판에서 압수물에 대하여 몰수 또는 피해자환부의 선고가 없는 때에는 압수를 해제한 것으로 간주한다. [법원9급 15]

379 (○) 제332조

380 압수한 장물은 피해자에게 환부할 이유가 명백한 때에는 피고사건의 종결 전이라도 피해자에게 환부할 수 있다. [국가9급 14]

380 (○) 제134조 참조.

381 압수한 장물은 압수를 계속할 필요가 없다고 인정되는 경우 피해자의 청구가 있는 때에는 공소제기 전이라도 피해자에게 환부하여야 한다.

[경찰간부 22]

> **보충** 위 지문에서 압수장물이 아니라 압수물로, 피해자의 청구가 아니라 소유자·소지자·보관자·제출인의 청구로 바꾼다면 맞는 지문이 된다(제218조의2 제1항).

> **보충** 제133조【압수물의 환부, 가환부】① 압수를 계속할 필요가 없다고 인정되는 압수물은 피고사건 종결 전이라도 결정으로 환부하여야 하고 증거에 공할 압수물은 소유자, 소지자, 보관자 또는 제출인의 청구에 의하여 가환부할 수 있다.
> ② 증거에만 공할 목적으로 압수한 물건으로서 그 소유 또는 소지자가 계속 사용하여야 할 물건은 사진촬영 기타 원형보존의 조치를 취하고 신속히 가환부하여야 한다.

> 제134조【압수장물의 피해자환부】압수한 장물은 피해자에게 환부할 이유가 명백한 때에는 피고사건의 종결 전이라도 결정으로 피해자에게 환부할 수 있다.

> 제219조【준용규정】제106조, 제107조, 제109조 내지 제112조, 제114조, 제115조 제1항 본문, 제2항, 제118조부터 제132조까지, 제134조, 제135조, 제140조, 제141조, 제333조 제2항, 제486조의 규정은 검사 또는 사법경찰관의 본장의 규정에 의한 압수, 수색 또는 검증에 준용한다. 단, 사법경찰관이 제130조, 제132조 및 제134조에 따른 처분을 함에는 검사의 지휘를 받아야 한다.

> **정리** 환부절차의 간단한 정리

㉠ 압수물의 환부	법원의 공판 중에는 필요적 환부결정(제133조 제1항)
㉡ 압수장물의 환부	법원의 공판 중 또는 수사기관의 수사 중에는 임의적 환부결정(제134조, 제219조)
㉢ 공소제기 전 수사기관의 압수물의 환부·가환부	소유자·소지자·보관자·제출인의 청구 시 필요적 환부·가환부(제218조의2 제1항)

381 (×) 압수한 장물은 피해자에게 환부할 이유가 명백한 때에는 <u>피고사건의 종결 전이라도 결정으로</u> 피해자에게 환부할 수 있다(제134조, 압수장물의 피해자환부). 이는 검사 또는 사법경찰관의 압수에도 마찬가지이므로(제219조, 단 사경의 위탁보관·폐기처분·대가보관·가환부·환부·압수장물피해자환부는 검사의 지휘 要, 동조 단서), '공소제기 前' 수사기관이 판단하여 압수한 장물을 피해자에게 환부할 이유가 명백한 때에는 '결정으로 피해자에게 환부할 수 있다.' 요컨대, 압수장물의 환부절차는 '임의적 환부결정'에 의한다.

382 압수한 장물로서 피해자에게 환부할 이유가 명백한 것은 판결로써 피해자에게 환부하는 선고를 하여야 한다. [경찰채용 18 1차]

382 (○) 제333조 제4항

383 수소법원이 종국재판의 선고 시에 가환부한 장물에 대하여 별단의 선고를 하지 아니한 때에는 환부의 선고가 있는 것으로 간주된다. [경찰채용 11]

383 (○) 제333조 제3항

384 　검사는 증거에 사용할 압수물에 대하여 가환부 청구가 있는 경우, 이를 거부할 수 있는 특별한 사정이 없는 한 가환부에 응하여야 한다.

[국가7급 21]

384 (○)

해설+ 　형사소송법 제218조의2 제1항은 '검사는 사본을 확보한 경우 등 압수를 계속할 필요가 없다고 인정되는 압수물 및 증거에 사용할 압수물에 대하여 공소제기 전이라도 소유자, 소지자, 보관자 또는 제출인의 청구가 있는 때에는 환부 또는 가환부하여야 한다'고 규정하고 있다. 따라서 검사는 증거에 사용할 압수물에 대하여 가환부의 청구가 있는 경우 가환부를 거부할 수 있는 특별한 사정이 없는 한 가환부에 응하여야 한다. 그리고 그러한 특별한 사정이 있는지는 범죄의 태양, 경중, 몰수 대상인지 여부, 압수물의 증거로서의 가치, 압수물의 은닉·인멸·훼손될 위험, 수사나 공판수행상의 지장 유무, 압수에 의하여 받는 피압수자 등의 불이익의 정도 등 여러 사정을 검토하여 종합적으로 판단하여야 한다(대법원 2017.9.29, 2017모236).

385 　검사는 사본을 확보한 경우 등 압수를 계속할 필요가 없다고 인정되는 압수물 및 증거에 사용할 압수물에 대하여 공소제기 전이라도 소유자, 소지자, 보관자 또는 제출인의 청구가 있는 때에는 환부 또는 가환부할 수 있다.

[경찰채용 12, 18 1차]

385 (×) 환부 또는 가환부하여야 한다(제218조의2 제1항).

386 　소유자 등의 환부 또는 가환부 청구에 대해 검사가 이를 거부하는 경우, 신청인은 해당 검사의 소속 검찰청에 대응한 법원에 압수물의 환부 또는 가환부 결정을 청구할 수 있다.

[경찰간부 22]

386 (○) 제218조의2 제2항

387 　범인으로부터 압수한 물품에 대하여 몰수의 선고가 없어 그 압수가 해제된 것으로 간주된다고 하더라도 공범자에 대한 범죄수사를 위하여 여전히 그 물품의 압수가 필요하다면 검사는 그 압수 해제된 물품을 다시 압수할 수 있다.

[경찰채용 15]

387 (○) 대법원 1997.1.9, 96모34

388 　수사단계에서 소유권을 포기한 압수물에 대하여 형사재판에서 몰수형이 선고되지 않은 경우, 피압수자는 국가에 대하여 민사소송으로 그 반환을 청구할 수 있다.

[경찰채용 15]

388 (○) 대법원 2000.12.22, 2000다27725

389   피고인 이외 제3자의 소유에 속하는 압수물에 대하여 몰수를 선고한 판결이 있는 경우, 그 판결의 효력은 유죄판결을 받은 피고인에 대하여 미치는 것뿐만 아니라 제3자의 소유권에도 영향을 미친다.   [국가7급 21]

389 (X) 그 물건을 소지하지 못하게 하는 데 그치고, 그 사건에서 재판을 받지 아니한 제3자의 소유권에 어떤 영향을 미치는 것은 아니다(대법원 2017.9.29, 2017모236).

390   검사가 가환부 처분을 할 경우에는 미리 피해자, 피의자 또는 변호인에게 통지해야 한다.   [경찰간부 22]

> **해설+** 제135조 【압수물처분과 당사자에의 통지】 전3조의 결정을 함에는 검사, 피해자, 피고인 또는 변호인에게 미리 통지하여야 한다.
>
> 제219조 【준용규정】 제106조, 제107조, 제109조 내지 제112조, 제114조, 제115조 제1항 본문, 제2항, 제118조부터 제132조까지, 제134조, 제135조, 제140조, 제141조, 제333조 제2항, 제486조의 규정은 검사 또는 사법경찰관의 본장의 규정에 의한 압수, 수색 또는 검증에 준용한다. 단, 사법경찰관이 제130조, 제132조 및 제134조에 따른 처분을 함에는 검사의 지휘를 받아야 한다.

390 (O) 법원은 대가보관·가환부·환부·압수장물 피해자환부를 함에는 검사, 피해자, 피고인 또는 변호인에게 미리 통지하여야 한다(제135조). 이는 당해인의 의견진술의 기회를 보장하기 위함이다. 제135조의 규정은 검사·사법경찰관의 압수물 처리에 관해서도 그대로 준용된다(제219조).

391   사법경찰관은 압수물을 피압수자에게 환부하기에 앞서 피해자뿐만 아니라 피의자에게도 통지하여야 한다.   [경찰채용 16]

391 (O) 피해자, 피의자 또는 변호인이 통지대상이다(제135조, 제219조).

Ⅱ 검증 · 감정

 대표유형

검사 또는 사법경찰관은 검증을 함에 있어 신체의 검사, 사체의 해부, 분묘의 발굴, 물건의 파괴 기타 필요한 처분을 할 수 있으며, 특히 사체의 해부 또는 분묘의 발굴을 하는 때에는 예(禮)에 어긋나지 아니하도록 주의하고 미리 유족에게 통지하여야 한다.   [경찰경채 23]

(O) 형사소송법 제140조, 제141조 참조.

> **해설+** 형사소송법 제140조 【검증과 필요한 처분】 검증을 함에는 신체의 검사, 사체의 해부, 분묘의 발굴, 물건의 파괴 기타 필요한 처분을 할 수 있다.
>
> 제141조 【신체검사에 관한 주의】 ① 신체의 검사에 관하여는 검사를 받는 사람의 성별, 나이, 건강상태, 그 밖의 사정을 고려하여 그 사람의 건강과 명예를 해하지 아니하도록 주의하여야 한다.
> ② 피고인 아닌 사람의 신체검사는 증거가 될 만한 흔적을 확인할 수 있는 현저한 사유가 있는 경우에만 할 수 있다.
> ③ 여자의 신체를 검사하는 경우에는 의사나 성년 여자를 참여하게 하여야 한다.
> ④ 사체의 해부 또는 분묘의 발굴을 하는 때에는 예(禮)에 어긋나지 아니하도록 주의하고 미리 유족에게 통지하여야 한다.

 **대표유형**

감정유치기간은 미결구금일수의 산입에 있어서 이를 구속으로 간주하여 산입한다.

[법원9급 11]

(○) 제221조의3 제2항, 제172조 제8항

392 신체의 검사에 관하여는 검사를 받는 사람의 성별, 나이, 건강상태, 그 밖의 사정을 고려하여 그 사람의 건강과 명예를 해하지 아니하도록 주의하여야 하고, 여자의 신체를 검사하는 경우에는 의사나 성년의 여자를 참여하게 하여야 한다.

[경찰경채 23]

392 (○) 형사소송법 제140조, 제141조 참조.

> **해설+** 형사소송법 제140조 【검증과 필요한 처분】 검증을 함에는 신체의 검사, 사체의 해부, 분묘의 발굴, 물건의 파괴 기타 필요한 처분을 할 수 있다.
>
> 제141조 【신체검사에 관한 주의】 ① 신체의 검사에 관하여는 검사를 받는 사람의 성별, 나이, 건강상태, 그 밖의 사정을 고려하여 그 사람의 건강과 명예를 해하지 아니하도록 주의하여야 한다.
> ② 피고인 아닌 사람의 신체검사는 증거가 될 만한 흔적을 확인할 수 있는 현저한 사유가 있는 경우에만 할 수 있다.
> ③ 여자의 신체를 검사하는 경우에는 의사나 성년 여자를 참여하게 하여야 한다.
> ④ 시체의 해부 또는 분묘의 발굴을 하는 때에는 예(禮)에 어긋나지 아니하도록 주의하고 미리 유족에게 통지하여야 한다.

393 피고인이 아닌 사람의 신체검사는 증거가 될 만한 흔적을 확인할 수 있는 단순한 사유가 있는 것만으로도 할 수 있다.

[해경채용 23 2차]

393 (×) 피고인 아닌 사람의 신체검사는 증거가 될 만한 흔적을 확인할 수 있는 현저한 사유가 있는 경우에 한한다(법 제141조 제2항).

394 물건·장소는 물론 사람의 신체·사체도 검증의 대상이 되며, 신체의 내부도 검증의 대상이 될 수 있다.

[소방간부 23]

394 (○) 체내검증, 체내물의 강제채취, 연하물의 강제배출과 같은 체내검사도 신체검사로서 검증에 해당한다. 형사소송법 제140조, 제141조 제1항 참조.

395 일몰 전에 검증을 착수하였더라도 일몰이 되면 중단해야 한다.

[해경채용 23 2차]

395 (×) 형사소송법 제143조 제2항 참조

> **해설+** 형사소송법 제143조 【시각의 제한】 ② 일몰 전에 검증에 착수한 때에는 일몰 후라도 검증을 계속할 수 있다.

396 혈액의 채취 또는 검사과정에서 인위적인 조작이나 관계자의 잘못이 개입되는 등 혈액채취에 의한 검사결과를 믿지 못할 특별한 사정이 없는 한, 혈액검사에 의한 음주측정치가 호흡측정기에 의한 음주측정치보다 측정 당시의 혈중알코올농도에 더 근접한 음주측정치라고 보는 것이 경험칙에 부합한다. [경찰채용 11] [경찰채용 23 2차 변형]

396 (○) 대법원 2004.2.13, 2003 도6905

397 음주운전에 대한 수사과정에서 음주운전 혐의가 있는 운전자에 대하여 「도로교통법」에 따른 호흡측정이 이루어진 경우 과학적이고 중립적인 호흡측정 수치가 도출되었다 하여도 그 결과에 오류가 있다고 인정할 만한 객관적이고 합리적인 사정이 있는 경우라면 추가로 음주측정을 할 필요성이 있으므로, 경찰관이 혐의를 제대로 밝히기 위해 혈액채취에 의한 측정 방법으로 재측정하는 것을 위법하다 할 수 없고 운전자는 이에 따라야 할 의무가 있다. [경찰채용 23 1차]

397 (×)

해설+ 음주운전에 대한 수사 과정에서 음주운전 혐의가 있는 운전자에 대하여 구 도로교통법 제44조 제2항에 따른 호흡측정이 이루어진 경우에는 그에 따라 과학적이고 중립적인 호흡측정 수치가 도출된 이상 다시 음주측정을 할 필요성은 사라졌으므로 운전자의 불복이 없는 한 다시 음주측정을 하는 것은 원칙적으로 허용되지 아니한다. 그러나 운전자의 태도와 외관, 운전 행태 등에서 드러나는 주취 정도, 운전자가 마신 술의 종류와 양, 운전자가 사고를 야기하였다면 경위와 피해 정도, 목격자들의 진술 등 호흡측정 당시의 구체적 상황에 비추어 호흡측정기의 오작동 등으로 인하여 호흡측정 결과에 오류가 있다고 인정할 만한 객관적이고 합리적인 사정이 있는 경우라면 그러한 호흡측정 수치를 얻은 것만으로는 수사의 목적을 달성하였다고 할 수 없어 추가로 음주측정을 할 필요성이 있으므로, 경찰관이 음주운전 혐의를 제대로 밝히기 위하여 운전자의 자발적인 동의를 얻어 혈액 채취에 의한 측정의 방법으로 다시 음주측정을 하는 것을 위법하다고 볼 수는 없다. 이 경우 운전자가 일단 호흡측정에 응한 이상 재차 음주측정에 응할 의무까지 당연히 있다고 할 수는 없으므로, 운전자의 혈액 채취에 대한 동의의 임의성을 담보하기 위하여는 경찰관이 미리 운전자에게 혈액 채취를 거부할 수 있음을 알려주었거나 운전자가 언제든지 자유로이 혈액 채취에 응하지 아니할 수 있었음이 인정되는 등 운전자의 자발적인 의사에 의하여 혈액 채취가 이루어졌다는 것이 객관적인 사정에 의하여 명백한 경우에 한하여 혈액 채취에 의한 측정의 적법성이 인정된다(대법원 2015.7.9, 2014도16051).

398 운전자의 신체 이상 등의 사유로 호흡측정기에 의한 측정이 불가능 내지 심히 곤란하거나 운전자가 처음부터 호흡측정기에 의한 측정의 방법을 불신하면서 혈액채취에 의한 측정을 요구하는 경우 등에는 호흡측정기에 의한 측정의 절차를 생략하고 바로 혈액채취에 의한 측정으로 나아가야 할 것이고, 이와 같은 경우라면 호흡측정기에 의한 측정에 불응한 행위를 음주측정 불응으로 볼 수 없다. [경찰채용 11]

398 (○) 대법원 2002.10.25, 2002 도4220

399 　특별한 이유 없이 호흡측정기에 의한 측정에 불응하는 운전자에게 경찰공
무원이 혈액채취에 의한 측정방법이 있음을 고지하고 그 선택 여부를 물어
야 할 의무가 있다고는 할 수 없다. 　　　　　　　　　　　[경찰채용 11·18 2차]

399 (○) 대법원 2002.10.25, 2002
도4220

400 　경찰관이 음주운전 단속 시 운전자의 요구에 따라 곧바로 채혈을 실시하지
않은 채 호흡측정기에 의한 음주측정을 하고 1시간 12분이 경과한 후에야
채혈을 하였다는 사정만으로도 위 행위가 법령에 위배되거나 객관적 정당
성을 상실한 것으로 운전자가 음주운전 단속과정에서 받을 수 있는 권익이
현저하게 침해되었다고 단정할 수 있다. 　　　　　　　　　　　[경찰채용 11]

400 (×) '단정할 수 있다' → '단정
하기 어렵다'

　　해설+ 법령에 위배된다거나 객관적 정당성을 상실하여 운전자가 음주운전 단속과정에서 받을 수
있는 권익이 현저하게 침해되었다고 단정하기 어렵다(대법원 2008.4.24, 2006다32132).

401 　운전자가 음주측정요구를 받을 당시에 술에 취한 상태에 있었다고 인정할
만한 상당한 이유가 있음에도 정당한 이유 없이 이에 불응하여 음주측정불
응죄가 인정되었다면, 운전자가 다시 스스로 경찰공무원에게 혈액채취의 방
법에 의한 음주측정을 요구하여 그 결과 음주운전으로 처벌할 수 없는 혈중
알콜농도 수치가 나왔더라도 음주측정거부죄가 성립한다. 　　　[경찰채용 18 2차]

401 (○)

　　해설+ 음주측정요구를 받을 당시에 술에 취한 상태에 있었다고 인정할 만한 상당한 이유가 있다고
보아 음주측정불응죄가 인정되는 이상, 그 후 스스로 경찰공무원에게 혈액채취의 방법에 의한 음주
측정을 요구하고 그 결과 음주운전으로 처벌할 수 없는 혈중알콜농도 수치가 나왔다고 하더라도
음주측정불응죄의 성립에 영향이 없다(대법원 2004.10.15, 2004도4789).

402 수사상 감정유치란 피의자의 정신 또는 신체를 감정하기 위하여 일정 기간 동안 병원 기타 적당한 장소에 피의자를 유치하는 강제처분으로서 이미 구속 중인 피의자나 피의자 아닌 제3자에 대해서는 허용되지 아니한다.

[경찰경채 23]

402 (×)

> **해설+** 피의자는 구속·불구속을 불문하고 감정유치가 허용되고(따라서 위 지문은 틀림)(법 제221조의3, 제172조 제3항), 구속 중인 피의자에 대하여 감정유치가 집행된 경우 미결구금일수로는 산입되나(제172조 제8항) 구속기간에서는 구속집행정지로 간주한다(제172조의2 제1항). 다만 피의자가 아닌 제3자는 감정유치의 대상이 아니다.

> **보충** 신체검사는 피의자가 아닌 제3자도 대상이 될 수 있고(제141조 제2항), 피고인은 수소법원에 의한 감정유치가 가능하므로(제172조 제3항) 수사상 감정유치의 대상이 될 수 없다.

> **해설+** 법 제221조의3【감정의 위촉과 감정유치의 청구】① 검사는 제221조의 규정에 의하여 감정을 위촉하는 경우에 제172조 제3항의 유치처분이 필요할 때에는 판사에게 이를 청구하여야 한다.
> ② 판사는 제1항의 청구가 상당하다고 인정할 때에는 유치처분을 하여야 한다. 제172조 및 제172조의2의 규정은 이 경우에 준용한다.

제221조【제3자의 출석요구 등】② 검사 또는 사법경찰관은 수사에 필요한 때에는 감정·통역 또는 번역을 위촉할 수 있다.

제172조【법원 외의 감정】① 법원은 필요한 때에는 감정인으로 하여금 법원 외에서 감정하게 할 수 있다.
② 전항의 경우에는 감정을 요하는 물건을 감정인에게 교부할 수 있다.
③ 피고인의 정신 또는 신체에 관한 감정에 필요한 때에는 법원은 기간을 정하여 병원 기타 적당한 장소에 피고인을 유치하게 할 수 있고 감정이 완료되면 즉시 유치를 해제하여야 한다.
④ 전항의 유치를 함에는 감정유치장을 발부하여야 한다.
⑤ 제3항의 유치를 함에 있어서 필요한 때에는 법원은 직권 또는 피고인을 수용할 병원 기타 장소의 관리자의 신청에 의하여 사법경찰관리에게 피고인의 간수를 명할 수 있다.
⑥ 법원은 필요한 때에는 유치기간을 연장하거나 단축할 수 있다.
⑦ 구속에 관한 규정은 이 법률에 특별한 규정이 없는 경우에는 제3항의 유치에 관하여 이를 준용한다. 단, 보석에 관한 규정은 그러하지 아니하다.
⑧ 제3항의 유치는 미결구금일수의 산입에 있어서는 이를 구속으로 간주한다.

제172조의2【감정유치와 구속】① 구속 중인 피고인에 대하여 감정유치장이 집행되었을 때에는 피고인이 유치되어 있는 기간 구속은 그 집행이 정지된 것으로 간주한다.
② 전항의 경우에 전조 제3항의 유치처분이 취소되거나 유치기간이 만료된 때에는 구속의 집행정지가 취소된 것으로 간주한다.

403 구속 중인 피고인에 대하여 감정유치장이 집행되었을 때에는 피고인이 유치되어 있는 기간 구속은 그 집행이 정지된 것으로 간주한다. [법원9급 11]

403 (○) 제221조의3 제2항, 제172조의2 제1항

404 불구속 피고인에 대하여 감정유치장을 발부하여 구속할 때에는 범죄사실의 요지와 변호인을 선임할 수 있음을 알려주어야 한다. [법원9급 11]

404 (○) 제221조의3 제2항, 제172조 제7항

405 불구속 상태에서 감정유치장에 의하여 유치된 피고인은 보석을 청구할 수 있다. [법원9급 11]

405 (×) '있다' → '없다'

해설+ 구속에 관한 규정은 이 법률에 특별한 규정이 없는 경우에는 제3항의 유치에 관하여 이를 준용한다. 단, 보석에 관한 규정은 그러하지 아니하다(제221조의3 제2항, 제172조 제7항).

3 수사상의 증거보전

🔗 **대표유형**

증거보전의 청구는 공소제기의 전후를 가리지 아니하나 제1회 공판기일 전에 한하여 할 수 있다. [법원9급 11]

(○) 대법원 1984.3.29, 84모15

🔗 **대표유형**

공동피고인과 피고인이 뇌물을 주고 받은 사이로 필요적 공범관계에 있다면 검사는 수사단계에서 피고인에 대한 증거를 미리 보전하기 위하여 필요한 경우라도 판사에게 공동피고인을 증인으로 신문할 것을 청구할 수 없다. [경찰채용 18 1차]

(×) '없다' → '있다'(대법원 1988. 11.8, 86도1646)

406 증거보전을 청구할 수 있는 처분은 피의자신문·증인신문·감정·검증과 압수·수색에 한한다. [법원9급 11]

406 (×) '피의자신문' → 삭제(제184조 제1항).
증거보전절차에서 피의자신문 또는 피고인신문을 청구할 수는 없다(대법원 1979.6.12, 79도792).

407 피고인, 피의자 또는 변호인은 증거보전청구를 할 수 있지만, 검사는 청구할 수 없다. [국가7급 15]

407 (×) '없다' → '있다'
증거보전은 피고인·피의자·변호인뿐만 아니라 검사도 청구할 수 있다(제184조 제1항).

408 형사입건 되기 전의 자는 피의자가 아니므로 증거보전을 청구할 수 없다.

[해경승진 22]

409 증거보전의 청구는 반드시 판사에게 하여야 하며 공소제기 후에도 수소법원에 하는 것이 아니다.

[법원9급 11]

409 (○) 제184조 참조.

410 증거보전은 제1심 제1회 공판기일 전에 한하여 허용되는 것이므로 재심청구사건에서는 증거보전절차는 허용되지 않는다. [경찰채용 17 2차] [국가7급 15]

410 (○) 대법원 1984.3.29, 84모15

411 증거보전을 청구할 때에는 구술 또는 서면으로 그 사유를 소명하여야 한다.

[경찰채용 17 2차] [국가9급 13]

411 (×) '구술' → 삭제
증거보전청구를 함에는 '서면'으로 그 사유를 소명하여야 한다(제184조 제3항).

412 「형사소송법」 제221조의2의 증인신문청구를 하려면 증인의 진술로서 증명할 대상인 피의사실이 존재해야 하는데, 피의사실은 수사기관 내심의 혐의만으로는 존재한다고 할 수 없고, 고소·고발 또는 자수를 받는 등 수사의 대상으로 삼고 있음을 외부로 표현한 때에 비로소 그 존재를 인정할 수 있다.

[경찰채용 23 2차]

412 (○)

해설+ 형사소송법 제221조의2 제2항에 의한 검사의 증인신문청구는 수사단계에서의 피의자 이외의 자의 진술이 범죄의 증명에 없어서는 안될 것으로 인정되는 경우에 공소유지를 위하여 이를 보전하려는데 그 목적이 있으므로 이 증인신문청구를 하려면 증인의 진술로서 증명할 대상인 피의사실이 존재하여야 하고, 피의사실은 수사기관이 어떤 자에 대하여 내심으로 혐의를 품고 있는 정도의 상태만으로는 존재한다고 할 수 없고 고소, 고발 또는 자수를 받거나 또는 수사기관 스스로 범죄의 혐의가 있다고 보아 수사를 개시하는 범죄의 인지 등 수사의 대상으로 삼고 있음을 외부적으로 표현한 때에 비로소 그 존재를 인정할 수 있다(대법원 1989.6.20, 89도648).

413 「형사소송법」 제221조의2(증인신문의 청구)에 의한 증인신문절차에서는 피고인·피의자 또는 변호인의 참여가 필요적 요건이므로 피고인·피의자나 변호인이 증인신문절차에 참여하지 아니하였다면 위법이다. [국가9급 23]

413 (×)

해설+ 판사는 증인신문청구에 따라 증인신문기일을 정한 때에는 피고인·피의자 또는 변호인에게 이를 통지하여 증인신문에 참여할 수 있도록 하여야 한다(2007년 개정법 제221조의2 제5항, 규칙 제112조). 다만 통지받은 피의자·피고인 또는 변호인의 출석이 증인신문의 요건이 되는 것은 아니므로, 통지받은 피의자·피고인 또는 변호인이 증인신문절차에 출석하지 아니하여도 증인신문절차를 진행할 수 있다.

참고 2007년 개정 전 법에 의하면 '특별히 수사에 지장이 있다고 인정되는 경우를 제외하고는' 참여하게 하여야 한다고 규정하여 참여권이 배제될 여지가 있었다(그래서 2007년 개정에서 제외사유를 삭제함). 다만 2007년 개정 전 법에 의한 판례도 결론적으로는 위 지문과 같은 점을 지적하고 있다. "같은 법 제221조의2 제5항은 판사는 수사에 지장이 없다고 인정할 때에는 피고인·피의자 또는 변호인을 증인신문에 참여하게 할 수 있다고 규정하고 있어, 그 제5항에 의한 증인신문절차에 있어서는 피고인·피의자나 그 변호인의 참여는 필요적 요건이 아니므로 그들에게 참여의 기회가 부여되지 아니하였다 하여 이것만 가지고 위법이라고 할 수는 없다(대법원 1992.9.22, 92도1751)."

414 증거보전은 제1회 공판기일 전에 한하여 할 수 있는데, 제1회 공판기일 전인 이상 공소제기의 전후는 불문한다. [경찰채용 14]

414 (○) 제184조 제1항 참조.

415 피고인뿐만 아니라 피의자도 제1회 공판기일 전에 한하여 판사에게 증거보전을 청구할 수 있고, 청구기각의 결정에 대하여는 3일 이내에 항고할 수 있다. [경찰채용 18] [국가9급 13]

415 (○) 제184조 제4항

416 증거보전의 청구를 기각하는 결정에 대하여는 불복할 수 없다. [경찰채용 14]

416 (×) '불복할 수 없다' → '3일 이내에 항고할 수 있다'(제184조 제4항)

417 증거보전의 방법으로 피고인신문이나 피의자신문을 청구할 수 없지만, 공범자 또는 공동피고인을 증인으로 신문할 것을 청구할 수 있다. [국가7급 15] [국가9급 18]

417 (○) 대법원 1988.11.8, 86도1646

418 증거보전절차에서 피의자와 변호인에게 일시와 장소를 미리 통지하지 아니하여 참여기회를 주지 않은 때에는 증인신문조서의 증거능력이 인정되지 않는다. [국가7급 15]

418 (O) 대법원 1992.2.28, 91도2337

419 제1회 공판기일 전에 「형사소송법」 제184조에 의한 증거보전절차에서 증인신문을 하면서, 위 증인신문의 일시와 장소를 피의자 및 변호인에게 미리 통지하지 아니하여 증인신문에 참여할 수 있는 기회를 주지 아니하였고, 또 변호인이 제1심 공판기일에 위 증인신문조서의 증거조사에 관하여 이의신청을 하였다면, 위 증인신문조서는 증거능력이 없다 할 것이고, 그 증인이 후에 법정에서 그 조서의 진정성립을 인정한다 하여 다시 그 증거능력을 취득한다고 볼 수도 없다. [경찰채용 17 2차]

419 (O) 대법원 1992.2.28, 91도2337

420 판사가 「형사소송법」 제184조에 의한 증거보전절차로 증인신문을 하는 경우에 동법 제163조의 참여의 기회를 주지 아니한 경우라도 피고인과 변호인이 증인신문조서를 증거로 할 수 있음에 동의하여 별다른 이의 없이 적법하게 증거조사를 거친 경우에는 위 증인신문조서는 증인신문절차가 위법하였는지의 여부에 관계없이 증거능력이 부여된다.
[경찰채용 12] [국가9급 18] [변호사 23 변형]

420 (O) 대법원 1988.11.8, 86도1646

421 증거보전의 처분을 한 후에 그 처분에 관한 서류 및 증거물은 처분을 한 판사가 소속하는 법원에 보관한다. [법원9급 11]

421 (O) 제185조

422 증거보전절차에서 작성된 조서는 당연히 증거능력이 인정된다. [경찰채용 14]

422 (O) 제311조 참조.

423 증거보전은 물론 증인신문의 청구를 받은 판사도 그 처분에 관하여 법원 또는 재판장과 동일한 권한이 있다. [경찰채용 14]

423 (O) 제184조 제2항, 제221조의2 제4항 참조.

424 「형사소송법」제221조의2의 증인신문에 관한 서류는 증인신문을 한 법원이 보관하므로, 공소제기 이전에도 피의자 또는 변호인은 판사의 허가를 얻어 서류와 증거물을 열람 또는 등사할 수 있다. [경찰채용 23 2차]

해설+ 형사소송법 제221조의2【증인신문의 청구】⑥ 판사는 제1항의 청구에 의한 증인신문을 한 때에는 지체 없이 이에 관한 서류를 검사에게 송부하여야 한다.

424 (×)「형사소송법」제221조의2의 증인신문에 관한 서류는 판사가 지체없이 검사에게 송부하고, 이에 대한 열람 또는 등사가 불가능하다.

425 검사는 증인신문 청구권을 가지나, 증거보전 청구권은 가지고 있지 않다. [경찰채용 14]

425 (×) '있지 않다' → '있다' 양자 모두 할 수 있다. 제184조 제1항, 제221조의2 제1항 참조.

426 증거보전(제184조) 청구를 기각하는 결정에 대하여는 항고할 수 없으나, 증인신문(제221조의2) 청구를 기각하는 결정에 대하여는 불복할 수 있다. [경찰채용 12]

426 (×) '없으나' → '있으나', '있다' → '없다'
증거보전청구의 기각결정에 대해서만 항고가 가능하다. 제184조 제4항 참조.

427 압수에 관한 증거보전의 청구는 압수할 물건의 소재지를 관할하는 지방법원판사에게 하여야 한다. [경찰승진 22] [해경승진 23]

해설+ 규칙 제91조【증거보전처분을 하여야 할 법관】① 증거보전의 청구는 다음 지역을 관할하는 지방법원판사에게 하여야 한다.
1. 압수에 관하여는 압수할 물건의 소재지
2. 수색 또는 검증에 관하여는 수색 또는 검증할 장소, 신체 또는 물건의 소재지
3. 증인신문에 관하여는 증인의 주거지 또는 현재지
4. 감정에 관하여는 감정대상의 소재지 또는 현재지
② 감정의 청구는 제1항 제4호의 규정에 불구하고 감정함에 편리한 지방법원판사에게 할 수 있다.

427 (○) 증거보전청구는 수소법원이 아닌 관할 지방법원판사에게 하는 것이고, 여기서 관할은 피의자의 소재지가 아닌 해당 증거의 소재지 또는 증인의 주거지·현재지 등의 관할을 말한다(규칙 제91조 제1항 제1호).

CHAPTER 03 | 수사의 종결

1 사법경찰관과 검사의 수사종결

🔗 대표유형

경찰청 소속 사법경찰관이 고소 · 고발 사건을 포함하여 범죄를 수사한 때에 범죄혐의가 인정되지 않을 경우에는 그 이유를 명시한 서면만을 검사에게 송부하면 된다. [국가7급 21]

(×) 이유를 명시한 서면과 함께 관계 서류와 증거물을 지체 없이 검사에게 송부하여야 한다. 이 경우 검사는 송부받은 날부터 90일 이내에 사법경찰관에게 반환하여야 한다(제245조의5 제2호).

🔗 대표유형

친고죄 사건에 관하여 고소가 취소된 경우 불기소결정의 주문은 '혐의없음'이다. [경찰간부 18]

(×) '혐의없음' → '공소권없음'(검찰사건사무규칙 제115조 제3항 제4호 차목)

🔗 대표유형

공소의 취소는 제1심판결의 선고 전까지 할 수 있으나, 재정신청사건에 대한 법원의 공소제기결정에 따라 검사가 공소를 제기한 때에는 제1심판결의 선고 전이라고 하여도 검사는 공소를 취소할 수 없다. [법원9급 21]

(○) 법원의 종국판결이 검사의 공소취소로 인하여 그 효력이 상실하게 되는 것을 방지하려는 취지에서 공소취소는 제1심판결의 선고 전까지만 허용된다. 다만, 재정결정에 따른 검사의 공소제기 후에는 공소취소를 할 수 없다(제264조의2).

🔗 대표유형

재정신청에 대한 공소제기결정에 대하여는 검사는 물론 공소제기결정의 대상이 된 피의자도 불복할 수 없다. 그러나 공소를 제기한 검사는 통상의 공판절차에서와 마찬가지로 권한을 행사하고 피고인의 이익을 위해서 공소취소도 할 수 있다. [경찰채용 19 1차]

(×) 공소제기결정에 대하여는 불복할 수 없고, 검사는 공소취소도 할 수 없다(제264조의2).

해설+ 제264조의2【공소취소의 제한】검사는 제262조 제2항 제2호의 결정에 따라 공소를 제기한 때에는 이를 취소할 수 없다.

제262조【심리와 결정】① 법원은 재정신청서를 송부받은 때에는 송부받은 날부터 10일 이내에 피의자에게 그 사실을 통지하여야 한다.
② 법원은 재정신청서를 송부받은 날부터 3개월 이내에 항고의 절차에 준하여 다음 각 호의 구분에 따라 결정한다. 이 경우 필요한 때에는 증거를 조사할 수 있다.
1. 신청이 법률상의 방식에 위배되거나 이유 없는 때에는 신청을 기각한다.
2. 신청이 이유 있는 때에는 사건에 대한 공소제기를 결정한다.

001 사법경찰관이 범죄를 수사하여 범죄의 혐의가 있다고 인정되는 경우에는 지체 없이 검사에게 사건을 송치하고 관계 서류와 증거물을 검사에게 송부하여야 하고, 그 밖의 경우에는 그 이유를 명시한 서면과 함께 관계 서류와 증거물을 지체 없이 검사에게 송부하여야 한다. 후자의 경우 검사는 관계 서류와 증거물을 사법경찰관에게 반환할 필요가 없다.

[경찰채용 21 2차] [경찰채용 23 2차 변형]

해설+ **제245조의5【사법경찰관의 사건송치 등】** 사법경찰관은 고소·고발 사건을 포함하여 범죄를 수사한 때에는 다음 각 호의 구분에 따른다.

1. 범죄의 혐의가 있다고 인정되는 경우에는 지체 없이 검사에게 사건을 송치하고, 관계 서류와 증거물을 검사에게 송부하여야 한다.
2. 그 밖의 경우에는 그 이유를 명시한 서면과 함께 관계 서류와 증거물을 지체 없이 검사에게 송부하여야 한다. 이 경우 검사는 송부받은 날부터 90일 이내에 사법경찰관에게 반환하여야 한다.

제245조의6【고소인 등에 대한 송부통지】 사법경찰관은 제245조의5 제2호의 경우에는 그 송부한 날부터 7일 이내에 서면으로 고소인·고발인·피해자 또는 그 법정대리인(피해자가 사망한 경우에는 그 배우자·직계친족·형제자매를 포함한다)에게 사건을 검사에게 송치하지 아니하는 취지와 그 이유를 통지하여야 한다.

제245조의7【고소인 등의 이의신청】 ① 제245조의6의 통지를 받은 사람(고발인을 제외한다)은 해당 사법경찰관의 소속 관서의 장에게 이의를 신청할 수 있다. 〈개정 2022.5.9.〉
② 사법경찰관은 제1항의 신청이 있는 때에는 지체 없이 검사에게 사건을 송치하고 관계 서류와 증거물을 송부하여야 하며, 처리결과와 그 이유를 제1항의 신청인에게 통지하여야 한다.

제245조의8【재수사요청 등】 ① 검사는 제245조의5 제2호의 경우에 사법경찰관이 사건을 송치하지 아니한 것이 위법 또는 부당한 때에는 그 이유를 문서로 명시하여 사법경찰관에게 재수사를 요청할 수 있다.
② 사법경찰관은 제1항의 요청이 있는 때에는 사건을 재수사하여야 한다.

001 (×) 사법경찰관이 범죄를 수사하여 범죄의 혐의가 있다고 인정되는 경우에는 지체 없이 검사에게 사건을 송치하고 관계 서류와 증거물을 검사에게 송부하여야 하고, 그 밖의 경우에는 그 이유를 명시한 서면과 함께 관계 서류와 증거물을 지체 없이 검사에게 송부하여야 하며, 후자의 경우 검사는 관계 서류와 증거물을 송부받은 날부터 90일 이내에 사법경찰관에게 반환하여야 한다(제245조의5).

002 위 지문의 밑줄 친 경우, 사법경찰관이 사건을 검사에게 송치하지 아니한 것이 위법 또는 부당한 때에는 검사는 그 이유를 문서로 명시하여 사법경찰관에게 재수사를 요청할 수 있고, 검사가 재수사를 요청한 경우 사법경찰관은 사건을 재수사하여야 한다.

[경찰채용 21 2차]

002 (○) 제245조의8

003 검사는 송치사건의 공소제기 여부 결정 또는 공소의 유지에 관하여 필요한 경우 사법경찰관에게 재수사를 요청할 수 있다.

[국가9급개론 22]

003 (×)

해설+ 검사는 송치사건의 공소제기 여부 결정 또는 공소의 유지에 관하여 필요한 경우나 사법경찰관이 신청한 영장의 청구 여부 결정에 관하여 필요한 경우 사법경찰관에게 (재수사를 요청하는 것이 아니라) 보완수사를 요구할 수 있다(제197조의2). 재수사요청은 사법경찰관이 사건을 송치하지 아니한 것이 위법 또는 부당한 때 그 이유를 문서로 명시하여 사법경찰관에게 하는 제도이다(제245조의8 제1항).

004 검사는 사법경찰관이 사건을 송치하지 아니한 것이 위법 또는 부당한 때에는 그 이유를 문서로 명시하여 재수사를 요청할 수 있는데, 사법경찰관은 재수사 후 기소의견으로 사건을 검찰에 송치하거나 재차 불송치 결정을 할 수 있다.

[경찰채용 23 2차]

004 (○) 사법경찰관의 사건불송치가 위법 또는 부당한 때 검사는 재수사를 요청할 수 있다(형사소송법 제245조의8 제1항, 제2항), (수사준칙 제64조 제1항).

해설+ 형사소송법 제245조의8 【재수사요청 등】 ① 검사는 제245조의5 제2호의 경우에 사법경찰관이 사건을 송치하지 아니한 것이 위법 또는 부당한 때에는 그 이유를 문서로 명시하여 사법경찰관에게 재수사를 요청할 수 있다.
② 사법경찰관은 제1항의 요청이 있는 때에는 사건을 재수사하여야 한다.

수사준칙 제64조 【재수사 결과의 처리】 ② 검사는 사법경찰관이 제1항 제2호에 따라 재수사 결과를 통보한 사건에 대하여 다시 재수사를 요청하거나 송치 요구를 할 수 없다. 다만, 사법경찰관이 사건을 송치하지 않은 위법 또는 부당이 시정되지 않아 검사가 사건을 송치받아 수사할 필요가 있는 다음 각 호의 경우에는 법 제197조의3에 따라 사건송치를 요구할 수 있다.
1. 관련 법령 또는 법리에 위반된 경우
2. 범죄 혐의의 유무를 명확히 하기 위해 재수사요청한 사항에 관하여 그 이행이 이루어지지 않은 경우(다만, 불송치 결정의 유지에 영향을 미치지 않음이 명백한 경우는 제외한다)
3. 송부받은 관계 서류 및 증거물과 재수사 결과만으로도 범죄 혐의가 명백히 인정되는 경우
4. 공소시효 또는 형사소추의 요건을 판단하는 데 오류가 있는 경우
③ 검사는 전항 단서의 송치요구 여부를 판단하기 위하여 필요한 경우에는 사법경찰관에게 관계 서류와 증거물의 송부를 요청할 수 있다. 이 경우 요청을 받은 사법경찰관은 이에 협력해야 한다.
④ 검사는 재수사 결과를 통보받은 날(전항에 따라 관계 서류와 증거물의 송부를 요청한 경우 이를 송부받은 날)부터 30일 이내에 제2항 단서의 송치요구를 하여야 하고, 그 기간 내에 송치요구를 하지 않을 경우에는 송부받은 관계 서류와 증거물을 사법경찰관에게 반환해야 한다.

005 「수사준칙」에 의하면, 검사의 재수사 요청에 따른 사법경찰관의 재수사에도 불구하고 관련 법리에 위반되거나 송부받은 관계 서류 및 증거물과 재수사 결과만으로도 공소제기를 할 수 있을 정도로 명백히 채증법칙에 위반되거나 공소시효 또는 형사소추의 요건을 판단하는 데 오류가 있어 사건을 송치하지 않은 위법 또는 부당이 시정되지 않은 경우, 검사는 재수사 결과를 통보받은 날부터 60일 이내에 사건송치를 요구할 수 있다. [경찰경채 23]

005 (×) 60일이 아닌 30일이다. 수사준칙 제64조 제2항 단서 참조.

해설+ 수사준칙 제64조 【재수사 결과의 처리】 ② 검사는 사법경찰관이 제1항 제2호에 따라 재수사 결과를 통보한 사건에 대하여 다시 재수사를 요청하거나 송치 요구를 할 수 없다. 다만, 사법경찰관이 사건을 송치하지 않은 위법 또는 부당이 시정되지 않아 검사가 사건을 송치받아 수사할 필요가 있는 다음 각 호의 경우에는 법 제197조의3에 따라 사건송치를 요구할 수 있다.
1. 관련 법령 또는 법리에 위반된 경우
2. 범죄 혐의의 유무를 명확히 하기 위해 재수사요청한 사항에 관하여 그 이행이 이루어지지 않은 경우(다만, 불송치 결정의 유지에 영향을 미치지 않음이 명백한 경우는 제외한다)
3. 송부받은 관계 서류 및 증거물과 재수사 결과만으로도 범죄 혐의가 명백히 인정되는 경우
4. 공소시효 또는 형사소추의 요건을 판단하는 데 오류가 있는 경우
③ 검사는 전항 단서의 송치요구 여부를 판단하기 위하여 필요한 경우에는 사법경찰관에게 관계 서류와 증거물의 송부를 요청할 수 있다. 이 경우 요청을 받은 사법경찰관은 이에 협력해야 한다.
④ 검사는 재수사 결과를 통보받은 날(전항에 따라 관계 서류와 증거물의 송부를 요청한 경우 이를 송부받은 날)부터 30일 이내에 제2항 단서의 송치요구를 하여야 하고, 그 기간 내에 송치요구를 하지 않을 경우에는 송부받은 관계 서류와 증거물을 사법경찰관에게 반환해야 한다.

006 검사는 사법경찰관의 불송치 결정이 위법 또는 부당한 경우에는 관계 서류와 증거물을 송부받은 날로부터 90일 이내에 재수사를 요청할 수 있는데, 만약 불송치 결정에 영향을 줄 수 있는 명백히 새로운 증거 또는 사실이 발견된 경우에는 90일이 지난 후에도 재수사를 요청할 수 있다.

[경찰채용 22 1차]

해설+ 수사준칙 제62조【사법경찰관의 사건불송치】① 사법경찰관은 법 제245조의5 제2호 및 이 영 제51조 제1항 제3호에 따라 불송치 결정을 하는 경우 불송치의 이유를 적은 불송치 결정서와 함께 압수물 총목록, 기록목록 등 관계 서류와 증거물을 검사에게 송부해야 한다.
② 제1항의 경우 영상녹화물의 송부 및 새로운 증거물 등의 추가 송부에 관하여는 제58조 제2항 및 제3항을 준용한다.

제63조【재수사요청의 절차 등】① 검사는 법 제245조의8에 따라 사법경찰관에게 재수사를 요청하려는 경우에는 법 제245조의5제2호에 따라 관계 서류와 증거물을 송부받은 날부터 90일 이내에 해야 한다. 다만, 다음 각 호의 어느 하나에 해당하는 경우에는 관계 서류와 증거물을 송부받은 날부터 90일이 지난 후에도 재수사를 요청할 수 있다.
1. 불송치 결정에 영향을 줄 수 있는 명백히 새로운 증거 또는 사실이 발견된 경우
2. 증거 등의 허위, 위조 또는 변조를 인정할 만한 상당한 정황이 있는 경우
② 검사는 제1항에 따라 재수사를 요청할 때에는 그 내용과 이유를 구체적으로 적은 서면으로 해야 한다. 이 경우 법 제245조의5제2호에 따라 송부받은 관계 서류와 증거물을 사법경찰관에게 반환해야 한다.
③ 검사는 법 제245조의8에 따라 재수사를 요청한 경우 그 사실을 고소인등에게 통지해야 한다.
④ 사법경찰관은 법 제245조의8제1항에 따른 재수사의 요청이 접수된 날부터 3개월 이내에 재수사를 마쳐야 한다.

006 (○) 사법경찰관의 불송치결정에 대한 검사의 재수사요청은 원칙적으로 관계 서류와 증거물을 송부받은 날부터 90일 이내에 해야 하나, 예외적인 경우에는 90일이 지난 후에도 할 수 있다. 수사준칙 제63조 제1항 참조.

007 사법경찰관이 검찰송치 결정을 한 경우에는 그 내용을 고소인·고발인·피해자 또는 그 법정대리인(피해자가 사망한 경우에는 그 배우자·직계친족·형제자매를 포함한다)과 피의자에게 통지해야 한다. [경찰채용 21 1차]

보충 위와 같은 통지는 피의자에게도 하여야 한다.

수사준칙 제53조【수사 결과의 통지】① 검사 또는 사법경찰관은 제51조 또는 제52조에 따른 결정을 한 경우에는 그 내용을 고소인·고발인·피해자 또는 그 법정대리인(피해자가 사망한 경우에는 그 배우자·직계친족·형제자매를 포함한다. 이하 "고소인등"이라 한다)과 피의자에게 통지해야 한다. 다만, 다음 각 호의 어느 하나에 해당하는 경우에는 고소인등에게만 통지한다.
1. 제51조제1항제4호가목에 따른 피의자중지 결정 또는 제52조제1항제3호에 따른 기소중지 결정을 한 경우
2. 제51조제1항제5호 또는 제52조제1항제7호에 따른 이송(법 제256조에 따른 송치는 제외한다) 결정을 한 경우로서 검사 또는 사법경찰관이 해당 피의자에 대해 출석요구 또는 제16조제1항 각 호의 어느 하나에 해당하는 행위를 하지 않은 경우

007 (○) 수사준칙 제53조 제1항

008 사법경찰관은 고소·고발 사건을 포함하여 범죄를 수사한 때에는 범죄의 혐의가 있다고 인정되는 경우를 제외한 그 밖의 경우에는 그 이유를 명시한 서면과 함께 관계 서류와 증거물을 지체 없이 검사에게 송부하여야 하고, 그 송부한 날부터 7일 이내에 서면으로 고소인·고발인·피해자 또는 그 법정대리인(피해자가 사망한 경우에는 그 배우자·직계친족·형제자매를 포함한다)에게 사건을 검사에게 송치하지 아니하는 취지와 그 이유를 통지하여야 한다. [경찰경채 23 변형] [경찰승진 22]

008 (○) 제245조의6

009 사법경찰관으로부터 불송치결정(형사소송법 제245조의5 제2호)의 통지(형사소송법 제245조의6)를 받은 고소인·고발인·피해자 또는 그 법정대리인은 해당 사법경찰관의 소속 관서의 장에게 이의를 신청할 수 있고, 사법경찰관은 그러한 신청이 있는 때에는 지체 없이 검사에게 사건을 송치하고 관계 서류와 증거물을 송부하여야 하며, 처리결과와 그 이유를 신청인에게 통지하여야 한다. [국가7급 23] [군무원9급 23 변형]

009 (×) 이의신청권의 주체에서 고발인이 제외되었다(2022.5.9. 개정 형사소송법 제245조의7 제1항).

해설+ 형사소송법 제245조의5 【사법경찰관의 사건송치 등】 사법경찰관은 고소·고발 사건을 포함하여 범죄를 수사한 때에는 다음 각 호의 구분에 따른다.
1. 범죄의 혐의가 있다고 인정되는 경우에는 지체 없이 검사에게 사건을 송치하고, 관계 서류와 증거물을 검사에게 송부하여야 한다.
2. 그 밖의 경우에는 그 이유를 명시한 서면과 함께 관계 서류와 증거물을 지체 없이 검사에게 송부하여야 한다. 이 경우 검사는 송부받은 날부터 90일 이내에 사법경찰관에게 반환하여야 한다.

제245조의6 【고소인 등에 대한 송부통지】 사법경찰관은 제245조의5 제2호의 경우에는 그 송부한 날부터 7일 이내에 서면으로 고소인·고발인·피해자 또는 그 법정대리인(피해자가 사망한 경우에는 그 배우자·직계친족·형제자매를 포함한다)에게 사건을 검사에게 송치하지 아니하는 취지와 그 이유를 통지하여야 한다.

제245조의7 【고소인 등의 이의신청】 ① 제245조의6의 통지를 받은 사람(고발인을 제외한다)은 해당 사법경찰관의 소속 관서의 장에게 이의를 신청할 수 있다.
② 사법경찰관은 제1항의 신청이 있는 때에는 지체 없이 검사에게 사건을 송치하고 관계 서류와 증거물을 송부하여야 하며, 처리결과와 그 이유를 제1항의 신청인에게 통지하여야 한다.

010 사법경찰관으로부터 사건을 검사에게 송치하지 아니하는 취지와 그 이유를 통지받은 사람은 통지를 받은 날로부터 30일 이내에 해당 사법경찰관의 소속 관서의 장에게 이의를 신청하여야 한다. [경찰승진 22]

010 (×)

해설+ 사법경찰관으로부터 사건을 검사에게 송치하지 아니하는 취지와 그 이유를 통지받은 사람(고발인을 제외한다)은 해당 사법경찰관의 소속 관서의 장에게 이의를 신청할 수 있다(제245조의7 제1항). 즉, 기간제한이 없다.

011 수사준칙 제53조 및 제54조에 의하면 사법경찰관은 수사종결 후 그 내용을 고소인등과 피의자에게 통지해야 하는데, 특히 수사중지 결정 통지를 받은 사람은 해당 사법경찰관이 소속된 경찰관서의 장에게 이의를 제기할 수 있다. [경찰채용 22 1차]

011 (X) 수사준칙 제54조 제1항

> **해설+** 수사준칙 제54조 【수사중지 결정에 대한 이의제기 등】 ① 제53조에 따라 사법경찰관으로부터 제51조 제1항 제4호에 따른 수사중지 결정의 통지를 받은 사람은 해당 사법경찰관이 소속된 바로 위 상급경찰관서의 장에게 이의를 제기할 수 있다.

012 사법경찰관의 불송치 통지를 받은 고소인·고발인·피해자 또는 그 법정대리인은 해당 사법경찰관의 소속 관서의 장에게 이의를 신청할 수 있고, 이의신청이 있는 경우 사법경찰관은 지체 없이 검사에게 사건을 송치하고 관계 서류와 증거물을 송부하여야 하며, 처리결과와 그 이유를 신청인에게 통지하여야 한다. [경찰채용 22 1차 변형] [경찰경채 23] [경찰간부 23 변형]

012 (X) 2022.5.9. 형사소송법 개정에 의하여 고발인은 사법경찰관의 불송치 통지에 대한 이의신청을 할 수 있는 주체에서 제외되었다(제245조의7 제1항).

> **해설+** 제245조의7 【고소인 등의 이의신청】 ① 제245조의6의 통지를 받은 사람(고발인을 제외한다)은 해당 사법경찰관의 소속 관서의 장에게 이의를 신청할 수 있다.
> ② 사법경찰관은 제1항의 신청이 있는 때에는 지체 없이 검사에게 사건을 송치하고 관계 서류와 증거물을 송부하여야 하며, 처리결과와 그 이유를 제1항의 신청인에게 통지하여야 한다.

013 사법경찰관이 범죄를 수사한 후 범죄의 혐의가 있다고 인정되는 경우에는 지체 없이 검사에게 사건을 송치하고, 검사는 송치사건의 공소제기 여부 결정 또는 공소의 유지에 관하여 필요한 경우 사법경찰관에게 보완수사를 요구할 수 있으며, 특별히 직접 보완수사를 할 필요성이 인정되는 경우에는 예외적으로 직접 보완수사를 할 수 있다. [경찰채용 21 1차]

013 (X) 개정 수사준칙에 따르면, 검사가 직접 보완수사를 하거나 사법경찰관에게 보완수사를 요구하는 것을 원칙으로 한다(수사준칙 제59조 제1항 본문)

> **해설+** 제59조 【보완수사요구의 대상과 범위】 ① 검사는 사법경찰관으로부터 송치받은 사건에 대해 보완수사가 필요하다고 인정하는 경우에는 직접 보완수사를 하거나 법 제197조의2제1항제1호에 따라 사법경찰관에게 보완수사를 요구할 수 있다. 다만, 송치사건의 공소제기 여부 결정에 필요한 경우로서 다음 각 호의 어느 하나에 해당하는 경우에는 특별히 사법경찰관에게 보완수사를 요구할 필요가 있다고 인정되는 경우를 제외하고는 검사가 직접 보완수사를 하는 것을 원칙으로 한다.
> 1. 사건을 수리한 날(이미 보완수사요구가 있었던 사건의 경우 보완수사 이행 결과를 통보받은 날을 말한다)부터 1개월이 경과한 경우
> 2. 사건이 송치된 이후 검사가 해당 피의자 및 피의사실에 대해 상당한 정도의 보완수사를 한 경우
> 3. 법 제197조의3제5항, 제197조의4제1항 또는 제198조의2제2항에 따라 사법경찰관으로부터 사건을 송치받은 경우
> 4. 제7조 또는 제8조에 따라 검사와 사법경찰관이 사건 송치 전에 수사할 사항, 증거수집의 대상 및 법령의 적용 등에 대해 협의를 마치고 송치한 경우

014 사법경찰관은 수사결과에 따라 범죄의 혐의가 있다고 인정되는 경우에는 지체 없이 검사에게 사건을 송치하고 관계 서류와 증거물을 검사에게 송부하여야 하는데, 이때 보완수사가 필요하다고 인정되는 경우에도 검사는 직접 보완수사할 수 없으며 사법경찰관에 대한 보완수사요구만 가능하다.

[경찰채용 22 1차]

해설+ 형사소송법 제245조의5【사법경찰관의 사건송치 등】사법경찰관은 고소·고발 사건을 포함하여 범죄를 수사한 때에는 다음 각 호의 구분에 따른다.
1. 범죄의 혐의가 있다고 인정되는 경우에는 지체 없이 검사에게 사건을 송치하고, 관계 서류와 증거물을 검사에게 송부하여야 한다.
2. 그 밖의 경우에는 그 이유를 명시한 서면과 함께 관계 서류와 증거물을 지체 없이 검사에게 송부하여야 한다. 이 경우 검사는 송부받은 날부터 90일 이내에 사법경찰관에게 반환하여야 한다.

수사준칙 제59조【보완수사요구의 대상과 범위】 ① 검사는 사법경찰관으로부터 송치받은 사건에 대해 보완수사가 필요하다고 인정하는 경우에는 직접 보완수사를 하거나 법 제197조의2제1항제1호에 따라 사법경찰관에게 보완수사를 요구할 수 있다. 다만, 송치사건의 공소제기 여부 결정에 필요한 경우로서 다음 각 호의 어느 하나에 해당하는 경우에는 특별히 사법경찰관에게 보완수사를 요구할 필요가 있다고 인정되는 경우를 제외하고는 검사가 직접 보완수사를 하는 것을 원칙으로 한다. 〈개정 2023. 10. 17.〉
1. 사건을 수리한 날(이미 보완수사요구가 있었던 사건의 경우 보완수사 이행 결과를 통보받은 날을 말한다)부터 1개월이 경과한 경우
2. 사건이 송치된 이후 검사가 해당 피의자 및 피의사실에 대해 상당한 정도의 보완수사를 한 경우
3. 법 제197조의3제5항, 제197조의4제1항 또는 제198조의2제2항에 따라 사법경찰관으로부터 사건을 송치받은 경우
4. 제7조 또는 제8조에 따라 검사와 사법경찰관이 사건 송치 전에 수사할 사항, 증거수집의 대상 및 법령의 적용 등에 대해 협의를 마치고 송치한 경우

014 (×) 개정 수사준칙에 따르면, 검사가 직접 보완수사를 하거나 사법경찰관에게 보완수사를 요구하는 것을 원칙으로 한다(수사준칙 제59조 제1항 본문)

015 검사는 사법경찰관으로부터 송치받은 사건에 대해 보완수사가 필요하다고 인정하는 경우에는 특별히 직접 보완수사를 할 필요가 있다고 인정되는 경우를 제외하고는 사법경찰관에게 보완수사를 요구하는 것을 원칙으로 한다.

[소방간부 23]

해설+ 수사준칙 제59조【보완수사요구의 대상과 범위】 ① 검사는 사법경찰관으로부터 송치받은 사건에 대해 보완수사가 필요하다고 인정하는 경우 직접 보완수사하거나 법 제197조의2 제1항 제1호에 따라 사법경찰관에게 보완수사를 요구할 수 있다. 다만, 법 제197조의2 제1항 제1호 전단의 경우로서 다음 각 호의 어느 하나에 해당하는 때에는 특별히 사법경찰관에게 보완수사를 요구할 필요가 있다고 인정되는 경우를 제외하고는 검사가 직접 보완수사를 하는 것을 원칙으로 한다.
1. 사건을 수리한 날(이미 보완수사요구가 있었던 사건의 경우 보완수사 이행 결과를 통보받은 날)로부터 1개월이 경과한 경우
2. 사건이 송치된 이후 검사에 의하여 해당 피의자 및 피의사실에 대해 상당한 정도의 보완수사가 이루어진 경우
3. 법 제197조의3제5항, 제197조의4제1항, 제198조의2제2항에 따라 사법경찰관으로부터 송치받은 경우
4. 제7조 또는 제8조에 따라 검사와 사법경찰관이 사건 송치 전에 수사할 사항, 증거수집의 대상, 법령의 적용 등에 관하여 협의를 마치고 송치한 경우

015 (×) 구 수사준칙에 의하면 맞지만(구 수사준칙 제59조 제1항), 2023.11.1. 시행 개정 수사준칙에 의하면 검사가 직접 보완수사하거나 사법경찰관에게 보완수사를 요구할 수 있는 것을 원칙으로 한다.

208 형사소송법의 수사와 증거

016 사법경찰관이 범죄를 수사한 후 범죄의 혐의가 인정되지 않아 불송치 결정을 하는 경우, 사법경찰관은 그 이유를 명시한 서면과 함께 관계 서류와 증거물을 지체 없이 검사에게 송부해야 하며, 검사는 송부받은 날로부터 60일 이내에 사법경찰관에게 그 서류 등을 반환하여야 한다.

[경찰채용 21 1차]

016 (×) '60일' → '90일'(제245조의5 제2호)

017 사법경찰관은 범죄혐의가 인정되지 않는다고 판단하는 경우 검사에게 사건을 송치할 필요는 없으나, 불송치결정서와 함께 압수물 총목록, 기록목록 등 관계서류와 증거물을 검사에게 송부하여야 한다. [경찰간부 23]

017 (○) 형사소송법 제245조의5 제2호, 수사준칙 제62조

해설+ 제245조의5【사법경찰관의 사건송치 등】사법경찰관은 고소·고발 사건을 포함하여 범죄를 수사한 때에는 다음 각 호의 구분에 따른다.
1. 범죄의 혐의가 있다고 인정되는 경우에는 지체 없이 검사에게 사건을 송치하고, 관계 서류와 증거물을 검사에게 송부하여야 한다.
2. 그 밖의 경우에는 그 이유를 명시한 서면과 함께 관계 서류와 증거물을 지체 없이 검사에게 송부하여야 한다. 이 경우 검사는 송부받은 날부터 90일 이내에 사법경찰관에게 반환하여야 한다.

수사준칙 제62조【사법경찰관의 사건불송치】 ① 사법경찰관은 법 제245조의5 제2호 및 이 영 제51조 제1항 제3호에 따라 불송치 결정을 하는 경우 불송치의 이유를 적은 불송치 결정서와 함께 압수물 총목록, 기록목록 등 관계 서류와 증거물을 검사에게 송부해야 한다.

018 고소장 제출 후 고소인이 출석요구에 불응하거나 소재불명 되어 고소사실에 대한 진술을 청취할 수 없는 경우 불기소결정의 주문은 '각하'이다.

[경찰간부 18]

018 (○) 검찰사건사무규칙 제115조 제3항 제5호 마목

019 고소장의 기재만으로는 고소 사실이 불분명함에도 고소장 제출 후 고소인이 출석요구에 불응하거나 소재불명이 되어 고소사실에 대한 진술을 청취할 수 없는 경우는 불기소처분 중 각하사유에 해당한다. [해경승진 23]

해설+ 제115조【불기소결정】③ 불기소결정의 주문은 다음과 같이 한다.
5. 각하
  가. 고소 또는 고발이 있는 사건에 관하여 고소인 또는 고발인의 진술이나 고소장 또는 고발장에 의하여 제2호부터 제4호까지의 규정에 따른 사유에 해당함이 명백한 경우
  나. 법 제224조, 제232조 제2항 또는 제235조에 위반한 고소·고발의 경우
  다. 같은 사건에 관하여 검사의 불기소결정이 있는 경우(새로이 중요한 증거가 발견되어 고소인, 고발인 또는 피해자가 그 사유를 소명한 경우는 제외한다)
  라. 법 제223조, 제225조부터 제228조까지의 규정에 따른 고소권자가 아닌 자가 고소한 경우
  마. 고소인 또는 고발인이 고소·고발장을 제출한 후 출석요구나 자료제출 등 혐의 확인을 위한 수사기관의 요청에 불응하거나 소재불명이 되는 등 고소·고발사실에 대한 수사를 개시·진행할 자료가 없는 경우
  바. 고발이 진위 여부가 불분명한 언론 보도나 인터넷 등 정보통신망의 게시물, 익명의 제보, 고발 내용과 직접적인 관련이 없는 제3자로부터의 전문(傳聞)이나 풍문 또는 고발인의 추측만을 근거로 한 경우 등으로서 수사를 개시할만한 구체적인 사유나 정황이 충분하지 않은 경우
  사. 고소·고발 사건(진정 또는 신고를 단서로 수사개시된 사건을 포함한다)의 사안의 경중 및 경위, 피해회복 및 처벌의사 여부, 고소인·고발인·피해자와 피고소인·피고발인·피의자와의 관계, 분쟁의 종국적 해결 여부 등을 고려할 때 수사 또는 소추에 관한 공공의 이익이 없거나 극히 적은 경우로서 수사를 개시·진행할 필요성이 인정되지 않는 경우

019 (○) 고소 또는 고발 사건에 관하여 고소인 또는 고발인의 진술이나 고소장 또는 고발장에 의하여 혐의없음, 죄가안됨, 공소권없음의 사유에 해당함이 명백한 경우에 행하는 처분이 '각하'이다. 각하 사유에는 이외에도 고소인 또는 고발인이 고소·고발장을 제출한 후 출석요구나 자료제출 등 혐의 확인을 위한 수사기관의 요청에 불응하거나 소재불명이 되는 등 고소·고발사실에 대한 수사를 개시·진행할 자료가 없는 경우가 있다(검찰사건사무규칙 제115조 제3항 제5호 마목).

020 고소사건에서 동일사건에 관하여 이미 검사의 불기소처분이 있는 경우 불기소결정의 주문은 '공소권없음'이다. [경찰간부 18]

020 (×) '공소권없음' → '각하' (검찰사건사무규칙 제115조 제3항 제5호 다목)

021 피의자가 형사미성년자인 경우 불기소결정의 주문은 '죄가안됨'이다. [경찰간부 18]

021 (○) 검찰사건사무규칙 제115조 제3항 제3호

022 수사 중 피의자가 사망한 경우 불기소결정의 주문은 '공소권없음'이다. [경찰간부 18]

022 (○) 검찰사건사무규칙 제115조 제3항 제4호 타목

023 친고죄 사건에 관하여 고소가 취소된 경우 불기소결정의 주문은 '혐의없음'이다. [경찰간부 18]

023 (×) '혐의없음' → '공소권없음'(검찰사건사무규칙 제115조 제3항 제4호 차목)

024 사법경찰관은 사건을 수사한 경우에는 혐의없음, 죄가안됨, 공소권없음, 각하와 같은 불송치 결정을 할 수 있지만 기소유예는 할 수 없다. [경찰채용 22 1차]

해설+ 수사준칙 제51조【사법경찰관의 결정】① 사법경찰관은 사건을 수사한 경우에는 다음 각 호의 구분에 따라 결정해야 한다.
1. 법원송치
2. 검찰송치
3. 불송치
   가. 혐의없음
      1) 범죄인정안됨
      2) 증거불충분
   나. 죄가안됨
   다. 공소권없음
   라. 각하
4. 수사중지
   가. 피의자중지
   나. 참고인중지
5. 이송
② 사법경찰관은 하나의 사건 중 피의자가 여러 사람이거나 피의사실이 여러 개인 경우로서 분리하여 결정할 필요가 있는 경우 그중 일부에 대해 제1항 각 호의 결정을 할 수 있다.
③ 사법경찰관은 제1항제3호나목 또는 다목에 해당하는 사건이 다음 각 호의 어느 하나에 해당하는 경우에는 해당 사건을 검사에게 이송한다.
1. 「형법」 제10조제1항에 따라 벌할 수 없는 경우
2. 기소되어 사실심 계속 중인 사건과 포괄일죄를 구성하는 관계에 있거나 「형법」 제40조에 따른 상상적 경합 관계에 있는 경우
④ 사법경찰관은 제1항 제4호에 따른 수사중지 결정을 한 경우 7일 이내에 사건기록을 검사에게 송부해야 한다. 이 경우 검사는 사건기록을 송부받은 날부터 30일 이내에 반환해야 하며, 그 기간 내에 법 제197조의3에 따라 시정조치 요구를 할 수 있다.
⑤ 사법경찰관은 제4항 전단에 따라 검사에게 사건기록을 송부한 후 피의자 등의 소재를 발견한 경우에는 소재 발견 및 수사 재개 사실을 검사에게 통보해야 한다. 이 경우 통보를 받은 검사는 지체 없이 사법경찰관에게 사건기록을 반환해야 한다.

제52조【검사의 결정】① 검사는 사법경찰관으로부터 사건을 송치받거나 직접 수사한 경우에는 다음 각 호의 구분에 따라 결정해야 한다.
1. 공소제기
2. 불기소
   가. 기소유예
   나. 혐의없음
      1) 범죄인정안됨
      2) 증거불충분
   다. 죄가안됨
   라. 공소권없음
   마. 각하
3. 기소중지
4. 참고인중지
5. 보완수사요구
6. 공소보류
7. 이송
8. 소년보호사건 송치
9. 가정보호사건 송치
10. 성매매보호사건 송치
11. 아동보호사건 송치
② 검사는 하나의 사건 중 피의자가 여러 사람이거나 피의사실이 여러 개인 경우로서 분리하여 결정할 필요가 있는 경우 그중 일부에 대해 제1항 각 호의 결정을 할 수 있다.

024 (○) 2020.2.4. 검·경 수사권 조정에 의하여 사법경찰관에게도 1차적 수사종결권이 부여되었다. 다만, 공소제기와 기소유예를 포함한 불기소처분 등과 같은 최종적 수사종결권은 검사에게 부여되어 있다.

025 사법경찰관은 사건을 수사한 경우에는 피의자중지, 참고인중지와 같은 수사중지결정을 할 수 있으며, 이 경우 7일 이내에 사건기록을 검사에게 송부해야 한다.

[경찰승진 23]

025 (O) 수사준칙 제51조 제1항 제4호, 제4항 참조

해설+ **수사준칙 제51조【사법경찰관의 결정】** ① 사법경찰관은 사건을 수사한 경우에는 다음 각 호의 구분에 따라 결정해야 한다.
4. 수사중지
　가. 피의자중지
　나. 참고인중지
④ 사법경찰관은 제1항 제4호에 따른 수사중지 결정을 한 경우 7일 이내에 사건기록을 검사에게 송부해야 한다. 이 경우 검사는 사건기록을 송부받은 날부터 30일 이내에 반환해야 하며, 그 기간 내에 법 제197조의3에 따라 시정조치요구를 할 수 있다.

026 사법경찰관은 피의자중지 결정 후 그 내용을 고소인·고발인·피해자 또는 그 법정대리인(피해자가 사망한 경우에는 그 배우자·직계친족·형제자매를 포함한다)에게 통지해야 한다.

[경찰승진 23]

026 (O) 수사준칙 제53조 제1항

주의 이 경우 통지대상에는 피의자가 포함되지 아니한다.

수사준칙 제53조【수사 결과의 통지】 ① 검사 또는 사법경찰관은 제51조 또는 제52조에 따른 결정을 한 경우에는 그 내용을 고소인·고발인·피해자 또는 그 법정대리인(피해자가 사망한 경우에는 그 배우자·직계친족·형제자매를 포함한다. 이하 "고소인등"이라 한다)과 피의자에게 통지해야 한다. 다만, 다음 각 호의 어느 하나에 해당하는 경우에는 고소인등에게만 통지한다. 〈개정 2023. 10. 17.〉
1. 제51조제1항제4호가목에 따른 피의자중지 결정 또는 제52조제1항제3호에 따른 기소중지 결정을 한 경우
2. 제51조제1항제5호 또는 제52조제1항제7호에 따른 이송(법 제256조에 따른 송치는 제외한다) 결정을 한 경우로서 검사 또는 사법경찰관이 해당 피의자에 대해 출석요구 또는 제16조제1항 각 호의 어느 하나에 해당하는 행위를 하지 않은 경우

027 사법경찰관으로부터 수사중지 결정의 통지를 받은 사람은 해당 사법경찰관이 소속된 바로 위 상급경찰관서의 장에게 이의를 제기할 수 있다.

[경찰승진 23]

027 (O) 수사준칙 제54조 제1항

해설+ **수사준칙 제54조【수사중지 결정에 대한 이의제기 등】** ① 제53조에 따라 사법경찰관으로부터 제51조 제1항 제4호에 따른 수사중지 결정의 통지를 받은 사람은 해당 사법경찰관이 소속된 바로 위 상급경찰관서의 장에게 이의를 제기할 수 있다.
② 제1항에 따른 이의제기의 절차·방법 및 처리 등에 관하여 필요한 사항은 경찰청장 또는 해양경찰청장이 정한다.

참고 형사소송법 제245조의7 제1항에 따르면 사법경찰관의 불송치결정의 통지를 받은 사람(고발인은 제외)은 해당 사법경찰관의 소속 관서의 장에게 이의를 신청할 수 있다.

028 사법경찰관으로부터 수사중지 결정의 통지를 받은 사람은 해당 수사중지 결정이 법령에 위반되는 경우에 한하여 검사에게 「형사소송법」 제197조의3 제1항에 따른 신고를 할 수 있다. [경찰승진 23]

> **해설+** 수사준칙 제54조 【수사중지 결정에 대한 이의제기 등】 ③ 제1항에 따른 통지를 받은 사람은 해당 수사중지 결정이 법령위반, 인권침해 또는 현저한 수사권 남용이라고 의심되는 경우 검사에게 법 제197조의3 제1항에 따른 신고를 할 수 있다.
> ④ 사법경찰관은 제53조에 따라 고소인 등에게 제51조 제1항 제4호에 따른 수사중지 결정의 통지를 할 때에는 제3항에 따라 신고할 수 있다는 사실을 함께 고지해야 한다.

028 (×) 법령위반 외에도 인권침해 또는 현저한 수사권 남용이라고 의심되는 경우에도 검사에게 신고할 수 있다(수사준칙 제54조 제3항).

029 사법경찰관이 사건을 수사한 결과, 불송치 결정 중 죄가안됨에 해당하여 형법 제10조 제1항에 따라 피의자를 벌할 수 없는 경우에는 해당 사건을 검사에게 이송한다. [경찰채용 22 1차]

> **해설+** 수사준칙 제51조 【사법경찰관의 결정】 ① 사법경찰관은 사건을 수사한 경우에는 다음 각 호의 구분에 따라 결정해야 한다.
> 3. 불송치
>   나. 죄가안됨
>   다. 공소권없음
> ③ 사법경찰관은 제1항 제3호 나목 또는 다목에 해당하는 사건이 다음 각 호의 어느 하나에 해당하는 경우에는 해당 사건을 검사에게 이송한다.
> 1. 「형법」 제10조 제1항에 따라 벌할 수 없는 경우
> 2. 기소되어 사실심 계속 중인 사건과 포괄일죄를 구성하는 관계에 있거나 「형법」 제40조에 따른 상상적 경합 관계에 있는 경우

029 (○) 심신상실(형법 제10조 제1항)에 의하여 죄가안됨 불송치 결정(수사준칙 제51조 제1항 제3호 나목)을 하는 경우에 사법경찰관은 해당 사건을 검사에게 이송하여야 한다(수사준칙 제51조 제3항 제1호).

030 검사는 고소 또는 고발 있는 사건에 관하여 공소제기, 불기소, 공소취소 또는 타관송치의 처분을 한 때에는 그 처분한 날로부터 7일 이내에 서면으로 고소인 또는 고발인에게 그 취지를 통지하여야 한다. [국가9급 17]

030 (○) 제258조 제1항

031 고소인에 대한 불기소처분의 통지는 필요적이지만 고발인에 대한 경우는 임의적이다. [국가9급 09]

031 (×) '임의적' → '필요적' 제258조 제1항 참조.
불기소처분의 통지는 고소인 및 고발인에 대한 것 모두 필요적이다.

032 검사가 불기소 또는 타관송치의 처분을 한 때에는 피의자에게 즉시 그 취지를 통지하여야 한다. [국가9급 09·17]

032 (○) 제258조 제2항

033 검사는 범죄로 인한 피해자 또는 그 법정대리인의 신청이 있는 때에는 당해 사건의 공소제기 여부, 공판의 일시·장소, 재판결과, 피의자·피고인의 구속·석방 등 구금에 관한 사실 등을 신속하게 통지하여야 한다. [국가9급 17]

033 (○) 제259조의2

034 법원은 범죄로 인한 피해자의 신청이 있는 때에는 당해 사건의 공소제기 여부, 공판의 일시·장소, 재판결과, 피의자·피고인의 구속·석방 등 구금에 관한 사실 등을 신속하게 통지하여야 한다. [법원9급 16]

034 (×) '법원' → '검사'(제259조의2)

035 고소를 하지 않은 피해자라고 하더라도 검사의 불기소처분에 대하여 항고할 수 있다. [국가9급 09] [국가9급개론 18]

035 (×) '있다' → '없다' 제260조 제1항·제2항 참조.

> **해설+** 검사의 불기소처분에 대한 검찰청법 소정의 항고 및 재항고는 그 피의사건의 고소인 또는 고발인만이 할 수 있을 뿐이다(헌법재판소 2010.6.24, 2008헌마716).

036 검사의 불기소처분에 불복이 있는 고소인 또는 고발인은 그 검사가 속하는 지방검찰청 또는 지청을 거쳐 서면으로 관할 고등검찰청 검사장에게 항고할 수 있는데 이 경우 지방검찰청 또는 지청의 검사는 항고가 이유 있다고 인정하는 때에는 그 처분을 경정하여야 한다. [법원9급 10]

036 (○) 검찰청법 제10조

037 헌법소원의 보충성에 따라 고소인은 검사의 불기소처분에 대하여 재정신청을 거쳐 헌법재판소에 헌법소원을 청구할 수 있다. [경찰채용 12]

037 (×) '있다' → '없다'

> **해설+** 재정신청에 대한 고등법원의 결정은 법원의 재판에 속하며, 법원의 재판에 대하여는 헌법소원을 청구할 수 없다(헌법재판소법 제68조 제1항).

038 고소한 피해자는 검사의 불기소처분에 대하여는 헌법소원을 청구할 수 없으나, 고소하지 아니한 피해자는 헌법소원을 청구할 수 있다.

[국가9급 17 변형]

038 (○) 고소한 피해자는 검찰항고를 거쳐 재정신청을 제기하여야 하고, 일단 재정신청을 거친 이후에는 헌법소원을 청구하지 못한다 (헌법재판소 2008.11.27, 2008 헌마399).

039 고소한 피해자는 불기소처분의 취소를 구하는 헌법소원심판을 청구할 수 있으나 고소하지 아니한 피해자 또는 고발인은 헌법소원심판을 청구할 수 없다.

[해경승진 23]

039 (×)

해설+ 고소한 피해자는 재정신청을 할 수 있으므로 헌법소원심판을 청구할 수 없다. 고발인은 검사의 불기소처분으로 인하여 자기의 기본권이 침해당한 자가 아니므로 역시 헌법소원심판을 청구할 수 없다. 다만 고소하지 않은 피해자는 재정신청을 할 수 없으므로 헌법소원심판을 청구할 수 있다.

판례 불기소처분에 대하여 인정되는 검찰청법 제10조 제1항 및 제3항에 의한 항고 및 재항고의 구제절차는 고소인 또는 고발인이 청구할 수 있도록 규정되어 있으므로, 범죄피해자로서 고소한 사실이 없는 청구인은 검찰청법에 의한 항고 및 재항고의 구제절차를 거칠 필요없이 불기소처분에 대하여 바로 헌법소원심판을 청구할 수 있다(헌법재판소 1998.8.27, 97헌마79 전원재판부).

040 검사의 불기소처분에 의해 기본권을 침해받은 자는 헌법소원을 제기할 수 있으므로 고소하지 않은 피해자 및 기소유예 처분을 받은 피의자는 헌법소원을 제기할 수 있으나 고발인은 특별한 사정이 없는 한 자기관련성이 없으므로 헌법소원심판을 청구할 수 없다.

[경찰간부 23]

040 (○)

해설+ 검사의 불기소처분에 대하여 고소하지 않은 피해자(헌법재판소 2008.11.27, 2008헌마399 · 400)와 기소유예처분을 받은 피의자(헌법재판소 1989.10.27, 89헌마56)는 헌법소원심판을 청구할 수 있다. 다만 고소인은 재정신청이 가능하다는 점에서, 고발인은 자기관련성이 인정되지 않는다는 점에서 헌법소원을 제기할 수 없다.

041 검사의 불기소처분에 대한 헌법소원에 있어서 그 대상이 된 범죄에 대하여 공소시효가 완성되었더라도 헌법소원을 제기할 수 있다.

[경찰간부 23]

041 (×)

해설+ 검사의 불기소처분에 대한 헌법소원심판청구 후에 그 불기소처분의 대상이 된 피의사실에 대하여 공소시효가 완성된 경우에는 그 불기소처분에 대한 헌법소원심판청구는 권리보호의 이익이 없어 부적법하다(헌법재판소 1992.7.23, 92헌마103 전원합의체).

042 고발인은 범죄피해자가 아니므로 '범죄피해자의 재판절차진술권' 침해 등을 이유로 하는 헌법소원을 청구할 수 없다. [국가9급 17 변형]

042 (O) 헌법재판소 2013.10.24, 2012헌마41

043 검사는 불기소처분한 사건을 재수사하여 공소제기할 수 있다. [국가9급 09]

043 (O)

해설+ 불기소처분은 확정판결과 같은 확정력·기판력이 없으므로 검사가 불기소처분했던 사건을 재수사하여 공소제기할 수 있다(통설).

044 재정신청은 검사가 협의의 불기소처분을 하는 경우뿐만 아니라 기소유예처분을 하는 때에도 허용된다. [법원9급 17]

044 (O) 대법원 1992.4.24, 86모58
재정신청의 대상은 불기소처분이다.

045 검사가 진정사건을 내사종결처리한 경우, 이 내사종결처리는 재정신청의 대상이 되지 아니한다. [국가7급 11]

045 (O) 대법원 1991.11.5, 91모68

046 검사의 불기소처분은 물론 진정사건에 대한 입건 전 조사(내사) 종결처분도 재정신청의 대상이 된다. [국가9급 23]

046 (X) 검사의 내사종결·공소제기·공소취소는 모두 불기소처분이 아니므로 재정신청의 대상이 되지 않는다.

047 2007.6.1. 「형사소송법」 개정으로, 고소·고발인이 대상범죄 제한 없이 모든 범죄에 대하여 재정신청을 할 수 있게 되었다. [법원승진 10]

047 (X) '고발' → 삭제

해설+ 고소권자로서 고소하는 경우에는 재정신청의 대상범죄에 제한이 없으나, 고발하는 경우에는 재정신청의 대상범죄가 한정된다. 제260조 제1항 참조.

048 재정신청의 신청권자는 불기소처분의 통지를 받은 고소인 또는 고발인인데 고소인은 모든 범죄에 대해, 고발인은 「형법」 제123조부터 제126조까지의 죄에 대해서만 재정신청이 가능하다. [경찰채용 19 1차]

> **해설+** 제260조 【재정신청】 ① 고소권자로서 고소를 한 자(「형법」 제123조부터 제126조까지의 죄에 대하여는 고발을 한 자를 포함한다)는 검사로부터 공소를 제기하지 아니한다는 통지를 받은 때에는 그 검사 소속의 지방검찰청 소재지를 관할하는 고등법원(이하 "관할 고등법원"이라 한다)에 그 당부에 관한 재정을 신청할 수 있다. 다만, 「형법」 제126조의 죄에 대하여는 피공표자의 명시한 의사에 반하여 재정을 신청할 수 없다.

048 (○) 제260조 제1항

049 재정신청의 관할법원은 불기소 처분을 한 검사 소속의 지방검찰청 소재지를 관할하는 지방법원 합의부이다. [해경승진(경장) 23]

> **해설+** 형사소송법 제260조 【재정신청】 ① 고소권자로서 고소를 한 자(「형법」 제123조부터 제126조까지의 죄에 대하여는 고발을 한 자를 포함한다. 이하 이 조에서 같다)는 검사로부터 공소를 제기하지 아니한다는 통지를 받은 때에는 그 검사 소속의 지방검찰청 소재지를 관할하는 고등법원(이하 "관할 고등법원"이라 한다)에 그 당부에 관한 재정을 신청할 수 있다. 다만, 「형법」 제126조의 죄에 대하여는 피공표자의 명시한 의사에 반하여 재정을 신청할 수 없다.

049 (×) 불기소처분을 한 그 검사 소속의 지방검찰청 소재지를 관할하는 고등법원이다(형사소송법 제260조 제1항).

050 항고기각결정을 통지받은 날 또는 항고전치주의의 예외 적용을 받는 경우에는 그 사유(공소시효만료 30일 사유 제외)가 발생한 날로부터 10일 이내에 지방검찰청검사장 또는 지청장에게 재정신청서를 제출하여야 한다. [법원9급 12]

050 (○) 제260조 제3항 참조.

051 구금 중인 고소인이 재정신청서를 재정신청기간 내에 교도소장에게 제출하였다면, 재정신청서가 이 기간 내에 불기소처분을 한 검사가 소속한 지방검찰청의 검사장 또는 지청장에게 도달하지 아니하였더라도 재정신청서의 제출은 적법하다. [국가7급 11] [법원9급 10]

051 (×) '더라도' → '다면', '적법하다' → '부적법하다'
도달하여야 한다(대법원 1998.12.14, 98모127). 재정신청에 대해서는 재소자특칙이 적용되지 않는다.

052 구금 중인 고소인이 재정신청서를 재정신청이 허용되는 기간 내에 교도소장에게 제출하였다면, 재정신청서가 이 기간 내에 불기소처분을 한 검사가 소속한 지방검찰청 검사장 또는 지청장에게 도달하지 않았더라도 적법한 재정신청서의 제출이라고 할 수 있다. [경찰승진 22] [변호사 23]

052 (×)

> **해설+** 재정신청서에 대하여는 형사소송법에 제344조 제1항과 같은 특례규정이 없으므로 재정신청서는 같은 법 제260조 제2항이 정하는 기간 안에 불기소처분을 한 검사가 소속한 지방검찰청의 검사장 또는 지청장에게 도달하여야 하고, 설령 구금 중인 고소인이 재정신청서를 그 기간 안에 교도소장 또는 그 직무를 대리하는 사람에게 제출하였다 하더라도 재정신청서가 위의 기간 안에 불기소처분을 한 검사가 소속한 지방검찰청의 검사장 또는 지청장에게 도달하지 아니한 이상 이를 적법한 재정신청서의 제출이라고 할 수 없다(대법원 1998.12.14, 98모127).

053 검찰항고 전치주의를 채택하였으나, 항고신청 후 항고에 대한 처분이 행하여지지 않고 3개월이 경과한 경우 등에는 곧바로 재정신청을 할 수 있다. [법원승진 10]

053 (○) 제260조 제2항 제2호 참조.

054 검사가 공소시효 만료일 30일 전까지 공소를 제기하지 아니하는 경우에는 항고전치주의의 예외가 인정되어 검찰항고를 거치지 않고 곧바로 재정신청을 할 수 있으므로, 공소시효 만료일 전날까지 재정신청서를 제출할 수 있다. [경찰채용 12·14] [국가9급 14] [법원9급 12]

054 (○) 제260조 제2항 제3호·제3항

> **정리** 검찰항고전치주의의 예외: 재/3/시

055 재정신청기간이 경과된 후에 재정신청보충서를 제출하면서 재정신청의 대상을 추가한 경우, 그 추가부분에 대한 재정신청은 부적법하다. [국가7급 11]

055 (○) 대법원 1997.4.22, 97모30

056 재정신청은 대리인에 의하여 할 수 있으며 공동신청권자 중 1인의 신청은 그 전원을 위하여 효력을 발생한다. [경찰채용 14]

056 (○) 제264조 제1항 참조.

057 항고전치주의가 적용되는 경우, 재정신청서를 제출받은 지방검찰청검사장 또는 지청장은 재정신청서를 제출받은 날부터 7일 이내에 재정신청서·의견서·수사 관계 서류 및 증거물을 관할 고등검찰청을 경유하여 관할 고등법원에 송부하여야 한다. [법원9급 12]

057 (○) 제261조

058 법원은 재정신청서를 송부받은 날부터 10일 이내에 피의자 및 재정신청인에게 그 사실을 통지하여야 한다. [법원9급 12]

058 (○) 법 제262조 제1항, 규칙 제120조

059 법원은 재정신청서를 송부받은 때에는 송부받은 날부터 7일 이내에 피의자에게 그 사실을 통지하여야 하고, 재정신청서를 송부받은 날부터 3개월 이내에 항고의 절차에 준하여 결정한다. [국가9급 23] [법원9급 21 변형]

해설+ 제262조 【심리와 결정】 ① 법원은 재정신청서를 송부받은 때에는 송부받은 날부터 10일 이내에 피의자에게 그 사실을 통지하여야 한다.
② 법원은 재정신청서를 송부받은 날부터 3개월 이내에 항고의 절차에 준하여 다음 각 호의 구분에 따라 결정한다. 이 경우 필요한 때에는 증거를 조사할 수 있다.
1. 신청이 법률상의 방식에 위배되거나 이유 없는 때에는 신청을 기각한다.
2. 신청이 이유 있는 때에는 사건에 대한 공소제기를 결정한다.

059 (×) 법원은 재정신청서를 송부받은 때에는 송부받은 날부터 10일 이내에 피의자에게 그 사실을 통지하여야 하고, 재정신청서를 송부받은 날부터 3개월 이내에 항고의 절차에 준하여 결정한다.

060 법원이 재정신청서를 송부받은 날부터 10일 이내에 피의자에게 그 사실을 통지하지 않았는데 재정신청이 이유 있다고 보아 공소제기결정을 하였고 그에 따라 공소가 제기되어 본안사건의 절차가 개시되었다면, 피고인은 본안사건에서 그와 같은 잘못을 다툴 수 있다.

해설+ 법원이 재정신청서를 송부받았음에도 송부받은 날부터 10일 내에 피의자에게 그 사실을 통지하지 아니한 채 공소제기결정을 하였더라도, 그에 따른 공소가 제기되어 본안사건의 절차가 개시된 후에는 본안사건에서 위와 같은 잘못을 다툴 수 없다(대법원 2017.3.9, 2013도 16162).

060 (×)

061 고등법원의 재정신청 심리기간은 3개월 이내이며, 심리에 필요한 때에는 증거조사를 할 수 있다. [법원승진 10]

061 (○) 제262조 제2항 참조.

062 재정신청사건의 심리 중에는 관련 서류 및 증거물을 열람 또는 등사할 수 없다. 다만, 법원은 「형사소송법」 제262조 제2항 후단의 증거조사과정에서 작성된 서류의 전부 또는 일부의 열람 또는 등사를 허가할 수 있다. [법원9급 10·17]

062 (○) 제262조의2

063 재정신청이 있으면 그에 따른 재정결정이 확정될 때까지 공소시효의 진행이 정지된다. [법원9급 17]

063 (○) 제262조의4 제1항

064 재정신청은 취소할 수 있는데 관할 고등법원에 서면으로 하여야 하며 다만, 기록이 관할 고등법원에 송부되기 전에는 그 기록이 있는 검찰청 검사장 또는 지청장에게 하여야 한다. [법원9급 10]

064 (○) 규칙 제121조 제1항

065 재정신청인은 법원의 심리가 개시된 이후에는 재정신청을 취소할 수 없다. [국가7급 12]

065 (×) '없다' → '있다'

해설+ 재정결정 전에는 언제든지 취소할 수 있다. 다만, 취소 후에는 다시 재정신청을 할 수 없다. 제264조 제2항 참조.

066 재정신청이 있으면 재정결정이 확정될 때까지 공소시효의 진행이 정지되며, 공소제기결정이 있는 때에는 공소시효에 관하여 그 결정이 있는 날에 공소가 제기된 것으로 본다. [국가9급 18]

066 (○) 제262조의4 제1항·제2항

067 고등법원은 재정신청서를 송부받은 날부터 3개월 이내에 항고의 절차에 준하여 기각 또는 공소제기의 결정을 하여야 하고, 필요한 때에는 증거를 조사할 수 있다. [국가9급 17]

067 (○) 제262조 제2항

068 불기소처분이 위법·부당할지라도 불기소처분 당시에 공소시효가 완성되어 공소권이 없는 경우에는 위 불기소처분에 대한 재정신청은 허용되지 않는다. [경찰채용 12]

068 (○) 대법원 1990.7.16, 90모34

069 재소자인 재정신청인이 재정신청 기각결정에 불복하여 재항고를 제기하는 경우, 그 제기기간 내에 교도소장이나 구치소장 또는 그 직무를 대리하는 사람에게 재항고장을 제출한 때에 재항고를 한 것으로 간주한다. [국가9급 23]

069 (×)

해설+ 재정신청 기각결정에 대한 재항고나 그 재항고 기각결정에 대한 즉시항고로서의 재항고에 대한 법정기간의 준수 여부는 도달주의 원칙에 따라 재항고장이나 즉시항고장이 법원에 도달한 시점을 기준으로 판단하여야 하고, 거기에 재소자 피고인 특칙은 준용되지 아니한다(대법원 2015. 7.16, 2013모2347 전원합의체).

070 재정신청인이 교도소에 수감되어 있는 경우 재정신청 기각결정에 대한 재항고의 법정기간 준수 여부는 재항고장을 교도소장에게 제출한 시점을 기준으로 판단하여야 한다. [국가9급 17]

070 (×) '교도소장에게 제출한 시점' → '법원에 도달한 시점'

해설+ 도달주의 원칙에 따라 재항고장이나 즉시항고장이 법원에 도달한 시점을 기준으로 판단하여야 한다(대법원 2015.7.16, 2013모2347).

071 재정신청에 대한 기각결정에 대해서는 법령위반을 이유로 대법원에 즉시항고할 수 있다. 단 법정기간의 준수 여부는 도달주의 원칙에 따라 재항고장이 법원에 도달한 시점을 기준으로 하고, 재소자특칙은 준용되지 않는다. [경찰채용 19 1차]

071 (○)

해설+ 재정신청 기각결정에 대한 재항고나 그 재항고 기각결정에 대한 즉시항고로서의 재항고에 대한 법정기간의 준수 여부는 도달주의 원칙에 따라 재항고장이나 즉시항고장이 법원에 도달한 시점을 기준으로 판단하여야 하고, 거기에 재소자 피고인 특칙은 준용되지 아니한다(대법원 2015. 7.16, 2013모2347).

072 교도소 또는 구치소에 있는 피고인이 제출하는 상소장에 대하여 상소의 제기기간 내에 교도소장이나 구치소장 또는 그 직무를 대리하는 사람에게 이를 제출한 때에 상소의 제기기간 내에 상소한 것으로 간주하는 형사소송법 제344조 제1항의 특칙은 재정신청 기각결정에 대한 재항고의 경우에는 적용되지 않는다. [법원9급 22]

072 (○) 대법원 2015.7.16, 2013 모2347

073 검사의 무혐의 불기소처분이 위법하더라도 법원이 기소유예를 할 만한 사건이라고 인정하는 경우에는 재정신청을 기각할 수 있다. [국가7급 11]

073 (○) 대법원 1985.7.29, 85 모16

074 법원은 재정신청이 법률상의 방식에 위배되거나 이유 없는 때에는 신청을 기각한다. 기각결정에 대하여는 즉시항고를 할 수 있다. 한편 신청이 이유 있는 때에는 사건에 대한 공소제기를 결정한다. 이 결정에 대하여는 불복할 수 없다. [경찰간부 18]

074 (○) 제262조 제4항

075 재정신청을 기각하는 결정이 확정된 사건에 대해서 다른 중요한 증거를 발견한 경우를 제외하고 소추할 수 없다. [국가9급 14]

075 (○) 제262조 제4항

076 검사는 재정신청의 기각결정이 확정된 사건에 대하여는 다른 중요한 증거를 발견한 경우라도 법원의 허가를 받아 소추하여야 한다. [국가7급 12]

076 (×) '허가를 받아' → 삭제 법원의 허가는 필요하지 않다. 제262조 제4항 참조.

077 검사는 재정신청에 대한 법원의 공소제기결정에 대하여 불복할 수 있다. [국가9급 14] [법원9급 17]

077 (×) '있다' → '없다' 법원의 공소제기결정에 대하여는 불복할 수 없다(제262조).

078 공소제기결정에 따른 재정결정서를 송부받은 관할 지방검찰청 검사장 또는 지청장은 지체 없이 담당 검사를 지정하고 지정받은 검사는 공소를 제기하여야 한다. [국가9급 14]

078 (○) 제262조 제6항

079 재정신청사건에 대한 법원의 공소제기결정에 따라 검사가 공소를 제기한 때에는 공소취소를 할 수 없다. [경찰채용 12]

079 (○) 공소제기 후 공소취소는 금지되어 있다. 제264조의2 참조.

080 법원의 공소제기결정에 따라 검사가 공소를 제기한 경우, 공판과정에서 무죄가 예상된다면 검사는 피고인의 이익을 위하여 공소를 취소할 수 있다. [경찰채용 18 2차] [해경승진(경위) 22]

080 (×)

해설+ 제264조의2 【공소취소의 제한】 검사는 제262조 제2항 제2호의 결정(법원의 공소제기결정)에 따라 공소를 제기한 때에는 이를 취소할 수 없다.

081 고등법원의 공소제기결정에는 공소제기를 강제하는 효과가 있어 검사와 피의자는 이에 대하여 불복할 수 없으며, 공소시효에 관하여는 공소제기결정이 있는 날에 공소가 제기된 것으로 본다. [경찰채용 12]

081 (○) 제262조 제4항, 제262조의4 제2항 참조.

082 (재정신청에 대한) 고등법원의 공소제기결정에 따라 공소가 제기된 때에는 공소사실의 동일성이 인정되더라도 검사는 공소장변경을 할 수 없다. [군무원9급 22]

082 (×) 재정결정에 의한 공판절차에서의 공소장변경은 가능하다.

판례 형사소송법 제262조 제1항 제2호의 심판에 부하는 결정(현 제262조 제2항 제2호의 공소제기결정)이 있는 때에는 그 사건에 대하여 공소의 제기가 있는 것으로 간주되므로 그 후에는 통상의 공판절차에서와 마찬가지로 기본적인 사실관계가 동일한 한 공소사실 및 적용법조의 변경이 가능하다(대법원 1989.3.14, 88도2428).

083 법원은 재정신청의 기각결정을 하거나 재정신청인이 신청을 취소한 경우에는 결정으로 재정신청인에게 신청절차에 따른 비용의 전부 또는 일부를 부담하게 할 수 있다. [경찰간부 18] [국가9급 17]

083 (○) 제262조의3 제1항

084 법원이 재정신청인에게 신청절차에 의하여 생긴 비용의 전부 또는 일부를 부담하게 하는 결정을 내린 경우, 재정신청인은 이에 불복할 수 없다. [국가7급 12]

084 (×) '없다' → '있다'

해설+ 소송비용부담결정에 대해서는 즉시항고가 가능하다. 제262조의3 제3항 참조.

085 법원은 직권 또는 피의자의 신청에 따라 재정신청인에게 피의자가 재정신청절차에서 부담하였거나 부담할 변호인선임료 등 비용의 전부 또는 일부의 지급을 명할 수 있다. [해경승진(경장) 23]

085 (○) 형사소송법 제262조의3 참조.

해설+ 형사소송법 제262조의3 【비용부담 등】 ② 법원은 직권 또는 피의자의 신청에 따라 재정신청인에게 피의자가 재정신청절차에서 부담하였거나 부담할 변호인선임료 등 비용의 전부 또는 일부의 지급을 명할 수 있다.

2 공소제기 후의 수사

 대표유형

수사기관이 공판기일에 피고인에게 유리한 증언을 한 증인을 다시 참고인으로 조사하여 작성한 참고인진술조서는 그 증거능력이 없다. [국가9급 13]

(○) 대법원 2000.6.15, 99도1108 전원합의체; 2012.6.14, 2012도534

086 공소제기 후 피고인의 구속은 수소법원의 독자적 판단에 의하며, 검사는 수소법원에 불구속 피고인에 대한 구속영장을 청구할 권한이 없다. [국가9급 13]

086 (○) 공소제기된 후에는 법원의 독자적 판단에 의하여 구속한다 (제73조).

087 공소제기된 피고인의 구속상태를 계속 유지할 것인지 여부에 관한 판단은 전적으로 당해 수소법원의 전권에 속한다. [해경승진 22]

087 (O)

해설+ 피고인 구속 및 구속상태 유지에 관한 판단은 수소법원의 전권에 속한다. 따라서 피고인 구속에 있어서 검사의 영장청구를 요하지 않으며, 피고인 보석에 있어서 검사의 의견 청취 절차는 본질적 부분이 되지 아니한다.

판례 공소제기된 피고인의 구속상태를 계속 유지할 것인지 여부에 관한 판단은 전적으로 당해 수소법원의 전권에 속하는 것이다. 법원이 보석에 관한 결정을 함에 있어 검사의 의견을 듣도록 한 형사소송법 제97조 제1항의 규정은 검사에게 구속 계속의 필요성에 관한 이유와 자료를 법원에 제출할 수 있는 기회를 부여하고 법원으로 하여금 그 제출된 자료 등을 참고하게 하여 결정의 적정을 기하려는 것을 목적으로 하는 것일 뿐만 아니라 위 규정에 따른 검사의 의견 또한 법원에 대하여 구속력을 가지는 것이 아니라고 할 것이다. 따라서 검사의 의견청취의 절차는 보석에 관한 결정의 본질적 부분이 되는 것은 아니므로, 설사 법원이 검사의 의견을 듣지 아니한 채 보석에 관한 결정을 하였다고 하더라도 그 결정이 적정한 이상, 절차상의 하자만을 들어 그 결정을 취소할 수는 없다(대법원 1997.11.27, 97모88).

088 불구속으로 기소된 피고인이 도망하거나 증거인멸의 염려가 있는 경우 검사는 지방법원판사에게 구속영장을 청구하여 발부받아 피고인을 구속할 수 있다. [국가9급 21]

088 (×)

해설+ 일단 공소제기된 후에는 피고사건에 관하여 검사로서는 피고인을 구속할 수 없고, 구속영장을 청구할 수도 없으며, 단지 수소법원의 직권발동을 촉구할 수 있을 뿐이다(통설).

089 공소제기 후에도 수사기관은 피고사건에 관하여 수소법원이 아닌 지방법원 판사로부터 구속영장을 발부받아 피고인을 구속할 수 있다. [해경승진 22]

089 (×) 공판절차의 반대당사자에 불과한 검사는 피고인을 구속할 수 없고, 피고인에 대한 구속영장을 청구할 수도 없다.

090 검사가 공소제기 후 피고사건에 관하여 수소법원 이외의 지방법원 판사에게 청구하여 발부받은 영장에 의하여 압수수색을 하여 수집한 증거도 유죄의 증거로 할 수 있다. [국가9급 12] [법원9급 18]

090 (×) '있다' → '없다'(대법원 2011.4.28, 2009도10412)

091 형사소송법 제215조는 검사가 압수·수색영장을 청구할 수 있는 시기를 공소제기 전으로 한정하고 있지 않지만, 그럼에도 일단 공소가 제기된 후에는 피고사건에 관하여 검사로서는 형사소송법 제215조에 의하여 압수·수색을 할 수 없다. [경찰승진 23 변형] [변호사 22]

091 (○) 대법원 2011.4.28, 2009도10412

092 피고인에 대한 수소법원의 구속영장을 집행하는 경우 필요한 때에도 수사기관은 그 집행현장에서 영장 없이는 압수·수색·검증을 할 수 없다. [국가9급 13·21]

092 (×) 검사 또는 사법경찰관이 피고인에 대한 구속영장을 집행하는 경우에 필요한 때에는 영장 없이 집행현장에서 압수·수색·검증을 할 수 있다(제216조 제2항).

093 검사가 공소제기 후에 피고인을 피의자로 신문하여 작성한 진술조서는 그 증거능력이 없다. [국가9급 11 변형·13]

해설+ 공소제기 후 피고인신문은 임의수사로서 적법하다(대법원 1984.9.25, 84도1646).

093 (×) '없다' → '없다고 할 수 없다'

094 제1심에서 피고인에 대하여 무죄판결이 선고되어 검사가 항소한 후, 수사기관이 항소심 공판기일에 증인으로 신청하여 신문할 수 있는 사람을 특별한 사정 없이 미리 수사기관에 소환하여 작성한 진술조서나 피의자신문조서는 피고인이 증거로 삼는 데 동의하지 않는 한 증거능력이 없지만, 참고인 등이 나중에 법정에 증인으로 출석하여 위 진술조서 등의 진정성립을 인정하고 피고인 측에 반대신문의 기회까지 충분히 부여되었다면 하자가 치유되었다고 할 것이므로 위 진술조서 등의 증거능력을 인정할 수 있다. [경찰채용 23 1차 변형] [국가7급 21] [법원9급 21] [변호사 23 변형]

094 (×)

해설+ 제1심에서 피고인에 대하여 무죄판결이 선고되어 검사가 항소한 후, 수사기관이 항소심 공판기일에 증인으로 신청하여 신문할 수 있는 사람을 특별한 사정 없이 미리 수사기관에 소환하여 작성한 진술조서는 피고인이 증거로 할 수 있음에 동의하지 않는 한 증거능력이 없다. 검사가 공소를 제기한 후 참고인을 소환하여 피고인에게 불리한 진술을 기재한 진술조서를 작성하여 이를 공판절차에 증거로 제출할 수 있게 한다면, 피고인과 대등한 당사자의 지위에 있는 검사가 수사기관으로서의 권한을 이용하여 일방적으로 법정 밖에서 유리한 증거를 만들 수 있게 하는 것이므로 당사자주의·공판중심주의·직접심리주의에 반하고 피고인의 공정한 재판을 받을 권리를 침해하기 때문이다. 위 참고인이 나중에 법정에 증인으로 출석하여 위 진술조서의 성립의 진정을 인정하고 피고인 측에 반대신문의 기회가 부여된다 하더라도 위 진술조서의 증거능력을 인정할 수 없음은 마찬가지이다(대법원 2019.11.28, 2013도6825).

095 　제1심에서 피고인에 대하여 무죄판결이 선고되어 검사가 항소한 후, 수사기관이 항소심 공판기일에 증인으로 신청하여 신문할 수 있는 사람을 특별한 사정 없이 미리 수사기관에 소환하여 작성한 진술조서는 피고인이 증거로 할 수 있음에 동의하지 않는 한 증거능력이 없다. 　　　　　[경찰승진 22]

095 (○) 대법원 2019.11.28, 2013도6825

CHAPTER 04 | 증거

1 증거법 일반

 대표유형

간접증거는 요증사실을 추측 · 인정하게 하는 각종의 정황에 관한 사실을 증명하는 증거이다.

[국가9급 08]

(○) 간접증거에 대한 설명으로 옳은 내용이다.

001 유죄의 심증은 반드시 직접증거에 의하여 형성되어야만 하는 것은 아니고 경험칙과 논리법칙에 위반되지 아니하는 한 간접증거에 의하여 형성될 수 있다.

[국가9급 08·18]

001 (○) 대법원 2004.9.13, 2004도3163; 2015.5.14, 2015도119

002 증거능력이 없는 증거는 유죄의 직접적인 증거로 삼을 수 없으나, 구성요건 사실을 추인하게 하는 간접사실이나 구성요건 사실을 입증하는 직접증거의 증명력을 보강하는 보조사실의 인정자료로는 사용할 수 있다.

[경찰채용 22 1차]

002 (×)

해설+ 증거능력이 없는 증거는 구성요건 사실을 추인하게 하는 간접사실이나 구성요건 사실을 입증하는 직접증거의 증명력을 보강하는 보조사실의 인정자료로 사용할 수 없다(대법원 2007. 11.15, 2007도3061).

003 구성요건에 해당하는 사실은 엄격한 증명에 의하여 이를 인정하여야 하고, 증거능력이 없는 증거는 구성요건 사실을 추인하게 하는 간접사실이나 구성요건 사실을 입증하는 직접증거의 증명력을 보강하는 보조사실의 인정자료로도 사용할 수 없다.

[경찰경채 23]

003 (○) 대법원 2008.12.11, 2008도7112

2 증명의 기본원칙

Ⅰ 증거재판주의

🔗 **대표유형**

범죄구성요건에 해당하는 사실을 증명하기 위한 근거가 되는 과학적인 연구 결과는 적법한 증거조사를 거친 증거능력 있는 증거에 의하여 엄격한 증명으로 증명되어야 한다.

[국가7급 20]

(O) 대법원 2010.2.11, 2009도2338

🔗 **대표유형**

친고죄에서 적법한 고소가 있었는지 여부, 「형사소송법」 제312조 제4항에서 '특히 신빙할 수 있는 상태', 합동범에 있어서의 공모나 모의는 엄격한 증명의 대상이 아니다.

[경찰채용 16 변형]

(×) '합동범에 있어서의 공모나 모의' → 삭제
공모나 모의는 그 '범죄될 사실'이라 할 것이므로 이를 인정하기 위하여는 엄격한 증명에 의한다(대법원 2001.12.11, 2001도4013).

004 형사재판에 있어 유죄로 인정하기 위한 심증형성의 정도는 합리적인 의심을 할 여지가 없을 정도여야 하나, 이는 모든 가능한 의심을 배제할 정도에 이를 것까지 요구하는 것은 아니다.

[국가9급 12·18]

004 (O) 대법원 2011.2.24, 2010도14262

005 유죄로 인정하기 위한 심증형성의 정도는 합리적인 의심을 할 여지가 없을 정도여야 하며, 단순히 관념적인 의심이나 추상적인 가능성에 기초한 의심은 합리적인 의심이라고 할 수 없다.

[국가9급 09]

005 (O) 대법원 2004.6.25, 2004도2221

006 합리적 의심이라 함은 피고인에게 불리한 정황을 사실인정과 관련하여 파악한 이성적 추론에 그 근거를 두어야 하는 것이므로 단순히 관념적인 의심이나 추상적인 가능성에 기초한 의심은 합리적 의심에 포함된다고 할 수 없다.

[국가9급 12]

006 (×) '불리한' → '유리한'(대법원 2011.2.24, 2010도14262)

007 「형사소송법」제150조 증언거부사유의 소명, 제184조 제3항 증거보전청구 사유의 소명, 제221조의2 제3항 증인신문청구사유의 소명은 증명의 정도에 이르지 않더라도 입증이 허용된다. [경찰채용 22 1차]

007 (○)

> **해설+** 소명(疏明)은 증명과 달리 법관이 어떤 사실의 존부에 관하여 확신은 얻지 못하지만, 사실의 존부를 추측할 수 있게 하는 정도(그럴 수도 있겠다)의 심증을 갖도록 하는 것을 말한다. 소명의 대상은 특별히 법률에 정해져 있다.
> **예** 기피사유(제19조 제2항), 국선변호인선정청구사유(청구국선 피고인의 소명자료 제출, 규칙 제17조의2), 증거보전청구사유(제184조 제3항), 공판준비기일종료 후 실권효저지사유(제266조의13 제1항), 증인신문청구사유(제221조의2 제3항), 증언거부사유(제150조), 상소권회복청구사유(제346조 제2항), 정식재판청구권회복청구사유(제458조 제2항, 제364조 제2항)

008 검사는 체포영장의 유효기간을 연장할 필요가 있다고 인정하는 때에는 그 사유를 증명하여 다시 체포영장을 청구하여야 하지만, 그 증명은 자유로운 증명으로 족하다. [국가7급 21]

008 (✕) 검사는 체포영장의 유효기간을 연장할 필요가 있다고 인정하는 때에는 <u>그 사유를 소명하여 다시 체포영장을 청구하여야 한다</u> (규칙 제96조의4). 즉, 체포나 구속의 사유인 '피의자가 죄를 범하였다고 의심할 만한 상당한 이유'는 소명(疏明)의 대상이지 증명의 대상이 아니다.

> **보충** 증명이란 법관이 어떤 사실의 존부에 관하여 증거에 의하여 확신을 얻는 것을 말하며, 소명이란 법관이 어떤 사실의 존부에 관하여 확신을 얻지는 못하지만, 사실의 존부를 추측할 수 있게 하는 정도의 심증을 갖도록 하는 것을 말한다.

009 엄격한 증명이란 법률상 증거능력 있고 적법한 증거조사를 거친 증거에 의한 증명을 말한다. [법원9급 15]

009 (○)

010 범죄사실의 인정은 법관으로 하여금 합리적인 의심을 할 여지가 없을 정도의 확신을 가지게 하는 증명력이 있는 엄격한 증거에 의하여야 하고, 법관은 검사의 증명이 위와 같은 확신을 가지게 하는 정도에 이르지 못한 경우에는 피고인의 이익으로 판단하여야 한다. [국가7급 16] [법원9급 15 변형]

010 (○) 대법원 2012.6.28, 2012도231; 2011.4.28, 2010도14487

011 구성요건 사실은 엄격한 증명에 의하여 인정하여야 하고, 증거능력이 없는 증거는 구성요건 사실을 추인하게 하는 간접사실이나 구성요건 사실을 입증하는 직접증거의 증명력을 보강하는 보조사실의 인정자료로서도 허용되지 아니한다. [국가9급 17]

011 (○) 대법원 2015.1.22, 2014도10978 전원합의체

012 구성요건에 해당하는 사실은 엄격한 증명에 의하여 이를 인정하여야 하지만, 증거능력이 없는 증거는 구성요건 사실을 추인하게 하는 간접사실이나 구성요건 사실을 입증하는 직접증거의 증명력을 보강하는 보조사실의 인정자료로는 사용할 수 있다. [경찰승진 22]

012 (×)

> **해설+** 구성요건에 해당하는 사실은 엄격한 증명에 의하여 이를 인정하여야 하고, 증거능력이 없는 증거는 구성요건 사실을 추인하게 하는 간접사실이나 구성요건 사실을 입증하는 직접증거의 증명력을 보강하는 보조사실의 인정자료로서도 허용되지 아니한다(대법원 2006.12.8, 2006도6356).

013 「형법」제307조 제2항 허위사실 적시 명예훼손죄에서 허위사실의 인식과 달리 허위사실 자체는 엄격한 증명의 대상이 된다. [경찰채용 22 1차]

013 (×)

> **해설+** 사람의 사회적 평가를 떨어뜨리는 사실이 적시되었다는 점, 그 적시된 사실이 객관적으로 진실에 부합하지 아니하여 허위일 뿐만 아니라 그 적시된 사실이 허위라는 것을 피고인이 인식하고서 이를 적시하였다는 점은 모두 검사가 엄격하게 증명하여야 한다(대법원 2010.11.25, 2009도12132; 2014.9.4, 2012도13718 등).

014 목적과 용도를 정하여 위탁한 금전을 수탁자가 임의로 소비하면 횡령죄를 구성할 수 있으나, 이 경우 피해자가 목적과 용도를 정하여 금전을 위탁한 사실 및 그 목적과 용도가 무엇인지는 엄격한 증명의 대상이 된다. [법원9급 15]

014 (○) 객관적 구성요건요소는 엄격한 증명의 대상이라고 보아야 한다(대법원 2013. 11.14, 2013도8121).

015 횡령죄에서 목적과 용도를 정하여 금전을 위탁한 사실 및 그 목적과 용도가 무엇인지는 엄격한 증명의 대상이 되나, 횡령한 재물의 가액이 「특정경제범죄 가중처벌 등에 관한 법률」의 적용기준이 되는 하한 금액을 초과한다는 점은 엄격한 증명을 요하지 않는다. [경찰채용 19 2차]

015 (×)

> **해설+** 횡령한 재물의 가액이 특정경제범죄법의 적용기준이 되는 하한 금액을 초과한다는 점도 다른 구성요건요소와 마찬가지로 엄격한 증거에 의하여 증명되어야 한다(대법원 2017.5.30, 2016도9027).

016 업무상횡령죄에서 불법영득의사를 실현하는 행위로서의 횡령행위가 있다는 점은 엄격한 증명의 대상이 된다. [국가9급 16 변형]

016 (○) 대법원 2001.9.4, 2000도1743

017 공모공동정범에서 공모관계를 인정하기 위해서는 엄격한 증명이 요구되나, 「특정범죄 가중처벌 등에 관한 법률」 제5조의9 제1항 위반죄의 '보복의 목적'이 행위자에게 있었다는 점은 엄격한 증명을 요하지 아니한다. [경찰채용 19 2차]

017 (×)

해설+ 특정범죄 가중처벌 등에 관한 법률 제5조의9 제1항 위반의 죄의 행위자에게 보복의 목적이 있었다는 점 또한 검사가 증명하여야 하고 그러한 증명은 법관으로 하여금 합리적인 의심을 할 여지가 없을 정도의 확신을 생기게 하는 엄격한 증명에 의하여야 한다(대법원 2014.9.26, 2014도9030).

018 공동정범에 있어 공모관계를 인정하기 위해서는 엄격한 증명이 요구되지만, 피고인이 범죄의 주관적 요소인 공모관계를 부인하는 경우에는 사물의 성질상 이와 상당한 관련성이 있는 간접사실 또는 정황사실을 증명하는 방법으로 이를 증명할 수밖에 없다. [경찰채용 23 1차]

018 (○)

해설+ 비록 전체의 모의과정이 없더라도 여러 사람 사이에 순차적으로 또는 암묵적으로 의사의 결합이 이루어지면 공모관계가 성립한다. 이러한 공모관계를 인정하기 위해서는 엄격한 증명이 요구되지만, 피고인이 범죄의 주관적 요소인 공모관계를 부인하는 경우에는 사물의 성질상 이와 상당한 관련성이 있는 간접사실 또는 정황사실을 증명하는 방법으로 이를 증명할 수밖에 없다(대법원 2018.4.19, 2017도14322 전원합의체).

019 뇌물수수죄에서 공무원의 직무에 관하여 수수하였다는 범의를 인정하기 위해서는 엄격한 증명이 요구되나, 내란선동죄에서 국헌문란의 목적은 범죄 성립을 위하여 고의 외에 요구되는 초과주관적 위법요소로서 엄격한 증명을 요하지 아니한다. [경찰채용 19 2차]

019 (×) 내란선동죄에서 국헌문란의 목적은 엄격한 증명을 요한다 (대법원 2015.1.22, 2014도10978).

020 상습범가중에 있어서 상습성은 엄격한 증명을 요하는 대상이다. [국가9급 08]

020 (○) 형량은 피고인의 이익에 중대한 영향을 미치는 사항이므로 엄격한 증명을 요한다. 상습성은 형벌가중사유에 해당한다.

021 법원은 전과조회서가 변론종결 후에 회보되었다 하더라도 변론재개 없이 전과조회서에 기재된 누범전과의 사실을 근거로 형을 가중할 수 있다.

[경찰채용 22 2차]

021 (×)

해설+ 누범전과나 상습범가중에 있어서의 상습성과 같은 형의 가중사유인 사실은 범죄사실 자체는 아니지만 범죄사실과 같이 중요하므로, 범죄사실에 준하여 엄격한 증명의 대상이 된다. "사실심 변론종결 후 검사나 피해자 등에 의해 피고인에게 불리한 새로운 양형조건에 관한 자료가 법원에 제출되었다면, 사실심 법원으로서는 변론을 재개하여 그 양형자료에 대하여 피고인에게 의견진술 기회를 주는 등 필요한 양형심리절차를 거침으로써 피고인의 방어권을 실질적으로 보장해야 한다 (대법원 2021.9.30, 2021도5777)."

022 몰수·추징의 대상이 되는지 여부나 추징액의 인정은 엄격한 증명의 대상이 된다.

[경찰채용 18 1차] [국가9급 16 변형]

022 (×) '된다' → '아니다'
범죄구성요건 사실에 관한 것이 아니어서 엄격한 증명은 필요 없다 (대법원 2006.4.7, 2005도9858 전원합의체).

023 몰수는 부가형이자 형벌이므로 몰수의 대상 여부는 엄격한 증명의 대상이나, 추징은 형벌이 아니므로 추징의 대상, 추징액의 인정은 자유로운 증명의 대상이다.

[경찰채용 20 2차]

023 (×) 몰수, 추징의 대상이 되는지 여부나 추징액의 인정은 엄격한 증명을 필요로 하지 아니한다 (대법원 2015.4.23, 2015도1233).

024 「형법」 제6조 단서에 따라 '행위지의 법률에 의하여 범죄를 구성'하는가 여부는 법원의 직권조사사항이므로 증명의 대상이 될 수 없다. [경찰채용 23 1차]

024 (×)

해설+ 형법 제6조 본문에 의하여 외국인이 대한민국 영역 외에서 대한민국 국민에 대하여 범죄를 저지른 경우 우리 형법이 적용되지만, 같은 조 단서에 의하여 행위지 법률에 의하여 범죄를 구성하지 아니하거나 소추 또는 형의 집행을 면제할 경우에는 우리 형법을 적용하여 처벌할 수 없고, 이 경우 행위지 법률에 의하여 범죄를 구성하는지는 엄격한 증명에 의하여 검사가 이를 증명하여야 한다(대법원 2011.8.25, 2011도6507).

025 형법 제6조 단서에서 정한 '외국법규의 존재'와 관련하여 행위지의 법률에 의하여 범죄를 구성하는지 여부는 엄격한 증명의 대상이 된다.

[경찰채용 18 1차] [국가9급 16 변형]

025 (○) 대법원 2011.8.25, 2011도6507

026 대한민국 영역 외에서 대한민국 국민에 대하여 범죄를 저지른 외국인에 대하여 우리나라 「형법」을 적용하여 처벌함에 있어 행위지의 법률에 의하여 범죄를 구성하는지는 엄격한 증명을 요하나, 몰수 또는 추징의 대상이 되는지 여부나 추징액의 인정은 엄격한 증명을 요하지 아니한다.

[경찰채용 19 2차]

027 출입국사범 사건에서 지방출입국 · 외국인관서의 장의 적법한 고발이 있었는지 여부가 문제되는 경우에 법원은 증거조사의 방법이나 증거능력의 제한을 받지 아니하고 제반 사정을 종합하여 적당하다고 인정되는 방법에 의하여 자유로운 증명으로 그 고발 유무를 판단하면 된다. [경찰채용 23 1차]

해설+ 출입국사범 사건에서 지방출입국 · 외국인관서의 장의 적법한 고발이 있었는지 여부가 문제되는 경우에 법원은 증거조사의 방법이나 증거능력의 제한을 받지 아니하고 제반 사정을 종합하여 적당하다고 인정되는 방법에 의하여 <u>자유로운 증명으로 그 고발 유무를 판단</u>하면 된다(대법원 2021.10.28, 2021도404).

028 위드마크 공식의 경우 그 적용을 위한 자료로 섭취한 알코올의 양, 음주시각, 체중 등의 전제사실은 엄격한 증명의 대상이다. [법원승진 12]

029 법원은 범죄의 구성요건이나 법률상 규정된 형의 가중 · 감면의 사유가 되는 경우를 제외하고는, 법률이 규정한 증거로서의 자격이나 증거조사방식에 구애됨이 없이 상당한 방법으로 조사하여 양형의 조건이 되는 사항을 인정할 수 있다. [국가7급 15]

030 수소법원이 심판에 필요한 자료의 수집 · 조사 등의 업무를 담당하는 법원 소속 조사관에게 양형의 조건이 되는 사항을 수집 · 조사하여 제출하게 하고, 이를 피고인에 대한 정상관계사실과 함께 참작하여 형을 선고하는 것은 위법하다. [법원9급 13]

031 친고죄에 있어서의 고소의 존부는 소송법적 사실로서 자유로운 증명으로 족하다. [경찰채용 12]

031 (○) 대법원 2011.6.24, 2011도4451,2011전도76

032 증거능력이 없는 수사보고서를 피해자들의 처벌희망 의사표시 철회의 효력 여부를 판단하는 증거로 사용할 수 있다. [경찰간부 22]

032 (○)

해설+ 반의사불벌죄에서 피고인 또는 피의자의 처벌을 희망하지 않는다는 의사표시 또는 처벌희망 의사표시 철회의 유무나 그 효력 여부에 관한 사실은 엄격한 증명의 대상이 아니라 증거능력이 없는 증거나 법률이 규정한 증거조사방법을 거치지 아니한 증거에 의한 증명, 이른바 자유로운 증명의 대상이다. 원심이 증거능력이 없는 이 사건 각 수사보고서를 피해자들의 처벌희망 의사표시 철회의 효력 여부를 판단하는 증거로 사용한 것 자체는 위와 같은 법리에 따른 것으로서 정당하다(대법원 2010.10.14, 2010도5610, 2010전도31).

033 교통사고로 인하여 업무상과실치상죄 또는 중과실치상죄를 범한 운전자에 대하여 피해자의 명시한 의사에 반하여 공소를 제기할 수 있도록 하고 있는 교통사고처리 특례법 제3조 제2항 단서의 각 호에서 규정한 신호위반 등의 예외사유는 같은 법 제3조 제1항 위반죄의 구성요건요소에 해당하므로 엄격한 증명을 필요로 한다. [국가7급 21]

033 (×) 교통사고처리특례법 제3조 제2항 단서의 각 호에서 규정한 신호위반 등의 예외사유는 같은 법 제3조 제1항 위반죄의 구성요건요소가 아니라 그 공소제기의 조건에 관한 사유이다(대법원 2007.4.12, 2006도4322).

034 자백의 임의성은 조서의 형식과 내용, 진술자의 신분·학력·지능 등 여러 사정을 종합하여 자유로운 심증으로 판단할 수 있다. [국가9급 14]

034 (○) 대법원 2011.2.24, 2010도14720

035 '특히 신빙할 수 있는 상태'는 증거능력의 요건에 해당하므로 검사가 그 존재에 대하여 구체적으로 주장·증명하여야 하지만 이는 소송상의 사실에 관한 것이므로 엄격한 증명을 요하지 아니하고 자유로운 증명으로 족하다. [경찰채용 18 1차] [법원9급 13]

035 (○) 대법원 1995.12.26, 95도234

대표유형

자백의 임의성에 다툼이 있을 때에는 피고인이 그 임의성이 없음을 증명하는 것이 아니라 검사가 그 임의성의 의문점을 없애는 증명을 하여야 하고, 그 임의성의 의문점을 없애는 증명을 하지 못한 경우에는 그 진술증거는 증거능력이 부정된다. [국가7급 16 변형]

(○) 거증책임은 원칙적으로 검사가 부담한다(대법원 2015.9.10, 2012도9879).

036 민사재판에서의 입증책임분배의 원칙은 형사재판에도 동일하게 적용되므로, 피고인은 자신에게 유리한 사항을 입증할 책임을 진다. [경찰승진 23]

036 (×)

해설+ 민사재판에서의 입증책임분배의 원칙은 형사재판에도 동일하게 적용되지 않으므로 형사재판의 거증책임은 원칙적으로 검사에게 있다.

판례 형사재판에 있어서 공소가 제기된 범죄사실에 대한 입증책임은 검사에 있고, 유죄의 인정은 법관으로 하여금 합리적인 의심을 할 여지가 없을 정도로 공소사실이 진실한 것이라는 확신을 가지게 하는 증명력을 가진 증거에 의하여야 하므로, 그와 같은 증거가 없다면 설령 피고인에게 유죄의 의심이 간다 하더라도 피고인의 이익으로 판단할 수밖에 없으며, 민사재판이었더라면 입증책임을 지게 되었을 피고인이 그 쟁점이 된 사항에 대하여 자신에게 유리한 입증을 하지 못하고 있다 하여 위와 같은 원칙이 달리 적용되는 것은 아니다(대법원 2003.12.26, 2003도5255).

037 피고인이나 그 변호인이 검사 작성의 당해 피고인에 대한 피의자신문조서의 임의성을 인정하는 진술을 하였다가 이를 번복하는 경우에는 검사가 아니라 피고인이 그 임의성의 의문점을 없애는 증명을 하여야 한다. [경찰채용 22 1차]

037 (×)

해설+ 임의성 없는 진술의 증거능력을 부정하는 취지는, 허위진술을 유발 또는 강요할 위험성이 있는 상태하에서 행하여진 진술은 그 자체가 실체적 진실에 부합하지 아니하여 오판을 일으킬 소지가 있을 뿐만 아니라 그 진위를 떠나서 진술자의 기본적 인권을 침해하는 위법·부당한 압박이 가하여지는 것을 사전에 막기 위한 것이므로, 그 임의성에 다툼이 있을 때에는 그 임의성을 의심할 만한 합리적이고 구체적인 사실을 피고인이 증명할 것이 아니고 검사가 그 임의성의 의문점을 없애는 증명을 하여야 하고, 검사가 그 임의성의 의문점을 없애는 증명을 하지 못한 경우에는 그 진술증거는 증거능력이 부정된다(대법원 2015.9.10, 2012도9879).

038 자백의 임의성에 다툼이 있을 때에는 그 임의성을 의심할 만한 합리적이고 구체적인 사실이 없음을 검사가 입증하여야 한다. [국가9급 08]

038 (○) 대법원 2000.1.21, 99도4940

039 임의성 없는 진술은 증거능력이 부정되나, 그 임의성에 다툼이 있을 때에는 임의성을 의심할 만한 합리적이고 구체적인 사실을 피고인이 입증하여야 한다. [법원9급 15]

039 (×) 임의성의 의문점을 없애는 증명, 즉 임의성을 의심할 만한 합리적·구체적 사실이 없음을 검사가 증명하여야 한다(대법원 2006. 1.26, 2004도517; 1998.4.10, 97도3234).

040 검사 작성의 당해 피고인에 대한 피의자신문조서에 기재된 진술의 임의성에 다툼이 있을 때에는 그 임의성을 의심할 만한 합리적이고 구체적인 사실을 피고인이 증명할 것이 아니라 검사가 그 임의성의 의문점을 없애는 증명을 하여야 하고, 검사가 그 임의성의 의문점을 없애는 증명을 하지 못한 경우에는 그 조서는 유죄 인정의 증거로 사용할 수 없는데, 이러한 법리는 피고인이나 그 변호인이 검사 작성의 당해 피고인에 대한 피의자신문조서의 임의성을 인정하는 진술을 하였다가 이를 번복하는 경우에도 마찬가지로 적용되어야 한다. [법원9급 14]

040 (○) 대법원 2008.7.10, 2007도7760

041 피고인이나 그 변호인이 검사 작성의 당해 피고인에 대한 피의자신문조서의 임의성을 인정하는 진술을 하였다가 이를 번복하는 경우에, 증거조사를 마친 조서의 임의성을 다투는 주장이 받아들여지게 되면, 그 조서는 증거배제결정을 통하여 유죄 인정의 자료에서 제외되어야 한다. [경찰채용 22 1차]

041 (○)

해설+ 검사 작성의 당해 피고인에 대한 피의자신문조서에 기재된 진술의 임의성에 다툼이 있을 때에는 그 임의성을 의심할 만한 합리적이고 구체적인 사실을 피고인이 증명할 것이 아니라 검사가 그 임의성의 의문점을 없애는 증명을 하여야 하고, 검사가 그 임의성의 의문점을 없애는 증명을 하지 못한 경우에는 그 조서는 유죄 인정의 증거로 사용할 수 없는데, 이러한 법리는 피고인이나 그 변호인이 검사 작성의 당해 피고인에 대한 피의자신문조서의 임의성을 인정하는 진술을 하였다가 이를 번복하는 경우에도 마찬가지로 적용되어야 한다. 따라서 증거조사를 마친 조서의 임의성을 다투는 주장이 받아들여지게 되면, 그 조서는 형사소송규칙의 증거배제결정을 통하여 유죄 인정의 자료에서 제외하여야 한다(대법원 2008.7.10, 2007도7760).

042 참고인에 대한 검찰진술조서가 강압상태 또는 강압수사로 인한 정신적 강압상태가 계속된 상태에서 작성된 것으로 의심되어 그 임의성을 의심할 만한 사정이 있는데도 검사가 그 임의성의 의문점을 없애는 증명을 하지 못하였다면 유죄의 증거로 사용할 수 없다. [국가9급 14] [법원9급 16 변형]

042 (○) 대법원 2006.11.23, 2004도7900

043 피고인이 범행현장부재(alibi)를 주장한 경우, 알리바이의 부존재에 대하여 검사가 거증책임을 지는 것이 아니라 알리바이 존재에 대한 거증책임을 피고인이 부담한다. [국가7급 14 변형]

043 (×) '피고인' → '검사' 알리바이 부존재의 증명을 검사가 하여야 한다.

044 「예비군법」 제15조 제9항 제1호에서 정한 정당한 사유가 없다는 사실은 범죄구성요건이므로 검사가 증명하여야 하지만, 양심적 예비군훈련 거부를 주장하는 피고인은 자신의 예비군훈련 거부가 그에 따라 행동하지 않고서는 인격적 존재가치가 파멸되고 말 것이라는 절박하고 구체적인 양심에 따른 것이며 그 양심이 깊고 확고하며 진실한 것이라는 사실의 존재를 수긍할 만한 소명자료를 제시하고, 검사는 제시된 자료의 신빙성을 탄핵하는 방법으로 진정한 양심의 부존재를 증명할 수 있다. [경찰채용 22 1차] [변호사 23 변형]

044 (○)

> **해설+** 병역법 제88조 제1항은 국방의 의무를 실현하기 위하여 현역입영 또는 소집통지서를 받고도 정당한 사유 없이 이에 응하지 않은 사람을 처벌함으로써 입영기피를 억제하고 병력구성을 확보하기 위한 규정이다. … 정당한 사유가 없다는 사실은 범죄구성요건이므로 검사가 증명하여야 한다. 다만 진정한 양심의 부존재를 증명한다는 것은 마치 특정되지 않은 기간과 공간에서 구체화되지 않은 사실의 부존재를 증명하는 것과 유사하다. 위와 같은 불명확한 사실의 부존재를 증명하는 것은 사회통념상 불가능한 반면 그 존재를 주장·증명하는 것이 좀 더 쉬우므로, 이러한 사정은 검사가 증명책임을 다하였는지를 판단할 때 고려하여야 한다. 따라서 양심적 병역거부를 주장하는 피고인은 자신의 병역거부가 그에 따라 행동하지 않고서는 인격적 존재가치가 파멸되고 말 것이라는 절박하고 구체적인 양심에 따른 것이며 그 양심이 깊고 확고하며 진실한 것이라는 사실의 존재를 수긍할 만한 소명자료를 제시하고, 검사는 제시된 자료의 신빙성을 탄핵하는 방법으로 진정한 양심의 부존재를 증명할 수 있다. 이때 병역거부자가 제시해야 할 소명자료는 적어도 검사가 그에 기초하여 정당한 사유가 없다는 것을 증명하는 것이 가능할 정도로 구체성을 갖추어야 한다(대법원 2018. 11.1, 2016도10912 전원합의체; 2021.2.4, 2020도3439).

045 진정한 양심과 같은 불명확한 사실의 부존재를 증명하는 것은 사회통념상 불가능한 반면 그 존재를 증명하는 것은 좀 더 쉬우므로, 예비군법위반사건에서 양심상의 이유로 예비군훈련 거부의 정당성을 주장하는 피고인은 자신의 양심이 깊고 확고하며 진실하여 '정당한 사유'에 해당한다는 점을 증명하여야 한다. [국가7급 23]

045 (×) 피고인은 양심의 존재를 증명하는 것이 아니라 소명하는 것이다.

> **보충** 이에 검사는 이를 탄핵하는 방법으로 진정한 양심의 부존재를 엄격하게 증명하여야 한다.

> **판례** 불명확한 사실의 부존재를 증명하는 것은 사회통념상 불가능한 반면 그 존재를 주장·증명하는 것이 좀 더 쉬우므로, 이러한 사정은 검사가 증명책임을 다하였는지를 판단할 때 고려하여야 한다. 따라서 양심상의 이유로 예비군훈련 거부를 주장하는 피고인은 자신의 예비군훈련 거부가 그에 따라 행동하지 않고서는 인격적 존재가치가 파멸되고 말 것이라는 절박하고 구체적인 양심에 따른 것이며 그 양심이 깊고 확고하며 진실한 것이라는 사실의 존재를 수긍할 만한 소명자료를 제시하고, 검사는 제시된 자료의 신빙성을 탄핵하는 방법으로 진정한 양심의 부존재를 증명할 수 있다 (대법원 2021.1.28, 2018도4708).

046 진정한 양심에 따른 병역거부는 「병역법」 제88조 제1항에서 정한 '정당한 사유'에 해당하며, 정당한 사유가 없다는 사실은 범죄구성요건이므로 검사가 증명하여야 한다. [경찰경채 23]

046 (O)

해설+ 양심에 따른 병역거부, 이른바 양심적 병역거부는 종교적·윤리적·도덕적·철학적 또는 이와 유사한 동기에서 형성된 양심상 결정을 이유로 집총이나 군사훈련을 수반하는 병역의무의 이행을 거부하는 행위를 말한다. 양심적 병역거부자에게 병역의무의 이행을 일률적으로 강제하고 그 불이행에 대하여 형사처벌 등 제재를 하는 것은 양심의 자유를 비롯한 헌법상 기본권 보장체계와 전체 법질서에 비추어 타당하지 않을 뿐만 아니라 소수자에 대한 관용과 포용이라는 자유민주주의 정신에도 위배된다. 따라서 진정한 양심에 따른 병역거부라면, 이는 병역법 제88조 제1항의 '정당한 사유'에 해당한다고 보아야 한다. … 정당한 사유가 없다는 사실은 범죄구성요건이므로 검사가 증명하여야 한다(대법원 2021.1.28, 2018도4708).

047 법위반에 대한 정당한 사유가 없다는 사실은 범죄구성요건이므로 검사가 증명해야 하는데, 다만 진정한 양심의 부존재와 같은 사실을 증명하는 것은 사회통념상 불가능한 반면 그 존재를 주장·증명하는 것이 좀 더 쉬우므로 이러한 사정은 검사가 증명책임을 다하였는지 판단할 때 고려해야 한다. [경찰채용 23 2차]

047 (O)

해설+ 병역법 제88조 제1항은 국방의 의무를 실현하기 위하여 현역입영 또는 소집통지서를 받고도 정당한 사유 없이 이에 응하지 않은 사람을 처벌함으로써 입영기피를 억제하고 병력구성을 확보하기 위한 규정이다. 위 조항에 따르면 정당한 사유가 있는 경우에는 피고인을 벌할 수 없는데, 여기에서 정당한 사유는 구성요건해당성을 조각하는 사유이다. …… 정당한 사유가 없다는 사실은 범죄구성요건이므로 검사가 증명하여야 한다. 다만 진정한 양심의 부존재를 증명한다는 것은 마치 특정되지 않은 기간과 공간에서 구체화되지 않은 사실의 부존재를 증명하는 것과 유사하다. 위와 같은 불명확한 사실의 부존재를 증명하는 것은 사회통념상 불가능한 반면 그 존재를 주장·증명하는 것이 좀 더 쉬우므로, 이러한 사정은 검사가 증명책임을 다하였는지를 판단할 때 고려하여야 한다. 따라서 양심적 병역거부를 주장하는 피고인은 자신의 병역거부가 그에 따라 행동하지 않고서는 인격적 존재가치가 파멸되고 말 것이라는 절박하고 구체적인 양심에 따른 것이며 그 양심이 깊고 확고하며 진실한 것이라는 사실의 존재를 수긍할 만한 소명자료를 제시하고, 검사는 제시된 자료의 신빙성을 탄핵하는 방법으로 진정한 양심의 부존재를 증명할 수 있다. 이때 병역거부자가 제시해야 할 소명자료는 적어도 검사가 그에 기초하여 정당한 사유가 없다는 것을 증명하는 것이 가능할 정도로 구체성을 갖추어야 한다(대법원 2018.11.1, 2016도10912 전원합의체).

048 「공직선거법」상 허위사실공표죄에서 공표된 사실이 실제로 존재한다고 주장하는 자는 그러한 사실의 존재를 수긍할 만한 소명자료를 제시할 부담을 지고, 이때 제시하여야 할 소명자료는 적어도 허위성에 관한 검사의 증명활동이 현실적으로 가능할 정도의 구체성은 갖추어야 한다. [경찰채용 23 2차]

048 (○)

해설+ 근거가 박약한 의혹의 제기를 광범위하게 허용할 경우, 비록 나중에 그 의혹이 사실무근으로 밝혀지더라도 잠시나마 후보자의 명예가 훼손됨은 물론, 임박한 선거에서 유권자들의 선택을 오도하는 중대한 결과가 야기되고, 이는 오히려 공익에 현저히 반하는 결과가 된다. …… 허위사실공표죄에서 의혹을 받을 일을 한 사실이 없다고 주장하는 사람에 대하여, 의혹을 받을 사실이 존재한다고 적극적으로 주장하는 자는, 그러한 사실의 존재를 수긍할 만한 소명자료를 제시할 부담을 지고, 검사는 제시된 그 자료의 신빙성을 탄핵하는 방법으로 허위성의 증명을 할 수 있다. 이때 제시하여야 할 소명자료는 위 법리에 비추어 단순히 소문을 제시하는 것만으로는 부족하고, 적어도 허위성에 관한 검사의 증명활동이 현실적으로 가능할 정도의 구체성은 갖추어야 하며, 이러한 소명자료의 제시가 없거나 제시된 소명자료의 신빙성이 탄핵된 때에는 허위사실 공표의 책임을 져야 한다(대법원 2018.9.28, 2018도10447).

049 「공직선거법」상 허위사실공표죄에서 의혹을 받을 사실이 존재한다고 적극적으로 주장하는 피고인은 그러한 사실의 존재를 수긍할 만한 소명자료를 제시할 부담을 지고, 검사는 제시된 그 자료의 신빙성을 탄핵하는 방법으로 허위성을 증명할 수 있다. [국가7급 23]

049 (○) 허위사실공표죄의 피고인은 의혹을 받은 사실의 존재를 소명해야 한다.

보충 이에 검사는 이를 탄핵하는 방법으로 허위성을 엄격하게 증명하여야 한다.

판례 공직선거법 제250조 제2항 소정의 허위사실공표죄가 성립하기 위하여는 검사가 공표된 사실이 허위라는 점을 적극적으로 증명할 것이 필요하고, 공표한 사실이 진실이라는 증명이 없다는 것만으로는 위 죄가 성립할 수 없다. 이와 관련하여 그 증명책임의 부담을 결정함에 있어 어느 사실이 적극적으로 존재한다는 것의 증명은 물론이고 어느 사실의 부존재 사실의 증명이라도 특정 기간과 장소에서의 특정 행위의 부존재 사실에 관한 것이라면 여전히 적극적 당사자인 검사가 그를 합리적 의심의 여지가 없이 증명할 의무를 부담한다(대법원 2003.11.28, 2003도5279; 2004.2.26, 99도5190; 2006.11.10, 2005도6375 등). …… 허위사실공표죄에 있어서 의혹을 받을 일을 한 사실이 없다고 주장하는 사람에 대하여 의혹을 받을 사실이 존재한다고 적극적으로 주장하는 자는 그러한 사실의 존재를 수긍할 만한 소명자료를 제시할 부담을 지고, 검사는 제시된 그 자료의 신빙성을 탄핵하는 방법으로 허위성의 증명을 할 수 있다. 이때 제시하여야 할 소명자료는 위 법리에 비추어 단순히 소문을 제시하는 것만으로는 부족하고 적어도 허위성에 관한 검사의 증명활동이 현실적으로 가능할 정도의 구체성은 갖추어야 하며, 이러한 소명자료의 제시가 없거나 제시된 소명자료의 신빙성이 탄핵된 때에는 허위사실 공표로서의 책임을 져야 한다(대법원 2011.12.22, 2008도11847).

050 검사는 형벌권의 존부와 범위에 관해서 거증책임을 지므로 공연히 사실을 적시하여 사람의 명예를 훼손한 행위가 진실한 사실로서 오로지 공공의 이익에 관한 때에 해당하지 않는다는 점에 대해서도 검사가 거증책임을 진다. [국가9급 17]

050 (×) '검사' → '행위자'(대법원 2004.5.28, 2004도1497)

051 형법 제310조의 "형법 제307조 제1항의 행위가 진실한 사실로서 오로지 공공의 이익에 관한 때에는 벌하지 아니한다."는 규정과 관련하여 피고인이 주장하는 사실이 진실로서 오로지 공공의 이익에 해당하는지 여부의 입증은 자유로운 증명의 대상이면서 거증책임이 검사에게 있다.

[경찰채용 18 1차] [국가7급 14]

051 (×) '검사' → '피고인'
진실한 사실로서 오로지 공공의 이익에 관한 때에 해당된다는 점을 행위자가 증명하여야 하는 것이다 (대법원 1996.10.25, 95도1473)

052 공연성은 명예훼손죄의 구성요건으로서, 특정 소수에 대한 사실적시의 경우 공연성이 부정되는 유력한 사정이 될 수 있으므로 전파될 가능성에 관하여는 검사에게 증명의 책임이 있음이 원칙이나, 전파될 가능성은 특정되지 않은 기간과 공간에서 아직 구체화되지 않은 사실이므로 그 증명의 정도는 자유로운 증명으로 족하다.

[경찰채용 23 2차]

052 (×)

해설+ 공연성은 명예훼손죄의 구성요건으로서, 특정 소수에 대한 사실적시의 경우 공연성이 부정되는 유력한 사정이 될 수 있으므로, 전파될 가능성에 관하여는 검사의 엄격한 증명이 필요하다(대법원 2020.11.19, 2020도5813 전원합의체).

053 「성폭력범죄의 처벌 등에 관한 특례법」 제7조 제1항에서 정하는 13세 미만의 미성년자에 대한 강간죄의 성립이 인정되려면, 피고인이 피해자가 13세 미만의 미성년자임을 알면서 그를 강간했다는 사실이 검사에 의하여 입증되어야 한다.

[경찰승진 23]

053 (○)

해설+ 형사재판에서 공소가 제기된 범죄의 구성요건을 이루는 사실은 그것이 주관적 요건이든 객관적 요건이든 그 입증책임이 검사에게 있으므로, 구 성폭력범죄의 처벌 및 피해자보호 등에 관한 법률 제8조의2 제1항에서 정하는 범죄의 성립이 인정되려면, 피고인이 피해자가 13세 미만의 여자임을 알면서 그를 강간하였다는 사실이 검사에 의하여 입증되어야 한다(대법원 2012.8.30, 2012도7377).

보충 피해자는 만 12세 6개월인 중학교 1학년생으로 만 13세가 되기까지 6개월 정도 남은 상황이었는데, 피고인은 피해자가 '중학교 1학년이라서 14살이다'라고 하였고(피해자 또한 수사기관에서 "피고인에게 14세라고 말하였다"고 진술하였음) 피해자는 키 약 155cm, 몸무게 약 50kg 정도로 중학교 1학년생으로서는 오히려 큰 편에 속하는 체격이었으며 모텔로 들어갈 때 모텔 관리자로부터 특별한 제지를 받은 바 없었던 것으로 보인다. …… 제반 사정에 비추어 피고인이 범행 당시 이를 미필적으로라도 인식하고 있었다는 것이 합리적 의심의 여지 없이 증명되었다고 단정할 수 없다. 그런데 원심은 "피해자가 13세 미만의 여자인 이상 그 당시의 객관적인 정황에 비추어 피고인이 피해자가 13세 미만의 여자라는 사실을 인식하였더라면 강간행위로 나아가지 아니하였으리라고 인정할 만한 합리적인 근거를 찾을 수 없다면" 13세 미만의 미성년자에 대한 강간죄에 관한 미필적 고의가 인정될 수 있다는 법리에 따라 유죄를 인정하였다. 이러한 원심의 판단에는 형사재판의 증명책임에 관한 법리를 오해하는 등의 위법이 있다(대법원 2012.8.30, 2012도7377).

Ⅲ 자유심증주의

🔗 대표유형

피고인의 수사기관에서나 제1심 법정에서의 자백이 항소심에서의 법정진술과 다른 경우 그 자백의 증명력 내지 신빙성이 의심스럽다고 할 것이고, 같은 사람의 검찰에서의 진술과 법정에서의 증언이 다를 경우 검찰에서의 진술을 믿고서 범죄사실을 인정하는 것은 자유심증주의의 한계를 벗어나는 것이다. [경찰채용 21 2차]

(×)

해설+ 피고인의 제1심 법정에서의 자백이 항소심에서의 법정진술과 다르다는 사유만으로는 그 자백의 증명력 내지 신빙성이 의심스럽다고 할 수는 없는 것이다(대법원 2010.7.22, 2009도1151). 또한 국회의원인 피고인이 甲 주식회사 대표이사 乙에게서 3차례에 걸쳐 불법정치자금을 수수하였다는 내용으로 기소되었는데, 乙이 검찰의 소환 조사에서는 자금을 조성하여 피고인에게 정치자금으로 제공하였다고 진술하였다가, 제1심 법정에서는 이를 번복하여 자금 조성 사실은 시인하면서도 피고인에게 정치자금으로 제공한 사실을 부인하고 자금의 사용처를 달리 진술한 경우 자금 사용처에 관한 乙의 검찰진술의 신빙성이 인정되므로, 乙의 검찰진술 등을 종합하여 공소사실을 모두 유죄로 인정한 원심판단에는 자유심증주의의 한계를 벗어나는 등의 잘못이 없다(대법원 2015.8.20, 2013도11650 전원합의체).

🔗 대표유형

검찰에서의 피고인의 자백이 법정진술과 다르다거나 피고인에게 지나치게 불리한 내용이라는 사유만으로는 그 자백의 신빙성이 의심스럽다고 할 수는 없다. [경찰채용 19 1차] [경찰승진 22] [경찰경채 23 변형]

(○) 대법원 1985.7.9, 85도826;
2010.7.22, 2009도1151

054 증거의 취사와 이를 근거로 한 사실의 인정은 그것이 경험칙에 위배된다는 등의 특단의 사정이 없는 한 사실심 법원의 전권에 속한다. [국가9급 09]

054 (○) 대법원 2010.1.28, 2006
다79650

055 경찰에서의 진술조서의 기재와 당해 사건의 공판정에서의 같은 사람의 증인으로서의 진술이 상반되는 경우 반드시 공판정에서의 증언에 따라야 한다는 법칙은 없고 그중 어느 것을 채용하여 사실인정의 자료로 할 것인가는 오로지 사실심법원의 자유심증에 속하는 것이다. [경찰채용 23 2차]

055 (○) 대법원 1987.6.9, 87도
691, 87감도63

242 형사소송법의 수사와 증거

056 '성추행 피해자가 추행 즉시 행위자에게 항의하지 않은 사정'이나 '피해 신고시 성폭력이 아닌 다른 피해 사실을 먼저 진술한 사정'만으로 곧바로 피해자 진술의 신빙성을 부정할 것은 아니고, 가해자와의 관계와 피해자의 구체적 상황을 모두 살펴 판단하여야 한다. 　　　　　　　　　　　[경찰채용 23 2차]

해설+ '성추행 피해자가 추행 즉시 행위자에게 항의하지 않은 사정'이나 '피해 신고시 성폭력이 아닌 다른 피해사실을 먼저 진술한 사정'만으로 곧바로 피해자 진술의 신빙성을 부정할 것이 아니고, 가해자와의 관계와 피해자의 구체적 상황을 모두 살펴 판단하여야 한다(대법원 2020.9.24, 2020도7869).

056 (○)

057 간접증거가 개별적으로 완전한 증명력을 가지지 못한다면 종합적으로 고찰하여 증명력이 있는 것으로 판단되더라도 그에 의하여 범죄사실을 인정할 수 없다. 　　　　　　　　　　　　　　[국가9급 08·18]

057 (×) '더라도' → '면', '없다' → '있다'(대법원 2015.5.14, 2015도119)

058 형사재판에 있어 심증형성은 간접증거에 의할 수도 있으며, 간접증거는 개별적, 고립적으로 평가해서는 안 되고 모든 관점에서 빠짐없이 상호 관련시켜 종합적으로 평가하고 치밀하고 모순 없는 논증을 거쳐야 한다. 　　　　　　　　　　　　　　[국가9급 12 변형]

058 (○) 대법원 2009.3.12, 2008도8486

059 간접증거에 의하여 주요사실의 전제가 되는 수개의 간접사실을 인정할 때에는 하나 하나의 간접사실 사이에 모순, 저촉이 없어야 할 정도까지는 요구되지 않으며 전체적으로 고찰하여 유죄의 심증을 형성할 수 있으면 충분하다. 　　　　　　　　　　　　　　[국가9급 18]

059 (×) 하나하나의 간접사실 사이에 모순, 저촉이 없어야 하는 것은 물론 간접사실이 논리와 경험칙, 과학법칙에 의하여 뒷받침되어야 한다(대법원 2011.5.26, 2011도1902).

060 간접증거만으로 유죄를 인정하는 경우에는 여러 간접사실로 보아 피고인이 범행한 것으로 보기에 충분할 만큼 압도적으로 우월한 증명이 있어야 한다.

[경찰채용 22 1차]

060 (○)

해설+ 살인죄와 같이 법정형이 무거운 범죄의 경우에도 직접증거 없이 간접증거만으로도 유죄를 인정할 수 있으나, 그 경우에도 주요사실의 전제가 되는 간접사실의 인정은 합리적 의심을 허용하지 않을 정도의 증명이 있어야 하고, 그 하나하나의 간접사실이 상호 모순, 저촉이 없어야 함은 물론 논리와 경험칙, 과학법칙에 의하여 뒷받침되어야 한다. 그러므로 유죄의 인정은 범행 동기, 범행수단의 선택, 범행에 이르는 과정, 범행 전후 피고인의 태도 등 여러 간접사실로 보아 피고인이 범행한 것으로 보기에 충분할 만큼 압도적으로 우월한 증명이 있어야 하고, 피고인이 고의적으로 범행한 것이라고 보기에 의심스러운 사정이 병존하고 증거관계 및 경험법칙상 고의적 범행이 아닐 여지를 확실하게 배제할 수 없다면 유죄로 인정할 수 없다. 피고인은 무죄로 추정된다는 것이 헌법상의 원칙이고, 그 추정의 번복은 직접증거가 존재할 경우에 버금가는 정도가 되어야 한다(대법원 2017. 5.30, 2017도1549).

061 피고인에 대한 범죄의 증명이 없게 된 경우에는 피해품인 압수물의 존재만으로 그 유죄의 증거가 될 수 없다.

[법원9급 13]

061 (○)

보충 승객인 피고인이 운전사가 가스를 주입하기 위해 운전석을 잠시 비운 틈에 운전석 옆 돈주머니에 있던 돈 7,000원 중 3,000원만을 꺼내 훔치고, 훔친 돈을 운전사가 돌아올 때까지 손에 들고 있었다는 증언내용은 경험칙에 비추어 수긍하기 어렵다(대법원 1984.3.27, 83도3067,83감도513).

062 증거보전절차에서의 진술에 대하여 법원이 사유가 있어 그것을 믿지 않더라도 자유심증주의의 남용이라고 할 수 없다.

[국가7급 11]

062 (○) 대법원 1980.4.8, 79도2125

063 동일인의 검찰에서의 진술과 법정에서의 증언이 다를 경우 법원은 검찰에서의 진술이 위법하게 이루어진 것이 아닌 한 이를 믿고 범죄사실을 인정할 수 있다.

[국가7급 11]

063 (○) 대법원 1988.6.28, 88도740

064 강간죄에서 공소사실을 인정할 증거로 사실상 피해자의 진술이 유일하고 피고인의 진술은 경험칙상 합리성이 없고 그 자체로 모순되어 믿을 수 없는 경우, 이러한 사정은 법관의 자유판단의 대상이 되지 않는다.

[경찰채용 20 2차]

064 (×)

해설+ 강간죄에서 공소사실을 인정할 증거로 사실상 피해자의 진술이 유일한 경우에 피고인의 진술이 경험칙상 합리성이 없고 그 자체로 모순되어 믿을 수 없다고 하여 그것이 공소사실을 인정하는 직접증거가 되는 것은 아니지만, 이러한 사정은 법관의 자유판단에 따라 피해자 진술의 신빙성을 뒷받침하거나 직접증거인 피해자 진술과 결합하여 공소사실을 뒷받침하는 간접정황이 될 수 있다(대법원 2018.10.25, 2018도7709).

065 검사가 공판기일에 증인으로 신청하여 신문할 사람을 특별한 사정 없이 미리 수사기관에 소환하여 면담하는 절차를 거친 후 증인이 법정에서 피고인에게 불리한 내용의 진술을 한 경우, 이를 증거로 인정하는 데에 있어서 검사의 증인에 대한 외유나 압박 등이 없었다는 사정을 별도로 증명할 필요는 없다.

065 (×)

해설+ 검사가 증인신문 전 면담 과정에서 증인에 대한 회유나 압박, 답변 유도나 암시 등으로 증인의 법정진술에 영향을 미치지 않았다는 점이 담보되어야 증인의 법정진술을 신빙할 수 있다고 할 것이다. 검사가 증인신문 준비 등 필요에 따라 증인을 사전 면담할 수 있다고 하더라도 법원이나 피고인의 관여 없이 일방적으로 사전 면담하는 과정에서 증인이 훈련되거나 유도되어 법정에서 왜곡된 진술을 할 가능성도 배제할 수 없기 때문이다. 증인에 대한 회유나 압박 등이 없었다는 사정은 검사가 증인의 법정진술이나 면담과정을 기록한 자료 등으로 사전 면담 시점, 이유와 방법, 구체적 내용 등을 밝힘으로써 증명하여야 한다(대법원 2021.6.10, 2020도15891).

066 검사가 공판기일에 증인으로 신청하여 신문할 사람을 특별한 사정없이 미리 수사기관에 소환하여 면담하는 절차를 거친 후에 그 사람이 증인으로 소환되어 법정에서 피고인에게 불리한 내용의 진술을 한 경우, 검사가 증인신문 전 면담과정에서 증인에 대한 회유나 압박, 답변유도나 암시 등으로 증인의 법정진술에 영향을 미치지 않았다는 점이 담보되어야 증인의 법정진술을 신빙할 수 있다.

[국가7급 23]

066 (○) 대법원 2021.6.10, 2020도15891

067 개별적, 구체적인 사건에서 성폭행 등의 피해자가 처하여 있는 특별한 사정을 충분히 고려하지 않은 채 피해자 진술의 증명력을 가볍게 배척하는 것은 정의와 형평의 이념에 입각하여 논리와 경험의 법칙에 따른 증거판단이라고 볼 수 없다.

해설+ [증인진술의 신빙성을 부정한 제1심의 판단을 항소심이 뒤집을 수 있는 경우] 형사소송법이 채택하고 있는 실질적 직접심리주의의 정신에 비추어, 항소심으로서는 ㉠ 제1심 증인이 한 진술의 신빙성 유무에 대한 제1심의 판단이 항소심의 판단과 다르다는 이유만으로 이에 대한 제1심의 판단을 함부로 뒤집어서는 아니되나, ㉡ 제1심 증인이 한 진술의 신빙성 유무에 대한 제1심의 판단이 명백하게 잘못되었다고 볼 특별한 사정이 있거나, 제1심 증거조사 결과와 항소심 변론종결 시까지 추가로 이루어진 증거조사 결과를 종합하면 제1심 증인이 한 진술의 신빙성 유무에 대한 제1심의 판단을 그대로 유지하는 것이 현저히 부당하다고 인정되는 예외적인 경우에는 그러하지 아니하다 (대법원 2021.6.10, 2021도2726).

보충 피해자의 항의 태도만으로 피해자의 성격을 속단하여 피해자 진술의 신빙성을 배척한 원심 판결은 개별적, 구체적인 사건에서 성범죄 피해자가 처하여 있는 특별한 사정을 충분히 고려하지 않은 채 피해자 진술의 증명력을 가볍게 배척하는 것으로 논리와 경험의 법칙에 따른 증거판단이라고 보기 어렵다.

067 (○) 성폭행이나 성희롱 사건의 피해자가 피해사실을 알리고 문제를 삼는 과정에서 오히려 피해자가 부정적인 여론이나 불이익한 처우 및 신분 노출의 피해 등을 입기도 하여 온 점 등에 비추어 보면, 성폭행 피해자의 대처 양상은 피해자의 성정이나 가해자와의 관계 및 구체적인 상황에 따라 다르게 나타날 수밖에 없다(대법원 2021.3.11, 2020도15259).

068 법원은 피고인이 작성한 진술조서에 기재된 내용의 전부를 믿거나 믿지 않아야 하며, 그중 일부만을 믿을 수는 없다. [국가9급 09]

068 (×) '없다' → '있다'(대법원 1980.3.11, 80도145)

069 조서의 내용에 대한 증명력은 전체적으로 고찰되어야 하므로, 진술조서의 기재 중 일부분을 믿고 다른 부분을 믿지 아니한다면 곧바로 부당하다고 평가되어야 한다. [경찰승진 22]

069 (×) 진술조서의 기재 중 일부분을 믿고 다른 부분을 믿지 아니한다고 하여도 그것이 곧 부당하다고 할 수 없다(대법원 1980.3.11, 80도145).

070 공동피고인 중 1인이 다른 공동피고인들과 공동하여 범행을 하였다고 자백한 경우, 법원은 자유심증주의의 원칙상 자백한 피고인 자신의 범행에 관한 부분만을 취신하고 다른 공동피고인들이 범행에 관여하였다는 부분은 배척할 수 있다. [국가7급 20]

070 (○) 대법원 1995.12.8, 95도2043

071 공동피고인 중 1인이 다른 공동피고인들과 공동하여 범행을 하였다고 자백한 경우 그 자백을 전부 믿어 공동피고인들 전부에 대하여 유죄를 인정하거나 그 전부를 배척하여야만 하는 것은 아니다. [국가9급 15]

071 (○) 대법원 1995.12.8, 95도2043

072 상해진단서는 특별한 사정이 없는 한 피해자의 진술과 더불어 피고인의 상해사실에 대한 유력한 증거가 되며, 합리적인 근거 없이 그 증명력을 함부로 배척할 수는 없다. [국가9급 15]

072 (○) 대법원 2011.1.27, 2010도12728

073 유전자검사나 혈액형검사 등 과학적 증거방법은 그 전제로 하는 사실이 모두 진실임이 입증되고 그 추론의 방법이 과학적으로 정당하여 오류의 가능성이 전무하거나 무시할 정도로 극소한 것으로 인정되는 경우에는 법관이 사실인정을 함에 있어 상당한 정도로 구속력을 가진다. [국가9급 21]

073 (○) 대법원 2009.3.12, 2008도8486

074 유전자검사 결과 주사기에서 마약성분과 함께 피고인의 혈흔이 확인됨으로써 피고인이 필로폰을 투약한 사정이 적극적으로 증명되는 경우, 반증의 여지가 있는 소변 및 모발검사에서 마약성분이 검출되지 않았다는 소극적 사정에 관한 증거만으로 이를 쉽사리 뒤집을 수 없다. [경찰승진 22]

074 (○)

해설+ 유전자검사나 혈액형검사 등 과학적 증거방법은 그 전제로 하는 사실이 모두 진실임이 입증되고 그 추론의 방법이 과학적으로 정당하여 오류의 가능성이 전무하거나 무시할 정도로 극소한 것으로 인정되는 경우에는 법관이 사실인정을 함에 있어 상당한 정도로 구속력을 가지므로, 비록 사실의 인정이 사실심의 전권이라 하더라도 아무런 합리적 근거 없이 함부로 이를 배척하는 것은 자유심증주의의 한계를 벗어나는 것으로서 허용될 수 없다. 과학적 증거방법이 당해 범죄에 관한 적극적 사실과 이에 반하는 소극적 사실 모두에 존재하는 경우에는 각 증거방법에 의한 분석결과에 발생할 수 있는 오류가능성 및 그 정도, 그 증거방법에 의하여 증명되는 사실의 내용 등을 종합적으로 고려하여 범죄의 유무 등을 판단하여야 하고, 여러 가지 변수로 인하여 반증의 여지가 있는 소극적 사실에 관한 증거로써 과학적 증거방법에 의하여 증명되는 적극적 사실을 쉽사리 뒤집어서는 안 된다. ⋯ 유전자검사 결과 주사기에서 마약성분과 함께 피고인의 혈흔이 확인됨으로써 피고인이 필로폰을 투약한 사정이 적극적으로 증명되는 경우, 반증의 여지가 있는 소변 및 모발검사에서 마약성분이 검출되지 않았다는 소극적 사정에 관한 증거만으로 이를 쉽사리 뒤집을 수 없다(대법원 2009.3.12, 2008도8486).

075 진문 김징인이 공인된 표준 검사기법으로 분석한 후 법원에 제출한 과학직 증거는 모든 과정에서 시료의 동일성이 인정되고 인위적인 조작·훼손·첨가가 없었음이 담보되었다면, 각 단계에서 시료에 대한 정확한 인수·인계 절차를 확인할 수 있는 기록이 유지되지 않았다 하더라도 사실인정에 있어서 상당한 정도로 구속력을 가진다. [국가9급 21]

075 (×)

> **해설+** 과학적 증거방법이 사실인정에 있어서 상당한 정도로 구속력을 갖기 위해서는 감정인이 전문적인 지식·기술·경험을 가지고 공인된 표준 검사기법으로 분석한 후 법원에 제출하였다는 것만으로는 부족하고, 시료의 채취·보관·분석 등 모든 과정에서 시료의 동일성이 인정되고 인위적인 조작·훼손·첨가가 없었음이 담보되어야 하며 각 단계에서 시료에 대한 정확한 인수·인계 절차를 확인할 수 있는 기록이 유지되어야 한다(대법원 2018.2.8, 2017도14222).

076 범인식별절차와 관련하여, 용의자 한 사람을 단독으로 목격자와 대질시키거나 용의자의 사진 한 장만을 목격자에게 제시하여 범인 여부를 확인하게 하는 방식은 부가적인 사정이 없는 한 그 신빙성이 높다고 보아야 한다. [경찰채용 15]

076 (×) '높다' → '낮다'(대법원 2009.6.11, 2008도12111)

077 형사재판에 있어서 이와 관련된 다른 형사사건의 확정판결에서 인정된 사실은, 특별한 사정이 없는 한 유력한 증거자료가 되는 것이나, 당해 형사재판에서 제출된 다른 증거 내용에 비추어 관련 형사사건의 확정판결에서의 사실판단을 그대로 채택하기 어렵다고 인정될 경우에는 이를 배척할 수 있다. [국가9급 15 변형] [경찰채용 23 2차 변형]

077 (○) 대법원 2012.6.14, 2011도15653

078 동일한 사실관계에 관하여 이미 확정된 형사판결이 인정한 사실은 유력한 증거자료가 되므로, 그 형사재판의 사실판단을 채용하기 어렵다고 인정되는 특별한 사정이 없는 한 이와 배치되는 사실은 인정할 수 없다. [경찰승진 22]

078 (○) 대법원 2009.12.24, 2009도11349

079 항소법원이 제1심에서 채용된 증거의 신빙성에 의문이 있는 경우 이미 증거조사를 거친 동일한 증거라도 그 증거의 신빙성에 대하여 더 심리하여 본 후 그 채부를 판단하여야 한다. [국가9급 15]

079 (○) 대법원 1996.12.6, 96도2461

080 제1심의 피해자에 대한 증인신문조서 기재 자체에 의하여 피해자의 진술을 믿기 어려운 사정이 보이는 경우에 항소심이 그 증인을 다시 신문하여 보지도 아니하고 제1심의 증인신문조서의 기재만에 의하여 직접 증인을 신문한 제1심과 다르게 그 증언을 믿을 수 있다고 판단한 것은 심히 부당하다. [국가7급 11 변형]

080 (○) 대법원 1991.10.22, 91도1672

081 증명력이 있는 것으로 인정되는 증거를 합리적인 근거가 없는 의심을 일으켜 이를 배척하는 것은 자유심증주의의 한계를 벗어나는 것으로 허용되지 않는다. [국가9급 12]

081 (○) 대법원 2011.2.24, 2010도14262

3 자백배제법칙

🔗 **대표유형**

(×)

피고인이 경찰에서 가혹행위 등으로 인하여 임의성 없는 자백을 하고 그 후 검찰이나 법정에서도 임의성 없는 심리상태가 계속되어 동일한 내용의 자백을 하였다면, 검찰에서의 자백은 임의성 없는 자백이라고 보아야 하지만 공개된 법정에서의 자백은 그러하지 아니하다. [경찰승진 22]

해설+ 피고인이 경찰에서 가혹행위 등으로 인하여 임의성 없는 자백을 하고 그 후 검찰이나 법정에서도 임의성 없는 심리상태가 계속되어 동일한 내용의 자백을 하였다면 각 자백도 임의성 없는 자백이라고 보아야 한다(대법원 2015.9.10, 2012도9879).

대표유형

일정한 증거가 발견되면 피의자가 자백하겠다고 한 약속이 검사의 강요나 위계에 의하여 이루어졌다거나 불기소나 경한 죄의 소추 등의 이익과 교환조건으로 된 것으로 인정되지 않는다면 이와 같은 약속하에 된 자백이라 하여 곧 임의성 없는 자백이라고 단정할 수는 없다. [경찰채용 18 1차] [국가7급 16 변형] [국가9급 14]

(○) 대법원 1983.9.13, 83도712

082 자백은 일단 자백하였다가 이를 번복 내지 취소하더라도 그 효력이 없어지는 것은 아니기에, 피고인이 항소이유서에 '돈이 급해 지어서는 안될 죄를 지었습니다.', '진심으로 뉘우치고 있습니다.'라고 기재하였고 항소심 공판기일에 그 항소이유서를 진술하였다면, 이어진 검사의 신문에 범죄사실을 부인하였고 수사단계에서도 일관되게 범죄사실을 부인하여 온 사정이 있다고 하더라도 피고인이 자백한 것으로 볼 수 있다. [경찰채용 23 2차]

082 (×)

해설+ 피고인이 제출한 항소이유서에 '피고인은 돈이 급해 지어서는 안될 죄를 지었습니다.', '진심으로 뉘우치고 있습니다.'라고 기재되어 있고 피고인은 항소심 제2회 공판기일에 위 항소이유서를 진술하였으나, 곧 이어서 있는 검사와 재판장 및 변호인의 각 심문에 대하여 피고인은 범죄사실을 부인하였고, 수사단계에서도 일관되게 그와 같이 범죄사실을 부인하여 온 점에 비추어 볼 때, 위와 같이 추상적인 항소이유서의 기재만을 가지고 범죄사실을 자백한 것으로 볼 수 없다(대법원 1999.11.12, 99도3341).

083 「형사소송법」 제309조는 "피고인의 자백이 고문, 폭행, 협박, 신체구속의 부당한 장기화 또는 기망 기타의 방법으로 임의로 진술한 것이 아니라고 의심할 만한 이유가 있을 때에는 이를 유죄의 증거로 하지 못한다"고 규정하고 있는데, 위 법조에서 규정된 피고인의 진술의 자유를 침해하는 위법사유는 원칙적으로 예시사유로 보아야 한다. [경찰채용 18 1차]

083 (○) 대법원 1985.2.26, 82도2413

084 「형사소송법」 제309조 소정의 사유로 임의성이 없다고 의심할 만한 이유가 있는 자백은 그 인과관계의 존재가 추정되는 것이므로 이를 유죄의 증거로 하려면 적극적으로 그 인과관계가 존재하지 아니하는 것이 인정되어야 할 것이다. [경찰채용 23 2차]

084 (○) 대법원 1984.11.27, 84도2252

085 검사가 피고인들에게 공소사실 그대로의 사실 유·무를 묻자, 피고인들이 동시에 "예, 있습니다", "예, 그랬습니다"라고 답을 하였으나, 재판장의 물음에서는 다시 부동산전매업을 도와주는 모집책이 아니고 단순한 고객일 뿐이라고 진술하면서 범행을 부인하였다면 피고인들이 공모하여 기망 내지 편취하였다는 내용까지 자백한 것이라고 볼 수 없다.

[경찰간부 16] [해경승진 22]

085 (○) 대법원 1984.4.10, 84도141

086 피고인이 검사 이전 수사기관에서 고문 등 가혹행위로 인하여 임의성 없는 자백을 하고 그 후 검사 조사단계에서도 임의성 없는 심리상태가 계속되어 동일한 내용의 자백을 하였다면, 검사 조사단계에서 고문 등 자백 강요행위가 없었다고 하여도 검사 앞에서의 자백도 임의성 없는 자백이라고 보아야 한다.

[경찰채용 13]

086 (○) 대법원 2011.10.27, 2009도1603

087 피고인이 수사기관에서 가혹행위 등으로 인하여 임의성 없는 자백을 하고, 그 후 법정에서도 임의성 없는 심리상태가 계속되어 동일한 내용의 자백을 하였다면 법정에서의 자백도 임의성 없는 자백이라고 보아야 한다.

[경찰채용 18 1차] [국가9급 15]

087 (○) 대법원 2012.11.29, 2010도3029

088 자백하면 가벼운 형으로 처벌받게 해주겠다는 각서를 작성해주고 얻은 진술을 기재한 피의자신문조서는 증거능력이 인정된다. [국가9급 09]

해설+ 위 자백은 기망에 의하여 임의로 진술한 것이 아니라고 의심할 만한 이유가 있는 때에 해당하여 형사소송법 제309조의 규정에 따라 증거로 할 수 없다(대법원 1985.12.10, 85도2182, 85감도313).

088 (×) '인정' → '부정'

089 피고인의 자백이 임의성이 없다고 의심할 만한 사유가 있다면, 비록 그 임의성을 의심하게 된 사유와 자백과의 사이에 인과관계가 없는 것이 명백하더라도 자백의 임의성은 부정된다.

[국가9급 14]

089 (×) '더라도' → '면', '부정 → '인정
인과관계가 존재하지 않는 것이 명백하여 그 자백의 임의성이 있는 것임이 인정된다(대법원 1984.11.27, 84도2252)

090 피고인의 자백이 기망에 의하여 임의성이 없다고 의심할 만한 사유가 있다면 그 사유와 자백 사이에 인과관계가 없는 것이 명백한 경우라고 하더라도 그 자백의 임의성은 인정되지 아니한다. [경찰채용 14] [국가9급 14]

090 (×) '인정되지 아니한다' → '인정된다'

해설+ 자백배제법칙을 적용하기 위해서 임의성 의심사유와 자백 사이에 인과관계가 필요하다는 것이 판례의 입장이다. 따라서 "인과관계가 존재하지 않은 것이 명백한 때에는 그 자백은 임의성이 있는 것으로 인정된다(대법원 1984.11.27, 84도2252)."

091 임의성이 의심되는 자백은 피고인이 증거동의를 하더라도 유죄의 증거로는 사용할 수 없으나, 탄핵증거로는 사용할 수 있다. [경찰채용 20 2차]

091 (×) 임의성이 의심되는 자백은 피고인이 증거동의를 하더라도 유죄의 증거로 사용할 수 없고, 탄핵증거로도 사용할 수 없다.

092 임의성이 인정되지 아니하여 증거능력이 없는 진술증거는 피고인이 증거로 함에 동의하더라도 증거로 삼을 수 없으나, 임의성이 의심되는 자백은 피고인의 법정에서의 진술을 탄핵하기 위한 반대증거로는 사용할 수 있다. [경찰채용 22 1차]

092 (×) 탄핵증거로 사용될 수 있는 것은, 증거능력이 없는 전문증거로서 임의로 진술 내지 작성된 것이 아니라고 의심할 만한 사정이 없는 증거이다. 따라서 임의성이 의심되는 자백은 탄핵증거로 사용할 수 없다.

093 피고인의 수사기관 및 제1심 법정에서의 자백과 항소심에서의 법정진술이 다른 경우에는 그 자백의 증명력 내지 신빙성이 의심스럽다고 할 것이다. [군무원9급 22]

093 (×)

해설+ 피고인의 제1심법정에서의 자백이 항소심에서의 법정진술과 다르다는 사유만으로는 그 자백의 증명력 내지 신빙성이 의심스럽다고 할 수는 없는 것이고, 자백의 신빙성 유무를 판단함에 있어서는 자백의 진술 내용 자체가 객관적으로 합리성을 띠고 있는지, 자백의 동기나 이유가 무엇이며, 자백에 이르게 된 경위는 어떠한지 그리고 자백 이외의 정황증거 중 자백과 저촉되거나 모순되는 것이 없는지 하는 점 등을 고려하여 피고인의 자백에 형사소송법 제309조 소정의 사유 또는 자백의 동기나 과정에 합리적인 의심을 갖게 할 상황이 있었는지를 판단하여야 한다(대법원 2001. 9.28, 2001도4091).

4 위법수집증거배제법칙

(○) 대법원 2007.11.15, 2007도 3061 전원합의체

🔗 대표유형

헌법과 형사소송법이 정한 절차에 따르지 아니하고 수집한 증거는 원칙적으로 유죄 인정의 증거로 삼을 수 없지만, 형식적으로 보아 정해진 절차에 따르지 아니하고 수집한 증거라는 이유만을 내세워 획일적으로 그 증거의 증거능력을 부정할 수 없다.   [국가7급 09]

🔗 대표유형

(×)

진술거부권을 고지하지 아니하고 받은 자백도 진술의 임의성이 인정되는 경우에는 증거능력이 인정된다.   [경찰채용 20 2차]

해설+ 형사소송법이 보장하는 피의자의 진술거부권은 헌법이 보장하는 형사상 자기에게 불리한 진술을 강요당하지 않는 자기부죄거부의 권리에 터 잡은 것이므로, 수사기관이 피의자를 신문함에 있어서 피의자에게 미리 진술거부권을 고지하지 않은 때에는 그 피의자의 진술은 위법하게 수집된 증거로서 진술의 임의성이 인정되는 경우라도 증거능력이 부인되어야 한다(대법원 2009.8.20, 2008도8213).

094 헌법과 형사소송법이 정한 절차에 따르지 아니하고 수집된 증거는 기본적 인권보장을 위해 마련된 적법한 절차에 따르지 않은 것으로서 원칙적으로 유죄 인정의 증거로 삼을 수 없다.   [법원9급 15]

094 (○) 대법원 2009.12.24, 2009도11401

095 형식적으로 보아 헌법과 「형사소송법」이 정한 절차에 따르지 아니하고 수집한 증거라고 한다면, 위반의 내용 및 정도 등을 고려하지 않고 일률적으로 그 증거의 증거능력을 부정하더라도, 헌법과 「형사소송법」이 형사소송 절차를 통하여 달성하려는 실체적 진실 규명을 통한 정당한 형벌권의 실현이라는 중요한 목표에 어긋난다고 할 수 없다.   [경찰승진 23]

095 (×)

해설+ 법이 정한 절차에 따르지 아니하고 수집한 압수물의 증거능력 인정 여부를 최종적으로 판단함에 있어서는, 실체적 진실 규명을 통한 정당한 형벌권의 실현도 헌법과 형사소송법이 형사소송 절차를 통하여 달성하려는 중요한 목표이자 이념이므로, 형식적으로 보아 정해진 절차에 따르지 아니하고 수집한 증거라는 이유만을 내세워 획일적으로 그 증거의 증거능력을 부정하는 것 역시 헌법과 형사소송법이 형사소송에 관한 절차 조항을 마련한 취지에 맞는다고 볼 수 없다(대법원 2007.11.15, 2007도3061 전원합의체).

096 위법수집증거배제법칙은 수사기관의 위법수사에 대한 사전억제장치로 볼 수 있다. [국가9급 10]

096 (O)

해설+ 위법수사로 획득한 증거의 증거능력을 부정함으로써 위법수사 자체를 할 수 없게 만들어 적법절차의 원칙이 실질적으로 실현될 수 있게 하는 데에 위법수집증거배제법칙의 의의가 있다.

097 영장주의에 위반하여 수집한 증거물에 대하여는 비록 헌법과 형사소송법 이 정한 절차에 따르지 아니한 위법성이 있더라도 물건 자체의 성질이나 형상에 변경을 가져오지 않으므로 그 증거능력이 인정된다. [국가7급 09]

097 (X) '인정된다' → '부정된다' (대법원 2007.11.15, 2007도3061 전원합의체)

098 위법수집증거배제법칙은 진술증거와 비진술증거 모두에 적용된다.
[국가9급 18]

098 (O) 대법원 2007.11.15, 2007 도3061 전원합의체

099 영장주의에 위반하여 수집된 증거는 증거능력이 부정된다. [국가9급 10]

099 (O) 영장주의 위반은 헌법에 대한 중대한 위반에 속한다(대법 원 2014.1.16, 2013도7101)

100 마약투약 혐의를 받고 있던 甲이 임의동행 거부의사를 표시하였는데도 경 찰관들이 甲을 영장 없이 강제로 연행한 상태에서 마약투약 여부의 확인을 위한 채뇨절차가 이루어진 경우, 그와 같은 채뇨에 의하여 수집된 '소변검 사시인서'는 유죄인정의 증거로 사용할 수 없다. [경찰경채 23]

100 (O)

해설+ 마약투약 혐의를 받고 있던 피고인이 임의동행을 거부하겠다는 의사를 표시하였는데도 경 찰관들이 피고인을 영장 없이 강제로 연행한 상태에서 마약투약 여부의 확인을 위한 1차 채뇨절차가 이루어진 경우, 피고인을 강제로 연행한 조치는 위법한 체포에 해당하고, 위법한 체포상태에서 이루 어진 채뇨 요구 또한 위법하므로 그에 의하여 수집된 '소변검사시인서'는 유죄인정의 증거로 삼을 수 없다(대법원 2013.3.14, 2012도13611). [또 다른 논점] 다만, 그 후 피고인의 소변 등 채취에 관한 압수영장에 기하여 2차 채뇨절차가 이루어지고 그 결과를 분석한 소변 감정서 등이 증거로 제출된 경우, 소변감정서 등의 증거능력은 인정된다(위 판례).

101 위법한 긴급체포는 영장주의에 위배되는 중대한 것이니 그 체포에 의한 유치 중에 작성된 피의자신문조서는 위법하게 수집된 증거로서 특별한 사정이 없는 한 이를 유죄의 증거로 할 수 없다. [국가7급 09]

101 (O) 대법원 2008.3.27, 2007도11400

102 위법한 체포 상태에서 음주측정요구가 이루어진 경우, 음주측정요구를 위한 위법한 체포와 그에 이은 음주측정요구는 주취운전이라는 범죄행위에 대한 증거수집을 위하여 연속하여 이루어진 것으로서 그 일련의 과정을 전체적으로 보아 위법한 음주측정요구가 있었던 것으로 볼 수밖에 없다. [변호사 21]

102 (O) 대법원 2006.11.9, 2004도8404

103 체포의 이유와 변호인 선임권의 고지 등 적법한 절차를 무시한 채 이루어진 강제연행은 전형적인 위법한 체포에 해당하고, 위법한 체포 상태에서 이루어진 음주측정요구는 주취운전의 범죄행위에 대한 증거수집을 목적으로 한 일련의 과정에서 이루어진 것이므로, 그 측정 결과는 「형사소송법」 제308조의2에 의하여 원칙적으로 증거능력을 인정할 수 없다. [경찰채용 19 1차]

103 (O) 대법원 2013.3.14, 2012도13611

104 수사기관이 영장 없이 범죄수사를 목적으로 금융회사로부터 획득한 「금융실명거래 및 비밀보장에 관한 법률」 제4조 제1항의 '거래정보등'은 원칙적으로 「형사소송법」 제308조의2에서 정하는 '적법한 절차에 따르지 아니하고 수집한 증거'에 해당하여 유죄의 증거로 삼을 수 없다. [경찰채용 20 2차]

104 (O) 대법원 2013.3.28, 2012도13607

105 수사기관이 피의자를 신문함에 있어서 피의자에게 미리 진술거부권을 고지하지 않은 때에는 그 피의자의 진술은 위법하게 수집된 증거로서 진술의 임의성이 인정되는 경우라도 증거능력이 부인되어야 한다. [경찰채용 15] [국가7급 08·09] [국가9급 08] [법원9급 18]

105 (O) 대법원 1992.6.23, 92도682; 2009.8.20, 2008도8213

106 검사가 피의자를 구속기소한 후 다시 피의자를 소환하여 공범들과의 조직 구성 및 활동 등에 관한 신문을 하면서 피의자신문조서가 아닌 일반적인 진술조서의 형식으로 조서를 작성한 경우에는 그 진술의 임의성이 인정되는 경우라면 미리 피의자에게 진술거부권을 고지하지 않았더라도 유죄 인정의 증거로 사용할 수 있다. [국가7급 12·16] [법원9급 10]

107 피의자에게 진술거부권을 행사할 수 있음을 알려 주고 그 행사 여부를 질문했더라도 그것에 대한 피의자의 답변이 자필로 기재되어 있지 않은 사법경찰관 작성의 피의자신문조서는 특별한 사정이 없는 한 증거능력이 없다. [국가9급 17]

108 사법경찰관이 「형사소송법」 제215조 제2항을 위반하여 영장 없이 물건을 압수한 경우라도, 그러한 압수 직후 피고인으로부터 그 압수물에 대한 임의제출동의서를 작성받았고 그 동의서를 작성 받음에 사법경찰관에 의한 강요나 기망의 정황이 없었다면, 그 압수물은 임의제출의 법리에 따라 유죄의 증거로 할 수 있다. [경찰채용 23 2차] [국가7급 11 변형]

해설+ 형사소송법 제215조 제2항은 "사법경찰관이 범죄수사에 필요한 때에는 검사에게 신청하여 검사의 청구로 지방법원 판사가 발부한 영장에 의하여 압수, 수색 또는 검증을 할 수 있다."고 규정하고 있는바, 사법경찰관이 위 규정을 위반하여 영장 없이 물건을 압수한 경우 그 압수물은 물론 이를 기초로 하여 획득한 2차적 증거 역시 유죄 인정의 증거로 사용할 수 없는 것이고, 이와 같은 법리는 헌법과 형사소송법이 선언한 영장주의의 중요성에 비추어 볼 때 위법한 압수가 있은 직후에 피고인으로부터 작성받은 그 압수물에 대한 임의제출동의서도 특별한 사정이 없는 한 마찬가지라고 할 것이다(대법원 2010.7.22, 2009도14376).

109 사법경찰관이 압수·수색영장을 제시하여 압수·수색을 실시하고 그 집행을 종료한 후 영장의 유효기간 내에 종전의 영장을 제시하고 동일한 장소 또는 목적물에 대하여 다시 압수·수색한 경우 그 압수물은 위법수집증거로서 증거능력이 배제된다. [국가9급 17 변형]

110 수사기관이 피의자 甲의 공직선거법 위반 범행을 영장 범죄사실로 하여 발부받은 압수·수색영장의 집행 과정에서 乙, 丙 사이의 대화가 녹음된 녹음파일을 압수하여 乙, 丙의 공직선거법 위반 혐의사실을 발견하였다면, 위 녹음파일은 임의로 제출받거나 별도의 압수·수색영장을 발부받지 않았다 하더라도 乙과 丙에 대한 유죄의 증거로 사용할 수 있다.

[국가9급 14] [법원9급 17]

110 (×) '있다' → '없다'
그 녹음파일은 압수·수색영장에 의하여 압수할 수 있는 물건 내지 전자정보로 볼 수 없으므로, 피고인들의 공소사실에 대해서는 증거능력이 부정된다(대법원 2014.1.16, 2013도7101)

111 선거관리위원회 위원·직원이 관계인에게 진술이 녹음된다는 사실을 미리 알려 주지 아니한 채 진술을 녹음하였다면, 그와 같은 조사절차에 의하여 수집한 녹음파일 내지 그에 터 잡아 작성한 녹취록은 「형사소송법」 제308조의2에서 정하는 '적법한 절차에 따르지 아니하고 수집한 증거'에 해당하여 원칙적으로 유죄의 증거로 쓸 수 없다.

[경찰채용 15] [법원9급 17]

비교 선관위 직원이 질문을 하기 전 진술거부권 불고지 시에는 증거능력이 인정된다(대법원 2014.1.16, 2013도5441)

111 (○) 대법원 2014.10.15, 2011도3509.

112 기본권의 본질적 영역에 대한 보호는 국가의 기본적 책무이고 사인 간의 공개되지 않은 대화에 대한 도청 및 감청을 불법으로 간주하는 「통신비밀보호법」의 취지 등을 종합적으로 고려하면 제3자가 권한 없이 개인의 전자우편을 무단으로 수집한 것은 비록 그 전자우편 서비스가 공공적 성격을 가지는 것이라고 하더라도 증거로 제출하는 것이 허용될 수 없다.

[경찰채용 23 2차]

112 (×)

해설+ 국민의 인간으로서의 존엄과 가치를 보장하는 것은 국가기관의 기본적인 의무에 속하는 것이고 이는 형사절차에서도 당연히 구현되어야 하는 것이지만, 국민의 사생활 영역에 관계된 모든 증거의 제출이 곧바로 금지되는 것으로 볼 수는 없으므로 법원으로서는 효과적인 형사소추 및 형사소송에서의 진실발견이라는 공익과 개인의 인격적 이익 등의 보호이익을 비교형량하여 그 허용 여부를 결정하여야 한다(대법원 2010.9.9, 2008도3990 등). …… 제3자가 위와 같은 방법으로 이 사건 전자우편을 수집한 행위는 …… 전자우편을 발송한 피고인의 사생활의 비밀 내지 통신의 자유 등의 기본권을 침해하는 행위에 해당한다는 점에서 일응 그 증거능력을 부인하여야 할 측면도 있어 보이나, 이 사건 전자우편은 ○○시청의 업무상 필요에 의하여 설치된 전자관리시스템에 의하여 전송·보관되는 것으로서 그 공공적 성격을 완전히 배제할 수는 없다고 할 것이다. 또한 이 사건 형사소추의 대상이 된 행위는 구 공직선거법에 의하여 처벌되는 공무원의 지위를 이용한 선거운동 행위로서 공무원의 정치적 중립의무를 정면으로 위반하고 이른바 관권선거를 조장할 우려가 있는 중대한 범죄에 해당한다. …… 이 사건 전자우편을 이 사건 공소사실에 대한 증거로 제출하는 것은 허용되어야 할 것이고, 이로 말미암아 피고인의 사생활의 비밀이나 통신의 자유가 일정 정도 침해되는 결과를 초래한다 하더라도 이는 피고인이 수인하여야 할 기본권의 제한에 해당한다고 보아야 할 것이다(대법원 2013.11.28, 2010도12244).

113 수사기관으로부터 통신제한조치의 집행을 위탁받은 통신기관 등이 집행에 필요한 설비가 없을 때에는 수사기관에 설비의 제공을 요청하여야 하는데, 그러한 요청 없이 통신제한조치허가서에 기재된 사항을 준수하지 아니한 채 통신제한조치를 집행하였더라도, 그러한 집행으로 취득한 전기통신의 내용 등은 유죄 인정의 증거로 할 수 있다.　　　　　　　　[경찰채용 17 1차]

114 사법경찰관이 피의자를 긴급체포하면서 영장 없이 체포현장에서 물건을 압수한 후 압수수색영장을 청구하여 이를 발부받지 아니하고도 즉시 반환하지 아니한 압수물이라고 하더라도, 피고인이 이를 증거로 함에 동의하면 유죄 인정의 증거로 사용할 수 있다.　　　　　　　　[국가7급 12]

115 경찰이 피고인의 집에서 20m 떨어진 곳에서 피고인을 체포한 후 피고인의 집안을 수색하여 칼과 합의서를 압수하였고, 적법한 시간 내에 압수수색영장을 청구하여 발부받지 않은 경우, 위 칼과 합의서를 기초로 한 2차 증거인 '임의제출동의서', '압수 조서 및 목록', '압수품 사진'은 원칙적으로 피고인에 대한 유죄 인정의 증거로 삼을 수 없다.　　　　　　　　[법원9급 18]

116 수사기관이 영장 또는 감정처분허가장을 발부받지 아니한 채 피의자의 동의 없이 피의자의 신체로부터 혈액을 채취하고 사후에도 지체 없이 영장을 발부받지 않았다면, 그 혈액 중 알코올농도에 관한 감정의뢰회보는 원칙적으로 유죄의 증거로 사용할 수 없다.　　[경찰채용 16] [국가9급 14·18] [국가9급개론 18]

117 음주운전의 의심이 있는 자가 운전 중 교통사고를 내고 의식을 잃은 채 병원 응급실로 호송되자 출동한 경찰관이 영장 없이 의사로 하여금 채혈 후 작성하게 한 혈중알코올농도에 관한 감정서는 증거능력이 없다.　　　　[국가7급 12]

118 경찰관이 이른바 전화사기죄 범행의 혐의자를 긴급체포하면서 그가 보관하고 있던 다른 사람의 주민등록증, 운전면허증 등을 영장 없이 압수한 것은 적법한 압수로서 위 혐의자의 점유이탈물횡령죄 범행에 대한 증거로 사용할 수 있다.
[경찰채용 15 변형]

118 (○) 제217조 제1항에 의한 경우로서 적법한 압수이다(대법원 2008.7.10, 2008도2245).

119 사법경찰관이 피의자 소유의 쇠파이프를 피의자의 주거지 앞마당에서 발견하였으면서도 그 소유자, 소지자 또는 보관자가 아닌 피해자로부터 임의로 제출받는 형식으로 압수한 쇠파이프는 위법수집증거로서 증거능력이 배제된다.
[경찰간부 22 유사] [국가9급 17 변형]

119 (○)

해설+ 형사소송법 제218조는 "사법경찰관은 소유자, 소지자 또는 보관자가 임의로 제출한 물건을 영장 없이 압수할 수 있다"고 규정하고 있는바, 위 규정을 위반하여 소유자, 소지자 또는 보관자가 아닌 자로부터 제출받은 물건을 영장 없이 압수한 경우 그 '압수물' 및 '압수물을 찍은 사진'은 이를 유죄 인정의 증거로 사용할 수 없는 것이고, 헌법과 형사소송법이 선언한 영장주의의 중요성에 비추어 볼 때 피고인이나 변호인이 이를 증거로 함에 동의하였다고 하더라도 달리 볼 것은 아니다(대법원 2010.1.28, 2009도10092).

120 공판준비 또는 공판기일에서 이미 증언을 마친 증인을 검사가 소환한 후 이를 일방적으로 번복시키는 방식으로 작성한 진술조서는 그 후 원진술자인 종전 증인이 다시 법정에 출석하여 증언을 하면서 그 진술조서의 성립의 진정함을 인정하더라도 증거능력이 없다.
[국가7급 10] [국가9급개론 18]

120 (○) 공판중심주의를 침해하는 위법수집증거이다(대법원 2013. 8.14, 2012도13665).

121 검사가 공판준비 또는 공판기일에서 이미 증언을 마친 증인에게 수사기관에 출석할 것을 요구하여 그 증인을 상대로 위증의 혐의를 조사한 내용을 담은 피의자신문조서는 원칙적으로 증거능력이 있다.
[법원9급 14]

121 (×) '있다' → '없다'
이러한 진술조서는 피고인이 증거로 할 수 있음에 동의하지 아니하는 한 증거능력이 없다(대법원 2013. 8.14, 2012도13665).

122 수사기관이 피고인 아닌 자를 상대로 수집한 증거가 위법수집증거에 해당하면 원칙적으로 이를 피고인에 대한 유죄 인정의 증거로 삼을 수 없다.
[국가7급 12] [법원9급 18]

122 (○) 대법원 2011.6.30, 2009도6717

123 유흥주점 업주인 피고인이 성매매업을 하면서 금품을 수수하였다고 하여 기소된 사안에서, 경찰이 피고인 아닌 甲, 乙을 사실상 강제연행하여 불법체포한 상태에서 받은 자술서 및 진술조서가 위법수사로 얻은 진술증거에 해당하더라도, 이를 피고인에 대한 유죄 인정의 증거로 삼을 수 있다.

[경찰채용 22 1차]

123 (×)

해설+ 형사소송법 제308조의2는 "적법한 절차에 따르지 아니하고 수집한 증거는 증거로 할 수 없다."고 규정하고 있는데, 수사기관이 헌법과 형사소송법이 정한 절차에 따르지 아니하고 수집한 증거는 유죄 인정의 증거로 삼을 수 없는 것이 원칙이므로, 수사기관이 피고인 아닌 자를 상대로 적법한 절차에 따르지 아니하고 수집한 증거는 원칙적으로 피고인에 대한 유죄 인정의 증거로 삼을 수 없다. … 유흥주점 업주와 종업원인 피고인들이 영업장을 벗어나 시간적 소요의 대가로 금품을 받아서는 아니되는데도, 이른바 '티켓영업' 형태로 성매매를 하면서 금품을 수수하였다고 하여 기소된 경우, 경찰이 피고인 아닌 甲, 乙을 사실상 강제연행하여 불법체포한 상태에서 甲, 乙 간의 성매매행위나 피고인들의 유흥업소 영업행위를 처벌하기 위하여 甲, 乙에게서 자술서를 받고 甲, 乙에 대한 진술조서를 작성한 경우, 위 각 자술서와 진술조서는 헌법과 형사소송법이 규정한 체포·구속에 관한 영장주의 원칙에 위배하여 수집된 것으로서 수사기관이 피고인 아닌 자를 상대로 적법한 절차에 따르지 아니하고 수집한 증거에 해당하여 형사소송법 제308조의2에 따라 증거능력이 부정되므로, 이를 피고인들에 대한 유죄 인정의 증거로 삼을 수 없다(대법원 2011.6.30, 2009도6717).

124 위법하게 수집된 증거는 피고인이 증거로 함에 동의하더라도 증거능력이 인정되지 않는 것이 원칙이다.

[법원9급 15]

124 (○) 대법원 2013.3.14, 2010도2094

125 「형사소송법」상 영장주의 원칙을 위반하여 수집되거나 그에 기초한 증거로서 그 절차 위반행위가 적법절차의 실질적인 내용을 침해하는 정도에 해당하는 경우에도, 이러한 증거를 피고인이나 변호인의 증거동의가 있다면 증거로 사용할 수 있다.

[경찰채용 12]

125 (×) '있다' → '없다'(대법원 2012.11.15, 2011도15258)

126 수사기관이 증거수집 과정에서 절차를 위반한 경우라 하더라도, 그 절차 위반행위가 적법절차의 실질적인 내용을 침해하는 것이 아니고, 오히려 그 증거의 증거능력을 배제하는 것이 형사사법의 정의를 실현하려 한 취지에 반하는 결과를 초래하는 예외적인 경우에는 증거능력이 인정될 수 있다.

[법원9급 15]

126 (○) 대법원 2007.11.15, 2007도3061 전원합의체

127 위법수집증거배제법칙이란 증거를 수집하는 과정에서 경미한 절차규정의 위반이 있더라도 증거로서 배제된다는 것을 의미한다. [국가9급 10]

127 (×) '의미한다' → '의미하는 것은 아니다'
위법수집증거배제법칙은 경미한 위법이 아닌 중대한 위법이 있는 경우에 적용된다.

128 위법수집증거배제법칙에 대한 예외를 인정하기 위해서는 예외적인 경우에 해당한다고 볼 만한 구체적이고 특별한 사정이 존재한다는 점을 검사가 증명하여야 한다. [국가9급 21] [소방간부 23]

128 (○) 대법원 2011.4.28, 2009도10412

129 영장담당판사가 발부한 압수 · 수색영장에 법관의 서명이 있다면 비록 날인이 없다고 하더라도 그 압수 · 수색영장은 「형사소송법」이 정한 요건을 갖추지 못하였다고 볼 수는 없다. [국가9급 21]

129 (×)

해설+ 압수 · 수색영장에는 피의자의 성명, 죄명, 압수할 물건, 수색할 장소, 신체, 물건, 발부 연월일, 유효기간과 그 기간을 경과하면 집행에 착수하지 못하며 영장을 반환하여야 한다는 취지 그 밖에 대법원규칙으로 정한 사항을 기재하고 영장을 발부하는 법관이 서명날인하여야 한다(형사소송법 제219조, 제114조 제1항 본문). 이 사건 영장은 법관의 서명날인란에 서명만 있고 날인이 없으므로, 형사소송법이 정한 요건을 갖추지 못하여 적법하게 발부되었다고 볼 수 없다(대법원 2019.7.11, 2018도20504).

보충 그런데도 원심이 이와 달리 이 사건 영장이 법관의 진정한 의사에 따라 발부되었다는 등의 이유만으로 이 사건 영장이 유효라고 판단한 것은 잘못이다. 그러나 … 이 사건 영장이 형사소송법이 정한 요건을 갖추지 못하여 적법하게 발부되지 못하였다고 하더라도, 그 영장에 따라 수집한 이 사건 파일 출력물의 증거능력을 인정할 수 있다. 이에 기초하여 획득한 2차적 증거인 위 각 증거 역시 증거능력을 인정할 수 있다(위 판례).

130 법관의 서명날인란에 서명만 있고 날인이 없는 영장은 「형사소송법」이 정 한 요건을 갖추지 못하여 적법하게 발부되었다고 볼 수 없으므로, 비록 판 사의 의사에 기초하여 진정하게 영장이 발부되었다는 점이 외관상 분명하 고 의도적으로 적법절차의 실질적인 내용을 침해한다거나 영장주의를 회 피할 의도를 가지고 이 영장에 따른 압수·수색을 하였다고 보기 어렵다 하더라도, 이 영장에 따라 압수한 파일 출력물과 이에 기초하여 획득한 2차 적 증거인 피의자신문조서도 유죄 인정의 증거로 사용할 수 없다.

[경찰채용 22 1차] [경찰경채 23 변형]

해설+ 이 사건 영장에는 야간집행을 허가하는 판사의 수기와 날인, 그 아래 서명날인란에 판사 서명, 영장 앞면과 별지 사이에 판사의 간인이 있으므로, 판사의 의사에 기초하여 진정하게 영장이 발부되었다는 점은 외관상 분명하다. 당시 수사기관으로서는 영장이 적법하게 발부되었다고 신뢰할 만한 합리적인 근거가 있었고, 의도적으로 적법절차의 실질적인 내용을 침해한다거나 영장주의를 회피할 의도를 가지고 이 사건 영장에 따른 압수·수색을 하였다고 보기 어렵다. 이 사건 영장의 내용과 형식, 발부 경위와 수사기관의 압수·수색 경위 등에 비추어 보면, 수사기관이 이 사건 영장 을 발부받아 그에 기초하여 이 사건 파일 출력물을 압수한 것이 위법수집증거의 증거능력을 부정함 으로써 달성하려는 목적을 실질적으로 침해한다고 보기도 어렵다. … 요컨대 이 사건 영장이 형사소 송법이 정한 요건을 갖추지 못하여 적법하게 발부되지 못하였다고 하더라도, 그 영장에 따라 수집한 이 사건 파일 출력물의 증거능력을 인정할 수 있다. 이에 기초하여 획득한 2차적 증거인 위 각 증거 역시 증거능력을 인정할 수 있다(대법원 2019.7.11, 2018도20504).

130 (×)

131 참고인으로 조사를 받으면서 수사기관으로부터 진술거부권을 고지받지 않 았다면 그 진술조서는 위법수집증거로서 증거능력이 없다. [국가9급개론 18]

해설+ 진술거부권 고지의 대상이 되는 피의자의 지위는 수사기관이 조사대상자에 대한 범죄혐의 를 인정하여 수사를 개시하는 행위를 한 때에 인정되는 것이다(대법원 2011.11.10, 2011도8125).

131 (×)

132 수사기관이 피의자의 범의를 명백하게 하기 위하여 A를 참고인으로 조사하는 과정에서 진술거부권을 고지하지 않고 진술조서를 작성하였는데, 추후 계속된 수사를 통하여 A가 피의자와 공범관계에 있을 가능성이 인정되었다면 A에 대한 위 조사 당시 A는 이미 피의자의 지위에 있었다고 볼 수 있으므로 A에 대한 위 진술조서는 증거능력이 없다. [변호사 22]

132 (×)

> **해설+** 피의자에 대한 진술거부권 고지는 피의자의 진술거부권을 실효적으로 보장하여 진술이 강요되는 것을 막기 위해 인정되는 것인데, 이러한 진술거부권 고지에 관한 형사소송법 규정내용 및 진술거부권 고지가 갖는 실질적인 의미를 고려하면 수사기관에 의한 진술거부권 고지대상이 되는 피의자 지위는 수사기관이 조사대상자에 대한 범죄혐의를 인정하여 수사를 개시하는 행위를 한 때 인정되는 것으로 보아야 한다. 따라서 이러한 피의자 지위에 있지 아니한 자에 대하여는 진술거부권이 고지되지 아니하였더라도 진술의 증거능력을 부정할 것은 아니다(대법원 2011.11.10, 2011도8125).

> **보충** 피고인들이 중국에 있는 甲과 공모한 후 중국에서 입국하는 乙을 통하여 필로폰이 들어 있는 곡물포대를 배달받는 방법으로 필로폰을 수입하였다고 하여 주위적으로 기소되었는데 검사가 乙에게서 곡물포대를 건네받아 피고인들에게 전달하는 역할을 한 참고인 丙에 대한 검사 작성 진술조서를 증거로 신청한 경우, 피고인들과 공범관계에 있을 가능성만으로 丙이 참고인으로서 검찰 조사를 받을 당시 또는 그 후라도 검사가 丙에 대한 범죄혐의를 인정하고 수사를 개시하여 피의자 지위에 있게 되었다고 단정할 수 없고, 검사가 丙에 대한 수사를 개시할 수 있는 상태이었는데도 진술거부권 고지를 잠탈할 의도로 피의자 신문이 아닌 참고인 조사의 형식을 취한 것으로 볼 만한 사정노 기록상 찾을 수 없으며, 오히려 피고인들이 수사과정에서 필로폰이 중국으로부터 수입되는 것인지 몰랐다는 취지로 변소하였기 때문에 피고인들의 수입에 관한 범의를 명백하게 하기 위하여 丙을 참고인으로 조사한 것이라면, 丙은 수사기관에 의해 범죄혐의를 인정받아 수사가 개시된 피의자의 지위에 있었다고 할 수 없고 참고인으로서 조사를 받으면서 수사기관에서 진술거부권을 고지받지 않았다는 이유만으로 그 진술조서가 위법수집증거로서 증거능력이 없다고 할 수 없다(위판례).

133 변호인 아닌 자와의 접견이 제한된 상태에서 피의자신문조서가 작성되었다는 것만으로는 자백에 임의성이 없는 것으로 볼 수 없다. [경찰채용 14]

133 (○) 대법원 1984.7.10, 84도846

134 군검사가 피고인을 뇌물수수 혐의로 기소한 후 형사사법공조절차를 거치지 아니한 채 외국에 현지 출장하여 그곳에서 우리나라 국민인 뇌물공여자를 상대로 작성한 참고인 진술조서에 대해서는 위법수집증거배제법칙이 적용된다고 할 수 없다. [국가9급 17 변형]

134 (○) 경미한 위법에 의한 경우이므로 위법수집증거는 아니다(대법원 2011.7.14, 2011도3809).

> **보충** 다만, 특신상태가 부정되어 증거능력은 없다(동 판례)

135 검찰관이 형사사법공조절차를 거치지 아니한 채 외국으로 현지출장을 나가 참고인진술조서를 작성한 경우 조사 대상자가 우리나라 국민이고 조사에 스스로 응함으로써 조사의 방식이나 절차에 강제력이나 위력은 물론 어떠한 비자발적 요소도 개입될 여지가 없었고 피고인과 해당 국가 사이에 국제법상 관할의 원인이 될 만한 아무런 연관성이 없다면 위 참고인진술조서는 위법수집증거라고 할 수 없다. [경찰승진 22 변형] [변호사 23]

135 (○)

해설+ 검찰관이 피고인을 뇌물수수 혐의로 기소한 후, 형사사법공조절차를 거치지 아니한 채 과테말라공화국에 현지출장하여 그곳 호텔에서 뇌물공여자 甲을 상대로 참고인 진술조서를 작성한 경우, 검찰관의 甲에 대한 참고인조사가 증거수집을 위한 수사행위에 해당하고 그 조사 장소가 우리나라가 아닌 과테말라공화국의 영역에 속하기는 하나, 조사의 상대방이 우리나라 국민이고 그가 조사에 스스로 응함으로써 조사의 방식이나 절차에 강제력이나 위력은 물론 어떠한 비자발적 요소도 개입될 여지가 없었음이 기록상 분명한 이상, 이는 서로 상대방 국민의 여행과 거주를 허용하는 우호국 사이에서 당연히 용인되는 우호국 국가기관과 그 국민 사이의 자유로운 의사연락의 한 형태에 지나지 않으므로 어떠한 영토주권 침해의 문제가 생겨날 수 없고, 더욱이 이는 우리나라와 과테말라공화국 사이의 국제법적 문제로서 피고인은 그 일방인 과테말라공화국과 국제법상 관할의 원인이 될 만한 아무런 연관성도 갖지 아니하므로, 피고인에 대한 국내 형사소송절차에서 위와 같은 사유로 인하여 위법수집증거배제법칙이 적용된다고 볼 수 없다(대법원 2011.7.14, 2011도3809).

136 사법경찰관이 체포 당시 외국인인 피고인에게 영사통보권을 지체 없이 고지하지 않았다면 피고인에게 영사조력이 가능한지 여부나 실질적인 불이익이 있었는지 여부와 상관없이 국제협약에 따른 피고인의 권리나 법익을 본질적으로 침해하였다고 볼 수 있으므로, 체포나 구속 이후 수집된 증거와 이에 기초한 증거들은 유죄인정의 증거로 사용할 수 없다. [경찰채용 23 1차]

136 (×) 수사기관이 피고인에게 영사통보권 등을 고지하지 않았더라도 그로 인해 피고인에게 실질적인 불이익이 초래되었다고 볼 수 없어 피고인에게 영사통보권 등을 고지하지 않은 사정이 수사기관의 증거 수집이나 이후 공판절차에 상당한 영향을 미쳤다고 보기 어려우므로, 절차 위반의 내용과 정도가 중대하거나 절차 조항이 보호하고자 하는 외국인 피고인의 권리나 법익을 본질적으로 침해하였다고 볼 수 없어 체포나 구속 이후 수집된 증거와 이에 기초한 증거들은 유죄 인정의 증거로 사용할 수 있다(대법원 2022.4.28, 2021도17103).

판례 사법경찰관이 인도네시아 국적의 외국인인 피고인을 출입국관리법 위반의 현행범인으로 체포하면서 소변과 모발을 임의제출 받아 압수하였고, 소변검사 결과에서 향정신성의약품인 MDMA(일명 엑스터시) 양성반응이 나오자 피고인은 출입국관리법 위반과 마약류 관리에 관한 법률 위반(향정) 범행을 모두 자백한 후 구속되었는데, 피고인이 검찰 수사 단계에서 자신의 구금 사실을 자국 영사관에 통보할 수 있음을 알게 되었음에도 수사기관에 영사기관 통보를 요구하지 않은 사안에서, 사법경찰관이 체포 당시 피고인에게 영사통보권 등을 지체 없이 고지하지 않았으므로 체포나 구속 절차에 영사관계에 관한 비엔나협약(Vienna Convention on Consular Relations, 1977. 4. 6. 대한민국에 대하여 발효된 조약 제594호) 제36조 제1항 (b)호를 위반한 위법이 있으나, 제반 사정을 종합하면 피고인이 영사통보권 등을 고지받았더라도 영사의 조력을 구하였으리라고 보기 어렵고, 수사기관이 피고인에게 영사통보권 등을 고지하지 않았더라도 그로 인해 피고인에게 실질적인 불이익이 초래되었다고 볼 수 없어 피고인에게 영사통보권 등을 고지하지 않은 사정이 수사기관의 증거 수집이나 이후 공판절차에 상당한 영향을 미쳤다고 보기 어려우므로, 절차 위반의 내용과 정도가 중대하거나 절차 조항이 보호하고자 하는 외국인 피고인의 권리나 법익을 본질적으로 침해하였다고 볼 수 없어 체포나 구속 이후 수집된 증거와 이에 기초한 증거들은 유죄 인정의 증거로 사용할 수 있다(대법원 2022.4.28, 2021도17103).

137 세관공무원이 우편물 통관검사절차에서 압수·수색영장 없이 진행한 우편물의 개봉, 시료채취, 성분분석과 같은 검사의 결과는 원칙적으로 증거능력이 없다.　　　　　　　　　　　　　　　　　　　　　　　[국가9급 17]

137 (×) '없다' → '있다'
행정조사의 성격을 가지는 것으로서 압수·수색영장 없이 진행되었다 하더라도 특별한 사정이 없는 한 위법하다고 볼 수 없다(대법원 2013.9.26, 2013도7718).

138 범행 현장에서 지문채취 대상물에 대한 지문채취가 먼저 이루어지고, 수사기관이 그 이후에 지문채취 대상물을 적법한 절차에 의하지 아니한 채 압수하였다면 위와 같이 채취된 지문은 위법하게 압수한 지문채취 대상물로부터 획득한 2차적 증거에 해당하여 위법수집증거이다.
　　　　　　　　　　　　　　　　　　　　　　[경찰채용 15] [법원9급 13]

해설+ 승낙수색·승낙검증에 의하여 유류물을 압수한 사안으로서, 지문은 위법하게 압수한 지문채취 대상물로부터 획득한 2차적 증거에 해당하지 아니함이 분명하여(독수과실이 아님), 위법수집증거라고 할 수 없다(대법원 2008.10.23, 2008도7471).

138 (×) '위법수집증거이다' → '위법수집증거라고 할 수 없다'

139 피해자의 신고를 받고 현장에 출동한 경찰서 과학수사팀 소속 경찰관이 피해자가 범인과 함께 술을 마신 테이블 위에 놓여 있던 맥주컵에서 지문 6점을, 맥주병에서 지문 2점을 각각 현장에서 직접 채취하고 난 후 지문채취 대상물을 적법한 절차에 의하지 아니한 채 압수한 경우에 채취된 지문은 위법하게 압수한 지문채취 대상물로부터 획득한 2차적 증거에 해당하므로 위법수집증거에 해당한다.　　　　　　　　　　　　　　　　[경찰채용 11]

139 (×) '하므로' → '하지 아니함이 분명하여', '해당한다' → '해당하지 않는다'
지문은 위법하게 압수한 지문채취 대상물로부터 획득한 2차적 증거에 해당하지 아니함이 분명하여, 위법수집증거라고 할 수 없다(대법원 2008.10.23, 2008도7471).

140 피고인에게 불리한 증거인 증인이 주신문의 경우와 달리 반대신문에 대하여는 답변을 하지 아니하는 등 진술 내용의 모순이나 불합리를 그 증인신문 과정에서 드러내어 이를 탄핵하는 것이 사실상 곤란하였고, 그것이 피고인 또는 변호인에게 책임 있는 사유에 기인한 것이 아닌 경우와 같이 실질적 반대신문권의 기회가 부여되지 아니한 채 이루어진 증인의 법정진술은 특별한 사정이 존재하지 아니하는 이상 위법한 증거로서 증거능력을 인정하기 어렵다.

[법원9급 23]

140 (○) 반대신문권이 배제된 하자를 치유하기 위한 책문권 포기 의사는 명시적이어야 한다.

> **판례** 형사소송법은 제161조의2에서 피고인의 반대신문권을 포함한 교호신문제도를 규정하는 한편, 제310조의2에서 법관의 면전에서 진술되지 아니하고 피고인에 의한 반대신문의 기회가 부여되지 아니한 진술에 대하여는 원칙적으로 그 증거능력을 부여하지 아니함으로써, 형사재판에서 증거는 법관의 면전에서 진술·심리되어야 한다는 직접주의와 피고인에게 불리한 증거에 대하여 반대신문할 수 있는 권리를 원칙적으로 보장하고 있는데, 이러한 반대신문권의 보장은 피고인에게 불리한 주된 증거의 증명력을 탄핵할 수 있는 기회가 보장되어야 한다는 점에서 형식적·절차적인 것이 아니라 실질적·효과적인 것이어야 한다. 따라서 피고인에게 불리한 증거인 증인이 주신문의 경우와 달리 반대신문에 대하여는 답변을 하지 아니하는 등 진술 내용의 모순이나 불합리를 그 증인신문 과정에서 드러내어 이를 탄핵하는 것이 사실상 곤란하였고, 그것이 피고인 또는 변호인에게 책임 있는 사유에 기인한 것이 아닌 경우라면, 관계 법령의 규정 혹은 증인의 특성 기타 공판절차의 특수성에 비추어 이를 정당화할 수 있는 특별한 사정이 존재하지 아니하는 이상, 이와 같이 실질적 반대신문권의 기회가 부여되지 아니한 채 이루어진 증인의 법정진술은 위법한 증거로서 증거능력을 인정하기 어렵다. 이 경우 피고인의 책문권 포기로 그 하자가 치유될 수 있으나, 책문권 포기의 의사는 '명시적'인 것이어야 한다(대법원 2022.3.17, 2016도17054).

141 피고인이 범행 후 피해자에게 전화를 걸어오자 피해자가 증거를 수집하려고 그 전화 내용을 녹음한 경우, 그 녹음테이프가 피고인 모르게 녹음된 것이라 하여 이를 위법하게 수집된 증거라고 할 수 없다.

[경찰채용 16] [국가9급 16]

141 (○) 대법원 1997.3.28, 97도240

142 '악'과 같은 대화가 아닌 사람의 목소리를 녹음하거나 청취하는 행위가 개인의 사생활의 비밀과 자유 또는 인격권을 중대하게 침해하여 사회통념상 허용되는 한도를 벗어난 것이 아니라면 위와 같은 목소리를 들었다는 진술을 형사절차에서 증거로 사용할 수 있다.

[국가9급 21]

142 (○) 대법원 2017.3.15, 2016도19843

143 대통령비서실장인 피고인이 대통령의 뜻에 따라 정무수석비서관실과 교육문화수석비서관실 등 수석비서관실과 문화체육관광부에 문화예술진흥기금 등 정부의 지원을 신청한 개인·단체의 이념적 성향이나 정치적 견해 등을 이유로 한국문화예술위원회·영화진흥위원회·한국출판문화산업진흥원이 수행한 각종 사업에서 이른바 좌파 등에 대한 지원배제를 지시하였다는 직권남용권리행사방해의 공소사실로 기소된 경우, 특별검사가 검찰을 통하여 또는 직접 청와대로부터 넘겨받아 법원에 제출한 '청와대 문건'은 위법수집증거가 아니다.

143 (O) '대통령기록물 관리에 관한 법률'을 위반하거나 공무상 비밀을 누설하여 수집된 것으로 볼 수 없어 위법수집증거가 아니므로 증거능력이 있다(대법원 2020.1.30, 2018도2236 전원합의체).

144 사문서위조·위조사문서행사 및 소송사기로 이어지는 일련의 범행에 대하여 피고인을 형사소추하기 위해서는 이 사건 업무일지가 반드시 필요한 증거로 보이므로, 설령 그것이 제3자에 의하여 절취된 것으로서 위 소송사기 등의 피해자 측이 이를 수사기관에 증거자료로 제출하기 위하여 대가를 지급하였다 하더라도, 공익의 실현을 위하여는 이 사건 업무일지를 범죄의 증거로 제출하는 것이 허용되어야 하고, 이로 말미암아 피고인의 사생활 영역을 침해하는 결과가 초래된다 하더라도 이는 피고인이 수인하여야 할 기본권의 제한에 해당된다. [국가9급 18] [법원9급 13]

144 (O) 대법원 2008.6.26, 2008도1584

145 제3자가 공갈목적을 숨기고 피고인의 동의하에 찍은 나체 사진은 피고인의 사생활의 비밀을 침해하므로 형사소추상 반드시 필요한 증거라고 하더라도 피고인에 대한 간통죄의 유죄의 증거로 사용할 수는 없다. [국가9급 14]

145 (×) '없다' → '있다' 공익의 실현을 위하여는 그 사진을 범죄의 증거로 제출하는 것이 허용되어야 한다(대법원 1997.9.30, 97도1230).

146 판례는 고소인이 피고인의 주거에 침입하여 절취한 증거물의 증거능력을 인정하였다. [법원9급 16]

146 (O) 대법원 2010.9.9, 2008도3990

147 독수의 과실이론이란 위법하게 수집된 증거에 의하여 발견된 제2차 증거의 증거능력을 배제하는 이론이다. [경찰채용 15]

147 (O) 독수독과론에 대한 설명으로서 옳다.

148 수사기관이 헌법과 형사소송법이 정한 절차에 따르지 아니하고 수집한 증거는 물론, 이를 기초로 하여 획득한 2차적 증거 역시 유죄 인정의 증거로 삼을 수 없는 것이 원칙이다. [법원9급 10]

148 (○) 대법원 2007.11.15, 2007도3061 전원합의체

149 적법절차를 위반한 수사행위에 기초하여 수집한 증거라도 적법절차에 위배되는 행위의 영향이 차단되거나 소멸되었다고 볼 수 있는 상태에서 수집한 것이라면 유죄 인정의 증거로 사용할 수 있다. [국가9급 15·18]

149 (○) 독수과실의 예외에 해당하는 2차적 증거의 증거능력은 인정된다(대법원 2013.3.14, 2010도2094).

150 수사기관이 사전에 영장을 제시하지 않은 채 구속영장을 집행한 다음 공소제기 후에 이루어진 피고인의 법정진술은 이른바 2차적 증거로서 위법수집증거의 배제원칙에 따라 증거능력이 없다는 것이 판례이다. [법원9급 16]

150 (×) '없다' → '있다'
유죄 인정의 증거로 삼을 수 있는 예외적인 경우에 해당한다(대법원 2009.4.23, 2009도526). 소위 독수과실의 예외이론이 적용되는 경우이다.

151 진술거부권을 고지하지 않은 상태에서 임의로 행해진 피고인의 자백을 기초로 한 2차적 증거 중 피고인 및 피해자의 법정진술은 공개된 법정에서 임의로 이루어진 것이라면 유죄의 증거로 삼을 수 있다. [국가7급 10]

151 (○) 대법원 2009.3.12, 2008도11437

152 강도 현행범으로 체포된 피고인에게 진술거부권 고지 없이 강도 범행에 대한 자백을 받은 후 40여 일이 지난 후에 피고인이 변호인의 충분한 조력을 받으면서 공개된 법정에서 임의로 자백한 경우, 법정에서의 피고인의 자백은 위법수집증거라 할 수 없다. [경찰채용 12·15]

152 (○) 예외적으로 유죄 인정의 증거로 사용할 수 있는 2차적 증거에 해당한다(대법원 2009.3.12, 2008도11437).

153 강도 현행범으로 체포된 피고인이 진술거부권을 고지받지 아니한 채 자백을 하고, 이후 40여 일이 지난 후에 변호인의 충분한 조력을 받으면서 공개된 법정에서 임의로 자백한 경우에 법정에서의 피고인의 자백은 증거로 사용할 수 있다. [경찰채용 15]

153 (○) 대법원 2009.3.12, 2008도11437

154 검사 또는 사법경찰관이 영장 발부의 사유로 된 범죄 혐의사실과 무관한 별개의 증거를 압수하였을 경우 이는 원칙적으로 유죄 인정의 증거로 사용할 수 없다. [법원9급 17]

154 (○) 대법원 2016.3.10, 2013도11233

155 수사기관이 영장에 따라 압수·수색하는 과정에서 영장 발부의 사유로 된 범죄 혐의사실과 무관한 별개의 증거를 압수하였다가 피압수자에게 환부한 다음 임의제출받아 다시 압수한 경우, 그 압수물의 제출에 임의성이 있다는 점에 관하여 검사가 합리적 의심을 배제할 수 있을 정도로 증명하면 그 증거능력이 인정된다. [국가7급 16] [국가9급 18] [국가9급개론 18·21] [법원9급 17]

155 (○) 대법원 2016.3.10, 2013도11233

156 「형사소송법」 제217조 제2항과 제3항에 위반하여 압수·수색영장을 발부받지 않았을 뿐만 아니라 확보한 압수물을 즉시 반환하지도 않은 경우, 피고인이 위 압수물을 증거로 함에 동의하더라도 증거능력이 부인된다. [국가7급 22]

156 (○) 대법원 2009.12.24, 2009도11401

5 전문법칙

I 의의

 대표유형

"甲이 乙을 살해하는 것을 목격했다."라는 丙의 말을 들은 丁이 丙의 진술내용을 증언하는 경우, 甲의 살인 사건에 대하여는 전문증거이지만, 丙의 명예훼손 사건에 대하여는 전문증거가 아니다. [경찰간부 18]

(○) 甲의 살인 사건에 있어서는 원진술의 내용인 사실이 요증사실이므로 전문증거이지만, 丙의 명예훼손 사건에 있어서는 원진술의 존재 자체가 요증사실이므로 원본증거이다 (대법원 2008.11.13, 2008도8007)

🔗 대표유형

제3자가 피고인으로부터 건축허가 담당 공무원이 외국연수를 가므로 사례비를 주어야 한다는 말을 들었다는 취지로 한 진술은 피고인에 대한 알선수재죄에 있어 전문증거에 해당하므로 피고인의 부동의에도 불구하고 증거능력이 인정되기 위해서는 형사소송법 제311조 내지 제316조에서 정한 사유가 인정되어야 한다. [경찰채용 23 2차 변형] [법원9급 22]

해설+ 타인의 진술을 내용으로 하는 진술이 전문증거인지 여부는 요증사실과의 관계에서 정하여지는바, 원진술의 내용인 사실이 요증사실인 경우에는 전문증거이나, 원진술의 존재 자체가 요증사실인 경우에는 본래증거이지 전문증거가 아니다. 공소외 2는 전화를 통하여 피고인으로부터 2005. 8.경 건축허가 담당 공무원이 외국연수를 가므로 사례비를 주어야 한다는 말과 2006. 2.경 건축허가 담당 공무원이 4,000만 원을 요구하는데 사례로 2,000만 원을 주어야 한다는 말을 들었다는 취지로 수사기관, 제1심 및 원심 법정에서 진술하였음을 알 수 있는데, 피고인의 위와 같은 원진술의 존재 자체가 이 사건 알선수재죄에 있어서의 요증사실이므로, 이를 직접 경험한 공소외 2가 피고인으로부터 위와 같은 말들을 들었다고 하는 진술들은 전문증거가 아니라 본래증거에 해당된다(대법원 2008.11.13, 2008도8007).

157 영장제도나 적법절차를 규정하고 있는 헌법 규정에 위반하는 경우는 전문증거에 해당한다. [국가9급 12]

157 (×) '전문증거' → '위법수집증거'(제308조의2)

158 전문증거는 허위일 위험성이 많을 뿐만 아니라 자백강요의 방지라는 인권보장을 위하여 증거능력을 인정하지 않는다. [국가9급 12]

158 (×) '전문증거' → '임의성 없는 자백'(제309조)

159 피해자의 상해 부위를 촬영한 사진은 비진술증거로서 전문법칙이 적용되지 않는다. [경찰채용 12]

159 (○) 대법원 2007.7.26, 2007도3906
전문증거는 진술증거이어야 한다.

160 범행의 현장을 촬영한 현장사진은 비진술증거에 해당하므로 사진 가운데 촬영일자 부분 역시 전문법칙이 적용되지 않는다. [군무원9급 22]

160 (×)

해설+ 현장사진의 전문법칙 적용 여부에 대해서, ㉠ 학설에서는 비진술증거설도 있으나 대체로는 전문법칙을 적용한다는 입장이 다수 학설이다(진술증거설과 검증조서유추설). 진술증거설은 현장 사진도 진술증거로 보아 전문법칙을 적용한다는 것이고, 검증조서유추설은 현장사진은 비진술증거 이기는 하나 조작의 위험이 있으므로 검증조서에 준하여 전문법칙을 적용한다는 입장이다(검증조서 유추설은 작성주체에 따라 제311조, 제312조 제6항, 제313조 제1항·제2항 적용). ㉡ 판례는 현장 사진은 비진술증거라는 입장(비진술증거설)이면서도 현장사진의 촬영일자 부분은 전문증거에 해당 된다는 판시를 하고 있다. 따라서 판례의 입장에 의하더라도 현장사진의 촬영일자 부분은 전문법칙 이 적용될 수 있다.

판례 사진을 촬영한 제3자가 그 사진을 이용하여 피고인을 공갈할 의도였다고 하더라도 사진의 촬영이 임의성이 배제된 상태에서 이루어진 것이라고 할 수는 없으며, 그 사진은 범죄현장의 사진으 로서 피고인에 대한 형사소추를 위하여 반드시 필요한 증거로 보이므로, 공익의 실현을 위하여는 그 사진을 범죄의 증거로 제출하는 것이 허용되어야 하고, …… 피고인이 이 사건 사진의 촬영일자 부분에 대하여 조작된 것이라고 다툰다고 하더라도 이 부분은 전문증거에 해당되어 별도로 증거능 력이 있는지를 살펴보면 족한 것이다(대법원 1997.9.30, 97도1230).

161 현장사진 중 '사진 가운데에 위치한 촬영일자' 부분이 조작된 것이라고 다 투는 경우, 위 '현장사진의 촬영일자'는 전문법칙이 적용된다. [경찰간부 23]

161 (○) 대법원 1997.9.30, 97 도1230).

162 피고인이 수표를 발행하였으나 예금부족 또는 거래정지처분으로 지급되지 아니하게 하였다는 부정수표단속법위반의 공소사실을 증명하기 위하여 제 출되는 수표는 그 서류의 존재 또는 상태 자체가 증거가 되는 것이어서 증 거물인 서면에 해당하고 어떠한 사실을 직접 경험한 사람의 진술에 갈음하 는 대체물이 아니다. [법원9급 17]

162 (○) 대법원 2015.4.23, 2015 도2275

163 甲이 수표를 발행하였으나 예금부족으로 지급되지 아니하게 하였다는 부 정수표단속법위반의 공소사실을 증명하기 위하여 제출되는 수표는 증거물 인 서면에 해당한다. [경찰간부 22]

163 (○)

해설+ 피고인이 수표를 발행하였으나 예금부족 또는 거래정지처분으로 지급되지 아니하게 하였다 는 부정수표단속법위반의 공소사실을 증명하기 위하여 제출되는 수표는 그 서류의 존재 또는 상태 자체가 증거가 되는 것이어서 증거물인 서면에 해당하고 어떠한 사실을 직접 경험한 사람의 진술에 갈음하는 대체물이 아니므로, 증거능력은 증거물의 예에 의하여 판단하여야 하고, 이에 대하여는 형사 소송법 제310조의2에서 정한 전문법칙이 적용될 여지가 없다(대법원 2015.4.23, 2015도2275).

164 甲이 진술 당시 술에 취하여 횡설수설하였다는 것을 확인하기 위하여 제출된 甲의 진술이 녹음된 녹음테이프는 전문증거에 해당한다. [경찰승진 22]

164 (×)

> **해설+** 진술내용의 진실성이 아니라, 진술 당시 술에 취하여 횡설수설 하였다는 것을 확인하기 위하여 제출된 진술증거는, 원진술자의 심리적·정신적 상황을 증명하기 위한 정황증거에 불과하므로, 전문법칙이 적용되는 전문증거에 해당하지 아니한다.

165 전문증거는 원진술자의 심리적 · 정신적 상황을 증명하기 위한 정황증거로 사용한 경우, 전문법칙은 적용되지 않는다. [국가9급 12]

165 (○) 이 경우에는 전문증거가 아니므로 전문법칙은 적용되지 않는다.

166 전문증거인지 여부는 요증사실과의 관계에서 정하여지는바, 원진술의 내용인 사실이 요증사실인 경우에는 전문증거이나, 원진술의 존재 자체가 요증사실인 경우에는 본래증거이지 전문증거가 아니다. [법원승진 14]

166 (○) 대법원 2012.7.26, 2012도2937

167 어떤 진술이 기재된 서류가 그 내용의 진실성이 범죄사실에 대한 직접증거로 사용될 때 전문증거가 되는 경우, 그와 같은 진술을 하였다는 것 자체 또는 그 진술의 진실성과 관계없는 간접사실에 대한 정황증거로 사용될 때는 반드시 전문증거가 되는 것은 아니다. [경찰채용 14] [국가9급 16] [법원9급 16]

167 (○) 대법원 2000.2.25, 99도1252; 2013.6.13, 2012도16001

168 A가 피해자들을 흉기로 살해하면서 "이것은 신의 명령을 집행하는 것이다."라고 말하였는데 이 말을 들은 B가 법정에서 A의 정신상태를 증명하기 위해 그 내용을 증언하는 경우 이 진술은 전문증거에 해당하지 않는다. [경찰채용 23 2차]

168 (○)

> **해설+** 원진술자의 심리적·정신적 상태를 증명하기 위하여 원진술자의 말을 인용하는 경우, 즉 원진술자의 진술을 그 내용의 진실성과 관계없는 간접사실에 대한 정황증거로 사용하는 경우에는 반드시 전문증거가 되는 것은 아니다(대법원 2000.2.25, 99도1252).

169 甲이 법정에서 '피고인이 체육관 부지를 공시지가로 매입하게 해 주고 방송국과의 시설이주 협의도 2개월 내로 완료하겠다고 말하였다'고 진술한 경우, 피고인의 이러한 원진술의 존재 자체가 피고인에 대한 사기죄 또는 변호사법 위반죄 사건에 있어서의 요증사실이므로 이러한 사건에서 甲의 위와 같은 진술은 전문증거라고 볼 수 없다. [법원승진 14]

169 (○) 대법원 2012.7.26, 2012도2937

170 "甲이 도둑질 하는 것을 보았다"라는 乙의 발언사실을 A가 법정에서 증언하는 경우, 乙의 명예훼손 사건에 대한 전문증거로서 전문법칙이 적용된다. [국가9급 18] [국가9급개론 18]

170 (×) '적용된다' → '적용되지 않는다'

해설+ 원진술의 존재 자체가 요증사실인 경우에는 본래증거이지 전문증거가 아니다(대법원 2012.7.26, 2012도2937).

171 A에 대한 사기죄로 공소제기된 甲의 공판에서 甲이 자신의 처에게 보낸 "내가 A를 속여 투자금을 받았는데 그 돈을 송금한다."라는 내용의 문자메시지가 증거로 제출되었다면 이 메시지는 전문증거에 해당한다. [경찰채용 22 2차]

171 (○) 甲이 자신의 처에게 보낸 자신의 범죄를 시인하는 내용의 문자메시지는 원진술 내용의 진실이 요증사실이므로, 전문증거에 해당한다.

172 어떤 진술이 기재된 서류가 어떠한 내용의 진술을 하였다는 사실 자체에 대한 정황증거로 사용될 것이라는 이유로 서류의 증거능력을 인정한 다음 그 사실을 다시 진술 내용이나 그 진실성을 증명하는 간접사실로 사용하는 경우에 그 서류는 전문증거에 해당한다. [경찰채용 21 1차]

172 (○)

해설+ 어떤 진술이 기재된 서류가 그 내용의 진실성이 범죄사실에 대한 직접증거로 사용될 때는 전문증거가 되지만, 그와 같은 진술을 하였다는 것 자체 또는 진술의 진실성과 관계없는 간접사실에 대한 정황증거로 사용될 때는 반드시 전문증거가 되는 것이 아니다. 그러나 어떠한 내용의 진술을 하였다는 사실 자체에 대한 정황증거로 사용될 것이라는 이유로 서류의 증거능력을 인정한 다음 그 사실을 다시 진술 내용이나 그 진실성을 증명하는 간접사실로 사용하는 경우에 그 서류는 전문증거에 해당한다. 서류가 그곳에 기재된 원진술의 내용인 사실을 증명하는 데 사용되어 원진술의 내용인 사실이 요증사실이 되기 때문이다. 이러한 경우 형사소송법 제311조부터 제316조까지 정한 요건을 충족하지 못한다면 증거능력이 없다(대법원 2019.8.29, 2018도14303 전원합의체).

173 증인 A가 제1심 법정에서 "피해자 乙로부터 '피고인 甲이 나를 추행했다'는 취지의 말을 들었다."고 진술하였는데, 이러한 A의 진술을 피해자 乙의 진술에 부합한다고 보아 피해자의 진술 내용의 진실성을 증명하는 '간접사실'로 사용하는 경우 A의 진술은 전문증거에 해당하지 아니한다.

[국가7급 22 변형]

173 (×)

해설+ 다른 사람의 진술을 내용으로 하는 진술이 전문증거인지는 요증사실이 무엇인지에 따라 정해진다. 다른 사람의 진술, 즉 원진술의 내용인 사실이 요증사실인 경우에는 전문증거이지만, 원진술의 존재 자체가 요증사실인 경우에는 본래증거이지 전문증거가 아니다. 어떤 진술 내용의 진실성이 범죄사실에 대한 직접증거로 사용될 때는 전문증거가 되지만, 그와 같은 진술을 하였다는 것 자체 또는 진술의 진실성과 관계없는 간접사실에 대한 정황증거로 사용될 때는 반드시 전문증거가 되는 것이 아니다. 그러나 어떠한 내용의 진술을 하였다는 사실 자체에 대한 정황증거로 사용될 것이라는 이유로 진술의 증거능력을 인정한 다음 '그 사실을 다시 진술 내용이나 그 진실성을 증명하는 간접사실로 사용하는 경우'에 그 진술은 전문증거에 해당한다. 그 진술에 포함된 원진술의 내용인 사실을 증명하는 데 사용되어 원진술의 내용인 사실이 요증사실이 되기 때문이다. 이러한 경우 형사소송법 제311조부터 제316조까지 정한 요건을 충족하지 못한다면 증거능력이 없다(대법원 2019. 8.29, 2018도13792 전원합의체; 2021.2.25, 2020도17109).

보충 증인 양○○의 제1심 법정진술 중 "피해자로부터 '피고인이 추행했다'는 취지의 말을 들었다."는 진술이 피해자의 진술에 부합한다고 보아 양○○의 위 진술을 피해자의 진술 내용의 진실성을 증명하는 간접사실로 사용할 경우, 양○○의 진술은 전문증거에 해당한다. 그런데 형사소송법 제310조의2, 제316조 제2항의 요건을 갖추지 못하므로 증거능력이 없다.

174 "피해자로부터 '피고인이 자신을 추행했다.'는 취지의 말을 들었다."는 A의 진술을 "피고인이 자신을 추행했다."는 피해자의 진술 내용의 진실성을 증명하는 간접사실로 사용하는 경우에는 전문증거에 해당하지 않는다.

[경찰채용 22 2차]

174 (×) 피해자의 진술 내용의 진실성을 증명하는 간접사실로 사용하는 경우에는 전문증거에 해당한다(피해자의 진술을 원진술로 하는 전문진술에 해당하므로 제316조 제2항이 적용됨).

175 어떠한 내용의 진술을 하였다는 사실 자체에 대한 정황증거로 사용될 것이라는 이유로 서류의 증거능력을 인정한 다음 그 사실을 다시 진술 내용이나 그 진실성을 증명하는 간접사실로 사용하는 경우에는 그 서류는 전문증거에 해당한다.

[변호사 21]

175 (○) 대법원 2019.8.29, 2018도14303 전원합의체

176 공판기일에 공판정에서 행한 감정인의 진술은 원칙적으로 증거능력이 인정된다.

[국가9급 09 변형]

176 (○) 공판정에서의 진술은 '원본증거'일 뿐이어서 전문법칙이 적용되지 아니하므로, 별도로 위법하게 수집된 증거라는 등의 사유가 없는 한, 그 증거능력이 인정된다.

177 현행범을 체포한 경찰관의 진술이라 하더라도 범행을 목격한 부분에 관하여는 여느 목격자의 진술과 다름없이 증거능력이 있으며, 다만 그 증거의 신빙성만 문제가 된다. [해경승진 23 변형] [국가7급 21]

177 (○)

해설+ 목격자로서의 법정진술은 원본증거에 해당하므로 당연히 증거능력이 있다. "현행범을 체포한 경찰관의 진술이라 하더라도 범행을 목격한 부분에 관하여는 여느 목격자와 다름없이 증거능력이 있고, 다만 그 증거의 신빙성만 문제되는 것이라 할 것이며, 위와 같은 경찰관의 체포행위를 도운 자가 범인의 범행을 목격하였다는 취지의 진술은 그 사람이 경찰정보원이라 하더라도 그 증거능력을 부인할 아무런 이유가 없다(대법원 1995.5.9, 95도535)."

비교 다만, 피고인을 현행범으로 체포한 것이 아니라, 피고인을 피의자신문에 의하여 조사한 경찰관이 증인으로 나서 피고인이 경찰조사 당시 임의로 자백하였다는 취지로 증언한 내용은, 피고인이 이를 부인하였다면 제312조 제3항에 따라 그 증거능력이 없다. "피고인이 경찰조사 시 범행을 자백하였고 그에 따라 범행사실을 확인하였다는 조사경찰관의 증언이나 같은 내용의 동인에 대한 검사 작성의 참고인 진술조서는, 피고인이 경찰에서의 진술을 부인하는 이상 증거능력이 없다(대법원 1979.5.8, 79도493)."

178 현행범을 체포한 경찰관의 진술이라 하더라도 범행을 목격한 부분에 관하여는 여느 목격자의 진술과 다름없이 증거능력이 있다. [경찰채용 20 2차]

178 (○)

해설+ 현행범을 체포한 경찰관의 진술이라 하더라도 범행을 목격한 부분에 관하여는 여느 목격자와 다름없이 증거능력이 있고, 다만 그 증거의 신빙성만 문제되는 것이라 할 것이며, 위와 같은 경찰관의 체포행위를 도운 자가 범인의 범행을 목격하였다는 취지의 진술은 그 사람이 경찰정보원이라 하더라도 그 증거능력을 부인할 아무런 이유가 없다 할 것이므로, 원심이 피고인을 현행범으로 체포한 경찰관 S와 위 체포행위를 도운 공소외 Y의 수사기관에서의 각 진술 및 법정에서의 각 증언이 증거능력이 있다고 판단한 것은 정당하다 할 것이고, 소론이 지적하는 당원의 판례(대법원 1982.2.23, 81도3324)는 피고인을 현행범으로 체포한 것이 아니라 용의자로 검거하여 조사한 경찰관이 증인으로 나서 피고인이 경찰조사 당시 임의로 자백하였다는 취지로 증언한 내용으로서 이 사건과 사안을 달리함이 명백하여 이 사건에 원용할 수 없다 할 것이다(대법원 1995.5.9, 95도535).

179 정보통신망을 통하여 공포심이나 불안감을 유발하는 글을 반복적으로 상대방에게 도달하게 하는 행위를 하였다는 공소사실에 대하여 휴대전화기에 저장된 문자정보가 그 증거가 되는 경우, 그 문자정보는 범행의 직접적인 수단이고 경험자의 진술에 갈음하는 대체물에 해당하지 않으므로, 「형사소송법」 제310조의2에서 정한 전문법칙이 적용되지 않는다. [경찰채용 16]

179 (○) 대법원 2008.11.13, 2006도2556

180 「정보통신망 이용촉진 및 정보보호 등에 관한 법률」에 의하면 정보통신망을 통하여 공포심을 유발하는 글을 반복적으로 상대방에게 도달케 하는 행위를 처벌하고 있는데, 검사가 위 죄에 대한 증거로 휴대전화기에 저장된 문자정보를 촬영한 사진을 법원에 제출한 경우, 해당 증거에 대해서는 피고인이 성립 및 내용의 진정을 부인하면 증거능력이 부정된다.

[경찰채용 19 1차]

180 (×) 정보통신망을 이용하여 공포심이나 불안감을 유발하는 글을 반복적으로 상대방에게 도달하게 하였다는 공소사실에 대하여 휴대전화기에 저장된 문자정보는 범행의 직접적인 수단이 되는 것이므로 전문법칙이 적용될 여지가 없다(대법원 2010.2.25, 2009도13257).

181 약식절차에서는 전문법칙이 적용되지 않는다.   [국가9급 08]

181 (○) 약식절차는 서면심리에 의하므로 전문법칙이 적용되지 않는다.

182 전문증거라도 당사자가 동의한 경우에는 전문법칙이 적용되지 않으며, 증인의 신용성을 탄핵하기 위한 탄핵증거로 제출된 경우에도 전문법칙이 적용되지 않는다.

[경찰채용 22 2차]

182 (○) 전문증거라도 당사자가 동의한 경우에는 전문법칙이 적용되지 않아 증거능력이 부여되고, 증거능력 없는 전문증거는 탄핵증거로 사용할 수 있다.

Ⅱ 법원 또는 법관의 면전조서

183 공판준비 또는 공판기일에 피고인이나 피고인 아닌 자의 진술을 기재한 조서와 법원 또는 법관의 검증의 결과를 기재한 조서는 증거로 할 수 있다.

[경찰채용 12] [국가9급개론 18]

183 (○) 제311조 참조.

184 공판기일 외의 증인신문·검증에 대하여는 공판조서의 배타적 증명력이 인정되지 않는다.

[경찰채용 22 1차]

184 (○)

해설+ 공판조서의 배타적 증명력은 공판기일의 소송절차에 한한다(제56조). 따라서 공판기일 외의 증인신문조서나 검증조서는 그 증거능력은 인정되나, 증명력에 대해서는 공판기일의 증거조사를 거쳐 법관의 자유심증에 따라 판단되어야 한다.

185 증인신문조서가 증거보전절차에서 증인 甲의 증언내용을 기재한 것으로, 피의자였던 피고인이 당사자로 참여하여 자신의 범행사실을 시인하는 전제하에 위 증인에게 반대신문한 내용이 기재되어 있다면, 위 조서 중 피의자의 진술기재 부분은 「형사소송법」 제311조 소정의 법원 또는 법관의 조서로서 증거능력이 인정된다. [법원9급 12]

185 (×) '인정된다' → '인정되는 않는다'
공판준비 또는 공판기일에 피고인 등의 진술을 기재한 조서도 아니고, 반대신문과정에서 피의자가 한 진술에 관한 한 형사소송법 제184조에 의한 증인신문조서도 아니다(대법원 1984.5.15, 84도508).

186 판사가 형사소송법 제184조에 의한 증거보전절차로 증인신문을 하는 경우 증거보진에 의해 작성된 조시는 형사소송법 제315조(당언히 증기능력이 있는 서류)에 의해 절대적 증거능력이 인정된다. [군무원9급 21]

186 (×) 형사소송법 제315조가 아니라 제311조에 의하여 증거능력이 인정된다.

▐ Ⅲ 피의자신문조서

1. 검사 작성 피의자신문조서

 대표유형

검사 작성의 피의자신문조서는 공판준비 또는 공판기일에서 원진술자의 진술에 의하여 실질적 진정성립이 인정되고 그 진술이 특히 신빙할 수 있는 상태하에서 행하여졌음이 증명되면 이를 증거로 사용할 수 있다. [법원9급 10 변형]

(×) 2020.2.4. 개정에 의하여 제312조 제1항의 내용이 아래와 같이 변경되었다. 지문은 구법에 의한 것이어서 현행법상 틀린 것이다.

보충 [구법 제312조 제1항] 검사가 피고인이 된 피의자의 진술을 기재한 조서는 적법한 절차와 방식에 따라 작성된 것으로서 피고인이 진술한 내용과 동일하게 기재되어 있음이 공판준비 또는 공판기일에서의 피고인의 진술에 의하여 인정되고, 그 조서에 기재된 진술이 특히 신빙할 수 있는 상태하에서 행하여졌음이 증명된 때에 한하여 증거로 할 수 있다.
[구법 제312조 제2항] 제1항에도 불구하고 피고인이 그 조서의 성립의 진정을 부인하는 경우에는 그 조서에 기재된 진술이 피고인이 진술한 내용과 동일하게 기재되어 있음이 영상녹화물이나 그 밖의 객관적인 방법에 의하여 증명되고, 그 조서에 기재된 진술이 특히 신빙할 수 있는 상태하에서 행하여졌음이 증명된 때에 한하여 증거로 할 수 있다.
[개정 제312조 제1항] 검사가 작성한 피의자신문조서는 적법한 절차와 방식에 따라 작성된 것으로서 공판준비, 공판기일에 그 피의자였던 피고인 또는 변호인이 그 내용을 인정할 때에 한정하여 증거로 할 수 있다. 〈개정 2020.2.4, 시행 2022.1.1.〉
※ 구법 제312조 제2항은 이에 따라 삭제됨

187 검사가 작성한 피의자신문조서는 적법한 절차와 방식에 따라 작성된 것으로서 공판준비, 공판기일에 그 피의자였던 피고인 또는 변호인이 그 내용을 인정할 때에 한정하여 증거로 할 수 있다. [국가9급개론 22]

187 (○) 2020.2.4. 개정 제312조 제1항(2022.1.1. 시행)의 내용이다.

188 검사 작성 피의자신문조서와 참고인진술조서, 경찰 작성 참고인진술조서
에 있어서 진술한 내용과 동일하게 기재되어 있다는 실질적 진정성립은 영
상녹화물 기타 객관적 방법에 의해 증명할 수 있다.   [경찰채용 12 변형]

해설+ 참고인진술조서에 대해서는 맞는 내용이다(제312조 제4항). 2020.2.4. 개정으로 제312조 제2
항은 삭제되었으므로, 검사 작성 피의자신문조서에 대해서는 틀린 내용이다.

189 검찰에 송치되기 전에 검사가 작성한 구속 피의자에 대한 피의자신문조서
도 작성주체에 따라 전문법칙의 예외를 인정하는 「형사소송법」상의 규정
체계에 따르는 한 적법한 검사작성의 피의자신문조서로 볼 수밖에 없다.
                                                      [해경승진 23]

해설+ 검찰에 송치되기 전에 구속피의자로부터 받은 검사 작성의 피의자신문조서는 극히 이례에
속하는 것으로, 그와 같은 상태에서 작성된 피의자신문조서는 내용만 부인하면 증거능력을 상실하
게 되는 사법경찰관 작성의 피의자신문조서상의 자백 등을 부당하게 유지하려는 수단으로 악용될
가능성이 있어, 그렇게 했어야 할 특별한 사정이 보이지 않는 한 송치 후에 작성된 피의자신문조서
와 마찬가지로 취급하기는 어렵다(대법원 1994.8.9, 94도1228).

190 조서 말미에 피고인의 서명만 있고 간인이 없는 검사 작성의 피고인에 대
한 피의자신문조서에 대해, 간인이 없는 것이 피고인이 간인을 거부하였기
때문이라는 취지가 조서 말미에 기재되었다면, 그 조서의 증거능력을 인정
할 수 있다.   [국가9급개론 18]

해설+ 간인이 없는 검사 작성의 피고인에 대한 피의자신문조서는 적법한 절차와 방식에 따라 작성
된 것으로 볼 수 없어 그 증거능력이 없다고 할 것이고, 그 날인이나 간인이 없는 것이 피고인이
그 날인이나 간인을 거부하였기 때문이어서 그러한 취지가 조서 말미에 기재되었다고 하여 달리
볼 것은 아니다(대법원 1999.4.13, 99도237).

191 검사가 작성한 피의자신문조서에 대해 피고인이 내용을 부인하는 경우에
는 바로 증거능력이 부인된다.   [국가9급 10 변형]

해설+ 공판준비, 공판기일에 그 피의자였던 피고인 또는 변호인이 그 내용을 인정할 때에 한정하
여 증거로 할 수 있다(개정 제312조 제1항).

192 공범으로서 별도로 공소제기된 다른 사건의 피고인 甲에 대한 수사과정에서 담당 검사가 피의자인 甲과 그 사건에 관하여 대화하는 내용과 장면을 녹화한 비디오테이프에 대한 법원의 검증조서는 피의자신문조서에 준하여 그 증거능력을 가려야 한다. [법원9급 12]

192 (○) 피의자신문조서에 해당하므로 진술거부권 불고지 시 위법수집 증거에 해당한다(대법원 1992.6.23, 92도682).

193 사법연수생인 검사 직무대리가 작성한 피의자신문조서는 「형사소송법」 제312조 제1항의 요건을 갖추고 있는 한 검사가 작성한 피의자신문조서와 마찬가지로 그 증거능력이 인정된다. [국가9급 13]

193 (○) 대법원 2010.4.15, 2010도1107
검사 직무대리로 인정된다(검찰청법 제32조, 단 합의부사건 ×).

194 검사 작성의 피의자신문조서에 작성자인 검사의 기명날인 또는 서명이 되어 있지 아니한 경우, 피고인이 법정에서 그 피의자신문조서에 대하여 진정성립과 임의성을 인정하면 증거능력을 인정할 수 있다. [경찰채용 18 2차]

194 (×)

해설+ 형사소송법 제57조 제1항은 공무원이 작성하는 서류에는 법률에 다른 규정이 없는 때에는 작성년월일과 소속공무소를 기재하고 서명날인(현 기명날인 또는 서명)하여야 한다고 규정하고 있는바, 그 서명날인은 공무원이 작성하는 서류에 관하여 그 기재 내용의 정확성과 완전성을 담보하는 것이므로 검사 작성의 피의자신문조서에 작성자인 검사의 서명날인이 되어 있지 아니한 경우 그 피의자신문조서는 공무원이 작성하는 서류로서의 요건을 갖추지 못한 것으로서 위 법규정에 위반되어 무효이고 따라서 이에 대하여 증거능력을 인정할 수 없다고 보아야 할 것이며, 그 피의자신문조서에 진술자인 피고인의 서명날인이 되어 있다거나, 피고인이 법정에서 그 피의자신문조서에 대하여 진정성립과 임의성을 인정하였다고 하여 달리 볼 것은 아니다(대법원 2001.9.28, 2001도4091).

195 형사소송법 제57조 제1항은 "공무원이 작성하는 서류에는 법률에 다른 규정이 없는 때에는 작성 연월일과 소속 공무소를 기재하고 기명날인 또는 서명하여야 한다."라고 규정하고 있다. 여기에서 '법률의 다른 규정'에 검찰사건사무규칙은 포함되지 않는다. [국가9급 23]

195 (○)

해설+ 검찰사건사무규칙은 검찰청법 제11조의 규정에 따라 각급 검찰청의 사건의 수리·수사·처리 및 공판수행 등에 관한 사항을 정함으로써 사건사무의 적정한 운영을 기함을 목적으로 하여 제정된 것으로서 그 실질은 검찰 내부의 업무처리지침으로서의 성격을 가지는 것이므로, 이를 형사소송법 제57조의 적용을 배제하기 위한 '법률의 다른 규정'으로 볼 수 없다(대법원 2007.10.25, 2007도4961).

196 검사 이외의 수사기관이 작성한 피의자신문조서도 검사가 이를 근거로 개괄적으로 질문한 사실이 있는 때에는 검사 작성의 피의자신문조서로서 증거능력이 인정될 수 있다. [국가7급 11]

> **보충** 제312조 제1항의 개정으로 그 증거능력 인정요건이 제312조 제3항과 동일하게 되었다. 따라서 이제는 의미가 크지 않은 내용이다.

196 (×) '있다' → '없다'
증거능력 유무는 검사 이외의 수사기관이 작성한 피의자신문조서와 마찬가지 기준에 의하여 결정되어야 할 것이어서, 내용을 부인하는 이상 유죄의 증거로 삼을 수 없다 (대법원 2003.10.9, 2002도4372).

197 검사 작성의 피고인이 된 피의자신문조서가 초본의 형식으로 제출된 경우에, 피의자신문조서초본은 피의자신문조서 원본 중 가려진 부분의 내용이 가려지지 않은 부분과 분리 가능하고 당해 공소사실과 관련성이 없는 경우에만, 그 피의자신문조서의 원본이 존재하거나 존재하였을 것, 피의자신문조서의 원본 제출이 불능 또는 곤란한 사정이 있을 것, 원본을 정확하게 전사하였을 것 등 3가지 요건을 전제로 피고인에 대한 검사 작성의 피의자신문조서 원본과 동일하게 취급할 수 있다. [국가7급 11 변형]

197 (○) 대법원 2002.10.22, 2000도5461

198 검사가 피의자신문조서를 작성함에 있어 피의자에게 그 조서의 기재 내용을 알려 주지 아니하였다 하더라도 그 사실만으로는 피의자신문조서의 증거능력이 없다고 할 수 없다. [해경승진 23]

> **유사** 형사소송법 제244조의 규정에 비추어 수사기관이 피의자신문조서를 작성함에 있어서는 그것을 열람하게 하거나 읽어 들려야 하는 것이나 그 절차가 비록 행해지지 안했다 하더라도 그것만으로 그 피의자신문조서가 증거능력이 없게 된다고는 할 수 없고 같은 법 제312조 소정의 요건을 갖추게 되면 그것을 증거로 할 수 있다(대법원 1988.5.10, 87도2716).

> **보충** 위와 같은 과거의 대법원 판례들은 2007년 개정 형사소송법 제312조 제1항(적법한 절차와 방식에 따라 작성될 것)하에서 그대로 유지되기 어렵다는 견해가 통설에 속한다. 따라서 출제 자체가 다소 적절하지 못한 측면이 있다. 물론, 수험에서는 새로운 판례가 나오기 전까지는 위 판례대로 문제를 풀어야 한다.

198 (○) 피의자신문조서를 작성함에 있어 피고인들에게 그 조서의 기재내용을 알려 주지 아니하였다 하더라도 그 사실만으로는 피의자신문조서의 증거능력이 없다고 할 수 없다(대법원 1993.5.14, 93도486).

2. 검사 이외의 수사기관 작성 피의자신문조서

🔗 대표유형

경찰과 검찰에서 甲은 범행을 모두 부인하였고, 乙은 범행을 모두 자백하였는데, 사법경찰관 작성의 乙에 대한 피의자신문조서는 甲이 그 내용을 부인하면 甲에 대한 유죄의 증거로 사용할 수 없다.　　　　　　　　　　　　　　　　　　　　　　　　　　[변호사 21]

해설+ 형사소송법 제312조 제3항은 검사 이외의 수사기관이 작성한 당해 피고인에 대한 피의사신문소서를 유죄의 증거로 하는 경우뿐만 아니라 검사 이외의 수사기관이 작성한 당해 피고인과 공범관계에 있는 다른 피고인이나 피의자에 대한 피의자신문조서를 당해 피고인에 대한 유죄의 증거로 채택할 경우에도 적용되는바, 당해 피고인과 공범관계가 있는 다른 피의자에 대한 검사 이외의 수사기관 작성의 피의자신문조서는 그 피의자의 법정진술에 의하여 그 성립의 진정이 인정되더라도 당해 피고인이 공판기일에서 그 조서의 내용을 부인하면 증거능력이 부정된다(대법원 2004.7.15, 2003도7185 전원합의체; 2008.9.25, 2008도5189; 2014. 4.10, 2014도1779).

(○)

199 검사 이외의 수사기관이 작성한 피의자신문조서가 적법한 절차와 방식에 따라 작성된 것으로서 공판기일에 그 피의자였던 피고인이 그 내용을 인정한 때에는 증거로 할 수 있다.　　　　　　　　　　　[경찰채용 18 2차] [국가7급 08]

199 (○) 제312조 제3항

200 사법경찰관이 작성한 피의자신문조서는 피고인의 실질적 진정성립으로 증거능력이 인정된다.　　　　　　　　　　　　　　　　　　　　　　[국가9급 10]

200 (×) '인정된다' →'인정되지 않는다', '내용인정' 추가 '실질적 진정성립'만으로는' 증거능력이 인정되지 않는다(제312조 제3항).

201 검사 이외의 수사기관 작성의 피의자신문조서는 공판준비 또는 공판기일에 그 피의자였던 피고인이나 변호인이 그 내용을 인정할 때에 한하여 증거로 할 수 있는바, '그 내용을 인정할 때'라 함은 피의자신문조서의 기재 내용이 진술 내용대로 기재되어 있다는 의미가 아니고 그와 같이 진술한 내용이 실제 사실과 부합한다는 것을 의미한다.　　　　　　　　　[경찰채용 15]

201 (○) 내용의 인정과 실질적 진정성립의 인정은 서로 다른 개념이다(대법원 2010.6.24, 2010도5040).

202 공소사실이 최초로 심리된 제1심 제4회 공판기일부터 피고인이 공소사실을 일관되게 부인하여 경찰 작성 피의자신문조서의 진술 내용을 인정하지 않는 경우, 제1심 제4회 공판 기일에 피고인이 위 서증의 내용을 인정한 것으로 공판조서에 기재된 것은 착오 기재 등으로 보아 위 피의자신문조서의 증거능력을 부정하여야 한다. [해경승진 22 변형] [법원9급 23]

202 (○)

해설+ 공소사실이 최초로 심리된 제1심 제4회 공판기일부터 피고인이 공소사실을 일관되게 부인하여 경찰 작성 피의자신문조서의 진술 내용을 인정하지 않는 경우, 제1심 제4회 공판기일에 피고인이 위 서증의 내용을 인정한 것으로 공판조서에 기재된 것은 착오 기재 등으로 보아 위 피의자신문조서의 증거능력을 부정하여야 하고, 이와 반대되는 원심판단에 법리오해의 위법이 있다(대법원 2010.6.24, 2010도5040).

유사 피고인은 검찰 이래 원심법정에 이르기까지 이 사건 공소사실 중 감금의 점에 대하여 부인하고 있으므로, 이는 감금 부분에 대하여 자백한 취지가 포함되어 있는 경찰 작성의 피의자신문조서의 진술내용을 인정하지 않는 것이라고 보아야 할 것이고, 한편 기록에 편철된 증거목록을 보면 제1심 제1회 공판기일에서 피고인이 경찰 작성의 피의자신문조서의 내용을 인정한 것으로 기재되어 있으나, 이는 착오 기재이었거나 아니면 피고인이 그와 같이 진술한 사실이 있었다는 것을 내용인정으로 조서를 잘못 정리한 것으로 이해될 뿐 이로써 위 피의자신문조서가 증거능력을 가지게 되는 것은 아니다(대법원 2001.9.28, 2001도3997).

203 변호인이 그 내용을 인정한 것으로, 적법한 절차와 방식에 따라 작성된 사법경찰관 작성의 피의자신문조서는 증거능력이 인정된다. [국가9급 09]

203 (○) 제312조 제3항 참조.

204 「형사소송법」 제312조 제3항은 사법경찰관이 작성한 당해 피고인에 대한 피의자신문조서를 유죄의 증거로 하는 경우뿐만 아니라 사법경찰관이 작성한 당해 피고인과 공범관계에 있는 다른 피고인이나 피의자에 대한 피의자신문조서를 당해 피고인에 대한 유죄의 증거로 채택할 경우에도 적용된다. [경찰채용 18 1차]

204 (○) 대법원 2004.7.15, 2003도7185 전원합의체

205 당해 피고인과 공범관계에 있는 공동피고인에 대해 검사 이외의 수사기관이 작성한 피의자신문조서는 그 공동피고인의 법정진술에 의하여 성립의 진정이 인정되더라도 당해 피고인이 공판기일에서 그 조서의 내용을 부인하면 증거능력이 부정된다. [경찰채용 16] [국가7급 09·11] [국가9급 11·18] [국가9급개론 18] [법원14]

205 (○) 제312조 제3항이 적용되므로 피고인이 그 내용을 부인하면 증거능력이 인정될 수 없다(대법원 2010.1.28, 2009도10139).

206 「형사소송법」 제312조 제3항은 검사 이외의 수사기관이 작성한 당해 피고인 甲에 대한 피의자신문조서를 유죄의 증거로 하는 경우에만 적용되고 甲과 공범관계에 있는 다른 피의자 乙에 대한 피의자신문조서에는 적용되지 않으므로, 乙에 대한 사법경찰관 작성의 피의자신문조서는 甲이 공판기일에서 그 조서의 내용을 부인하더라도 乙의 법정진술에 의하여 그 성립의 진정이 인정되면 증거로 할 수 있다. 　　　　　　　　　[경찰채용 21 2차]

206 (×)

　　해설+ 형사소송법 제312조 제3항은 검사 이외의 수사기관이 작성한 당해 피고인에 대한 피의자신문조서를 유죄의 증거로 하는 경우뿐만 아니라, 검사 이외의 수사기관이 작성한 당해 피고인과 공범관계에 있는 다른 피고인이나 피의자에 대한 피의자신문조서를 당해 피고인에 대한 유죄의 증거로 채택할 경우에도 적용된다. 따라서 당해 피고인과 공범관계에 있는 공동피고인에 대해 검사 이외의 수사기관이 작성한 피의자신문조서는 그 공동피고인의 법정진술에 의하여 성립의 진정이 인정되더라도 당해 피고인이 공판기일에서 그 조서의 내용을 부인하면 증거능력이 부정된다(대법원 2009.10.15, 2009도1889).

207 피고인과 공범관계가 있는 다른 피의자에 대하여 검사 이외의 수사기관이 작성한 피의자신문조서는 그 피의자의 법정진술에 의하여 성립의 진정이 인정되는 등 「형사소송법」 제312조 제4항의 요건을 갖춘 경우라면 해당 피고인이 공판기일에서 그 조서의 내용을 부인하여도 이를 유죄 인정의 증거로 사용할 수 있다. 　　　　　　　　　[법원9급 21]

207 (×)

　　해설+ 당해 피고인과 공범관계에 있는 공동피고인에 대해 검사 이외의 수사기관이 작성한 피의자신문조서는 그 공동피고인의 법정진술에 의하여 성립의 진정이 인정되더라도 당해 피고인이 공판기일에서 그 조서의 내용을 부인하면 증거능력이 부정된다. 그리고 이러한 경우 그 공동피고인이 법정에서 경찰 수사 도중 피의자신문조서에 기재된 것과 같은 내용으로 진술하였다는 취지로 증언하였다고 하더라도, 이러한 증언은 원진술자인 공동피고인이 그 자신에 대한 경찰 작성의 피의자신문조서의 진정성립을 인정하는 취지에 불과하여 위 조서와 분리하여 독자적인 증거가치를 인정할 것은 아니므로, 앞서 본 바와 같은 이유로 위 조서의 증거능력이 부정되는 이상 위와 같은 증언 역시 이를 유죄 인정의 증거로 쓸 수 없다고 보아야 한다(대법원 2009.10.15, 2009도1889).

208 피고인 甲이 공판정에서 공동피고인인 공범 乙에 대한 사법경찰관 작성 피의자신문조서의 내용을 부인하면 乙이 법정에서 그 조서의 내용을 인정하더라도 그 조서를 피고인 甲의 공소사실에 대한 증거로 사용할 수 없다. 　　　　　　　　　[경찰채용 18 2차]

208 (○)

　　해설+ 형사소송법 제312조 제3항은 검사 이외의 수사기관이 작성한 당해 피고인에 대한 피의자신문조서를 유죄의 증거로 하는 경우뿐만 아니라 검사 이외의 수사기관이 작성한 당해 피고인과 공범관계에 있는 다른 피고인이나 피의자에 대한 피의자신문조서를 당해 피고인에 대한 유죄의 증거로 채택할 경우에도 적용된다. 따라서 당해 피고인과 공범관계가 있는 다른 피의자에 대하여 검사 이외의 수사기관이 작성한 피의자신문조서는, 그 피의자의 법정진술에 의하여 그 성립의 진정이 인정되는 등 형사소송법 제312조 제4항의 요건을 갖춘 경우라고 하더라도 당해 피고인이 공판기일에서 그 조서의 내용을 부인한 이상 이를 유죄 인정의 증거로 사용할 수 없다(대법원 2009.7.9, 2009도2865).

209 행위자가 아닌 법인 또는 개인이 양벌규정에 따라 기소된 경우, 검사 이외의 수사기관이 행위자에 대하여 작성한 피의자신문조서는 행위자가 그 내용을 인정한 경우에라도 당해 피고인인 법인 또는 개인이 그 내용을 부인하는 경우에는「형사소송법」제312조 제3항이 적용되어 증거능력이 없고,「형사소송법」제314조를 적용하여 증거능력을 인정할 수도 없다.

[변호사 21]

209 (O)

> **해설+** 형사소송법 제312조 제3항은 검사 이외의 수사기관이 작성한 해당 피고인에 대한 피의자신문조서를 유죄의 증거로 하는 경우뿐만 아니라 검사 이외의 수사기관이 작성한 해당 피고인과 공범관계에 있는 다른 피고인이나 피의자에 대한 피의자신문조서를 해당 피고인에 대한 유죄의 증거로 채택할 경우에도 적용된다. 따라서 해당 피고인과 공범관계가 있는 다른 피의자에 대하여 검사 이외의 수사기관이 작성한 피의자신문조서는 그 피의자의 법정진술에 의하여 성립의 진정이 인정되는 등 형사소송법 제312조 제4항의 요건을 갖춘 경우라도 해당 피고인이 공판기일에서 그 조서의 내용을 부인한 이상 이를 유죄 인정의 증거로 사용할 수 없고, 그 당연한 결과로 위 피의자신문조서에 대하여는 사망 등 사유로 인하여 법정에서 진술할 수 없는 때에 예외적으로 증거능력을 인정하는 규정인 형사소송법 제314조가 적용되지 아니한다. 그리고 이러한 법리는 공동정범이나 교사범, 방조범 등 공범관계에 있는 자들 사이에서뿐만 아니라, 법인의 대표자나 법인 또는 개인의 대리인, 사용인, 그 밖의 종업원 등 행위자의 위반행위에 대하여 행위자가 아닌 법인 또는 개인이 양벌규정에 따라 기소된 경우, 이러한 법인 또는 개인과 행위자 사이의 관계에서도 마찬가지로 적용된다(대법원 2020.6.11, 2016도9367).

210 사법경찰관이 작성한 양벌규정 위반 행위자의 피의자신문조서가 적법한 절차와 방식에 따라 작성된 것이지만, 공판기일에 양벌규정에 의해 기소된 사업주가 그 내용을 증거로 함에 동의하지 않고 그 내용을 부인하였다면 증거로 할 수 없다.

[국가9급 22]

210 (O)

> **해설+** 양벌규정은 법인의 대표자나 법인 또는 개인의 대리인, 사용인, 그 밖의 종업원 등 행위자가 법규위반행위를 저지른 경우, 일정 요건하에 이를 행위자가 아닌 법인 또는 개인이 직접 법규위반행위를 저지른 것으로 평가하여 행위자와 같이 처벌하도록 규정한 것으로서, 이때의 법인 또는 개인의 처벌은 행위자의 처벌에 종속되는 것이 아니라 법인 또는 개인의 직접책임 내지 자기책임에 기초하는 것이기는 하다. 그러나 양벌규정에 따라 처벌되는 행위자와 행위자가 아닌 법인 또는 개인 간의 관계는, 행위자가 저지른 법규위반행위가 사업주의 법규위반행위와 사실관계가 동일하거나 적어도 중요 부분을 공유한다는 점에서 내용상 불가분적 관련성을 지닌다고 보아야 하고, 따라서 형법 총칙의 공범관계 등과 마찬가지로 인권보장적인 요청에 따라 형사소송법 제312조 제3항이 이들 사이에서도 적용된다고 보는 것이 타당하다(대법원 2020.6.11, 2016도9367).

211   형사소송법 제312조 제3항은 검사 이외의 수사기관이 작성한 해당 피고인과 공범관계에 있는 다른 피고인이나 피의자에 대한 피의자신문조서를 해당 피고인에 대한 유죄의 증거로 채택할 경우에도 적용되는데, 이때 공범에는 형법 총칙의 공범 이외에 필요적 공범관계에 있는 자들도 포함된다.

[변호사 22]

211 (O)

해설+   형사소송법 제312조 제3항은 검사 이외의 수사기관이 작성한 해당 피고인에 대한 피의자신문조서를 유죄의 증거로 하는 경우뿐만 아니라 검사 이외의 수사기관이 작성한 해당 피고인과 공범관계에 있는 다른 피고인이나 피의자에 대한 피의자신문조서를 해당 피고인에 대한 유죄의 증거로 채택할 경우에도 적용된다. … 그리고 이러한 법리는 공동정범이나 교사범, 방조범 등 공범관계에 있는 자들 사이에서뿐만 아니라, 서로 대향된 행위의 존재를 필요로 할 뿐 각자의 구성요건을 실현하고 별도의 형벌 규정에 따라 처벌되는 강학상 필요적 공범 내지 대향범 관계에 있는 자들 사이에서도 적용된다. 이는 필요적 공범 내지 대향범의 경우 형법 총칙의 공범관계와 마찬가지로 어느 한 피고인이 자기의 범죄에 대하여 한 진술이 나머지 대향적 관계에 있는 자가 저지른 범죄에도 내용상 불가분적으로 관련되어 있어 목격자, 피해자 등 제3자의 진술과는 본질적으로 다른 속성을 지니고 있음을 중시한 것이다(대법원 2020.6.11, 2016도9367).

보충   나아가 형사소송법 제312조 제3항은 양벌규정에 따라 처벌되는 행위자와 행위자가 아닌 법인 또는 개인 간의 관계에서도 형법 총칙의 공범관계 등과 마찬가지로 적용된다(위 판례).

212   검사 이외의 수사기관이 작성한 피의자신문조서의 증거능력에 관한 「형사소송법」 제312조 제3항은 당해 사건에서 작성한 피의자신문조서뿐만 아니라 별개 사건에서 작성한 피의자신문조서에 대해서도 적용되므로, 피의자였던 피고인이 별개 사건에서 작성된 피의자신문조서의 내용을 부인하는 이상 그 조서는 당해 사건에 대한 유죄의 증거로 할 수 없다.

[경찰채용 21 2차]

212 (O) 대법원 1995.3.24, 94
도2287

213   "검거 당시 피고인이 범행사실을 순순히 자백하였다."라는 경찰관의 법정 증언은 피고인이 공판정에서 범행을 부인하는 이상 증거능력이 인정되지 않는다.

[국가7급 16]

213 (O) 대법원 2005.11.25, 2005
도5831

보충   내용부인이 나오면 판례에 의해 제312조 제3항을 적용하고, 특신상태가 나오면 조문에 의해 제316조 제1항을 적용한다.

🔗 대표유형

원진술자가 검사가 작성한 진술조서의 실질적 진정성립을 부인하는 경우에는 그 조서에 기재된 진술이 원진술자가 진술한 내용과 동일하게 기재되어 있음이 영상녹화물이나 그 밖의 객관적인 방법에 의하여 증명되지 않더라도, 피고인 또는 변호인이 공판준비 또는 공판기일에 그 기재내용에 관하여 원진술자를 신문할 수 있었고 그 조서에 기재된 진술이 특히 신빙할 수 있는 상태하에서 행하여졌음이 증명된 때에 한하여 증거로 할 수 있다. [법원승진 08 변형]

(×) '증명되지 않더라도' → '증명되고'
실질적 진정성립에 관하여는 원진술자의 공판준비 또는 공판기일에서의 진술이나 영상녹화물 또는 그 밖의 객관적인 방법에 의하여 증명되어야 진술조서의 증거능력을 인정할 수 있다.

214 검사 또는 사법경찰관이 피고인이 아닌 자의 진술을 기재한 조서는 적법한 절차와 방식에 따라 작성된 것으로서 그 조서가 검사 또는 사법경찰관 앞에서 진술한 내용과 동일하게 기재되어 있음이 원진술자의 공판준비 또는 공판기일에서의 진술이나 영상녹화물 또는 그 밖의 객관적인 방법에 의하여 증명되고, 그 조서에 기재된 진술이 특히 신빙할 수 있는 상태하에서 행하여졌음이 증명된 때에 한하여, 피고인 또는 변호인이 공판준비 또는 공판기일에 그 기재 내용에 관하여 원진술자를 신문할 수 있었던 때에는 증거로 할 수 있다. [법원9급 14] [법원승진 08]

214 (○) 제312조 제4항 참조.

215 참고인진술조서는 피고인 또는 변호인이 공판준비 또는 공판기일에 원진술자에 대하여 반대신문할 수 있었어야 그 증거능력을 인정받을 수 있기 때문에 반드시 참고인에 대한 증인신문 후에 참고인진술조서에 대한 증거조사를 하여야 한다. [군무원9급 22]

215 (×) 참고인진술조서는 피고인 또는 변호인이 공판준비 또는 공판기일에 그 기재내용에 관하여 원진술자를 반대신문할 수 있도록 기회만 주면 족하고, 반드시 반대신문이 실제로 이루어져야 하는 것은 아니다.

해설+ 형사소송법 제312조 【검사 또는 사법경찰관의 조서 등】 ④ 검사 또는 사법경찰관이 피고인이 아닌 자의 진술을 기재한 조서는 적법한 절차와 방식에 따라 작성된 것으로서 그 조서가 검사 또는 사법경찰관 앞에서 진술한 내용과 동일하게 기재되어 있음이 원진술자의 공판준비 또는 공판기일에서의 진술이나 영상녹화물 또는 그 밖의 객관적인 방법에 의하여 증명되고, 피고인 또는 변호인이 공판준비 또는 공판기일에 그 기재 내용에 관하여 원진술자를 신문할 수 있었던 때에는 증거로 할 수 있다.

비교 다만, 피고인에게 불리한 증거인 증인이 주신문의 경우와 달리 반대신문에 대하여는 답변을 하지 아니하는 등 진술 내용의 모순이나 불합리를 증인신문 과정에서 드러내어 이를 탄핵하는 것이 사실상 곤란하였고, 그것이 피고인 또는 변호인에게 책임 있는 사유에 기인한 것이 아닌 경우, 증인의 법정진술은 위법수집증거가 된다는 판례도 있다(단, 피고인의 명시적인 책문권 포기가 있으면 하자 치유).

판례 피고인에게 불리한 증거인 증인이 주신문의 경우와 달리 반대신문에 대하여는 답변을 하지 아니하는 등 진술 내용의 모순이나 불합리를 그 증인신문 과정에서 드러내어 이를 탄핵하는 것이 사실상 곤란하였고, 그것이 피고인 또는 변호인에게 책임 있는 사유에 기인한 것이 아닌 경우라면, …… 특별한 사정이 존재하지 아니하는 이상, 이와 같이 실질적 반대신문권의 기회가 부여되지 아니한 채 이루어진 증인의 법정진술은 위법한 증거로서 증거능력을 인정하기 어렵다. 이 경우 피고인의 책문권 포기로 그 하자가 치유될 수 있으나, 책문권 포기의 의사는 명시적인 것이어야 한다(대법원 2022.3.17, 2016도17054).

216 외국에 거주하는 참고인 A와의 전화 대화내용을 문답형식으로 기재한 검찰주사보 작성의 수사보고서는 「형사소송법」 제312조 제4항이 적용되기 위하여 그 진술을 기재한 서류에 그 진술자의 서명 또는 날인이 있어야 한다.

[경찰채용 12 변형]

216 (O) 대법원 1999.2.26, 98도2742

217 참고인과의 전화 대화내용을 문답형식으로 기재한 사법경찰리 작성의 수사보고서는 진술자의 서명 또는 날인이 없어 「형사소송법」 제312조 제4항의 진술기재서류가 아니므로 제314조가 적용될 수 없지만, 피고인이 증거로 함에 동의한 경우에는 증거로 사용할 수 있다.

[경찰채용 18 2차]

217 (O)

해설+ 외국에 거주하는 참고인과의 전화 대화내용을 문답형식으로 기재한 검찰주사보 작성의 수사보고서는 전문증거로서 형사소송법 제310조의2에 의하여 제311조 내지 제316조에 규정된 것 이외에는 이를 증거로 삼을 수 없는 것인데, 위 수사보고서는 제311조, 제312조, 제315조, 제316조의 적용대상이 되지 아니함이 분명하므로, 결국 제313조(현 제312조 제4항)의 진술을 기재한 서류에 해당하여야만 제314조의 적용 여부가 문제될 것인바, 제313조가 적용되기 위하여는 그 진술을 기재한 서류에 그 진술자의 서명 또는 날인이 있어야 한다(대법원 1999.2.26, 98도2742). 다만, 증거능력 없는 서류라도 피고인이 증거로 함에 동의한 경우에는 증거능력이 인정된다.

218 사법경찰관이 피의자 아닌 자의 진술을 기재한 조서를 작성함에 있어서 진술자의 성명을 가명으로 기재하였다면 그 이유만으로도 그 조서는 적법한 절차와 방식에 따라 작성되었다고 할 수 없고, 공판기일에 원진술자가 출석하여 자신의 진술을 기재한 조서임을 확인함과 아울러 그 조서의 실질적 진정성립을 인정하고 나아가 그에 대한 반대신문이 이루어졌다고 하더라도 그 증거능력이 인정되지 않는다.

[경찰채용 21 2차]

218 (×)

해설+ 특정범죄신고자 등 보호법 등에서처럼 명시적으로 진술자의 인적 사항의 전부 또는 일부의 기재를 생략할 수 있도록 한 경우가 아니라 하더라도, 진술자와 피고인의 관계, 범죄의 종류, 진술자 보호의 필요성 등 여러 사정으로 볼 때 상당한 이유가 있는 경우에는 수사기관이 진술자의 성명을 가명으로 기재하여 조서를 작성하였다고 해서 그 이유만으로 그 조서가 '적법한 절차와 방식에 따라 작성되지 않았다고 할 것은 아니다. 그러한 조서라도 공판기일 등에 원진술자가 출석하여 자신의 진술을 기재한 조서임을 확인함과 아울러 그 조서의 실질적 진정성립을 인정하고 나아가 그에 대한 반대신문이 이루어지는 등 형사소송법 제312조 제4항에서 규정한 조서의 증거능력 인정에 관한 다른 요건이 모두 갖추어진 이상 그 증거능력을 부정할 것은 아니라고 할 것이다(대법원 2012.5.24, 2011도7757).

219 진술조서의 경우 검사 작성 및 사법경찰관 작성의 조서 사이에 증거능력을 인정하기 위한 요건에 차이가 없으며, 개정 「형사소송법」에서는 적법한 절차와 방식, 실질적 진정성립 외에 원진술자에 대한 반대신문의 기회가 보장된 때, 진술조서의 증거능력을 인정할 수 있다고 규정하여 반대증인에 대한 반대신문의 기회보장이라는 피고인의 가장 중요한 권리를 보장하고 있다. [경찰채용 11]

219 (○) 제312조 제4항 참조.

220 원진술자 본인의 진술에 의한 실질적 진정성립의 인정은 공판준비 또는 공판기일에서 한 명시적인 진술에 의하여야 하지만, 원진술자가 실질적 진정성립에 대하여 이의하지 않고 조서작성절차와 방식의 적법성을 인정하였다면 실질적 진정성립을 인정한 것으로 볼 수 있다. [법원9급 18 변형]

220 (×) 원진술자가 실질적 진정성립에 대하여 이의하지 않았다거나 조서작성절차와 방식의 적법성을 인정하였다는 것만으로 실질적 진정성립까지 인정한 것으로 보아서는 아니 된다(구법 제312조 제1항에 대한 판례로는 대법원 2013.3.14, 2011도8325).

221 원진술자가 법정에서 증인으로 나와 진술조서의 기재 내용을 열람하거나 고지받지 못한 채 단지 검사나 재판장의 신문에 대하여 수사기관에서 사실대로 진술하였다는 취지의 증언만을 하고 있을 뿐이라면, 그 진술조서는 증거능력을 인정할 수 없다. [경찰승진 22]

221 (○)

해설+ 피고인이 사법경찰리 작성의 공소외인에 대한 피의자신문조서, 진술조서 및 검사 작성의 피고인에 대한 피의자신문조서 중 위 공소외인의 진술기재 부분을 증거로 함에 부동의하였고, 원진술자인 위 공소외인이 제1심 및 항소심에서 증인으로 나와 그 진술기재의 내용을 열람하거나 고지받지 못한 채 단지 검사나 재판장의 신문에 대하여 수사기관에서 사실대로 진술하였다는 취지의 증언만을 하고 있을 뿐이라면, 그 피의자신문조서와 진술조서는 증거능력이 없어 이를 유죄의 증거로 삼을 수 없다(대법원 1994.11.11, 94도343).

222 사법경찰관 작성의 피해자에 대한 진술조서가 피해자의 화상으로 인한 서명불능을 이유로 입회하고 있던 피해자의 동생에게 대신 읽어 주고 그 동생으로 하여금 서명날인하게 하는 방법으로 작성되었다면, 이는 「형사소송법」 제312조 제4항 소정의 형식적 요건을 구비한 서류로서 증거로 사용할 수 있다. [경찰승진 22]

222 (×)

해설+ 사법경찰관 작성의 피해자에 대한 진술조서가 피해자의 화상으로 인한 서명불능을 이유로 입회하고 있던 피해자의 동생에게 대신 읽어 주고 그 동생으로 하여금 서명날인하게 하는 방법으로 작성된 경우, 이는 형사소송법 제312조 제4항 소정의 형식적 요건을 결여한 서류로서 증거로 사용할 수 없다(대법원 1997.4.11, 96도2865).

223 진술조서에 대하여 증거조사가 완료된 후 원진술자가 조서성립의 진정 인정을 번복하더라도 이미 인정된 조서의 증거능력이 당연히 상실되는 것은 아니다. [국가7급 11 변형]

223 (○) 구법 제312조 제1항에 대한 판례로는 대법원 2008.7.10, 2007도7760 참조.

224 검사가 피의자 아닌 자의 진술을 기재한 조서에 대하여 그 원진술자가 공판기일에서 그 조서의 내용과 다른 진술을 하거나 변호인 또는 피고인의 반대신문에 대하여 아무런 답변을 하지 아니하였다 하여 곧 증거능력 자체를 부정할 사유가 되지는 아니한다. [경찰승진 22]

> **보충** 다만, 2007년 개정 제312조 제4항에 의하여 진술조서의 증거능력 인정요건으로서 반대신문권의 보장이 규정된 만큼, 위 판례가 향후에도 유지될지는 미지수이다.

> **보충** [동 판례에서 참고할 논점] ㉠ 증인이 반대신문에 대하여 묵비함으로써 진술내용의 모순이나 불합리를 드러내는 것이 사실상 불가능한 경우, 그 증인의 진술증거의 증명력 유무(한정 소극): 반대신문권의 보장은 형식적·절차적인 것이 아니라 실질적·효과적인 것이어야 하므로, 증인이 반대신문에 대하여 답변을 하지 아니함으로써 진술내용의 모순이나 불합리를 드러내는 것이 사실상 불가능하였다면, 그 사유가 피고인이나 변호인에게 책임 있는 것이 아닌 한 그 진술증거는 법관의 올바른 심증형성의 기초가 될 만한 진정한 증거가치를 가진다고 보기 어렵다 할 것이고, 따라서 이러한 증거를 채용하여 공소사실을 인정함에 있어서는 신중을 기하여야 한다. ㉡ 검사 작성의 진술조서에 대하여 원진술자가 공판기일에서 그 성립의 진정을 인정하면서도 그 진술조서상의 진술내용을 탄핵하려는 변호인의 반대신문에 대하여 묵비한 것이 피고인 또는 변호인의 책임 있는 사유에 기인한 것이라고 인정할 수 없는 경우, 그 진술기재는 반대신문에 의한 증명력의 탄핵이 제대로 이루어지지 아니한 것이므로 그 신빙성을 선뜻 인정하기 어렵다(동 판례).

> **비교** 피고인에게 불리한 증거인 증인이 주신문의 경우와 달리 반대신문에 대하여는 답변을 하지 아니하는 등 진술내용의 모순이나 불합리를 증인신문 과정에서 드러내어 이를 탄핵하는 것이 사실상 곤란하였고, 그것이 피고인 또는 변호인에게 책임 있는 사유에 기인한 것이 아닌 경우, 증인의 법정진술의 증거능력 유무(원칙적 소극): 형사소송법은 제161조의2에서 피고인의 반대신문권을 포함한 교호신문제도를 규정하는 한편, 제310조의2에서 법관의 면전에서 진술되지 아니하고 피고인에 의한 반대신문의 기회가 부여되지 아니한 진술에 대하여는 원칙적으로 그 증거능력을 부여하지 아니함으로써, 형사재판에서 증거는 법관의 면전에서 진술·심리되어야 한다는 직접주의와 피고인에게 불리한 증거에 대하여 반대신문할 수 있는 권리를 원칙적으로 보장하고 있는데, 이러한 반대신문권의 보장은 피고인에게 불리한 주된 증거의 증명력을 탄핵할 수 있는 기회가 보장되어야 한다는 점에서 형식적·절차적인 것이 아니라 실질적·효과적인 것이어야 한다. 따라서 피고인에게 불리한 증거인 증인이 주신문의 경우와 달리 반대신문에 대하여는 답변을 하지 아니하는 등 진술내용의 모순이나 불합리를 그 증인신문 과정에서 드러내어 이를 탄핵하는 것이 사실상 곤란하였고, 그것이 피고인 또는 변호인에게 책임 있는 사유에 기인한 것이 아닌 경우라면, 관계 법령의 규정 혹은 증인의 특성 기타 공판절차의 특수성에 비추어 이를 정당화할 수 있는 특별한 사정이 존재하지 아니하는 이상, 이와 같이 실질적 반대신문권의 기회가 부여되지 아니한 채 이루어진 증인의 법정진술은 위법한 증거로서 증거능력을 인정하기 어렵다. 이 경우 피고인의 책문권 포기로 그 하자가 치유될 수 있으나, 책문권 포기의 의사는 명시적인 것이어야 한다(대법원 2022.3.17, 2016도17054).

224 (○) 검사가 피의자 아닌 자의 진술을 기재한 조서는 원진술자의 공판준비 또는 공판기일에서의 진술에 의하여 그 성립의 진정함이 인정되면 증거로 할 수 있고, 여기에서 성립의 진정이라 함은 간인, 서명, 날인 등 조서의 형식적인 진정과 그 조서의 내용이 진술자의 진술내용대로 기재되었다는 실질적인 진정을 뜻하는 것이므로, 검사가 피의자 아닌 자의 진술을 기재한 조서에 대하여 그 원진술자가 공판기일에서 그 성립의 진정을 인정하면 그 조서는 증거능력이 있는 것이고, 원진술자가 공판기일에서 그 조서의 내용과 다른 진술을 하거나 변호인 또는 피고인의 반대신문에 대하여 아무런 답변을 하지 아니하였다 하여 곧 증거능력 자체를 부정할 사유가 되지는 아니한다(대법원 2001.9.14, 2001도1550).

225 수사기관의 피의자신문시에 동석한 신뢰관계인이 피의자를 대신하여 진술한 부분이 조서에 기재되어 있다면, 피의자였던 피고인 또는 변호인이 공판준비 또는 공판기일에 그 내용을 인정할 때에 한하여 증거로 할 수 있다.

[경찰승진 23]

225 (×)

> **해설+** 동석한 사람이 피의자를 대신하여 진술한 부분이 조서에 기재되어 있다면 그 부분은 피의자의 진술을 기재한 것이 아니라 동석한 사람의 진술을 기재한 조서에 해당하므로, 그 사람에 대한 진술조서로서의 증거능력을 취득하기 위한 요건을 충족하지 못하는 한 이를 유죄 인정의 증거로 사용할 수 없다(대법원 2009.6.23, 2009도1322).

226 원진술자가 자신에 대한 검사 작성의 진술조서의 실질적 진정성립을 부인하는 경우 검사는 영상녹화물이나 조사관 또는 조사 과정에 참여한 통역인 등의 증언의 방법으로 실질적 진정성립을 증명할 수 있다.

[국가7급 16] [국가9급 17·18] [국가9급개론 18] [법원9급 18]

226 (×) '있다' → '없다'

> **해설+** '영상녹화물이나 그 밖의 객관적인 방법'은 피고인의 진술을 과학적·기계적·객관적으로 재현해 낼 수 있는 방법만을 의미한다(구법 제312조 제2항에 대한 판례로는 대법원 2016.2.18, 2015도16586).

227 공동피고인인 절도범과 그 장물범의 경우 피고인이 증거로 함에 동의한 바 없는 공동피고인에 대한 검사 작성의 피의자신문조서는 공동피고인의 증언에 의하여 그 성립의 진정이 인정되지 아니하는 한 피고인의 공소범죄사실을 인정하는 증거로 할 수 없다.

[국가9급 15]

227 (○)

> **해설+** (○) 공동피고인인 절도범과 그 장물범은 서로 다른 공동피고인의 범죄사실에 관하여는 증인의 지위에 있다 할 것이므로(공범자 아닌 공동피고인이라는 의미), 피고인이 증거로 함에 동의한 바 없는 공동피고인에 대한 피의자신문조서는 공동피고인(원진술자)의 증언에 의하여 그 성립의 진정이 인정되지 아니하는 한 피고인의 공소 범죄사실을 인정하는 증거로 할 수 없다(대법원 1982.6.22, 82도898; 1982.9.14, 82도1000 등). 공동피고인에 대한 경찰 및 검찰 피의자신문조서 중 공동피고인이 원심 판시 별지 '범죄일람표 3' 순번 1 내지 5 기재와 같이 그가 절취한 각 수표를 피고인 2를 통하여 교환한 사실이 있다는 진술기재 부분은 공동피고인의 제1심법정에서의 증언에 의하여 실질적 진정성립이 인정되지 아니하여 증거능력이 없다(대법원 2006.1.12 2005도7601).

> **보충** 공범자 아닌 제3자에 대한 피의자신문조서는 검사 작성이든 사법경찰관 작성이든 '피고인 아닌 자의 진술을 기재한 조서'(제312조 제4항)로 본 판례이다. 즉, (공범자 아닌) 공동피고인에 대한 피의자신문조서에 대해서는 제312조 제4항이 적용되므로, 원진술자의 진술(또는 영상녹화물 그 밖의 객관적 방법)에 의한 실질적 진정성립의 인정이 필요하다(대법원 2006.1.12, 2005도7601).

228 공동피고인인 절도범과 그 장물범은 서로 다른 공동피고인의 범죄사실에 관하여는 증인의 지위에 있다 할 것이므로, 피고인이 증거로 함에 동의한 바 없는 공동피고인에 대한 피의자신문조서는 공동피고인의 증언에 의하여 그 성립의 진정이 인정되지 아니하는 한 피고인의 공소 범죄 사실을 인정하는 증거로 할 수 없다.

[법원9급 14]

228 (O) 대법원 2006.1.12 2005도7601

229 절도범과 그 장물범이 공동피고인인 경우, 검사가 절도범에 대해 수사단계에서 작성한 피의자 신문조서 중 '내가 절취한 수표를 장물범을 통하여 교환한 사실이 있다'는 진술기재 부분은 장물범이 이를 증거로 함에 동의한 바 없다면, 절도범을 법정에서 증인으로 신문하는 등의 방법에 의하여 실질적 진정성립이 인정되어야 장물범에 대하여 증거능력이 인정될 수 있다.

[국가7급 21]

229 (O)

해설+ (공범자 아닌) 공동피고인에 대한 피의자신문조서는 제312조 제4항에 의하여 원진술자의 진술(또는 객관적 방법)에 의하여 실질적 진정성립이 인정되어야 한다(또한 피고인·변호인의 반대신문권의 보장과 원진술의 특신상태를 요함). "공동피고인인 절도범과 그 장물범은 서로 다른 공동피고인의 범죄사실에 관하여는 증인의 지위에 있다 할 것이므로, 피고인이 증거로 함에 동의한 바 없는 (공범자 아닌) 공동피고인에 대한 피의자신문조서는 공동피고인의 증언에 의하여 그 성립의 진정이 인정되지 아니하는 한 피고인의 공소 범죄사실을 인정하는 증거로 할 수 없다(대법원 2006.1.12, 2005도7601)."

230 乙에 대한 수사기관 작성 진술조서가 증거로 제출된 경우 피고인 甲이 그 피의자신문조서를 증거로 함에 동의하지 않더라도 乙이 다른 사건의 공판절차에서 당해 조서의 진정성립을 인정하면 그 조서는 甲사건의 공소사실에 대한 증거능력이 있다.

[국가7급 15 변형]

230 (×) '있다' → '있다고 할 수 없다'
반드시 원진술자가 현재의 사건에 증인으로 출석하여 그 서류의 성립의 진정을 인정하여야 증거능력이 인정된다(대법원 1999.10.8, 99도3063).

231 수사기관이 원진술자의 진술을 기재한 조서는 그 내용을 피고인이 부인하고 원진술자의 법정출석 및 반대신문이 이루어지지 못하였다면 이를 주된 증거로 하여 공소사실을 인정할 수 없는 것이 원칙이지만, 피고인이 이에 대해 증거동의한 경우에는 그렇지 아니하다. [경찰채용 12]

해설+ 수사기관이 원진술자의 진술을 기재한 조서는 원본 증거인 원진술자의 진술에 비하여 본질적으로 낮은 정도의 증명력을 가질 수밖에 없다는 한계를 지니는 것이고, 특히 원진술자의 법정출석 및 반대신문이 이루어지지 못한 경우에는 그 진술이 기재된 조서는 법관의 올바른 심증 형성의 기초가 될 만한 진정한 증거가치를 가진 것으로 인정받을 수 없는 것이 원칙이다. 따라서 피고인이 공소사실 및 이를 뒷받침하는 수사기관이 원진술자의 진술을 기재한 조서 내용을 부인하였음에도 불구하고, 원진술자의 법정출석과 피고인에 의한 반대신문이 이루어지지 못하였다면, 그 조서에 기재된 진술이 직접 경험한 사실을 구체적인 경위와 정황의 세세한 부분까지 정확하고 상세하게 묘사하고 있어 구태여 반대신문을 거치지 않더라도 진술의 정확한 취지를 명확히 인식할 수 있고 그 내용이 경험칙에 부합하는 등 신빙성에 의문이 없어 조서의 형식과 내용에 비추어 강한 증명력을 인정할 만한 특별한 사정이 있거나, 그 조서에 기재된 진술의 신빙성과 증명력을 뒷받침할 만한 다른 유력한 증거가 따로 존재하는 등의 예외적인 경우가 아닌 이상, 그 조서는 진정한 증거가치를 가진 것으로 인정받을 수 없는 것이어서 이를 주된 증거로 하여 공소사실을 인정하는 것은 원칙적으로 허용될 수 없다. 이는 원진술자의 사망이나 질병 등으로 인하여 원진술자의 법정출석 및 반대신문이 이루어지지 못한 경우는 물론 수사기관의 조서를 증거로 함에 피고인이 동의한 경우에도 마찬가지이다(대법원 2006.12.8, 2005도9730).

보충 증거동의에 의하여 증거능력이 인정되어도, 이를 주된 증거로 하여 공소사실을 인정할 수 없다는 판례이다(증명력 부정).

231 (×) '에는 그렇지 아니하다' → '에도 마찬가지이다'
증거동의가 있다면 증거능력은 인정되지만, 원진술자의 법정출석 및 반대신문이 이루어지지 못한 이상 구체적이지 못한 참고인진술조서의 증명력을 인정할 수는 없다(대법원 2006.12.8, 2005도9730).

232 수사기관이 참고인의 진술을 기재한 조서는 그 내용을 피고인이 부인하고 참고인의 법정출석 및 반대신문이 이루어지지 못하였다면 이를 주된 증거로 하여 공소사실을 인정할 수 없는 것이 원칙이지만 피고인이 이에 대해 증거동의한 경우에는 그렇지 아니하다. [경찰승진 23]

판례 수사기관이 원진술자의 진술을 기재한 조서는 원본 증거인 원진술자의 진술에 비하여 본질적으로 낮은 정도의 증명력을 가질 수밖에 없다는 한계를 지니는 것이고, 특히 원진술자의 법정출석 및 반대신문이 이루어지지 못한 경우에는 그 진술이 기재된 조서는 법관의 올바른 심증 형성의 기초가 될 만한 진정한 증거가치를 가진 것으로 인정받을 수 없는 것이 원칙이다. 따라서 피고인이 공소사실 및 이를 뒷받침하는 수사기관이 원진술자의 진술을 기재한 조서 내용을 부인하였음에도 불구하고, 원진술자의 법정 출석과 피고인에 의한 반대신문이 이루어지지 못하였다면, 그 조서에 기재된 진술이 직접 경험한 사실을 구체적인 경위와 정황의 세세한 부분까지 정확하고 상세하게 묘사하고 있어 구태여 반대신문을 거치지 않더라도 진술의 정확한 취지를 명확히 인식할 수 있고 그 내용이 경험칙에 부합하는 등 신빙성에 의문이 없어 조서의 형식과 내용에 비추어 강한 증명력을 인정할 만한 특별한 사정이 있거나, 그 조서에 기재된 진술의 신빙성과 증명력을 뒷받침할 만한 다른 유력한 증거가 따로 존재하는 등의 예외적인 경우가 아닌 이상, 그 조서는 진정한 증거가치를 가진 것으로 인정받을 수 없는 것이어서 이를 주된 증거로 하여 공소사실을 인정하는 것은 원칙적으로 허용될 수 없다. 이는 원진술자의 사망이나 질병 등으로 인하여 원진술자의 법정 출석 및 반대신문이 이루어지지 못한 경우는 물론 수사기관의 조서를 증거로 함에 피고인이 동의한 경우에도 마찬가지이다(대법원 2006.12.8, 2005도9730).

232 (×) 진술조서의 원진술자의 법정출석 및 반대신문이 이루어지지 못하는 경우에는 (그 증거능력이 인정된다 하더라도) 그 증명력은 부정되는 것이 원칙이다.

233 「형사소송법」 제312조 제4항에서 '특히 신빙할 수 있는 상태'란 진술 내용이나 조서 작성에 허위개입의 여지가 거의 없고, 진술 내용의 신빙성이나 임의성을 담보할 구체적이고 외부적인 정황이 있는 것을 말한다.

[국가9급 13]

233 (○) 대법원 2012.7.26, 2012 도2937

234 원진술자의 공판정 진술이 불가능한 경우 참고인진술조서를 유죄의 증거로 사용하기 위하여 조서에 기재된 참고인의 진술이 '특히 신빙할 수 있는 상태하에서 행하여졌음'에 대한 증명은 소송법적 사실에 대한 증명에 해당하기에 합리적인 의심의 여지를 배제할 정도가 아니라 그러할 개연성이 있다는 정도로만 증명하면 충분하다.

[군무원9급 22]

234 (×)

해설+ 형사소송법이 원진술자 또는 작성자(이하 '참고인'이라 한다)의 소재불명 등의 경우에 참고인이 진술하거나 작성한 진술조서나 진술서에 대하여 증거능력을 인정하는 것은, 형사소송법이 제312조 또는 제313조에서 참고인 진술조서 등 서면증거에 대하여 피고인 또는 변호인의 반대신문권이 보장되는 등 엄격한 요건이 충족될 경우에 한하여 증거능력을 인정할 수 있도록 함으로써 직접심리주의 등 기본원칙에 대한 예외를 인정한 데 대하여 다시 중대한 예외를 인정하여 원진술자 등에 대한 반대신문의 기회조차 없이 증거능력을 부여할 수 있도록 한 것이므로, 그 경우 참고인의 진술 또는 작성이 '특히 신빙할 수 있는 상태하에서 행하여졌음에 대한 증명'은 단지 그러할 개연성이 있다는 정도로는 부족하고 합리적인 의심의 여지를 배제할 정도에 이르러야 한다(대법원 2014.2. 21, 2013도12652).

235 사법경찰관(조사자)이 공소제기 전에 피고인 아닌 타인(원진술자)을 조사한 후 원진술자가 법정에 출석하여 수사기관에서 한 진술을 부인하는 취지로 증언하였더라도 그 진술이 특히 신빙할 수 있는 상태하에서 행하여진 때에는 원진술자의 진술을 내용으로 하는 조사자의 증언을 증거로 할 수 있다.

[소방간부 23]

235 (×)

해설+ 형사소송법 제316조 제2항은 "피고인 아닌 자의 공판준비 또는 공판기일에서의 진술이 피고인 아닌 타인의 진술을 그 내용으로 하는 것인 때에는 원진술자가 사망, 질병, 외국거주, 소재불명, 그 밖에 이에 준하는 사유로 인하여 진술할 수 없고, 그 진술이 특히 신빙할 수 있는 상태하에서 행하여졌음이 증명된 때에 한하여 이를 증거로 할 수 있다"고 규정하고 있고, 같은 조 제1항에 따르면 위 '피고인 아닌 자'에는 공소제기 전에 피고인 아닌 타인을 조사하였거나 그 조사에 참여하였던 자(이하 '조사자'라고 한다)도 포함된다. 따라서 조사자의 증언에 증거능력이 인정되기 위해서는 원진술자가 사망, 질병, 외국거주, 소재불명, 그 밖에 이에 준하는 사유로 인하여 진술할 수 없어야 하는 것이라서, 원진술자가 법정에 출석하여 수사기관에서 한 진술을 부인하는 취지로 증언한 이상 원진술자의 진술을 내용으로 하는 조사자의 증언은 증거능력이 없다(대법원 2008.9.25, 2008도6985).

236 검사는 피의자가 아닌 자가 공판준비 또는 공판기일에서 조서가 자신이 검사 또는 사법경찰관 앞에서 진술한 내용과 동일하게 기재되어 있음을 인정하지 아니하는 경우 그 부분의 성립의 진정을 증명하기 위하여 영상녹화물의 조사를 신청할 수 있다. [경찰채용 18 1차]

236 (○) 규칙 제134조의3 제1항

> **보충** 피고인 아닌 피의자의 경우에는 규칙 제134조의2 제1항 참조.

237 피고인이 아닌 피의자의 진술에 대한 영상녹화물의 조사를 신청하는 경우 검사는 영상녹화를 시작하고 마친 시각과 조사장소 등을 기재한 서면을 제출하여야 한다. [법원9급 12 변형]

237 (×) 구 규칙에 의하면, 피고인이 된 피의자의 진술에 대한 영상녹화물의 조사를 신청하는 경우 검사는 위 서면을 제출하여야 하고, 피고인 아닌 피의자 또는 피의자 아닌 자의 진술에 대한 영상녹화물의 조사를 신청하는 경우에는 위 서면 제출을 요하지 아니하였다(따라서 구 규칙에 의하면, '서면의 제출은 요하지 않는다'로 되어야 하므로 위 지문은 틀린 것임, 구 규칙 제134조의2 제6항). 또한 2020. 12.28. 개정 규칙에 의하더라도 영상녹화를 시작하고 마친 시각 및 장소의 고지 부분은, 영상녹화물 내에 녹화된 내용으로 존재해야 하는 것이지 이에 관한 별도의 서면 첨부가 필요한 것은 아니다. 따라서 대법원규칙의 개정과 관계없이 지문은 틀린 것이다.

> **보충** **규칙 제134조의2【영상녹화물의 조사 신청】** ① 검사는 피고인이 아닌 피의자의 진술을 영상녹화한 사건에서 피고인이 아닌 피의자가 그 조서에 기재된 내용이 자신이 진술한 내용과 동일하게 기재되어 있음을 인정하지 아니하는 경우 그 부분의 성립의 진정을 증명하기 위하여 영상녹화물의 조사를 신청할 수 있다. 〈개정 2020.12.28.〉
> ② 삭제 〈2020.12.28.〉
> ③ 제1항의 영상녹화물은 조사가 개시된 시점부터 조사가 종료되어 피의자가 조서에 기명날인 또는 서명을 마치는 시점까지 전과정이 영상녹화된 것으로, 다음 각 호의 내용을 포함하는 것이어야 한다.
> 1. 피의자의 신문이 영상녹화되고 있다는 취지의 고지
> 2. 영상녹화를 시작하고 마친 시각 및 장소의 고지
> 3. 신문하는 검사와 참여한 자의 성명과 직급의 고지
> 4. 진술거부권·변호인의 참여를 요청할 수 있다는 점 등의 고지
> 5. 조사를 중단·재개하는 경우 중단 이유와 중단 시각, 중단 후 재개하는 시각
> 6. 조사를 종료하는 시각
> ④ 제1항의 영상녹화물은 조사가 행해지는 동안 조사실 전체를 확인할 수 있도록 녹화된 것으로 진술자의 얼굴을 식별할 수 있는 것이어야 한다.
> ⑤ 제1항의 영상녹화물의 재생 화면에는 녹화 당시의 날짜와 시간이 실시간으로 표시되어야 한다.
> ⑥ 삭제 〈2020.12.28.〉
>
> **제134조의3【제3자의 진술과 영상녹화물】** ① 검사는 피의자가 아닌 자가 공판준비 또는 공판기일에서 조서가 자신이 검사 또는 사법경찰관 앞에서 진술한 내용과 동일하게 기재되어 있음을 인정하지 아니하는 경우 그 부분의 성립의 진정을 증명하기 위하여 영상녹화물의 조사를 신청할 수 있다.
> ② 검사는 제1항에 따라 영상녹화물의 조사를 신청하는 때에는 피의자가 아닌 자가 영상녹화에 동의하였다는 취지로 기재하고 기명날인 또는 서명한 서면을 첨부하여야 한다.
> ③ 제134조의2 제3항 제1호부터 제3호, 제5호, 제6항, 제4항, 제5항은 검사가 피의자가 아닌 자에 대한 영상녹화물의 조사를 신청하는 경우에 준용한다.

> **보충** 이외에도 피고인이 된 피의자의 진술을 영상녹화한 사건에서 피고인이 그 조서에 기재된 내용이 피고인이 진술한 내용과 동일하게 기재되어 있음을 인정하지 아니하는 경우의 영상녹화물 증거조사 규정이 삭제되었다(참고로 별도의 서면 첨부는 이 경우 필요했었음). 이는 2020.2.4. 형사소송법 개정으로 검사 작성 피고인이 된 피의자신문조서의 진정성립 증명을 위한 영상녹화물 조사가 허용되지 않게 됨에 따른 것이다.

> **보충** 검사의 영상녹화물 증거조사 신청 시 별도의 서면 첨부가 필요한 경우는 피의자 아닌 자가 공판준비 또는 공판기일에서 조서의 실질적 진정성립을 인정하지 아니하는 경우인데(규칙 제134조의3), 이 경우 검사는 피의자 아닌 자가 영상녹화에 동의하였다는 취지로 기재하고 기명날인 또는 서명한 서면을 첨부하여야 한다(동조 제2항).

> **요약** ① 피고인이 된 피의자 진술에 대한 영상녹화물 증거조사: 실질적 진정성립의 대체증명 용도로는 폐지(기억환기용은 존치)
> ② 피고인이 아닌 피의자 진술에 대한 영상녹화물 증거조사 신청의 방식: 별도의 서면 첨부 不要
> ③ 피의자 아닌 자 진술에 대한 영상녹화물 증거조사 신청의 방식: 영상녹화 동의서면 첨부 要

238 검사 또는 사법경찰관리가 피의자를 조사하는 도중에 영상녹화의 필요성이 발생한 때에는 그 시점에서 진행 중인 조사를 중단하고, 중단한 조사를 다시 시작하는 때부터 조서에 기명날인 또는 서명을 마치는 시점까지의 모든 과정을 영상녹화해야 한다. [경찰경채 23]

해설+ 검찰사건사무규칙 제45조【영상녹화】① 검사는 법 제221조 제1항 또는 제244조의2 제1항에 따라 피의자 또는 피의자가 아닌 사람을 영상녹화하는 경우 해당 조사의 시작부터 종료 시까지의 전 과정을 영상녹화하며, 조사 도중 영상녹화의 필요성이 발생한 경우에는 그 시점에서 진행 중인 조사를 종료하고, 그 다음 조사의 시작부터 종료 시까지의 전 과정을 영상녹화한다.

경찰수사규칙 제43조【영상녹화】① 사법경찰관리는 법 제221조 제1항 또는 제244조의2 제1항에 따라 피의자 또는 피의자가 아닌 사람을 영상녹화하는 경우 그 조사의 시작부터 조서에 기명날인 또는 서명을 마치는 시점까지의 모든 과정을 영상녹화해야 한다. 다만, 조사 도중 영상녹화의 필요성이 발생한 때에는 그 시점에서 진행 중인 조사를 중단하고, 중단한 조사를 다시 시작하는 때부터 조서에 기명날인 또는 서명을 마치는 시점까지의 모든 과정을 영상녹화해야 한다.

238 (○) 검찰사건사무규칙 제45조 제1항 후단 및 경찰수사규칙 제43조 제1항 단서 참조.

239 법원은 검사가 영상녹화물의 조사를 신청한 경우 이에 관한 결정을 함에 있어 피고인 또는 변호인으로 하여금 그 영상녹화물이 적법한 절차와 방식에 따라 작성되어 봉인된 것인지 여부에 관한 의견을 진술하게 하여야 한다. 다만, 이 절차에는 원진술자가 참여할 필요가 없다. [경찰채용 18 1차 변형]

보충 규칙 제134조의4【영상녹화물의 조사】① 법원은 검사가 영상녹화물의 조사를 신청한 경우 이에 관한 결정을 함에 있어 원진술자와 함께 피고인 또는 변호인으로 하여금 그 영상녹화물이 적법한 절차와 방식에 따라 작성되어 봉인된 것인지 여부에 관한 의견을 진술하게 하여야 한다.

239 (×) 원진술자도 의견진술권이 있다.

240 법원은 공판준비 또는 공판기일에서 봉인을 해체하고 영상녹화물의 전부 또는 일부를 재생하는 방법으로 조사하여야 한다. 이때 영상녹화물은 그 재생과 조사에 필요한 전자적 설비를 갖춘 법정 외의 장소에서는 이를 재생할 수 없다. [경찰채용 18 1차]

해설+ 규칙 제134조의4【영상녹화물의 조사】③ 법원은 공판준비 또는 공판기일에서 봉인을 해체하고 영상녹화물의 전부 또는 일부를 재생하는 방법으로 조사하여야 한다. 이때 영상녹화물은 그 재생과 조사에 필요한 전자적 설비를 갖춘 법정 외의 장소에서 이를 재생할 수 있다.

240 (×)

241 기억환기를 위한 영상녹화물의 조사는 검사 또는 피고인의 신청이 있는 경우에 한한다. [법원9급 12]

241 (×) '피고인' → 삭제(규칙 제134조의5 제1항)

242 피고인 또는 피고인 아닌 자의 진술을 내용으로 하는 영상녹화물은 공판준비 또는 공판기일에 피고인 또는 피고인이 아닌 자가 진술함에 있어서 기억이 명백하지 않은 사항에 관하여 기억을 환기시켜야 할 필요가 있다고 인정되는 때에 한하여 검사 및 피고인에게 재생하여 시청하게 할 수 있다.

[경찰채용 12]

243 피의자 또는 참고인의 진술을 녹화한 수사기관의 영상녹화물은 진술조서의 실질적 진정성립의 증명을 위한 대체수단 및 진술자의 기억환기를 위한 보조수단으로서 의미를 지닐 뿐이다.

[국가9급 12 변형]

243 (○) 제312조 제4항, 제318조의2 제2항

244 수사기관이 참고인을 조사하는 과정에서 작성한 영상녹화물은 다른 법률에서 달리 규정하고 있는 등의 특별한 사정이 없는 한, 공소사실을 직접 증명할 수 있는 독립적인 증거로 사용할 수 없다.

[국가7급 16]

244 (○) 대법원 2014.7.10, 2012도5041

245 사법경찰관이 14세의 성폭력범죄 피해자를 조사하면서 진술 내용과 조사과정을 촬영한 영상물에 수록된 성폭력범죄 피해자의 진술은 조사 과정에 동석하였던 신뢰관계 있는 자의 진술에 의하여 성립의 진정함이 인정된 때에 증거로 할 수 있다.

[국가7급 12 변형]

245 (×) 과거의 판례는 이러하였으나(대법원 2010.1.28, 2009도12048), 이후 헌법재판소의 위헌결정이 내려졌다. 즉, "성폭법 제30조 제6항 중 '제1항에 따라 촬영한 영상물에 수록된 피해자의 진술은 공판준비기일 또는 공판기일에 조사 과정에 동석하였던 신뢰관계에 있는 사람 또는 진술조력인의 진술에 의하여 그 성립의 진정함이 인정된 경우에 증거로 할 수 있다' 부분 가운데 19세 미만 성폭력범죄 피해자에 관한 부분은 헌법에 위반된다(헌법재판소 2021.12.23, 2018헌바524)." 헌법재판소는 위 규정이 원진술자에 대한 피고인의 반대신문권을 실질적으로 배제하여 피고인의 방어권을 과도하게 제한하는 것으로, 과잉금지원칙에 반한다고 본 것이다.

해설+ 성폭력처벌법 제30조의2 【영상녹화물의 증거능력 특례】 ① 제30조제1항에 따라 19세미만피해자등의 진술이 영상녹화된 영상녹화물은 같은 조 제4항부터 제6항까지에서 정한 절차와 방식에 따라 영상녹화된 것으로서 다음 각 호의 어느 하나의 경우에 증거로 할 수 있다.

1. 증거보전기일, 공판준비기일 또는 공판기일에 그 내용에 대하여 피의자, 피고인 또는 변호인이 피해자를 신문할 수 있었던 경우. 다만, 증거보전기일에서의 신문의 경우 법원이 피의자나 피고인의 방어권이 보장된 상태에서 피해자에 대한 반대신문이 충분히 이루어졌다고 인정하는 경우로 한정한다.
2. 19세미만피해자등이 다음 각 목의 어느 하나에 해당하는 사유로 공판준비기일 또는 공판기일에 출석하여 진술할 수 없는 경우. 다만, 영상녹화된 진술 및 영상녹화가 특별히 신빙(信憑)할 수 있는 상태에서 이루어졌음이 증명된 경우로 한정한다.
   가. 사망
   나. 외국 거주
   다. 신체적, 정신적 질병·장애
   라. 소재불명
   마. 그 밖에 이에 준하는 경우
② 법원은 제1항제2호에 따라 증거능력이 있는 영상녹화물을 유죄의 증거로 할지를 결정할 때에는 피고인과의 관계, 범행의 내용, 피해자의 나이, 심신의 상태, 피해자가 증언으로 인하여 겪을 수 있는 심리적 외상, 영상녹화물에 수록된 19세미만피해자등의 진술 내용 및 진술 태도 등을 고려하여야 한다. 이 경우 법원은 전문심리위원 또는 제33조에 따른 전문가의 의견을 들어야 한다.

246 「성폭력범죄의 처벌 등에 관한 특례법」 제30조에 의하면 성폭력범죄의 피해자가 19세 미만인 경우 피해자의 진술 내용과 조사 과정을 영상녹화하여야 하는데, 해당 영상물에 수록된 피해자의 진술은 공판준비기일 또는 공판기일에 피해자의 진술에 의하여 성립의 진정이 증명되면 증거능력이 인정된다.   [경찰채용 19 1차]

> **보충** 성폭력처벌법 제30조【19세미만피해자등 진술 내용 등의 영상녹화 및 보존 등】① 검사 또는 사법경찰관은 19세미만피해자등의 진술 내용과 조사 과정을 영상녹화장치로 녹화(녹음이 포함된 것을 말하며, 이하 "영상녹화"라 한다)하고, 그 영상녹화물을 보존하여야 한다.
> 제30조의2【영상녹화물의 증거능력 특례】① 제30조제1항에 따라 19세미만피해자등의 진술이 영상녹화된 영상녹화물은 같은 조 제4항부터 제6항까지에서 정한 절차와 방식에 따라 영상녹화된 것으로서 다음 각 호의 어느 하나의 경우에 증거로 할 수 있다.
> 1. 증거보전기일, 공판준비기일 또는 공판기일에 그 내용에 대하여 피의자, 피고인 또는 변호인이 피해자를 신문할 수 있었던 경우. 다만, 증거보전기일에서의 신문의 경우 법원이 피의자나 피고인의 방어권이 보장된 상태에서 피해자에 대한 반대신문이 충분히 이루어졌다고 인정하는 경우로 한정한다.
> 2. 19세미만피해자등이 다음 각 목의 어느 하나에 해당하는 사유로 공판준비기일 또는 공판기일에 출석하여 진술할 수 없는 경우. 다만, 영상녹화된 진술 및 영상녹화가 특별히 신빙(信憑)할 수 있는 상태에서 이루어졌음이 증명된 경우로 한정한다.
>   가. 사망
>   나. 외국 거주
>   다. 신체적, 정신적 질병·장애
>   라. 소재불명
>   마. 그 밖에 이에 준하는 경우
> ② 법원은 제1항제2호에 따라 증거능력이 있는 영상녹화물을 유죄의 증거로 할지를 결정할 때에는 피고인과의 관계, 범행의 내용, 피해자의 나이, 심신의 상태, 피해자가 증언으로 인하여 겪을 수 있는 심리적 외상, 영상녹화물에 수록된 19세미만피해자등의 진술 내용 및 진술 태도 등을 고려하여야 한다. 이 경우 법원은 전문심리위원 또는 제33조에 따른 전문가의 의견을 들어야 한다.

V 진술서

247 조세범칙조사를 담당하는 세무공무원이 피고인이 된 혐의자 또는 참고인에 대하여 심문한 내용을 기재한 조서는 「형사소송법」 제313조에 따라 공판준비 또는 공판기일에서 작성자·진술자의 진술에 따라 성립의 진정함이 증명되고, 나아가 그 진술이 특히 신빙할 수 있는 상태 아래에서 행하여진 때에 한하여 증거능력이 인정된다.   [경찰경채 23]

247 (○)

> **해설+** 조세범칙조사를 담당하는 세무공무원은 특별사법경찰관리에 해당하지 않으므로 위 조사 또한 수사과정에 해당하지 않는다. 따라서 위 조서는 형사소송법 제313조 제1항의 수사과정 외에서 피고인 또는 피고인 아닌 자의 진술을 기재한 서류에 해당한다.

> **판례** 조세범칙조사를 담당하는 세무공무원이 피고인이 된 혐의자 또는 참고인에 대하여 심문한 내용을 기재한 조서는 검사·사법경찰관 등 수사기관이 작성한 조서와 동일하게 볼 수 없으므로 형사소송법 제312조에 따라 증거능력의 존부를 판단할 수는 없고, 피고인 또는 피고인이 아닌 자가 작성한 진술서나 그 진술을 기재한 서류에 해당하므로 형사소송법 제313조에 따라 공판준비 또는 공판기일에서 작성자·진술자의 진술에 따라 성립의 진정함이 증명되고 나아가 그 진술이 특히 신빙할 수 있는 상태 아래에서 행하여진 때에 한하여 증거능력이 인정된다(대법원 2022.12.15, 2022도8824).

1. 수사과정에서 작성한 진술서(제312조 제5항)

 대표유형

사법경찰관의 수사과정에서 피의자가 작성한 진술서의 증거능력은 제313조에 의해 성립의 진정이 증명되면 증거로 할 수 있다. [경찰채용 14·18]

해설+ 피의자의 진술을 녹취 내지 기재한 서류 또는 문서가 수사기관에서의 조사과정에서 작성된 것이라면, 제312조 제5항이 적용되므로 위 진술서는 피의자신문조서와 달리 볼 수 없다(대법원 2010.5.27, 2010도1755). 제313조는 수사과정 외에서 작성된 진술서 및 진술기재서류에 적용되는 조항이다.

248 사법경찰관이 피의자를 조사하는 과정에서 「형사소송법」 제244조에 의하여 피의자신문조서에 기재함이 마땅한 피의자의 진술내용을 진술서의 형식으로 피의자로 하여금 기재하여 제출케 한 경우에는 그 진술서의 증거능력 유무는 검사 이외 수사기관이 작성한 피의자신문조서와 마찬가지로 결정하여야 한다. [법원9급 10]

249 피의자의 진술을 녹취 내지 기재한 서류 또는 문서가 수사기관에서의 조사과정에서 작성된 것이지만 그것이 진술서라는 형식을 취하였다면 피의자신문조서와 달리 보아야 한다. [경찰채용 18 1차]

> **해설+** 피의자의 진술을 녹취 내지 기재한 서류 또는 문서가 수사기관의 조사 과정에서 작성된 것이라면, 그것이 '진술조서, 진술서, 자술서'라는 형식을 취하였다고 하더라도 피의자신문조서와 달리 볼 수 없다(대법원 2009.8.20, 2008도8213).

250 피고인이 검사 이외의 수사기관에서 범죄혐의로 조사받는 과정에서 작성하여 제출한 진술서는 그 형식 여하를 불문하고 당해 수사기관이 작성한 피의자신문조서와 달리 볼 수 없다. [국가7급 08 변형]

251 피고인이 아닌 자가 수사과정에서 진술서를 작성하였지만 수사기관이 그에 대한 조사과정을 기록하지 아니한 경우에는 특별한 사정이 없는 한 적법한 절차와 방식에 따라 작성되었다고 할 수 없으므로 증거능력을 인정할 수 없다. [국가7급 16] [국가9급개론 18] [법원9급 18]

(×) '있다' → '없다'

248 (○) 제1항부터 제4항까지의 규정은 피고인 또는 피고인이 아닌 자가 수사과정에서 작성한 진술서에 관하여 준용한다(제312조 제5항). 따라서 위 진술서의 증거능력 유무는 제312조 제2항(현 제3항)에 따라 결정되어야 한다(대법원 1982. 9.14, 82도1479 전원합의체).

249 (×)

250 (○) 제312조 제5항에 의하여 제312조 제3항이 적용된다(대법원 2006.1.13, 2003도6548).

251 (○) 제312조 제5항에 의하여 제312조 제4항이 적용되므로 작성절차와 방식의 적법성이 요구된다(대법원 2015.4.23, 2013도3790).

252 사법경찰관이 피의자를 조사하는 경우와는 달리 피의자가 아닌 자를 조사하는 경우에는 조사과정의 진행경과를 확인하기 위하여 필요한 사항을 조서에 기록하거나 별도의 서면에 기록한 후 수사기록에 편철할 것을 요하지 않으므로, 사법경찰관이 그 조사과정을 기록하지 아니하였더라도 다른 특별한 사정이 없는 한 피의자 아닌 자가 조사과정에서 작성한 진술서는 증거로 할 수 있다.

[경찰채용 21 2차]

252 (×)

해설+ 검사 또는 사법경찰관이 피의자가 아닌 자를 조사하는 경우에는 피의자를 조사하는 경우와 마찬가지로 조사장소에 도착한 시각, 조사를 시작하고 마친 시각, 그 밖에 조사과정의 진행경과를 확인하기 위하여 필요한 사항을 조서에 기록하거나 별도의 서면에 기록한 후 수사기록에 편철하여야 한다고 규정하고 있다. 이와 같이 수사기관으로 하여금 피의자가 아닌 자를 조사할 수 있도록 하면서도 그 조사과정을 기록하도록 한 취지는 수사기관이 조사과정에서 피조사자로부터 진술증거를 취득하는 과정을 투명하게 함으로써 그 과정에서의 절차적 적법성을 제도적으로 보장하려는 데 있다. 따라서 수사기관이 수사에 필요하여 피의자가 아닌 자를 조사하는 과정에서 그 진술을 청취하여 증거로 남기는 방법으로 진술조서가 아닌 진술서를 작성·제출받는 경우에도 그 절차는 준수되어야 할 것이다. 이러한 형사소송법의 규정 및 그 입법 목적 등을 종합하여 보면, 피고인이 아닌 자가 수사과정에서 진술서를 작성하였지만 수사기관이 그에 대한 조사과정을 기록하지 아니하여 형사소송법 제244조의4 제3항, 제1항에서 정한 절차를 위반한 경우에는, 특별한 사정이 없는 한 '적법한 절차와 방식'에 따라 수사과정에서 진술서가 작성되었다 할 수 없으므로 그 증거능력을 인정할 수 없다(대법원 2015.4.23, 2013도3790).

---

253 수사기관이 피의자를 조사하는 경우에는 그 조사과정을 기록하여야 하나 피의자가 아닌 자를 조사하는 과정에서 그 진술을 청취하여 증거로 남기는 방법으로 진술조서가 아닌 진술서를 작성·제출받는 경우에는 그 절차를 준수할 것을 요하지 아니한다.

[경찰채용 19 2차]

253 (×) 수사기관으로 하여금 피의자가 아닌 자를 조사할 수 있도록 하면서도 그 조사과정을 기록하도록 한 취지는 수사기관이 조사과정에서 피조사자로부터 진술증거를 취득하는 과정을 투명하게 함으로써 그 과정에서의 절차적 적법성을 제도적으로 보장하려는 데 있다. 따라서 수사기관이 수사에 필요하여 피의자가 아닌 자를 조사하는 과정에서 그 진술을 청취하여 증거로 남기는 방법으로 진술조서가 아닌 진술서를 작성·제출받는 경우에도 그 절차는 준수되어야 할 것이다(대법원 2015.4.23, 2013도3790). 또한 형사소송법 제244조의4 제3항 참조.

해설+ 제244조의4【수사과정의 기록】① 검사 또는 사법경찰관은 피의자가 조사장소에 도착한 시각, 조사를 시작하고 마친 시각, 그 밖에 조사과정의 진행경과를 확인하기 위하여 필요한 사항을 피의자신문조서에 기록하거나 별도의 서면에 기록한 후 수사기록에 편철하여야 한다.
② 제244조 제2항 및 제3항은 제1항의 조서 또는 서면에 관하여 준용한다.
③ 제1항 및 제2항은 피의자가 아닌 자를 조사하는 경우에 준용한다.

제244조【피의자신문조서의 작성】① 피의자의 진술은 조서에 기재하여야 한다.
② 제1항의 조서는 피의자에게 열람하게 하거나 읽어 들려주어야 하며, 진술한 대로 기재되지 아니하였거나 사실과 다른 부분의 유무를 물어 피의자가 증감 또는 변경의 청구 등 이의를 제기하거나 의견을 진술한 때에는 이를 조서에 추가로 기재하여야 한다. 이 경우 피의자가 이의를 제기하였던 부분은 읽을 수 있도록 남겨두어야 한다.
③ 피의자가 조서에 대하여 이의나 의견이 없음을 진술한 때에는 피의자로 하여금 그 취지를 자필로 기재하게 하고 조서에 간인한 후 기명날인 또는 서명하게 한다.

254 경찰관이 피고인이 아닌 자의 주거지·근무지를 방문한 곳에서 진술서 작성을 요구하여 제출받은 경우 등 그 진술서가 경찰서에서 작성한 것이 아니라 작성자가 원하는 장소를 방문하여 받은 것이라면, 형사소송법 제244조의4(수사과정의 기록) 제1항 규정이 적용되지 않는다. [법원9급 23]

해설+ 형사소송법 제244조의4 【수사과정의 기록】① 검사 또는 사법경찰관은 피의자가 조사장소에 도착한 시각, 조사를 시작하고 마친 시각, 그 밖에 조사과정의 진행경과를 확인하기 위하여 필요한 사항을 피의자신문조서에 기록하거나 별도의 서면에 기록한 후 수사기록에 편철하여야 한다.
② 제244조 제2항 및 제3항은 제1항의 조서 또는 서면에 관하여 준용한다.
③ 제1항 및 제2항은 피의자가 아닌 자를 조사하는 경우에 준용한다.

판례 경찰관이 입당원서 작성자의 주거지·근무지를 방문하여 입당원서 작성 경위 등을 질문한 후 진술서 작성을 요구하여 이를 제출받은 이상 형사소송법 제312조 제5항이 적용되어야 한다. 따라서 형사소송법 제244조의4에서 정한 절차를 준수하지 않았다면 위 증거의 증거능력은 인정되지 않는다(대법원 2022.10.27, 2022도9510).

255 압수조서의 '압수경위'란에 피고인이 범행을 저지르는 현장을 목격한 사법경찰관 및 사법경찰리의 진술이 담겨 있고, 그 하단에 피고인의 범행을 직접 목격하면서 위 압수조서를 작성한 사법경찰관 및 사법경찰리의 각 기명날인이 들어가 있다면, 위 압수조서 중 '압수경위'란에 기재된 내용은 「형사소송법」 제312조 제5항에서 정한 '피고인이 아닌 자가 수사과정에서 작성한 진술서'에 준하는 것으로 볼 수 있다. [국가7급 21]

해설+ 피고인이 지하철역 에스컬레이터에서 휴대전화기의 카메라를 이용하여 성명불상 여성 피해자의 치마 속을 몰래 촬영하다가 현행범으로 체포되어 성폭력범죄의 처벌 등에 관한 특례법 위반(카메라등이용촬영)으로 기소된 경우, 피고인은 공소사실에 대해 자백하고 검사가 제출한 모든 서류에 대하여 증거로 함에 동의하였는데, 그 서류들 중 체포 당시 임의제출 방식으로 압수된 피고인 소유 휴대전화기(이하 '휴대전화기')에 대한 압수조서의 '압수경위'란에 '지하철역 승강장 및 게이트 앞에서 경찰관이 지하철범죄 예방·검거를 위한 비노출 잠복근무 중 검정 재킷, 검정 바지, 흰색 운동화를 착용한 20대 가량 남성이 짧은 치마를 입고 에스컬레이터를 올라가는 여성을 쫓아가 뒤에 밀착하여 치마 속으로 휴대폰을 집어넣는 등 해당 여성의 신체를 몰래 촬영하는 행동을 하였다'는 내용이 포함되어 있고, 그 하단에 피고인의 범행을 직접 목격하면서 위 압수조서를 작성한 사법경찰관 및 사법경찰리의 각 기명날인이 들어가 있으므로, 위 압수조서 중 '압수경위'란에 기재된 내용은 피고인이 범행을 저지르는 현장을 직접 목격한 사람의 진술이 담긴 것으로서 형사소송법 제312조 제5항에서 정한 '피고인이 아닌 자가 수사과정에서 작성한 진술서'에 준하는 것으로 볼 수 있고, 이에 따라 휴대전화기에 대한 임의제출절차가 적법하였는지에 영향을 받지 않는 별개의 독립적인 증거에 해당하여, 피고인이 증거로 함에 동의한 이상 유죄를 인정하기 위한 증거로 사용할 수 있을 뿐 아니라 피고인의 자백을 보강하는 증거가 된다고 볼 여지가 많다(대법원 2019.11.14, 2019도13290).

256 경찰관이 현행범인 체포 당시 피의자로부터 임의제출 방식으로 압수한 휴대전화기에 대하여 작성한 압수조서 중 압수경위란에 피의자의 범행을 목격한 사람의 진술이 기재된 경우, 이는 「형사소송법」 제312조 제5항에서 정한 '피고인이 아닌 자가 수사과정에서 작성한 진술서'에 준하는 것으로 볼 수 있지만, 휴대전화기에 대한 임의제출절차가 적법하지 않다면 위 압수조서에 기재된 피의자의 범행을 목격한 사람의 진술 역시 피의자가 증거로 함에 동의하더라도 유죄를 인정하기 위한 증거로 사용할 수 없다.

[경찰채용 21 2차 유사] [경찰승진 22]

256 (×)

해설+ 휴대전화기에 대한 압수조서 중 '압수경위'란에 기재된 상기의 내용은, 피고인이 이 부분 공소사실과 같은 범행을 저지르는 현장을 직접 목격한 사람의 진술이 담긴 것으로서 형사소송법 제312조 제5항에서 정한 '피고인이 아닌 자가 수사과정에서 작성한 진술서'에 준하는 것으로 볼 수 있고, 이에 따라 이 사건 휴대전화기에 대한 임의제출절차가 적법하였는지 여부에 영향을 받지 않는 별개의 독립적인 증거에 해당하므로, 피고인이 증거로 함에 동의한 이상 유죄를 인정하기 위한 증거로 사용할 수 있을 뿐 아니라 이 부분 공소사실에 대한 피고인의 자백을 보강하는 증거가 된다고 볼 여지가 많다(대법원 2019.11.14, 2019도13290).

2. 그 밖의 과정에서 작성한 진술서(제313조 제1항 · 제2항)

🔗 **대표유형**

(×)

「형사소송법」 제313조에 따르면 피고인이 작성한 진술서는 공판준비나 공판기일에서의 피고인의 진술에 의하여 그 성립의 진정함이 증명된 때에만 증거로 할 수 있고, 피고인이 그 성립의 진정을 부인한 경우에는 증거로 할 수 있는 방법은 없다.

[국가9급 21]

해설+ 피고인이 작성한 진술서는 공판준비나 공판기일에서의 피고인의 진술에 의하여 그 성립의 진정함이 증명된 때에만 증거로 할 수 있다(제313조 제1항 본문). 그러나 진술서의 작성자가 공판준비나 공판기일에서 그 성립의 진정을 부인하는 경우에는 과학적 분석결과에 기초한 디지털포렌식 자료, 감정 등 객관적 방법으로 성립의 진정함이 증명되는 때에는 증거로 할 수 있다(제313조 제2항 본문).

257 디지털 저장매체에 저장된 로그파일의 원본이 아니라 그 복사본의 일부 내용을 요약·정리하는 방식으로 새로운 문서파일이 작성된 경우에 피고인이 증거사용에 동의하지 않은 상황에서 새로운 문서파일에 대해 진술증거로서 증거능력을 인정하기 위해서는 로그파일 원본과의 동일성이 인정되는 외에 전문법칙에 따라 성립의 진정이 증명되어야 한다. [경찰채용 19 1차 변형]

257 (O) 대법원 2015.8.27, 2015도3467

보충 이후 2016년 5월 개정에 따라 진술에 의하여 성립의 진정이 부인되는 경우에도, 과학적 분석결과에 기초한 디지털포렌식 자료, 감정 등 객관적 방법으로 그 성립의 진정이 증명된 경우에는 증거로 할 수 있게 되었다.

제313조【진술서등】 ① 전2조의 규정 이외에 피고인 또는 피고인이 아닌 자가 작성한 진술서나 그 진술을 기재한 서류로서 그 작성자 또는 진술자의 자필이거나 그 서명 또는 날인이 있는 것(피고인 또는 피고인 아닌 자가 작성하였거나 진술한 내용이 포함된 문자·사진·영상 등의 정보로서 컴퓨터용디스크, 그 밖에 이와 비슷한 정보저장매체에 저장된 것을 포함한다)은 공판준비나 공판기일에서의 그 작성자 또는 진술자의 진술에 의하여 그 성립의 진정함이 증명된 때에는 증거로 할 수 있다. 단, 피고인의 진술을 기재한 서류는 공판준비 또는 공판기일에서의 그 작성자의 진술에 의하여 그 성립의 진정함이 증명되고 그 진술이 특히 신빙할 수 있는 상태하에서 행하여진 때에 한하여 피고인의 공판준비 또는 공판기일에서의 진술에 불구하고 증거로 할 수 있다. 〈개정 2016.5.29.〉
② 제1항 본문에도 불구하고 진술서의 작성자가 공판준비나 공판기일에서 그 성립의 진정을 부인하는 경우에는 과학적 분석결과에 기초한 디지털포렌식 자료, 감정 등 객관적 방법으로 성립의 진정함이 증명되는 때에는 증거로 할 수 있다. 다만, 피고인 아닌 자가 작성한 진술서는 피고인 또는 변호인이 공판준비 또는 공판기일에 그 기재 내용에 관하여 작성자를 신문할 수 있었을 것을 요한다. 〈개정 2016.5.29.〉

258 A가 B와의 개별면담에서 대화한 내용을 피고인 甲에게 불러주었고, 그 내용이 기재된 甲의 업무수첩이 그 대화내용을 증명하기 위한 진술증거인 경우에는 피고인이 작성한 진술서에 대한 「형사소송법」 제313조 제1항에 따라 증거능력을 판단해야 한다. [경찰채용 23 2차]

258 (X) A의 원진술을 甲이 듣고 甲의 업무수첩에 기재한 것이므로, 업무수첩은 전문진술(피고인 아닌 A의 진술을 원진술로 하는 甲의 전문진술, 법 제316조 제2항)을 기재한 서류(피고인 甲의 진술서, 법 제313조 제1항·제2항)에 해당한다(재전문서류). 따라서 '피고인이 작성한 진술에 대한 법 제313조 제1항에 따라 증거능력을 판단'한다는 부분은 틀렸고, 우선 전문진술에 대한 증거능력의 예외규정인 법 제316조 제2항이 적용되어야 한다.

판례 어떤 진술이 기재된 서류가 그 내용의 진실성이 범죄사실에 대한 직접증거로 사용될 때는 전문증거가 되지만, 그와 같은 진술을 하였다는 것 자체 또는 진술의 진실성과 관계없는 간접사실에 대한 정황증거로 사용될 때는 반드시 전문증거가 되는 것이 아니다. 그러나 어떠한 내용의 진술을 하였다는 사실 자체에 대한 정황증거로 사용될 것이라는 이유로 서류의 증거능력을 인정한 다음 그 사실을 다시 진술 내용이나 그 진실성을 증명하는 간접사실로 사용하는 경우에 그 서류는 전문증거에 해당한다. 서류가 그 곳에 기재된 원진술의 내용인 사실을 증명하는 데 사용되어 원진술의 내용인 사실이 요증사실이 되기 때문이다. 이러한 경우 형사소송법 제311조부터 제316조까지 정한 요건을 충족하지 못한다면 증거능력이 없다. …… 제18대 대통령 박근혜(이하 '전 대통령')가 피고인 2에게 말한 내용에 관한 피고인 2의 업무수첩 등에는 '전 대통령이 피고인 2에게 지시한 내용'(이하 '지시 사항 부분')과 '전 대통령과 개별 면담자가 나눈 대화 내용을 전 대통령이 단독 면담 후 피고인 2에게 불러주었다는 내용'(이하 '대화 내용 부분')이 함께 있다. 첫째, 피고인 2의 진술 중 지시 사항 부분은 전 대통령이 피고인 2에게 지시한 사실을 증명하기 위한 것이라면 원진술의 존재 자체가 요증사실인 경우에 해당하여 본래증거이고 전문증거가 아니다. 그리고 피고인 2의 업무수첩 중 지시 사항 부분은 형사소송법 제313조 제1항에 따라 공판준비나 공판기일에서 그 작성자인 피고인 2의 진술로 성립의 진정함이 증명된 경우에는 진술증거로 사용할 수 있다. 둘째, 피고인 2의 업무수첩 등의 대화 내용 부분이 전 대통령과 개별 면담자 사이에서 대화한 내용을 증명하기 위한 진술증거인 경우에는 전문진술로서 형사소송법 제316조 제2항에 따라 원진술자가 사망, 질병, 외국거주, 소재불명 그 밖에 이에 준하는 사유로 진술할 수 없고 그 진술이 특히 신빙할 수 있는 상태에서 한 것임이 증명된 때에 한하여 증거로 사용할 수 있다. 이 사건에서 피고인 2의 업무수첩 등이 이 요건을 충족하지 못한다. 따라서 피고인 2의 업무수첩 등은 전 대통령과 개별 면담자가 나눈 대화 내용을 추단할 수 있는 간접사실의 증거로 사용하는 것도 허용되지 않는다. 이를 허용하면 대화 내용을 증명하기 위한 직접증거로 사용할 수 없는 것을 결국 대화 내용을 증명하는 증거로 사용하는 결과가 되기 때문이다(대법원 2019.8.29, 2018도13792 전원합의체).

259 「형사소송법」 제313조 제1항 단서의 특신상태는 증거능력의 요건에 해당하
므로 검사가 그 존재에 대하여 구체적으로 주장·입증하여야 하는 것이지
만, 이는 소송상의 사실에 관한 것이므로, 엄격한 증명을 요하지 아니하고
자유로운 증명으로 족하다. [경찰채용 23 1차]

259 (O)

해설+ 피고인의 자필로 작성된 진술서의 경우에는 서류의 작성자가 동시에 진술자이므로 진정하게
성립된 것으로 인정되어 형사소송법 제313조 단서에 의하여 그 진술이 특히 신빙할 수 있는 상태하에
서 행하여진 때에는 증거능력이 있고, 이러한 특신상태는 증거능력의 요건에 해당하므로 검사가 그
존재에 대하여 구체적으로 주장·입증하여야 하는 것이지만, 이는 소송상의 사실에 관한 것이므로,
엄격한 증명을 요하지 아니하고 자유로운 증명으로 족하다(대법원 2001.9.4, 2000도1743).

260 피고인의 진술을 피고인 아닌 자가 녹음한 경우 피고인이 해당 녹음테이프
를 증거로 할 수 있음에 동의하지 않은 이상 녹음테이프에 녹음된 피고인
의 진술 내용을 증거로 사용하기 위해서는 「형사소송법」 제313조 제1항 단
서에 따라 공판준비 또는 공판기일에서 진술자인 피고인의 진술에 의하여
녹음테이프에 녹음된 진술 내용이 자신이 진술한 대로 녹음된 것임이 증명
되고 나아가 그 진술이 특히 신빙할 수 있는 상태하에서 행하여진 것임이
인정되어야 한다. [경찰채용 23 1차]

260 (×)

해설+ 피고인과 상대방 사이의 대화 내용에 관한 녹취서가 공소사실의 증거로 제출되어 녹취서의
기재 내용과 녹음테이프의 녹음 내용이 동일한지에 대하여 법원이 검증을 실시한 경우에, 증거자료
가 되는 것은 녹음테이프에 녹음된 대화 내용 자체이고, 그 중 피고인의 진술 내용은 실질적으로
형사소송법 제311조, 제312조의 규정 이외에 피고인의 진술을 기재한 서류와 다름없어, 피고인이
녹음테이프를 증거로 할 수 있음에 동의하지 않은 이상 녹음테이프에 녹음된 피고인의 진술 내용을
증거로 사용하기 위해서는 형사소송법 제313조 제1항 단서에 따라 공판준비 또는 공판기일에서
작성자인 상대방의 진술에 의하여 녹음테이프에 녹음된 피고인의 진술 내용이 피고인이 진술한 대
로 녹음된 것임이 증명되고 나아가 그 진술이 특히 신빙할 수 있는 상태하에서 행하여진 것임이
인정되어야 한다(대법원 2012.9.13, 2012도7461).

261 압수된 디지털 저장매체로부터 출력한 문건을 진술증거로 사용하는 경우,
그 기재 내용의 진실성에 관하여는 전문법칙이 적용되므로 공판준비나 공
판기일에서의 그 작성자 또는 진술자의 진술 또는 과학적 분석결과에 기초
한 디지털포렌식 자료나 감정 등의 객관적 방법에 의하여 성립의 진정함이
증명되어야 이를 증거로 할 수 있다. [국가7급 15 변형] [법원9급 16 변형]

261 (O) 대법원 2013.6.13, 2012
도16001 및 제313조 제1항·제2항
참조

262   피해자가 남동생에게 도움을 요청하면서 피고인으로부터 당한 공갈 등 피해 내용을 담아 보낸 문자메시지를 촬영한 사진은 「형사소송법」 제313조에 규정된 '피해자의 진술서'에 준하는 것으로 보아야 한다.   [경찰채용 12]

262 (○) 대법원 2010.11.25. 2010도8735

263   감금된 피해자 A가 甲으로부터 풀려나는 당일 남동생 B에게 도움을 요청하면서 甲이 협박한 말을 포함하여 공갈 등 甲으로부터 피해를 입은 내용을 문자메시지로 보낸 경우, 이 문자메시지의 내용을 촬영한 사진은 A의 진술서로 볼 수 없다.   [경찰간부 22]

263 (×)

> **해설+**   이 사건 문자메시지는 피해자가 피고인으로부터 풀려난 당일에 남동생에게 도움을 요청하면서 피고인이 협박한 말을 포함하여 공갈 등 피고인으로부터 피해를 입은 내용을 문자메시지로 보낸 것이므로, 이 사건 문자메시지의 내용을 촬영한 사진은 증거서류 중 <u>피해자의 진술서</u>에 준하는 것으로 취급함이 상당하다(대법원 2010.11.25. 2010도8735).

264   甲은 휴대전화기를 이용하여 A에게 공포심을 유발하는 글을 반복적으로 도달하게 한 혐의로 정보통신망이용촉진및정보보호등에관한법률위반죄로 기소되었다. 검사는 乙이 甲의 부탁을 받고 甲의 휴대전화기를 보관하고 있다는 사실을 알고 乙에게 부탁하여 甲의 휴대전화기를 임의제출받았다. 한편 A는 B의 휴대전화기에 "甲으로부터 수차례 협박 문자메시지를 받았다"는 내용의 문자메시지를 발송하였다. B의 휴대전화기에 저장된 문자메시지는 본래증거로서 「형사소송법」 제310조의2가 정한 전문법칙이 적용될 여지가 없다.   [국가9급 17]

264 (×) '적용될 여지가 없다' → '적용된다'
문자메시지의 내용을 촬영한 사진은 피해자의 진술서에 준하는 것으로 취급함이 상당하다(대법원 2010.11.25. 2010도8735).

Ⅵ   수사기관의 검증조서(제312조 제6항)

(○) 대법원 1990.7.24. 90도1303

> **대표유형**
>
> 경찰의 검증조서 가운데 범행 부분은 부동의하고 현장상황 부분에 대해서만 동의하는 것도 가능하고, 그 효력은 동의한 부분에 한하여 발생한다.   [국가7급 21]

265   피고인이 제1심 법정에서 경찰의 검증조서 가운데 범행 부분만 부동의하고 현장상황 부분에 대해서는 모두 증거로 함에 동의하였다면, 해당 검증조서 가운데 현장상황 부분만을 증거로 채용한 판결에 잘못이 없다.   [경찰승진 22]

265 (○) 대법원 1990.7.24. 90도1303

266 사법경찰관이 수사의 경위 및 결과를 내부적으로 보고하기 위하여 수사보
고서를 작성하면서 그 수사보고서에 검증의 결과와 관련한 기재를 하였더
라도 그 수사보고서를 두고 「형사소송법」 제312조 제1항(현행 제312조 제6
항)이 규정하고 있는 '검사 또는 사법경찰관이 검증의 결과를 기재한 조서'
라고 할 수는 없다.   [경찰채용 16]

266 (O) 수사보고서는 실황조사
서에 해당하지 않아 증거로 할 수
없다(대법원 2001.5.29, 2000도
2933).

267 상해사건 피해자의 피해부위에 대해 사법경찰리가 작성한 수사보고서는
진술서로 볼 수는 없고 검증조서로 보아야 한다.   [경찰간부 22]

267 (×)

해설+ 수사보고서에 검증의 결과에 해당하는 기재가 있는 경우, 그 기재 부분은 검찰사건사무규
칙 제17조에 의하여 검사가 범죄의 현장 기타 장소에서 실황조사를 한 후 작성하는 실황조서 또는
사법경찰관리집무규칙 제49조 제1항, 제2항에 의하여 사법경찰관이 수사상 필요하다고 인정하여
범죄현장 또는 기타 장소에 임하여 실황을 조사할 때 작성하는 실황조사서에 해당하지 아니하며,
단지 수사의 경위 및 결과를 내부적으로 보고하기 위하여 작성된 서류에 불과하므로 그 안에 검증의
결과에 해당하는 기재가 있다고 하여 이를 형사소송법 제312조 제1항(현 제312조 제6항)의 '검사
또는 사법경찰관이 검증의 결과를 기재한 조서'라고 할 수 없을 뿐만 아니라 이를 같은 법 제313조
제1항의 '피고인 또는 피고인이 아닌 자가 작성한 진술서나 그 진술을 기재한 서류'라고 할 수도
없고, 같은 법 제311조, 제315조, 제316조의 적용대상이 되지 아니함이 분명하므로 그 기재 부분은
증거로 할 수 없다(대법원 2001.5.29, 2000도2933).

268 사법경찰관 사무취급이 범죄현장에서 긴급하게 작성한 후 사후영장을 받
지 않은 실황조사서는 증거능력이 인정된다.   [국가9급 09]

268 (×) '인정된다' → '부정된다'
(대법원 1984.3.13, 83도3006)

보충 범죄장소에서의 긴급검증인데, 사후영장이 없으므로 위법수집증거에 해당한다.

269 사고발생 직후 사고장소에서 사법경찰관 사무취급이 작성한 실황조서가 긴
급을 요하여 판사의 영장 없이 작성된 것이어서 「형사소송법」 제216조 제3항
에 의한 검증에 해당한다면, 이 조서는 적법한 절차에 따라 작성된 것이므
로 특별한 사유가 없는 한 증거능력이 있다.   [경찰채용 18 2차]

269 (×)

해설+ 사법경찰관 사무취급이 작성한 실황조서가 사고발생 직후 사고장소에서 긴급을 요하여 판
사의 영장 없이 시행된 것으로서 형사소송법 제216조 제3항에 의한 검증에 따라 작성된 것이라면
사후영장을 받지 않는 한 유죄의 증거로 삼을 수 없다(대법원 1989.3.14, 88도1399).

270 사법경찰관 사무취급이 작성한 실황조사서가 사고발생 직후 사고장소에서 긴급을 요하여 판사의 영장 없이 시행된 것으로서 「형사소송법」 제216조 제3항에 의한 검증에 따라 작성된 것이라면 사후영장을 받지 않는 한 유죄의 증거로 삼을 수 없다. [국가9급 22]

270 (○) 대법원 1989.3.14. 88도1399

271 사법경찰관이 작성한 검증조서는 작성자의 진술에 따라 성립의 진정이 증명된 경우에 증거능력이 인정된다. [국가9급 10]

271 (○) 제312조 제6항 참조.

272 검사 또는 사법경찰관이 검증의 결과를 기재한 조서는 적법한 절차와 방식에 따라 작성된 것으로서 공판준비 또는 공판기일에서의 피고인의 진술에 따라 그 성립의 진정함이 증명된 때에는 증거로 할 수 있다. [경찰채용 12·18 2차 유사]

272 (×) '피고인' → '작성자'(제312조 제6항)

> **해설+** 제312조【검사 또는 사법경찰관의 조서 등】⑥ 검사 또는 사법경찰관이 검증의 결과를 기재한 조서는 적법한 절차와 방식에 따라 작성된 것으로서 공판준비 또는 공판기일에서의 작성자의 진술에 따라 그 성립의 진정함이 증명된 때에는 증거로 할 수 있다.

273 사법경찰관 작성의 검증조서에 대하여 피고인이 증거로 함에 동의만 하였을 뿐 공판정에서 검증조서에 기재된 진술내용 및 범행을 재연한 부분에 대하여 그 성립의 진정 및 내용을 부인하고 있다면 그 부분은 증거능력을 인정할 수 없다. [법원승진 14]

273 (○) 대법원 1988.3.8. 87도2692

274 검증조서에 첨부된 사진은 검증조서와 일체를 이루는 것이지만, 사법경찰관 작성의 검증조서 중 피고인 진술 기재부분 및 범행재연의 사진부분에 대하여 원진술자이며 행위자인 피고인에 의한 진정함의 인정이 없더라도 전체로서 증거능력이 없어지는 것은 아니다. [국가9급 12]

274 (×) '더라도' → '으면', '없어지는 것은 아니다' → '없다'
원진술자이며 행위자인 피고인에 의하여 진술 및 범행재연의 진정함이 인정되지 아니하는 경우 그 부분은 증거능력이 없다(대법원 1988.3.8. 87도2692).

275 사법경찰관이 적법한 절차와 방식에 따라 작성한 검증조서에 피의자 아닌 자의 진술이 기재된 경우, 그 진술이 영상녹화물에 의하여 증명되고 공판기일에서 작성자인 사법경찰관의 진술에 따라 그 성립의 진정함이 증명된 때에는 증거로 할 수 있다. [경찰채용 22 2차]

275 (×)

해설+ 수사기관 검증조서에 피의자 아닌 자의 진술이 기재되어 있다면, 제312조 제6항이 아닌 제312조 제4항이 적용된다. 따라서 실질적 진정성립 인정의 주체는 작성자인 사법경찰관이 아니라 원진술자인 피의자 아닌 자이어야 한다.

276 사법경찰관이 작성한 검증조서에 피의자이던 피고인이 검사 이외의 수사기관 앞에서 자백한 범행내용을 현장에 따라 진술·재연한 내용이 기재되고 그 재연 과정을 촬영한 사진이 첨부되어 있다면, 그러한 사진은 피고인이 공판정에서 그 진술내용 및 범행재연의 상황을 모두 부인하는 이상 증거능력이 없다. [경찰채용 19 1차]

276 (○)

해설+ 사법경찰관 작성의 검증조서에 대하여 피고인이 증거로 함에 동의만 하였을 뿐 공판정에서 검증조서에 기재된 진술내용 및 범행을 재연한 부분에 대하여 그 성립의 신성 및 내용을 인정한 흔적을 찾아 볼 수 없고 오히려 이를 부인하고 있는 경우에는 그 증거능력을 인정할 수 없고, 위 검증조서 중 범행에 부합되는 피고인의 진술을 기재한 부분과 범행을 재연한 부분을 제외한 나머지 부분만을 증거로 채용하여야 한다(대법원 1998.3.13, 98도159).

▌ VII 증거능력에 대한 예외(제314조)

🔗 **대표유형**

증인이 '소재불명이거나 그 밖에 이에 준하는 사유로 인하여 진술할 수 없는 때'에 해당한다고 인정할 수 있으려면 증인의 법정 출석을 위한 가능하고도 충분한 노력을 다하였음에도 불구하고 부득이 증인의 법정 출석이 불가능하게 되었다는 사정이 있어야 하며, 이는 검사가 증명하여야 한다. [국가9급 17]

(○) 대법원 2007.1.11, 2006도7228; 2013.10.17, 2013도5001

277 피고인 아닌 자의 공판준비 또는 공판기일에서의 진술이 피고인 아닌 타인의 진술을 그 내용으로 하는 것인 때에는 원진술자가 사망, 질병 기타 사유로 인하여 진술할 수 없고 그 진술이 특히 신빙할 수 있는 상태하에서 행하여진 때에 한하여 이를 증거로 할 수 있는데, 여기서 말하는 피고인 아닌 자에는 공동피고인이나 공범자는 포함되지 아니한다. [경찰채용 15] [경찰채용 23 1차 변형]

277 (×) '포함되지 아니한다' → '포함된다'
여기서 말하는 피고인 아닌 자라고 함은 제3자는 말할 것도 없고 공동피고인이나 공범자를 모두 포함한다(대법원 2007.2.23, 2004도8654).

278 당해 피고인과 공범관계가 있는 다른 피의자에 대한 검사 이외의 수사기관 작성 피의자신문조서에 대하여는 사망 등 사유로 인하여 법정에서 진술할 수 없는 때에 예외적으로 증거능력을 인정하는 규정인 「형사소송법」 제314조가 적용되지 아니한다. [경찰채용 18 1차] [법원9급 13]

279 피고인 甲이 사업주(실질적 경영귀속주체)인 사업체의 종업원 乙이 법규위반행위를 하여 甲이 양벌규정에 의하여 기소되고 사법경찰관이 작성한 乙에 대한 피의자신문조서가 증거로 제출되었으나 甲이 이를 내용부인 취지로 부동의하였고 재판 진행 중 乙이 지병으로 사망한 경우 위 피의자신문 조서는 「형사소송법」 제314조에 의해 증거능력이 인정될 수 있다. [변호사 23]

279 (×)

해설+ 형사소송법 제312조 제3항은 검사 이외의 수사기관이 작성한 해당 피고인에 대한 피의자신문조서를 유죄의 증거로 하는 경우뿐만 아니라 검사 이외의 수사기관이 작성한 해당 피고인과 공범관계에 있는 다른 피고인이나 피의자에 대한 피의자신문조서를 해당 피고인에 대한 유죄의 증거로 채택할 경우에도 적용된다. 따라서 해당 피고인과 공범관계가 있는 다른 피의자에 대하여 검사 이외의 수사기관이 작성한 피의자신문조서는 그 피의자의 법정진술에 의하여 성립의 진정이 인정되는 등 형사소송법 제312조 제4항의 요건을 갖춘 경우라도 해당 피고인이 공판기일에서 그 조서의 내용을 부인한 이상 이를 유죄 인정의 증거로 사용할 수 없고, 그 당연한 결과로 위 피의자신문조서에 대하여는 사망 등 사유로 인하여 법정에서 진술할 수 없는 때에 예외적으로 증거능력을 인정하는 규정인 형사소송법 제314조가 적용되지 아니한다. 그리고 이러한 법리는 공동정범이나 교사범, 방조범 등 공범관계에 있는 자들 사이에서뿐만 아니라, 법인의 대표자나 법인 또는 개인의 대리인, 사용인, 그 밖의 종업원 등 행위자의 위반행위에 대하여 행위자가 아닌 법인 또는 개인이 양벌규정에 따라 기소된 경우, 이러한 법인 또는 개인과 행위자 사이의 관계에서도 마찬가지로 적용된다고 보아야 한다(대법원 2020.6.11, 2016도9367).

⊘ 사례

[280-1~2] 甲은 관급공사를 수주받기 위하여 공무원 乙에게 뇌물을 제공하고, 乙은 그 뇌물을 받은 혐의로 함께 기소되어 공동피고인으로 재판을 받고 있다. 검사는 사법경찰관 작성의 공범 甲에 대한 피의자신문조서와 乙에 대한 진술조서 및 乙의 진술을 적법하게 녹화한 영상녹화물을 증거로 제출하였다. 甲에 대한 피의자신문조서에는 甲이 乙에게 뇌물을 제공했다고 자백한 사실이 기재되어 있다.

280-1 乙에 대한 진술조서는 乙에 대한 피의자신문조서로 보아야 한다. [경찰간부 22]

280-1 (○)

해설+ 피의자의 진술을 녹취 내지 기재한 서류 또는 문서가 수사기관에서의 조사과정에서 작성된 것이라면 그것이 진술조서, 진술서, 자술서라는 형식을 취하였다 하더라도 당해 수사기관이 작성한 피의자신문조서와 달리 볼 수 없다(대법원 2007.10.25, 2007도6129).

280-2 　만약 공판이 진행되던 중 甲이 사망한 경우에는 甲에 대한 피의자신문조서는 특신상태만 증명되면 乙의 공소사실을 증명하는 증거로 사용할 수 있다. 　　　　　　　　　　　　　　　　　　　　　　　　　　[경찰간부 22]

280-2 (×)

　　해설+　형사소송법 제312조 제2항(현 제3항)은 검사 이외의 수사기관이 작성한 당해 피고인에 대한 피의자신문조서를 유죄의 증거로 하는 경우뿐만 아니라 검사 이외의 수사기관이 작성한 당해 피고인과 공범관계에 있는 다른 피고인이나 피의자에 대한 피의자신문조서를 당해 피고인에 대한 유죄의 증거로 채택할 경우에도 적용되는바, 당해 피고인과 공범관계가 있는 다른 피의자에 대한 검사 이외의 수사기관 작성의 피의자신문조서는 그 피의자의 법정진술에 의하여 그 성립의 진정이 인정되더라도 당해 피고인이 공판기일에서 그 조서의 내용을 부인하면 증거능력이 부정되므로 그 당연한 결과로 그 피의자신문조서에 대하여는 사망 등 사유로 인하여 법정에서 진술할 수 없는 때에 예외적으로 증거능력을 인정하는 규정인 형사소송법 제314조가 적용되지 아니한다(대법원 2004.7.15, 2003도7185 전원합의체).

281 　피고인의 사용인이 위반행위를 하여 피고인이 양벌규정에 따라 기소된 경우, 사용인에 대하여 사법경찰관이 작성한 피의자신문조서에 대하여는 그 사용인이 사망하여 진술할 수 없더라도 「형사소송법」 제314조가 적용되지 않는다. 　　　　　　　　　　　　　　　　　　　　　　　　　[국가7급 21]

281 (○)

　　해설+　피고인과 공범관계가 있는 다른 피의자에 대하여 검사 이외의 수사기관이 작성한 피의자신문조서에 대해서는 형사소송법 제314조가 적용되지 아니한다. 이러한 법리는 법인의 대표자나 법인 또는 개인의 대리인, 사용인, 그 밖의 종업원 등 행위자의 위반행위에 대하여 행위자가 아닌 법인 또는 개인이 양벌규정에 따라 기소된 경우, 이러한 법인 또는 개인과 행위자 사이의 관계에서도 마찬가지로 적용된다(대법원 2020.6.11, 2016도9367).

282 　「형사소송법」 제312조 소정의 조서나 같은 법 제313조 소정의 서류를 반드시 우리나라의 권한 있는 수사기관 등이 작성한 조서 및 서류에만 한정하여 볼 것은 아니고, 외국의 권한 있는 수사기관 등이 작성한 조서나 서류도 같은 법 제314조 소정의 요건을 모두 갖춘 것이라면 이를 유죄의 증거로 삼을 수 있다. 　　　　　　　　　　　　　　　　　　　　　　　　　[법원9급 13]

282 (○) 대법원 1997.7.25, 97도1351

283 　「형사소송법」 제314조의 '외국거주'라 함은 진술을 요할 자가 외국에 있다는 것만으로는 부족하고, 그를 공판정에 출석시켜 진술하게 할 모든 수단을 강구하는 등 가능하고 상당한 수단을 다하더라도 그 진술을 요할 자를 법정에 출석하게 할 수 없는 사정이 있는 예외적인 경우를 말한다. 　　　　　　　　　　　　　　　　　　　　　　　　[국가9급 17 변형]

283 (○) 대법원 2016.2.18, 2015도17115

284 진술을 요할 자가 외국에 있고 그를 공판정에 출석시켜 진술하게 할 가능하고 상당한 모든 수단을 다하더라도 출석하게 할 수 없는 경우는 「형사소송법」 제314조에 규정된 '진술을 요할 자가 사망·질병·외국거주·소재불명, 그 밖에 이에 준하는 사유로 진술할 수 없는 때'에 해당된다.

[법원9급 16]

284 (○) 대법원 2008.2.28, 2007도10004

285 증인으로 채택하여 국내의 주소지 등으로 소환하였으나 소환장이 송달불능되었고, 미국으로 출국하여 그곳에 거주하고 있음이 밝혀져 다시 미국 내 주소지로 증인소환장을 발송하자, 제1심법원에 경위서를 제출하면서 장기간 귀국할 수 없음을 통보한 경우는 「형사소송법」 제314조에 규정된 '진술을 요하는 자가 사망, 질병, 외국거주, 소재불명 그 밖에 이에 준하는 사유로 인하여 진술할 수 없는 때'에 해당한다.

[경찰채용 14]

285 (○) 대법원 2007.6.14, 2004도5561

286 일본에 거주하는 사람을 증인으로 채택하여 환문코자 하였으나 외교통상부로부터 현재 일본 측에서 형사사건에 대하여는 양국 형법체계상의 상이함을 이유로 송달에 응하지 않고 있어 그 송달이 불가능하다는 취지의 회신을 받은 경우는 제314조 "사망·질병·외국거주·소재불명 그밖에 이에 준하는 사유로 인하여 진술할 수 없는 때"에 해당한다.

[법원9급 12]

286 (○) 대법원 1987.9.8, 87도1446

287 진술을 요할 자가 법원의 소환에 계속 불응하고, 구인하여도 구인장이 집행되지 아니하는 등 법정에서의 신문이 불가능한 상태의 경우는 「형사소송법」 제314조에 규정된 '진술을 요할 자가 사망·질병·외국거주·소재불명, 그 밖에 이에 준하는 사유로 진술할 수 없는 때'에 해당된다.

[법원9급 16]

287 (○) 송달불능 + 소재수사에도 구인불능 = 소재불명 그밖에 이에 준하는 사유(대법원 2005.9.30, 2005도2654)

288 원진술자가 법원의 소환에 불응할 뿐만 아니라 보복이 두려워 주소를 옮김으로써 구인장이 집행되지 아니한 사정은 「형사소송법」 제314조 '진술할 수 없는 때'에 해당한다.

[국가7급 10 변형]

288 (○) 대법원 1986.2.5, 85도2788

289 진술을 요할 자가 중풍·언어장애 등 장애등급 3급 5호의 장애로 인하여 법정에 출석할 수 없었고, 그 후 신병을 치료하기 위하여 속초로 간 후에는 그에 대한 소재탐지가 불가능하게 된 경우는 제314조 "사망·질병·외국 거주·소재불명 그밖에 이에 준하는 사유로 인하여 진술할 수 없는 때"에 해당한다.

[법원9급 12]

289 (○) 대법원 1999.5.14, 99 도202

290 진술을 요할 자들이 모두 일정한 주거가 없이 전전유전하는 넝마주이 등으로서 그 소재를 알기 어려운 경우는 제314조 '진술할 수 없는 때'에 해당한다.

[법원승진 11]

290 (○) 대법원 1968.6.18, 68 도488

291 증인의 주소지가 아닌 곳으로 소환장을 보내 송달불능이 되자 그곳을 중심으로 한 소재탐지 끝에 소재불능회보를 받은 경우에는 「형사소송법」 제314조에서 말하는 원진술자가 공판정에서 진술할 수 없는 때라고 할 수 없다.

291 (○) 대법원 2006.12.22, 2006 도7479

292 1심에서 송달불능이 된 증인을 항소심에서 다시 증인으로 채택하여 소환함에 있어서 1심에서 송달불능된 주소로만 소환하고 기록상 용이하게 알 수 있는 다른 주소로 소환하지 아니한 경우는 「형사소송법」 제314조에 규정된 '진술을 요하는 자가 사망, 질병, 외국거주, 소재불명 그 밖에 이에 준하는 사유로 인하여 진술할 수 없는 때'에 해당한다.

[경찰채용 14]

292 (✕) '해당한다' → '해당한다고 할 수 없다'(대법원 1973.10.31, 73도2124)

293 법정에 출석한 증인이 「형사소송법」 제148조(근친자의 형사책임과 증언거부), 제149조(업무상 비밀과 증언거부) 등에서 정한 바에 따라 정당하게 증언거부권을 행사하여 증언을 거부한 경우는 「형사소송법」 제314조(증거능력에 대한 예외)의 '그 밖에 이에 준하는 사유로 인하여 진술할 수 없는 때'에 해당하지 아니한다.

[경찰채용 12] [법원9급 16·17]

293 (○) 대법원 2012.5.17, 2009 도6788 전원합의체

294 법정에 증인으로 출석한 변호사가 증언할 내용이 「형사소송법」 제149조에서 정한 업무상 위탁을 받은 관계로 알게 된 사실로서 타인의 비밀에 관한 것에 해당하여 증언을 거부한 경우는 「형사소송법」 제314조의 '그 밖에 이에 준하는 사유로 인하여 진술할 수 없는 때'에 해당하지 아니한다.

[경찰채용 18 2차]

> **해설+** 현행 형사소송법 제314조의 문언과 개정 취지, 증언거부권 관련 규정의 내용 등에 비추어 보면, 법정에 출석한 증인이 형사소송법 제148조, 제149조 등에서 정한 바에 따라 정당하게 증언거부권을 행사하여 증언을 거부한 경우는 형사소송법 제314조의 '그 밖에 이에 준하는 사유로 인하여 진술할 수 없는 때'에 해당하지 아니한다(대법원 2012.5.17, 2009도6788 전원합의체).

295 수사기관에서 진술한 참고인이 법정에서 증언을 거부하여 피고인이 반대신문을 하지 못한 경우, 정당하게 증언거부권을 행사한 것이 아니라도 피고인이 증인의 증언거부 상황을 초래하였다는 등의 특별한 사정이 없는 한 「형사소송법」 제314조의 '그 밖에 이에 준하는 사유로 인하여 진술할 수 없는 때'에 해당하지 않으므로 수사기관에서 그 증인의 진술을 기재한 서류는 증거능력이 없다.

[경찰채용 21 2차] [국가7급 20]

296 수사기관에서 진술한 참고인이 법정에서 증언을 거부하여 피고인이 반대신문을 하지 못한 경우에는 증인이 정당하게 증언거부권을 행사한 것이 아니라면 「형사소송법」 제314조의 '그 밖에 이에 준하는 사유로 인하여 진술할 수 없는 때'에 해당한다고 보아야 한다.

[법원9급 21]

> **해설+** 수사기관에서 진술한 참고인이 법정에서 증언을 거부하여 피고인이 반대신문을 하지 못한 경우에는 정당하게 증언거부권을 행사한 것이 아니라도, 피고인이 증인의 증언거부 상황을 초래하였다는 등의 특별한 사정이 없는 한 형사소송법 제314조의 '그 밖에 이에 준하는 사유로 인하여 진술할 수 없는 때'에 해당하지 않는다고 보아야 한다(대법원 2019.11.21, 2018도13945 전원합의체).

297 수사기관에서 진술한 참고인이 법정에서 증언을 거부하여 피고인이 반대
신문을 하지 못한 경우, 정당하게 증언거부권을 행사한 것이 아니라면 피
고인이 증인의 증언거부 상황을 초래하였다는 등의 특별한 사정이 있더라
도 「형사소송법」 제314조의 '그 밖에 이에 준하는 사유로 인하여 진술할
수 없는 때'에 해당하지 않는다.   [경찰승진 22]

해설+ 피고인이 증인의 증언거부 상황을 초래하였다는 등의 특별한 사정이 있다면, 제314조의
'그밖에 이에 준하는 사유로 인하여 진술할 수 없는 때'에 해당할 수 있다. 따라서 해당 진문서류의
증거능력이 인정될 수 있다. "수사기관에서 진술한 참고인이 법정에서 증언을 거부하여 피고인이
반대신문을 하지 못한 경우에는 정당하게 증언거부권을 행사한 것이 아니라도, 피고인이 증인의
증언거부 상황을 초래하였다는 등의 특별한 사정이 없는 한 형사소송법 제314조의 '그 밖에 이에
준하는 사유로 인하여 진술할 수 없는 때'에 해당하지 않는다고 보아야 한다(대법원 2019.11.21,
2018도13945 전원합의체).

297 (×)

298 피고인이 증거서류의 진정성립을 묻는 검사의 질문에 대하여 진술거부권
을 행사하여 진술을 거부한 경우 「형사소송법」 제314조에 규정된 진술을
요할 자가 '그 밖에 이에 준하는 사유로 진술할 수 없는 때'에 해당된다.
                                              [국가7급 15] [법원9급 16]

298 (×) '해당된다' → '해당하지
아니한다'
제314조의 '그 밖에 이에 준하는
사유로 인하여 진술할 수 없는 때'
에 해당하지 아니한다(대법원 2012.
5.17, 2009도6788 전원합의체;
2013.6.13, 2012도16001).

299 공판기일에 진술을 요하는 자가 노인성 치매로 인한 기억력 장애 등으로
진술할 수 없는 상태일 때 「형사소송법」 제314조에 규정된 '진술을 요할
자가 사망·질병·외국거주·소재불명, 그 밖에 이에 준하는 사유로 진술
할 수 없는 때'에 해당된다.   [법원9급 16]

299 (○) 대법원 1992.3.13, 91
도2281

300 성추행을 당한 후 스트레스증후군을 앓고 있어서 증언을 하게 되면 질환이
악화될 수 있다는 사정은 「형사소송법」 제314조에 의한 전문법칙의 예외
를 인정할 수 있는 경우이다.   [국가7급 10]

300 (×) '경우이다' → '경우가 아
니다'
제314조에 정한 필요성의 요건과
신용성 정황적 보장의 요건을 모두
갖추지 못하여 증거능력이 없다(대
법원 2006.5.25, 2004도3619).

301 원진술자가 유아로서 공판정에서 진술을 하면서 증인신문 당시 일정한 사항에 대해 기억이 나지 않는다고 하여 재현불가능하게 된 사정은 「형사소송법」 제314조에 의한 전문법칙의 예외를 인정할 수 있는 경우이다. [국가7급 10]

301 (○) 대법원 2006.4.14, 2005도9561

302 6세 11개월 된 여아인 원진술자가 증인신문 당시 일정한 사항에 관하여 기억이 나지 않는다는 취지로 진술하는 경우는 제314조 '진술할 수 없는 때'에 해당한다. [국가9급 17 유사] [법원승진 11]

302 (○) 대법원 1999.11.26, 99도3786

303 피해자가 증인으로 소환받고도 출산을 앞두고 있다는 사유로 출석하지 아니한 경우는 「형사소송법」 제314조에 규정된 '진술을 요하는 자가 사망, 질병, 외국거주, 소재불명 그 밖에 이에 준하는 사유로 인하여 진술할 수 없는 때'에 해당한다. [경찰채용 14]

303 (×) '해당한다' → '해당한다고 할 수 없다'
사망, 질병, 외국거주 기타 사유로 인하여 진술을 할 수 없는 때에 해당한다고 할 수 없다(대법원 1999.4.23, 99도915).

304 「형사소송법」 제314조에 따라 참고인의 소재불명 등의 경우에 그 참고인이 진술하거나 작성한 진술조서나 진술서에 대하여 증거능력을 인정하는 경우 참고인의 진술 또는 작성이 '특히 신빙할 수 있는 상태하에서 행하여졌음에 대한 증명'은 그러할 개연성이 있다는 정도에 이르러야 한다. [법원9급 17]

304 (×) '개연성이 있다는 정도' → '개연성이 있다는 정도로는 부족하고 합리적인 의심의 여지를 배제할 정도'(대법원 2014.2.21, 2013도12652)

305 「형사소송법」 제314조의 '특신상태'와 관련된 법리는 원진술자의 소재불명 등을 전제로 하고 있는 「형사소송법」 제316조 제2항의 '특신상태'에 관한 해석과 동일하다. [국가9급개론 18]

305 (○)

해설+ 형사소송법 제314조가 참고인의 소재불명 등의 경우에 그 참고인이 진술하거나 작성한 진술조서나 진술서에 대하여 증거능력을 인정하는 것은, 형사소송법이 제312조 또는 제313조에서 참고인 진술조서 등 서면증거에 대하여 피고인 또는 변호인의 반대신문권이 보장되는 등 엄격한 요건이 충족될 경우에 한하여 증거능력을 인정할 수 있도록 함으로써 직접심리주의 등 기본원칙에 대한 예외를 인정한 데 대하여 다시 중대한 예외를 인정하여 원진술자 등에 대한 반대신문의 기회조차 없이 증거능력을 부여할 수 있도록 한 것이므로, 그 경우 참고인의 진술 또는 작성이 '특히 신빙할 수 있는 상태하에서 행하여졌음에 대한 증명'은 단지 그러할 개연성이 있다는 정도로는 부족하고 합리적인 의심의 여지를 배제할 정도에 이르러야 한다. 이러한 형사소송법 제314조의 '특신상태'와 관련된 법리는 마찬가지로 원진술자의 소재불명 등을 전제로 하고 있는 형사소송법 제316조 제2항의 '특신상태'에 관한 해석에도 그대로 적용된다(대법원 2014.4.30, 2012도725).

VIII 당연히 증거능력 있는 서류(제315조)

대표유형

변호사가 피고인에 대한 법률자문 과정에 작성하여 피고인에게 전송한 전자문서를 출력한 법률의견서는 '업무상 필요로 작성한 통상문서'에 해당하지 않는다. [국가7급 20]

(○) 대법원 2012.5.17, 2009도 6788 전원합의체
업무상 통상문서가 아니라 피고인 아닌 자의 진술서에 해당한다.

306 특별한 자격이 없이 범칙물자에 대한 시가감정업무에 4~5년 종사해 온 세관공무원이 세관에 비치된 기준과 수입신고서에 기재된 가격을 참작하여 작성한 감정서는 '공무원의 직무상 증명할 수 있는 사항에 관하여 작성한 문서'에 해당하지 않는다. [국가7급 20] [법원9급 18]

306 (×)

해설+ 특별한 자격이 있지는 아니하나 범칙물자에 대한 시가감정업무에 4~5년 종사해온 세관공무원이 세관에 비치된 기준과 수입신고서에 기재된 가격을 참작하여 작성한 감정서는 공무원이 그 직무상 작성한 공문서라 할 것이므로 피고인의 동의 여부에 불구하고 형사소송법 제315조 제1호에 의하여 당연히 증거능력이 있다고 할 것이며 또 그 증명력에 무슨 하자가 있다고도 할 수 없다(대법원 1985.4.9, 85도225).

307 일본 세관공무원이 작성한 필로폰에 대한 범칙물건감정서 등본, 분석의뢰서, 분석회답서 등본은 당연히 증거능력 있는 서류이다. [경찰채용 15] [국가9급 14]

307 (○) 제315조 제1호의 공권적 증명문서(대법원 1984.2.28, 83도3145)

308 국립과학수사연구소장 작성의 감정의뢰회보서는 「형사소송법」 제315조에 의하여 당연히 증거능력이 인정된다. [경찰채용 15]

308 (○) 대법원 1982.9.14, 82도1504

309 검사의 공소장은 「형사소송법」 제315조에 의해서 당연히 증거능력이 인정된다. [경찰채용 11] [국가9급 11]

309 (×) '인정된다' → '인정되지는 않는다'

해설+ (수사기관 작성 문서로서 제315조 제1호의 공권적 증명문서에 해당하지 아니하며) 그 기재 내용이 실체적 사실인정의 증거자료가 될 수는 없다(대법원 1978.5.23, 78도575).

310 육군과학수사연구소 실험분석관이 작성한 감정서는 「형사소송법」 제315조에 의하여 당연히 증거능력이 인정된다. [경찰채용 15]

해설+ 공권적 증명문서에 해당하지 아니하므로, 증거로 함에 동의하지 아니하는 경우에는 증거능력이 없다(대법원 1976.10.12, 76도2960).

310 (×) '인정된다' → '인정되지는 않는다'

311 미국 범죄수사대(CID), 연방수사국(FBI)의 수사관들이 작성한 수사보고서 및 피고인이 위 수사관들에 의한 조사를 받는 과정에서 작성하여 제출한 진술서는 피고인이 그 내용을 부인하는 이상 증거로 쓸 수 없다.

[경찰경채 23] [해경승진 22 변형] [국가9급 09 변형]

311 (○) 대법원 2006.1.13, 2003도6548
공권적 증명문서에 해당하지 않는다.

312 상업장부나 항해일지, 진료일지 또는 이와 유사한 금전출납부 등과 같이 범죄사실의 인정 여부와는 관계없이 자기에게 맡겨진 사무를 처리한 내역을 그때그때 계속적, 기계적으로 기재한 문서는 사무처리내역을 증명하기 위하여 존재하는 문서로서 당연히 증거능력이 인정된다. [경찰채용 16]

312 (○) 제315조 제2호의 업무상 통상문서(대법원 1996.10.17, 94도2865 전원합의체).

313 성매매업소 업주가 성매매를 전후하여 영업상 참고하기 위해 고객정보를 입력한 메모리카드에 기재된 내용은 당연히 증거능력 있는 서류이다.

[국가7급 15] [국가9급 14] [법원9급 18]

313 (○) 제315조 제2호의 업무상 통상문서(대법원 2007.7.26, 2007도3219)

314 의사가 작성한 진단서는 업무상 필요에 의하여 순서적, 계속적으로 작성되는 것이고 그 작성이 특히 신빙할 만한 정황에 의하여 작성된 문서이므로 당연히 증거능력이 인정되는 서류라고 할 수 있다. [국가9급 18] [국가9급개론 18]

314 (×) 진단서는 개별적으로 작성되는 것이어서 특히 신용할 만한 정황에 의하여 작성된 문서라고 볼 수 없고, 진술서와 같이 제313조 제1항에 의하여 증거능력이 문제될 뿐이다.

315 보험사기 사건에서 건강보험심사평가원이 수사기관의 의뢰에 따라 수사기관이 보내 온 자료를 토대로 입원진료의 적정성에 대한 의견을 제시하는 내용의 '건강보험심사 평가원의 입원진료 적정성 여부 등 검토의뢰에 대한 회신'은 「형사소송법」 제315조 제3호의 '기타 특히 신용할 만한 정황에 의하여 작성된 문서에 해당된다. [법원9급 18]

315 (×) 해당된다 → 해당하지 않는다(대법원 2017.12.5, 2017도12671).

316 피고인에 대한 당해 사건이 아닌 다른 사건의 공판조서는 기타 특히 신용할 만한 정황에 의하여 작성된 문서로 「형사소송법」 제315조 제3호의 당연히 증거능력이 있는 서류에 해당하여 그 증거능력이 인정된다. [국가9급 14] [법원9급 17]

316 (○) 제315조 제3호의 기타 특신문서(대법원 2005.4.28, 2004도4428)

317 다른 피고인에 대한 형사사건의 공판조서 중 일부인 증인 신문조서는 '기타 특히 신용할 만한 정황에 의하여 작성된 문서'에 해당한다. [국가7급 20]

317 (○) 헌법재판소 2013.10.24, 2011헌바79

318 구속적부심사절차에서 피의자를 심문하고 그 진술을 기재한 구속적부심문조서는 당연히 증거능력 있는 서류이다. [국가9급 14] [법원9급 18]

318 (○) 제315조 제3호의 기타 특신문서(대법원 2004.1.16, 2003도5693)

319 군법회의판결사본(교도소장이 교도소에 보관 중인 판결등본을 사본한 것)은 특히 신용할 만한 정황에 의하여 작성된 문서라고 볼 여지가 있으므로 피고인이 증거로 함에 부동의하거나 그 진정성립의 증명이 없다는 이유로 그 증거능력을 부인할 수 없다. [경찰채용 11 변형]

319 (○) 군법회의판결사본은 제315조 제3호의 기타 특신문서에 해당한다(대법원 1981.11.24, 81도2591).

320 대한민국 주중국 대사관 영사가 작성한 사실확인서 중 공인 부분을 제외한 나머지 부분이 영사의 공무수행 과정 중 작성되었지만 공적인 증명보다는 상급자 등에 대한 보고를 목적으로 하는 것이더라도, 그 부분은 「형사소송법」 제315조 제3호의 '기타 특히 신용할 만한 정황에 의하여 작성된 문서'에 해당한다.

[변호사 21]

320 (X) 제315조 제1호의 '공무원의 직무상 증명할 수 있는 사항에 관하여 작성한 문서' 또는 제3호의 '기타 특히 신뢰할 만한 정황에 의하여 작성된 문서'라고 볼 수 없으므로 증거능력이 없다(대법원 2007.12.13, 2007도7257).

321 주민들의 진정서 사본은 피고인이 증거로 함에 동의하지 않고 기록상 원본의 존재나 그 진정성립을 인정할 아무런 자료도 없을 뿐 아니라 「형사소송법」 제315조 제3호의 규정사유도 없으므로 이를 증거로 할 수 없다.

[국가9급 09 변형]

보충 나아가 제313조 제1항 본문에 의하여 피고인 아닌 자의 진술서에 해당할 수는 있으나, 성립의 진정이 인정되지 않아 증거능력이 부정된다.

321 (O) 대법원 1983.12.13, 83도2613
기타 특신문서에 해당하지 않는다.

322 체포 · 구속인접견부는 특히 신용할 만한 정황에 의하여 작성된 문서로서 「형사소송법」 제315조 제2호, 제3호에 규정된 '당연히 증거능력이 있는 서류'에 해당된다.

[국가9급 16]

322 (X) '해당된다' → '해당되지 않는다'
체포 · 구속인접견부는 유치장의 안전과 질서를 위태롭게 하는 것을 방지하기 위한 목적으로 작성되는 서류로 보일 뿐이다(대법원 2012.10.25, 2011도5459).

IX 전문진술

🔗 대표유형

공소제기 전 피고인을 피의자로 신문한 사법경찰관이 그 진술내용을 법정에서 진술한 경우 「형사소송법」 제316조 제1항의 적용대상이 될 수 없다. [경찰채용 14]

(X) '없다' → '있다'
조사자증언은 전문진술로서 제316조 제1항의 적용대상이 될 수 있다.

323 「형사소송법」 제316조에 규정된 '그 진술이 특히 신빙할 수 있는 상태하에서 행하여진 때'라 함은 그 진술을 하였다는 것에 허위개입의 여지가 거의 없고, 그 진술내용의 신빙성이나 임의성을 담보할 구체적이고 외부적인 정황이 있는 경우이어야만 한다.

[경찰채용 15]

323 (O) 대법원 2000.3.10, 2000도159

324 전문의 진술을 증거로 함에 있어서는 전문진술자가 원진술자로부터 진술을 들을 당시 원진술자가 증언능력에 준하는 능력을 갖춘 상태에 있어야 할 것이다.   [경찰채용 15]

324 (○) 대법원 2006.4.14, 2005도9561

325 만약 A종중의 대표자 C가 친구 D에게 'A종중은 甲에게 X토지에 관한 근저당권설정행위에 대하여 동의하여 준 일이 없다'고 말하였고, D가 甲의 횡령행위에 대한 제1심 공판절차에 증인으로 출석하여 C로부터 들었다고 하면서 C가 말해준 위 내용을 진술하였다면, 이러한 D의 법정진술은 甲의 동의가 없는 한 甲에 대한 유죄의 증거로 쓸 수 없다.   [변호사 21]

325 (×)

해설+ D의 진술은 피고인 아닌 자의 진술을 원진술로 하는 전문진술에 해당한다. 이에 대해서는 "피고인 아닌 자의 공판준비 또는 공판기일에서의 진술이 피고인 아닌 타인의 진술을 그 내용으로 하는 것인 때에는 원진술자가 사망, 질병, 외국거주, 소재불명 그 밖에 이에 준하는 사유로 인하여 진술할 수 없고, 그 진술이 특히 신빙할 수 있는 상태하에서 행하여졌음이 증명된 때에 한하여 이를 증거로 할 수 있다(제316조 제2항)." 따라서 피고인의 증거동의가 없다고 하더라도, 제316조 제2항의 요건을 갖춘 경우에는 증거로 할 수 있다.

326 만약 甲이 피의자신문을 받으면서 사법경찰관 P에게 'A종중으로부터 X토지에 관한 근저당권설정행위에 대하여 동의를 받은 일이 없다'고 진술하였고, P가 甲의 횡령행위에 대한 제1심 공판절차에 증인으로 출석하여 甲이 피의자 조사과정에서 위와 같이 진술하였다고 진술하였다면, 이러한 P의 법정진술은 甲의 동의가 없다고 하더라도 甲의 위 진술이 특히 신빙할 수 있는 상태하에서 행하여졌음이 증명된 때에 한하여 甲에 대하여 증거능력이 있다.   [변호사 21]

326 (○)

해설+ P의 진술을 소위 조사자 증언이라고 하는데, 이는 피고인의 진술을 원진술로 하는 전문진술에 해당한다. 이에 대해서는 "피고인이 아닌 자(공소제기 전에 피고인을 피의자로 조사하였거나 그 조사에 참여하였던 자를 포함한다)의 공판준비 또는 공판기일에서의 진술이 피고인의 진술을 그 내용으로 하는 것인 때에는 그 진술이 특히 신빙할 수 있는 상태하에서 행하여졌음이 증명된 때에 한하여 이를 증거로 할 수 있다(제316조 제1항)."

보충 만약 '피고인의 그 내용을 부인하였다'고 출제되면 제312조 제3항에 의하여 접근할 것

327 피해자가 제1심 법정에서 수사기관에서의 진술조서에 대해 실질적 진정 성립을 부인하는 취지로 진술하였다면, 이후 피해자가 사망하였더라도 피해자를 조사하였던 조사자에 의한 수사기관에서 이루어진 피해자의 진술을 내용으로 하는 제2심 법정에서의 증언은 증거능력이 없다. [경찰채용 23 2차]

327 (O)

> **해설+** 조사자의 증언에 증거능력이 인정되기 위해서는 원진술자가 사망, 질병, 외국거주, 소재불명, 그 밖에 이에 준하는 사유로 인하여 진술할 수 없어야 하는 것이라서(법 제316조 제2항), 원진술자가 법정에 출석하여 수사기관에서 한 진술을 부인하는 취지로 증언한 이상 원진술자의 진술을 내용으로 하는 조사자의 증언은 증거능력이 없다(대법원 2008.9.25, 2008도6985).

328 참고인의 진술을 내용으로 하는 조사자의 증언은, 그 참고인이 법정에 출석하여 조사 당시의 진술을 부인하는 취지로 증언하였더라도, 그 진술이 '특히 신빙할 수 있는 상태하에서 행하여졌음'이 증명되면 증거능력이 인정된다. [국가9급 23]

328 (×)

> **해설+** 조사자의 증언에 증거능력이 인정되기 위해서는 원진술자가 사망, 질병, 외국거주, 소재불명, 그 밖에 이에 준하는 사유로 인하여 진술할 수 없어야 하는 것이라서, 원진술자가 법정에 출석하여 수사기관에서 한 진술을 부인하는 취지로 증언한 이상 원진술자의 진술을 내용으로 하는 조사자의 증언은 증거능력이 없다(대법원 2008.9.25, 2008도6985).

329 피고인 아닌 자의 공판기일에서의 진술이 피고인 아닌 타인의 진술을 그 내용으로 하는 경우 「형사소송법」 제316조 제2항이 요구하는 특히 신빙할 수 있는 상태하에서 행하여졌음에 대한 증명은 단지 그러한 개연성이 있다는 정도로 족하며 합리적인 의심의 여지를 배제하는 정도에 이를 필요는 없다. [경찰간부 23]

329 (×)

> **해설+** 이러한 경우 참고인의 진술 또는 작성이 '특히 신빙할 수 있는 상태하에서 행하여졌음에 대한 증명'은 단지 그러할 개연성이 있다는 정도로는 부족하고 합리적인 의심의 여지를 배제할 정도에 이르러야 한다. 나아가 이러한 법리는 원진술자의 소재불명 등을 전제로 하고 있는 형사소송법 제316조 제2항의 경우에도 그대로 적용된다(대법원 2017.7.18, 2015도12981, 2015전도218).

Ⅹ 재전문

(○) 대법원 2000.3.10, 2000도159

🔗 대표유형

「형사소송법」은 전문진술에 대하여 제316조에서 실질상 단순한 전문의 형태를 취하는 경우에 한하여 예외적으로 그 증거능력을 인정하는 규정을 두고 있을 뿐, 재전문진술이나 재전문진술을 기재한 조서에 대하여는 달리 그 증거능력을 인정하는 규정을 두고 있지 아니하고 있으므로, 피고인이 증거로 하는 데 동의하지 아니하는 한 이를 증거로 할 수 없다.

[경찰채용 15]

---

330 피고인의 진술을 그 내용으로 하는 전문진술이 기재된 조서는 「형사소송법」 제312조 내지 제314조의 규정에 의하여 각 그 증거능력이 인정될 수 있는 경우에 해당하여야 함은 물론, 나아가 「형사소송법」 제316조 제1항의 규정에 따라 피고인의 진술이 특히 신빙할 수 있는 상태하에서 행하여진 때에는 이를 증거로 할 수 있다.

[국가9급개론 22]

330 (○)

해설+ 전문진술이나 전문진술을 기재한 조서는 형사소송법 제310조의2의 규정에 의하여 원칙적으로 증거능력이 없으나, 다만 피고인 아닌 자의 공판준비 또는 공판기일에서의 진술이 피고인의 진술을 그 내용으로 하는 것인 때에는 형사소송법 제316조 제1항의 규정에 따라 그 진술이 특히 신빙할 수 있는 상태하에서 행하여진 때에 한하여 이를 증거로 할 수 있고, 그 전문진술이 기재된 조서는 형사소송법 제312조 내지 314조의 규정에 의하여 그 증거능력이 인정될 수 있는 경우에 해당하여야 함은 물론 나아가 형사소송법 제316조 제1항의 규정에 따른 위와 같은 조건을 갖춘 때에 예외적으로 증거능력을 인정하여야 할 것이다(대법원 2000.3.10, 2000도159).

보충 사법경찰관 사무취급 작성의 윤○○에 대한 진술조서 중 피고인의 진술을 내용으로 하는 부분은 "피고인이 휴대폰을 훔쳐간 것으로 의심하는 말을 피해자로부터 들은 후에 피고인과 전화통화를 하였는데, '공소외인과 함께 공장에 들어갔다가 사용할 목적으로 자신이 휴대폰을 훔쳐 가지고 나왔다'고 피고인이 얘기하였다"는 내용으로서, 위 진술조서에는 진술자인 윤○○의 서명무인이 있고 공판기일에서의 윤○○의 진술에 의하여 그 성립의 진정함이 증명되었으므로 형사소송법 제313조 제1항(현 제312조 제4항)의 규정에 따른 요건을 갖추었다 할 것이고, 또한 피고인이 위와 같은 진술을 하게 된 경위에 비추어 볼 때, 피고인의 진술은 특히 신빙할 수 있는 상태에서 행하여진 것으로 판단되므로 형사소송법 제316조 제1항의 규정에 따른 요건을 갖추었다 할 것이어서 결국 위 진술조서 중 피고인의 진술을 내용으로 하는 부분은 증거능력이 있다(위 판례).

---

331 성폭력 피해아동이 어머니에게 진술한 내용을 어머니가 상담원에게 전한 후, 상담원이 그 내용을 검사 면전에서 진술하여 작성된 진술조서는 이른바 '재전문진술을 기재한 조서'로서, 피고인이 동의하지 않는 한 증거능력이 인정되지 않는다.

[경찰승진 22]

331 (○)

해설+ 형사소송법은 전문진술에 대하여 제316조에서 실질상 단순한 전문의 형태를 취하는 경우에 한하여 예외적으로 그 증거능력을 인정하는 규정을 두고 있을 뿐, 재전문진술이나 재전문진술을 기재한 조서에 대하여는 달리 그 증거능력을 인정하는 규정을 두고 있지 아니하고 있으므로, 피고인이 증거로 하는 데 동의하지 아니하는 한 형사소송법 제310조의2의 규정에 의하여 이를 증거로 할 수 없다(대법원 2000.3.10, 2000도159).

332 재전문진술을 기재한 조서도 동의의 대상이 된다. [국가7급 21]

332 (○) 대법원 2004.3.11, 2003도171

333 재전문진술이나 재전문진술을 기재한 조서는 증거능력이 인정되지 않으며, 나아가 설령 피고인이 증거로 하는 데 동의한 경우라 하더라도 증거로 할 수 없다. [국가9급 22]

333 (×)

해설+ 재전문진술이나 재재전문서류는 제316조의 적용대상이 아니므로 전문법칙의 예외가 인정되지 않지만, 증거동의에 의하여 증거능력이 부여될 수는 있다. "형사소송법은 전문진술에 대하여 제316조에서 실질상 단순한 전문의 형태를 취하는 경우에 한하여 예외적으로 그 증거능력을 인정하는 규정을 두고 있을 뿐, 재전문진술이나 재전문진술을 기재한 조서에 대하여는 달리 그 증거능력을 인정하는 규정을 두고 있지 아니하고 있으므로, 피고인이 증거로 하는 데 동의하지 아니하는 한 형사소송법 제310조의2의 규정에 의하여 이를 증거로 할 수 없다(대법원 2004.3.11, 2003도171)."

334 재전문진술 또는 이를 기재한 조서는 그에 대해 예외적으로나마 증거능력을 인정하는 규정이 없으므로 피고인이나 변호인의 증거동의가 있더라도 유죄 인정의 증거로 사용할 수 없다. [군무원9급 23]

334 (×)

해설+ 형사소송법은 전문진술에 대하여 제316조에서 실질상 단순한 전문의 형태를 취하는 경우에 한하여 예외적으로 그 증거능력을 인정하는 규정을 두고 있을 뿐, 재전문진술이나 재전문진술을 기재한 조서에 대하여는 달리 그 증거능력을 인정하는 규정을 두고 있지 아니하고 있으므로, 피고인이 증거로 하는 데 동의하지 아니하는 한 형사소송법 제310조의2의 규정에 의하여 이를 증거로 할 수 없다(대법원 2000.3.10, 2000도159).

335 甲이 乙로부터 들은 피고인 A의 진술내용을 수사기관이 진술조서에 기재하여 증거로 제출하였다면, 그 진술조서 중 피고인 A의 진술을 기재한 부분은 乙이 증거로 하는 데 동의하지 않는 한 「형사소송법」 제310조의2의 규정에 의하여 이를 증거로 할 수 없다. [경찰채용 21 1차]

335 (×)

해설+ 위 재재전문서류에 대한 증거동의의 주체는 (이 경우) 피고인이다. "형사소송법은 전문진술에 대하여 제316조에서 실질상 단순한 전문의 형태를 취하는 경우에 한하여 예외적으로 그 증거능력을 인정하는 규정을 두고 있을 뿐, 재전문진술이나 재전문진술을 기재한 조서에 대하여는 달리 그 증거능력을 인정하는 규정을 두고 있지 아니하고 있으므로, 피고인이 증거로 하는 데 동의하지 아니하는 한 형사소송법 제310조의2의 규정에 의하여 이를 증거로 할 수 없다(대법원 2004.3.11, 2003도171)."

336 A는 살인현장을 목격한 친구 B가 "甲이 길가던 여자를 죽였다."고 말한 내용을 자필 일기장에 작성하였고, 훗날 이 일기장이 甲의 살인죄 공판에 증거로 제출된 경우, 이 일기장은 형사소송법 제313조 제1항의 진술기재서(류)에 해당된다.   [경찰채용 22 2차]

보충 진술기재서(류)와 재전문서류의 구별
두 서류 모두 작성자와 진술자가 일치하지 않는다는 공통점이 있으나, 아래와 같은 차이가 있다.
㉠ 진술기재서(류): 타인의 진술을 기재한 서류로, 이에 대한 원진술자이 서명·날인이 있는 것을 말한다. 원진술자의 확인이 있으므로 단순한 전문증거의 형태에 속한다.
  예 대화녹음도 진술자 음성의 동일성이 확인되면 진술자의 자필·서명·날인과 마찬가지이므로, 이 진술기재서(류)에 포함된다.
㉡ 재전문서류: 타인의 진술이 기재된 서류인 점에서 진술기재서(류)와 동일하나, 원진술자의 서명·날인이 없는 것을 말한다. 전형적으로는 ⓐ 전문진술자에 대해 수사기관이 참고인 조사를 작성한 진술조서(전문진술자의 서명 등은 있으나 원진술자의 서명 등이 없음)나, ⓑ 원진술자의 진술을 작성자가 듣고(전문하고, 1차 전문), 그 내용을 작성자가 서류로 만든 것(전문서류, 2차 전문)(원진술자의 서명·날인이 없음) 등이 이에 해당한다. 원진술자의 확인절차가 결여되어 있으므로 전문진술이 기재된 서류로서 재전문증거에 속한다. 요컨대, 재전문서류에는 원진술자의 확인이 없다.
  연습 살인현장을 목격한 친구 B가 "甲이 길 가던 여자를 죽였다."고 A에게 말한 경우, ㉠ 이를 A가 공판정에서 증언하는 때에는 전문진술에 해당하고(제316조 제2항), ㉡ 수사기관이 A에 대한 참고인 조사를 통해 작성한 진술조서는 재전문서류에 해당한다(제316조 제2항, 제312조 제4항). 만약, A가 자필로 일기장에 기재한 경우, ㉢ B가 여기에 서명 또는 날인을 해주었다면 이는 진술기재서(류)에 해당하나(제313조 제1항), ㉣ B가 이에 대한 서명 또는 날인을 해주지 않은 보통의 일기장이라면 이는 재전문서류에 해당한다(제316조 제2항, 제313조 제1항).

336 (×) 일기장은 수사과정 외에서 A(사인)가 살인현장 목격자 B(피고인 아닌 자)의 진술을 기재한 서류에 해당하므로, B의 원진술에 대한 A의 전문진술이 기재된 서류인 재전문서류에 해당한다. 따라서 제316조 제2항과 제313조 제1항의 요건을 충족하여야 증거로 사용할 수 있다.

XI 진술의 임의성

337 기록상 진술증거의 임의성에 관하여 의심할 만한 사정이 나타나 있는 경우에는 법원은 직권으로 그 임의성 여부에 관하여 조사를 하여야 하고, 임의성이 인정되지 아니하여 증거능력이 없는 진술증거는 피고인이 증거로 함에 동의하더라도 증거로 삼을 수 없다.
                                          [경찰채용 18 1차] [국가9급개론 18] [법원9급 13]

337 (○) 증거능력의 요건은 법원의 직권조사사항이다(대법원 2006. 11.23, 2004도7900).

XII 전문법칙 관련문제

🔗 **대표유형**

대화 내용을 녹음한 파일 등 전자매체는 대화 내용을 녹음한 원본이거나 원본으로부터 복사한 사본일 경우 복사과정에서 편집되는 등의 인위적 개작 없이 원본의 내용 그대로 복사된 사본임이 증명되어야 한다.   [국가9급 16]

(○)

보충 최량증거법칙: 원본과의 동일성을 요한다(대법원 2007.3.15, 2006도8869).

사인(私人)이 피고인 아닌 사람과의 대화내용을 녹음한 녹음테이프는 원본으로서 공판준비나 공판기일에서 원진술자의 진술에 의하여 녹음된 각자의 진술내용이 자신이 진술한 대로 녹음된 것이라는 점이 인정되더라도 피고인이 동의하지 않는다면 증거로 사용할 수 없다.

[국가9급 16]

(×) '없다' → '있다'
피고인 아닌 자의 진술을 기재한 서류에 해당되므로, 피고인의 증거동의가 없어도 제313조 제1항 본문에 따라 원진술자의 진술에 의하여 성립의 진정이 인정되면 증거로 할 수 있다.

338 디지털 녹음기로 녹음한 내용이 콤팩트디스크에 다시 복사되어 그 콤팩트디스크에 녹음된 내용을 담은 녹취록이 증거로 제출된 사안에서, 위 콤팩트디스크가 현장에서 녹음하는 데 사용된 디지털 녹음기의 녹음내용 원본을 그대로 복사한 것이라는 입증이 없는 이상, 그 콤팩트디스크의 내용이나 이를 녹취한 녹취록의 기재는 증거능력이 없다. [경찰채용 14]

338 (○) 대법원 2007.3.15, 2006도8869

339 범행의 직접적인 수단이 된 문자정보가 저장된 휴대전화기의 화면을 촬영한 사진이 증거로 제출된 경우, 이를 증거로 사용하려면 문자정보가 저장된 휴대전화기를 법정에 제출할 수 없거나 그 제출이 곤란한 사정이 있고, 그 사진의 영상이 휴대전화기의 화면에 표시된 문자정보와 정확하게 같다는 사실이 증명되어야 한다. [경찰특공대 22 변형] [국가9급개론 18] [국가7급 16]

339 (○) 대법원 2008.11.13, 2006도2556

보충 다만, 위 문자정보는 범행의 직접적인 수단이고, 경험자의 진술에 갈음하는 대체물에 해당하지 않으므로 전문법칙은 적용되지 않는다.

340 압수물인 디지털 저장매체로부터 출력한 문건을 증거로 사용하려면 디지털 저장매체 원본에 저장된 내용과 출력한 문건의 동일성이 인정되어야 하고, 이를 위해서는 디지털 저장매체 원본이 압수된 이후 문건 출력에 이르기까지 변경되지 아니하였음이 담보되어야 한다. [경찰채용 14·17 2차]

340 (○) 대법원 2013.6.13, 2012도16001

341 대화내용을 녹음한 녹음테이프가 원본으로부터 복사한 사본일 경우, 그 녹음테이프의 증거능력이 인정되기 위해서는 복사 과정에서 편집되는 등의 인위적 개작 없이 원본의 내용 그대로 복사된 사본임이 증명되어야 한다. [국가7급 16]

341 (○) 대법원 2014.8.26, 2011도6035

342 디지털 저장매체 원본을 대신하여 저장매체에 저장된 자료를 '하드카피' 또는 '이미징'한 매체로부터 출력한 문건의 경우에는 디지털 저장매체 원본과 '하드카피' 또는 '이미징'한 매체 사이에 자료의 동일성도 인정되어야 한다.

[국가7급 15]

342 (○) 대법원 2013.6.13, 2012 도16001

343 전자문서를 수록한 파일 등의 경우에는 원본임이 증명되거나 혹은 원본으로부터 복사한 사본일 경우에는 복사 과정에서 편집되는 등 인위적 개작 없이 원본의 내용 그대로 복사된 사본임이 증명되어야만 하고, 그러한 증명이 없는 경우에는 쉽게 그 증거능력을 인정할 수 없다. 이때 원본 동일성은 증거능력의 요건에 해당하므로 검사가 그 존재에 대하여 구체적으로 주장·증명하여야 한다.

[변호사 21]

343 (○)

해설+ 증거로 제출된 전자문서 파일의 사본이나 출력물이 복사·출력 과정에서 편집되는 등 인위적 개작 없이 원본 내용을 그대로 복사·출력한 것이라는 사실은 전자문서 파일의 사본이나 출력물의 생성과 전달 및 보관 등의 절차에 관여한 사람의 증언이나 진술, 원본이나 사본 파일 생성 직후의 해시(Hash)값 비교, 전자문서 파일에 대한 검증·감정 결과 등 제반 사정을 종합하여 판단할 수 있다. 이러한 원본 동일성은 증거능력의 요건에 해당하므로 검사가 그 존재에 대하여 구체적으로 주장·증명해야 한다(대법원 2018.2.8, 2017도13263).

344 압수된 디지털 저장매체로부터 출력한 문건을 진술증거로 사용하는 경우에 그 기재 내용의 진실성에 관하여는 전문법칙이 적용된다.

[국가7급 15] [국가9급 16]

344 (○) 대법원 2013.6.13, 2012 도16001

345 서류에 기재된 진술내용의 진실성이 범죄사실에 대한 직접증거로 사용되는 경우는 전문증거가 되나, 압수된 디지털 저장매체로부터 출력한 문건을 진술증거로 사용하는 경우는 그 기재 내용의 진실성에 관하여 전문법칙이 적용되지 않는다.

[국가7급 16]

345 (✕) '적용되지 않는다' → '적용된다'
디지털 저장매체로부터 출력한 문건의 내용의 진실성에 관하여는 전문법칙이 적용되므로, 성립의 진정의 증명이 필요하게 된다(대법원 2013.2.15, 2010도3504).

346 컴퓨터 디스켓에 들어 있는 문건이 증거로 사용되는 경우 그 컴퓨터 디스켓은 그 기재의 매체가 다를 뿐 실질에 있어서는 피고인 또는 피고인 아닌 자의 진술을 기재한 서류와 크게 다를 바 없고, 압수 후의 보관 및 출력과정에 조작의 가능성이 있으며, 기본적으로 반대신문의 기회가 보장되지 않는 점 등에 비추어 그 기재내용의 진실성에 관하여는 전문법칙이 적용된다.

[국가9급 21]

346 (○) 대법원 1999.9.3, 99도2317

347 압수된 디지털 저장매체로부터 출력한 문건을 진술증거로 사용하는 경우 그 기재내용의 진실성에 관하여는 전문법칙이 적용되므로 「형사소송법」 제313조 제1항에 따라 공판준비나 공판기일에서의 그 작성자 또는 진술자의 진술에 의하여 그 성립의 진정함이 증명된 경우에는 이를 증거로 사용할 수 있다.

[경찰채용 14 변형] [국가7급 15 변형] [법원9급 17 변형]

347 (○) 대법원 2013.6.13, 2012도16001
또한 2016.5.29. 제313조 개정으로 진술서에 대하여 객관적 방법에 의한 대체증명이 가능하게 되었다 (동조 제2항 본문).

348 대화내용 녹취서가 공소사실의 증거로 제출되어 그 녹취서 기재내용과 녹음테이프 녹음내용의 동일 여부에 관해 법원이 검증을 실시한 경우, 피고인의 증거동의가 없는 이상, 녹음테이프 검증조서 기재 중 피고인의 진술내용을 증거로 사용하려면 공판준비 또는 공판기일에서 녹음테이프에 녹음된 피고인 진술내용이 피고인이 진술한 대로 녹음된 것임이 증명되고 나아가 그 진술이 특히 신빙할 수 있는 상태하에서 행해진 것임이 인정되어야 한다.

[국가9급 12] [법원9급 16 유사]

348 (○) 대법원 2008.12.24, 2008도9414

349 디지털 녹음기로 피고인과의 대화를 녹음한 후 저장된 녹음파일 원본을 컴퓨터에 복사하고 디지털 녹음기의 파일 원본을 삭제한 뒤 다음 대화를 다시 녹음하는 과정을 반복하여 작성한 녹음파일 사본과 해당 녹취록의 경우 복사 과정에서 편집되는 등의 인위적 개작 없이 원본내용 그대로 복사된 것으로 대화자들이 진술한 대로 녹음된 것이 인정되고, 제반 상황에 비추어 그 진술이 특히 신빙할 수 있는 상태하에서 행하여진 것으로 인정된다면 그 녹음파일 사본과 녹취록의 증거능력은 인정된다.

[경찰채용 14]

349 (○) 형사소송법 제313조 제1항 단서에 따라 공판준비 또는 공판기일에서 작성자인 상대방의 진술에 의하여 녹음테이프에 녹음된 피고인의 진술내용이 피고인이 진술한 대로 녹음된 것임이 증명되고 나아가 그 진술이 특히 신빙할 수 있는 상태하에서 행하여진 것임이 인정된다(대법원 2012.9.13, 2012도7461).

350 피고인과 A의 대화를 녹음한 녹취록에 관하여 피고인이 위 녹취록에 대하여 부동의 한 사건에서, A가 위 대화를 자신이 녹음하였고 위 녹취록의 내용이 다 맞다고 1심 법정에서 진술하였을 뿐 그 이외에 위 녹취록에 그 작성자가 기재되어 있지 않을 뿐만 아니라 검사는 위 녹취록 작성의 토대가 된 위 대화내용을 녹음한 원본 녹음테이프 등을 증거로 제출하지도 아니하는 경우, 위 녹취록의 기재는 증거능력이 없어 이를 증거로 사용할 수 없다.

[국가9급 16]

350 (○) 대법원 2011.9.8, 2010도7497

351 피고인과의 대화내용을 녹음한 보이스펜 자체에 내하여는 증거동의가 있었지만 그 녹음내용을 재녹음한 녹음테이프, 녹음테이프의 음질을 개선한 후 재녹음한 시디 및 녹음테이프의 녹음내용을 풀어 쓴 녹취록 등에 대하여는 증거로 함에 부동의하였다면, 극히 일부의 청취가 불가능한 부분을 제외하고는 보이스펜, 녹음테이프 등에 녹음된 대화내용과 녹취록의 기재가 일치하는 것으로 확인되고 그 진술이 특히 신빙할 수 있는 상태하에서 행하여진 것으로 인정되더라도 이를 증거로 사용할 수 없다. [경찰채용 14]

351 (×) '더라도' → '되면', '없다' → '있다'
보이스펜에 대한 증거동의가 있었고, 보이스펜, 녹음테이프 등에 녹음된 대화내용과 녹취록의 기재가 일치함이 확인되며, 특신상태도 인정되어 증거로 사용할 수 있다(대법원 2008.3.13, 2007도10804).

352 수사기관 아닌 사인(私人)이 피고인 아닌 사람과의 대화내용을 녹음한 녹음테이프는 피고인의 증거동의가 없는 이상 그 증거능력을 부여하기 위해서는, 첫째 녹음테이프가 원본이거나 인위적 개작 없이 원본내용 그대로 복사된 사본일 것, 둘째 「형사소송법」 제313조 제1항에 따라 공판준비나 공판기일에서 원진술자의 진술에 의하여 녹음테이프에 녹음된 각자의 진술내용이 자신이 진술한 대로 녹음된 것이라는 점이 인정되어야 한다.

[경찰채용 14]

352 (○) 대법원 2011.9.8, 2010도7497

353 사인(私人)이 피고인 아닌 사람과의 대화내용을 녹음한 녹음테이프에 대해 법원이 그 진술 당시 진술자의 상태 등을 확인하기 위하여 작성한 검증조서는 법원의 검증 결과를 기재한 조서로서 「형사소송법」 제311조에 의하여 증거로 할 수 있다. [국가9급 09 변형·16]

353 (○) 대법원 2008.7.10, 2007도10755

354 　인위적 조작이 가해지지 않은 것을 전제로, 수사기관 아닌 사인(私人)이 피고인 아닌 자와의 대화내용을 촬영한 비디오테이프를 시청한 후, 원진술자가 비디오테이프의 모습과 음성을 확인하고 자신과 동일인이라고 진술한 것은 그 진술내용이 자신이 진술한 대로 녹음된 것이라는 취지의 진술을 한 것으로 보아야 한다. 　　　　　　　　　　　　　　　　　　[국가9급 12]

354 (○) 대법원 2004.9.13, 2004도3161

355 　수사기관이 아닌 사인이 피고인 아닌 사람들 간의 대화내용을 촬영한 비디오테이프는 수사과정에서 피고인이 아닌 자가 작성한 진술서에 관한 규정이 준용된다. 　　　　　　　　　　　　　　　　　　[경찰채용 18 2차]

355 (×)

해설+ 　수사기관이 아닌 사인(私人)이 피고인 아닌 사람과의 대화내용을 촬영한 비디오테이프는 형사소송법 제311조, 제312조의 규정 이외에 피고인 아닌 자의 진술을 기재한 서류와 다를 바 없으므로, 피고인이 그 비디오테이프를 증거로 함에 동의하지 아니하는 이상 그 진술 부분에 대하여 증거능력을 부여하기 위하여는, 첫째 비디오테이프가 원본이거나 원본으로부터 복사한 사본일 경우에는 복사과정에서 편집되는 등 인위적 개작 없이 원본의 내용 그대로 복사된 사본일 것, 둘째 형사소송법 제313조 제1항에 따라 공판준비나 공판기일에서 원진술자의 진술에 의하여 그 비디오테이프에 녹음된 각자의 진술내용이 자신이 진술한 대로 녹음된 것이라는 점이 인정되어야 할 것인바, 비디오테이프는 촬영대상의 상황과 피촬영자의 동태 및 대화가 녹화된 것으로서, 녹음테이프와는 달리 피촬영자의 동태를 그대로 재현할 수 있기 때문에 비디오테이프의 내용에 인위적인 조작이 가해지지 않은 것이 전제된다면, 비디오테이프에 촬영, 녹음된 내용을 재생기에 의해 시청을 마친 원진술자가 비디오테이프의 피촬영자의 모습과 음성을 확인하고 자신과 동일인이라고 진술한 것은 비디오테이프에 녹음된 진술내용이 자신이 진술한 대로 녹음된 것이라는 취지의 진술을 한 것으로 보아야 한다(대법원 2004.9.13, 2004도3161).

356 　진술자의 진술내용을 보충하기 위해 검증조서나 감정서에 첨부된 사진은 진술증거의 일부를 이루는 보조수단으로 진술증거인 검증조서나 감정서와 일체로 증거능력이 판단된다. 　　　　　　　　　　　　　　　　　　[군무원9급 22]

356 (○)

해설+ 　진술의 일부인 사진은 사진이 진술자의 진술내용을 보충하기 위해서 진술증거의 일부로 사용되는 경우이다. 예를 들어 검증조서나 감정서에 사진이 첨부되는 경우나 참고인이 사진을 이용하여 진술을 하고 이를 진술조서에 첨부한 경우이다. 진술의 일부인 사진의 증거능력은 진술증거의 일부를 이루는 보조수단에 불과하므로 사진의 증거능력도 진술증거인 검증조서나 감정서 등과 일체적으로 판단된다고 할 것이다.

6 당사자의 동의와 증거능력

(○) 대법원 1983.3.8, 82도2873

🔗 대표유형

피고인의 증거동의의 의사표시가 검사가 제시한 모든 증거에 대하여 증거로 함에 동의한다는 방식으로 이루어진 것이라도 증거동의의 효력이 인정된다. [국가7급 20]

(○) 대법원 1999.8.20, 99도2029

🔗 대표유형

증거동의의 의사표시는 증거조사가 완료되기 전까지 취소 또는 철회할 수 있으나, 일단 증거조사가 완료된 뒤에는 취소 또는 철회가 인정되지 아니한다. [국가7급 16]

357 검사와 피고인이 증거로 할 수 있음을 동의한 서류 또는 물건은 진정한 것으로 인정한 때에는 증거로 할 수 있다. [경찰채용 15] [국가9급 11]

357 (○) 제318조 제1항

358 「형사소송법」 제318조 제1항은 전문증거 금지의 원칙에 대한 예외로서 반대신문권을 포기하겠다는 피고인의 의사표시에 의하여 서류 또는 물건의 증거능력을 부여하려는 규정이다. [경찰채용 15] [국가9급 11]

358 (○) 대법원 1983.3.8, 82도2873

359 수사기관이 영장주의에 위반하여 수집하였거나 불법감청으로 수집한 증거물은 비록 피고인이나 변호인이 이를 증거로 함에 동의하였다 하더라도 이를 유죄 인정의 증거로 쓸 수 없다는 것이 판례이다. [법원9급 16]

359 (○) 대법원 2010.10.14, 2010도9016

360 피의자를 긴급체포할 때 압수한 물건에 관하여 「형사소송법」 관련 규정에 의한 압수·수색영장을 발부받지 않고도 즉시 반환하지 않은 경우, 그 후 피고인이나 변호인이 이를 증거로 함에 동의하였더라도 증거능력이 인정되지 않는다. [경찰채용 14] [법원9급 11]

360 (○) 대법원 2009.12.24, 2009도11401

361 소유자, 소지자 또는 보관자가 아닌 자로부터 제출받은 물건을 영장 없이 압수한 경우 그 '압수물' 및 '압수물을 찍은 사진'은 이를 유죄 인정의 증거로 사용할 수 없는 것이지만, 피고인이나 변호인이 이를 증거로 함에 동의하였다면 유죄 인정의 증거로 사용할 수 있다. [경찰채용 12]

361 (×) '있다' → '없다'(대법원 2010.1.28, 2009도10092).

362 검사가 유죄의 자료로 제출한 증거들이 그 진정성립이 인정되지 아니하고 이를 증거로 함에 상대방의 동의가 없더라도, 이는 유죄사실을 인정하는 증거로 사용하는 것이 아닌 이상 공소사실과 양립할 수 없는 사실을 인정하는 자료로 쓸 수 있다. [경찰채용 13] [국가9급 09]

362 (○) 대법원 1981.12.22, 80도1547; 1994.11.11, 94도1159

363 유죄의 자료가 되는 것으로 제출된 증거의 반대증거 서류에 대하여는 그것이 유죄사실을 인정하는 증거가 되는 것이 아닌 이상 반드시 그 진정성립이 증명되지 아니하거나 이를 증거로 함에 있어서의 상대방의 동의가 없다고 하더라도 증거판단의 자료로 할 수 있다. [법원9급 12 변형]

363 (○) 대법원 1981.12.22, 80도1547

364 피고인이나 변호인이 무죄에 관한 자료로 제출한 서증 가운데 도리어 유죄임을 뒷받침하는 내용이 있다 하여도 법원은 상대방의 원용이나 동의가 없는 한 그 서류의 진정성립 여부 등을 조사하고 아울러 그 서류에 대한 피고인이나 변호인의 의견과 변명의 기회를 준 다음이 아니면 그 서증을 유죄 인정의 증거로 쓸 수 없다. [경찰채용 13]

364 (○) 증거공통의 원칙이란 증거의 증명력은 그 제출자나 신청자의 입증취지에 구속되지 않는다는 것을 의미하고 증서의 증거능력이나 증거에 관한 조사절차를 불필요하게 할 수 있는 힘은 없다(대법원 1989.10.10, 87도966).

365 증거로 함에 대한 동의의 주체는 당사자와 변호인으로서 피고인의 명시적인 의사표시에 반한 변호인의 증거동의에 의해서도 증거의 증거능력은 인정된다. [국가7급 12] [국가9급 11 유사]

365 (×) '인정된다' → '부정된다' 변호인은 피고인의 명시한 의사에 반하지 아니하는 한 피고인을 대리하여 이를 할 수 있다(대법원 1999.8.20, 99도2029)

366 피고인이 증거로 함에 동의하지 아니한다고 명시적인 의사표시를 한 경우 이외에는 변호인은 서류나 물건에 대하여 증거로 함에 동의할 수 있고 이 경우 변호인의 동의에 대하여 피고인이 즉시 이의하지 아니하는 경우에 변호인의 동의로 증거능력이 인정된다. [법원9급 11·18]

366 (○) 대법원 1988.11.8, 88도1628; 1999.8.20, 99도2029

367 피고인이 사법경찰관 작성의 피해자진술조서를 증거로 동의함에 있어서 그 동의가 법률적으로 어떠한 효과가 있는지를 모르고 한 것이었다고 주장하더라도 변호인이 그 동의 시 공판정에 재정하고 있으면서 피고인이 하는 동의에 대하여 아무런 이의나 취소를 한 사실이 없다면 그 동의에 무슨 하자가 있다고 할 수 없다. [경찰채용 16 변형]

367 (○) 대법원 1983.6.28, 83도1019

368 피고인이 출석한 공판기일에서 증거로 함에 부동의한다는 의견이 진술된 경우에도 그 후 피고인이 출석하지 아니한 공판기일에 변호인만이 출석하여 종전 의견을 번복하여 증거로 함에 동의하였다면 이는 특별한 사정이 없는 한 효력이 있다. [경찰채용 14·16]

368 (×) '있다' → '없다'

보충 변호인의 증거동의: 피고인의 묵시적 의사에 반하여 행사할 수 있는 독립대리권에 불과하다(대법원 2013.3.28, 2013도3).

369 증거동의는 명시적으로 하여야 하므로 피고인이 신청한 증인의 전문진술에 대하여 피고인이 별 의견이 없다고 진술한 것만으로는 그 증언을 증거로 함에 동의한 것으로 볼 수 없다. [국가7급 16]

369 (×) '없다' → '있다'
그 증언을 증거로 함에 동의한 것으로 볼 수 있으므로 이는 증거능력 있다(대법원 1983.9.27, 83도516)(묵시적 동의).

370 피고인이 신청한 증인의 증언이 피고인 아닌 타인의 진술을 그 내용으로
하는 전문진술인 경우, 피고인이 그 증인의 증언에 대하여 별 의견이 없다
고 진술하였더라도 이를 피고인이 증거로 함에 동의한 것으로 볼 수 없다.

[소방간부 23]

370 (×)

해설+ 피고인이 신청한 증인의 증언이 피고인 아닌 타인의 진술을 그 내용으로 하는 전문진술이라
고 하더라도 피고인이 그 증언에 대하여 별 의견이 없다고 진술하였다면 그 증언을 증거로 함에
동의한 것으로 볼 수 있으므로 이는 증거능력 있다(대법원 1983.9.27, 83도516).

371 피고인의 증거동의 의사표시가 하나하나의 증거에 대하여 「형사소송법」상
의 증거조사방식을 거쳐 이루어진 것이 아니라 검사가 제시한 모든 증거에
대하여 증거로 함에 동의한다는 방식으로 이루어졌더라도 증거동의의 효
력이 있다.

[국가7급 16]

371 (○) 포괄적 동의도 가능하다
(대법원 1983.3.8, 82도2873).

372 개개의 증거에 대하여 개별적인 증거조사방식을 거치지 아니하고 검사가
제시한 모든 증거에 대하여 피고인이 증거로 함에 일괄적으로 동의한다는
방식의 증거동의도 효력이 있다.

[경찰채용 17 2차] [국가9급 09]

372 (○) 모든 증거에 대하여 피
고인이 증거로 함에 동의한다는 방
식으로 이루어진 것이라 하여도 증
거동의로서의 효력을 부정할 이유
가 되지 못한다(대법원 1983.3.8,
82도2873).

373 조서의 일부에 대한 증거동의는 허용되지 않는다. [국가9급 11]

373 (×) '허용되지 않는다' → '허
용된다'

해설+ 증거동의의 대상인 서류 또는 진술의 내용이 가분(可分)인 때에는 그 일부에 대한 증거동의
도 가능하다(대법원 1984.10.10, 84도1552).

374 검사 작성의 피고인 아닌 자에 대한 진술조서에 관하여 피고인이 공판정진
술과 배치되는 부분은 부동의한다고 진술한 것은 조사 내용의 특정부분에
관하여 증거로 함에 동의한다는 특별한 사정이 있는 때와는 달리 그 조서
를 증거로 함에 동의하지 아니한다는 취지로 해석하여야 한다.

[경찰채용 16]

374 (○) 대법원 1984.10.10, 84
도1552

375 피고인이 공소사실을 부인하고 있는 상황에서 검사가 신청한 증인의 법정진술이 전문증거로서 증거능력이 없는 경우, 피고인 또는 변호인에게 의견을 묻는 등의 적절한 방법으로 그러한 사정에 대하여 고지가 이루어지지 않은 채 증인신문이 진행되었다면, 피고인이 그 증거조사 결과에 대하여 별 의견이 없다고 진술하였더라도 증인의 법정증언을 증거로 삼는 데에 동의한 것으로 볼 수 없다. [경찰채용 22 1차]

375 (O)

해설+ 피고인이 새마을금고 이사장 선거와 관련하여 대의원 甲에게 자신을 지지해 달라고 부탁하면서 현금 50만 원을 제공하였다고 하여 새마을금고법 위반으로 기소되었는데, 검사는 사법경찰관 작성의 공범 甲에 대한 피의자신문조서 및 진술조서를 증거로 제출하고, 검사가 신청한 증인 乙은 법정에 출석하여 '甲으로부터 피고인에게서 50만 원을 받았다는 취지의 말을 들었다'고 증언한 경우, 甲이 법정에 출석하여 위 피의자신문조서 및 진술조서의 성립의 진정을 인정하였더라도 피고인이 공판기일에서 그 조서의 내용을 모두 부인한 이상 이는 증거능력이 없고, 한편 제1심 및 원심 공동피고인인 甲은 원심에 이르기까지 일관되게 피고인으로부터 50만 원을 받았다는 취지의 공소사실을 부인한 사실에 비추어 원진술자 甲이 사망, 질병, 외국거주, 소재불명 그 밖에 이에 준하는 사유로 인하여 진술할 수 없는 때에 해당하지 아니하여 甲의 진술을 내용으로 하는 乙의 법정증언은 전문증거로서 증거능력이 없으며, 나아가 피고인은 일관되게 甲에게 50만 원 자체를 교부한 적이 없다고 주장하면서 적극적으로 다툰 점, 이에 따라 사법경찰관 작성의 甲에 대한 피의자신문조서 및 진술조서의 내용을 모두 부인한 점, 乙의 법정증언이 전문증거로서 증거능력이 없다는 사정에 대하여 피고인 또는 변호인에게 의견을 묻는 등의 적절한 방법으로 고지가 이루어지지 않은 채 증인신문이 진행된 다음 증거조사 결과에 대한 의견진술이 이루어진 점, 乙이 위와 같이 증언하기에 앞서 원진술자 甲이 피고인으로부터 50만 원을 제공받은 적이 없다고 이미 진술한 점 등을 종합하면 피고인이 乙의 법정증언을 증거로 삼는 데에 동의하였다고 볼 여지는 없고, 乙의 증언에 따른 증거조사 결과에 대하여 별 의견이 없다고 진술하였더라도 달리 볼 수 없으므로, 결국 사법경찰관 작성의 甲에 대한 피의자신문조서 및 진술조서와 乙의 전문진술은 증거능력이 없다(대법원 2019.11.14, 2019도11552).

376 피고인의 변호인이 증거부동의 의견을 밝힌 고발장을 첨부문서로 포함하고 있는 검찰주사보 작성의 수사보고가 수사기관이 첨부한 자료를 통하여 얻은 인식·판단·추론이거나 자료의 단순한 요약에 불과하더라도, 피고인이 증거에 동의하여 증거조사가 행하여졌다면 그 수사보고에 대한 증거동의의 효력은 첨부된 고발장에도 당연히 미친다고 볼 것이므로 이를 유죄의 증거로 삼을 수 있다. [경찰채용 22 1차]

376 (×)

해설+ 고발장에 피고인 측의 증거부동의가 있다면, 이를 첨부문서로 포함하고 있는 수사보고에 대한 증거동의가 있다 하더라도, 그 증거동의의 효력은 위 고발장에 미친다고 볼 수 없다. "검찰관이 공판기일에 제출한 증거 중 뇌물공여자 甲이 작성한 고발장에 대하여 피고인의 변호인이 증거부동의 의견을 밝히고, 같은 고발장을 첨부문서로 포함하고 있는 검찰주사보 작성의 수사보고에 대하여는 증거에 동의하여 증거조사가 행하여졌는데, 수사기관이 수사과정에서 수집한 자료를 기록에 현출시키는 방법으로 자료의 의미, 성격, 혐의사실과의 관련성 등을 수사보고의 형태로 요약·설명하고 해당 자료를 수사보고에 첨부하는 경우, 수사보고에 기재된 내용은 수사기관이 첨부한 자료를 통하여 얻은 인식·판단·추론이거나 자료의 단순한 요약에 불과하여 원 자료로부터 독립하여 공소사실에 대한 증명력을 가질 수 없고, 피고인이나 변호인도 수사보고의 증명력을 위와 같은 취지로 이해하여 공소사실을 부인하면서도 수사보고의 증거능력을 다투지 않은 것으로 보이는 등의 제반 사정에 비추어, 위 고발장은 군사법원법에 따른 적법한 증거신청·증거결정·증거조사 절차를 거쳤다고 볼 수 없거나 공소사실을 뒷받침하는 증명력을 가진 증거가 아니므로 이를 유죄의 증거로 삼을 수 없다(대법원 2011.7.14, 2011도3809)."

377 필요적 변호사건이라 하여도 피고인이 재판거부의 의사를 표시하고 재판장의 허가 없이 퇴정하고 변호인마저 이에 동조하여 퇴정해 버렸다면, 법원은 피고인이나 변호인의 재정 없이도 심리판결할 수 있고 이 경우 피고인의 진의와는 관계없이 증거동의가 있는 것으로 간주된다.

[경찰채용 14] [국가7급 16] [국가9급 14 유사] [법원9급 18]

377 (○) 대법원 1991.6.28, 91도865

378 피고인이 공시송달의 방법에 의한 공판기일의 소환을 2회 이상 받고도 출석하지 않아 소송촉진 등에 관한 특례법에 따라 피고인의 출정 없이 증거조사를 하는 경우에는, 증거동의를 간주할 수 없다.

[법원9급 16]

378 (×) '를 간주할 수 없다' → '가 간주된다'
제318조 제2항에 따른 피고인의 증거동의가 있는 것으로 간주된다 (대법원 2011.3.10, 2010도15977).

379 피고인의 출정 없이 증거조사를 할 수 있는 경우에 피고인 및 그 대리인이나 변호인이 모두 출정하지 아니한 때에는 동의가 있는 것으로 간주한다.

[법원9급 16]

379 (○) 제318조 제2항

> **정리** 증거동의의 의제: 피고인의 불출석재판(제318조 제2항), 간이공판절차의 특칙(제318조의3)

380 피고인의 출정 없이 증거조사를 할 수 있는 경우에 피고인이 출정하지 아니한 때에는 피고인이 증거로 함에 동의한 것으로 간주할 수 없다.

[경찰채용 12]

380 (×) '없다' → '있다'(제318조 제2항)

381 피고인의 출정 없이 증거조사를 할 수 있는 경우에 피고인이 출정하지 아니한 때에는 당사자의 동의가 있는 것으로 간주하고, 대리인 또는 변호인이 출정한 때에는 당사자의 동의가 있는 것으로 간주하지 아니한다.

[법원9급 11]

381 (○) 제318조 제2항 참조.

382 간이공판절차의 결정이 있는 사건의 증거에 관하여는 전문증거에 대해 증거동의가 있는 것으로 간주하는 것은 피고인이 공판정에서 공소사실을 자백한 이상 전문증거에 대한 반대신문권을 포기한 것으로 볼 수 있고 간이공판절차를 통한 재판의 신속을 도모할 필요 등에서 인정되는 것이므로, 설령 검사, 피고인 또는 변호인이 증거로 함에 이의를 표시하였다 하더라도 마찬가지로 증거동의가 의제된다. [법원9급 12]

382 (×) '표시하였다 하더라도 마찬가지로 증거동의가 의제된다' → '표시하였다면 그러하지 아니하다' (제318조의3)

383 증거동의는 구두변론 종결 시까지 철회할 수 있다. [법원9급 18]

해설+ 증거조사를 완료한 뒤에는 취소 또는 철회가 인정되지 않는다(대법원 2010.7.15, 2007도5776).

383 (×) '있다' → '없다'

384 피고인이 불출석으로 증거동의가 의제된 경우라도 아직 증거조사가 완료되지 않았다면 차후 공판기일에 피고인이 출석하여 증거동의를 철회할 수 있다. [국가7급 14]

384 (○) 대법원 2005.4.28, 2004도4428

385 변호인은 피고인의 명시적 의사에 반하지 않는 한 대리하여 동의할 수 있으며, 이에 대해 즉시 이의를 제기하지 아니한 피고인은 증거조사 완료 전이라도 동의를 취소할 수 없다. [국가9급 09]

385 (×) '없다' → '있다' 증거동의의 의사표시는 증거조사가 완료되기 전까지 취소 또는 철회할 수 있다(대법원 2007.7.26, 2007도3906).

386 증거동의는 반대신문과 관계있는 증거를 대상으로 하는 것이므로 모든 전문증거는 증거동의의 대상이 되지만 물건은 증거동의의 대상이 될 수 없고 관련성만 인정되면 증거로 사용할 수 있다. [경찰간부 22]

386 (×) 판례는 비진술증거인 증거물도 증거동의의 대상이 된다고 본다(대법원 2007.7.26, 2007도3906).

387 증거동의의 의사표시는 증거조사가 완료된 뒤에는 취소할 수 없다. [법원9급 17]

387 (○) 대법원 2015.8.27, 2015도3467

388 증거동의의 의사표시는 증거조사가 완료되기 전까지 취소 또는 철회할 수 있으나, 일단 증거조사가 완료된 뒤에는 취소 또는 철회가 인정되지 아니하므로 취소 또는 철회 전에 이미 취득한 증거능력은 상실되지 아니한다.

[경찰채용 16 변형] [법원9급 11]

388 (○) 대법원 1983.4.26, 83도267; 1996.12.10, 96도2507; 2015.8.27, 2015도3467

389 약식명령에 불복하여 정식재판을 청구한 피고인이 정식재판 절차의 제1심에서 2회 불출정하여 증거동의가 간주된 후 증거조사를 완료한 이상, 비록 피고인이 항소심에 출석하여 간주된 증거동의를 철회 또는 취소한다는 의사표시를 하더라도 그로 인하여 적법하게 부여된 증거능력이 상실되는 것은 아니다.

[경찰채용 12·14·16] [국가9급 17·18] [법원9급 18]

389 (○) 제1심에서 증거동의 간주 후 증거조사를 완료한 이상, 항소심에서 증거동의 철회·취소 의사표시를 하여도 증거능력이 상실되지 않는다(대법원 1999.8.20, 99도2029; 1996.12.10, 96도2507; 2010.7.15, 2007도5776).

390 약식명령에 불복하여 정식재판을 청구한 피고인이 정식재판절차에서 2회 불출정하여 법원이 피고인의 출정 없이 증거조사를 하는 경우에는 피고인의 증거동의가 간주되며, 피고인은 증거조사가 완료되기 전까지 철회 또는 취소할 수 없다.

[소방간부 23]

390 (×)

해설+ 약식명령에 불복하여 정식재판을 청구한 피고인이 정식재판절차의 제1심에서 2회 불출정하여 형사소송법 제318조 제2항에 따른 증거동의가 간주된 후 증거조사를 완료한 이상, 간주의 대상인 증거동의는 증거조사가 완료되기 전까지 철회 또는 취소할 수 있으나 일단 증거조사를 완료한 뒤에는 취소 또는 철회가 인정되지 아니하는 점, 증거동의 간주가 피고인의 진의와는 관계없이 이루어지는 점 등에 비추어, 비록 피고인이 항소심에 출석하여 공소사실을 부인하면서 간주된 증거동의를 철회 또는 취소한다는 의사표시를 하더라도 그로 인하여 적법하게 부여된 증거능력이 상실되는 것이 아니다(대법원 2010.7.15, 2007도5776).

7 탄핵증거

 대표유형

검사가 제출한 사법경찰관 작성의 피고인에 대한 피의자신문조서는 그 내용을 부인한 이상 증거능력이 없지만 임의성이 있으면 탄핵증거로 사용할 수 있으며 탄핵증거로 사용하려면 엄격한 증거조사를 거쳐야 한다.

[법원9급 10]

(×) '거쳐야 한다' → '거쳐야 할 필요가 없다'
법정에서 이에 대한 탄핵증거로서의 증거조사는 필요한 것이다(대법원 2005.8.19, 2005도2617).

391 탄핵증거로 사용될 수 있는 전문증거에는 전문서류만이 포함되며 전문진술은 제외된다.

[국가9급 17]

391 (×) '전문서류만이 포함되며 전문진술은 제외된다' → '전문서류와 전문진술이 포함된다'

해설+ 전문증거로서 증거로 할 수 없는 서류나 진술이라도, 상대방의 증거동의 여부와 관계없이 탄핵증거로 사용할 수 있다(제318조의2 제1항).

392 전문서류에 서명날인이 없는 경우는 그 진술 내용의 진실성과 정확성이 인정되지 않으므로 탄핵증거로 사용될 수 없다. [군무원9급 22]

판례 유죄의 자료가 되는 것으로 제출된 증거의 반대증거 서류에 대하여는 그것이 유죄사실을 인정하는 증거가 되는 것이 아닌 이상 반드시 그 진정성립이 증명되지 아니하거나 이를 증거로 함에 있어서의 상대방의 동의가 없다고 하더라도 증거판단의 자료로 할 수 있다(대법원 1981.12.22, 80도1547).

392 (×) 진술자의 서명·날인이 없어 형식적 진정성립조차 인정되지 않는 전문서류가 탄핵증거가 될 수 있는가에 대해서는 부정설(위 지문의 내용, 多)과 긍정설이 대립하고, 판례는 긍정설의 입장이다.

393 탄핵증거는 유죄증거에 관한 소송법상의 엄격한 증거능력을 요하지 아니한다. [법원9급 16]

393 (○) 대법원 1985.5.14, 85도441

394 「형사소송법」 제318조의2에 규정된 이른바 탄핵증거는 범죄사실을 인정하는 증거가 아니어서 엄격한 증거능력을 요하지 아니하는 것이다. [경찰채용 16]

394 (○) 대법원 1996.1.26, 95도1333

395 유죄증거에 대하여 반대증거로 제출된 진술기재서류는 유죄사실 인정의 증거가 되는 것이 아닌 이상 그 성립의 진정이 인정될 것을 요하지 않는다. [국가7급 15]

395 (○) 대법원 1972.1.31, 71도2060

396 탄핵증거로 사용되기 위해서는 상대방이 증거로 함에 동의함을 요한다. [국가9급 17]

396 (×) '요한다' → '요하지 않는다' 증거능력 없는 전문증거도 탄핵증거가 될 수 있다(제318조의2 제1항).

397 검사가 유죄의 자료로 제출한 사법경찰관 작성의 甲에 대한 피의자신문조서와 甲이 작성한 자술서들은 甲이 그 내용을 부인하는 이상 증거능력이 없으나, 그것이 임의로 작성된 것이 아니라고 의심할 만한 사정이 없는 한 甲의 법정에서의 진술을 탄핵하기 위한 반대증거로 사용할 수 있다.
[경찰채용 16] [국가7급 15 변형] [국가9급 13 변형] [법원9급 16 변형] [법원승진 10 변형] [변호사 21 변형]

397 (○) 대법원 1998.2.27, 97도1770; 2005.8.19, 2005도2617

398 검사가 유죄의 자료로 제출한 사법경찰리 작성의 피고인에 대한 피의자신문조서는 피고인이 그 내용을 부인하는 이상 증거능력이 없지만, 그것이 임의로 작성된 것이 아니라고 하더라도 피고인의 법정에서의 진술을 탄핵하기 위한 반대증거로는 사용할 수 있다. [경찰채용 21 1차]

398 (×)

해설+ 임의성 없는 진술은 탄핵증거로 사용할 수 없다. "검사가 유죄의 자료로 제출한 사법경찰리 작성의 피고인에 대한 피의자신문조서는 피고인이 그 내용을 부인하는 이상 증거능력이 없으나, 그것이 임의로 작성된 것이 아니라고 의심할 만한 사정이 없는 한 피고인의 법정에서의 진술을 탄핵하기 위한 반대증거로 사용할 수 있다(대법원 2005.8.19, 2005도2617)."

399 자백배제법칙(「형사소송법」 제309조)에 의하여 임의성이 없어 증거능력이 없는 자백이라도 탄핵증거로는 사용할 수 있다. [경찰채용 15]

399 (×) '있다' → '없다'

해설+ 자백배제법칙에 위반한 자백은 그 사용을 철저히 제한할 필요가 있으므로, 탄핵증거로도 사용할 수 없다는 것이 통설이다.

400 기록상 진술증거의 임의성에 관하여 의심할 만한 사정이 나타나 있는 경우에는 법원은 직권으로 그 임의성 여부에 관하여 조사를 하여야 하고, 임의성이 인정되지 아니하여 증거능력이 없는 진술증거는 피고인이 증거로 함에 동의하더라도 증거로 삼을 수 없으며, 피고인의 법정에서의 진술을 탄핵하기 위한 탄핵증거로도 사용할 수 없다. [법원9급 22]

400 (○)

해설+ 기록상 진술증거의 임의성에 관하여 의심할 만한 사정이 나타나 있는 경우에는 법원은 직권으로 그 임의성 여부에 관하여 조사를 하여야 하고, 임의성이 인정되지 아니하여 증거능력이 없는 진술증거는 피고인이 증거로 함에 동의하더라도 증거로 삼을 수 없다(대법원 2006.11.23, 2004도7900). 또한 탄핵증거는 증거능력 없는 전문증거의 경우이고 임의성 없는 진술은 포함될 수 없다(대법원 2005.8.19, 2005도2617).

401 위법수집증거는 탄핵증거로도 사용할 수 없다. [국가9급 10]

401 (○)

해설+ 탄핵증거는 전문증거를 전제로 하는 것이고, 전문증거는 증거능력이 인정되는 경우에도 위법수집증거에 해당하는 때에는 그 증거능력을 인정할 수 없다.

402 공판준비 또는 공판기일에서 이미 증언을 마친 증인을 검사가 소환한 후 피고인에게 유리한 그 증언 내용을 추궁하여 이를 일방적으로 번복시키는 방식으로 작성한 진술조서는 탄핵증거로 사용할 수 없다. [경찰채용 14]

402 (○) 명시적인 판례는 없으나, 판례(대법원 2013.8.14, 2012도13665)의 취지를 토대로 판단하면 옳은 지문이다.

403 피고인의 진술을 내용으로 하는 영상녹화물을 공판준비 또는 공판기일에서의 피고인진술의 증명력을 다투기 위하여 증거로 할 수 있다.
[경찰채용 18 1차] [국가7급 09]

403 (×) '있다' → '없다'
피고인 또는 피고인 아닌 자가 공판준비 또는 공판기일에 진술함에 있어 기억환기용으로만 활용할 수 있다(제318조의2 제2항).

404 탄핵증거는 진술의 증명력을 감쇄하기 위해서뿐만 아니라 범죄사실 또는 그 간접사실의 인정증거로서도 허용된다.
[경찰채용 18 1차] [국가7급 16 변형] [국가9급 17]

404 (×) '허용된다' → '허용되지 않는다'

해설+ 범죄사실 또는 그 간접사실의 인정의 증거로서는 허용되지 않는다(대법원 1996.9.6, 95도2945; 2012.10.25, 2011도5459).

405 탄핵증거는 적극적으로 범죄사실의 존부를 증명하기 위한 증거가 아니므로 엄격한 증명이 필요 없고, 전문법칙의 적용이 없다. 따라서 증거의 증명력을 감쇄하거나 간접사실 인정의 증거로만 사용될 뿐 범죄사실 인정의 증거로서 허용되지 않는다. [법원승진 10]

405 '(×) '감쇄하거나 간접사실 인정의 증거로만 사용될 뿐 범죄사실' → '감쇄하기 위하여 인정되는 것이고 범죄사실 또는 그 간접사실'(대법원 2012.10.25, 2011도5459)
간접사실 인정의 증거로 사용될 수 없다.

406 검사가 피고인의 부인진술을 탄핵하기 위해 신청한 체포·구속인접견부 사본은 피고인의 진술의 증명력을 다투기 위한 탄핵증거가 될 수 있다.
[법원9급 16]

406 (×) '있다' → '없다'

해설+ 피고인의 부인진술을 탄핵한다는 것이므로 결국 '검사에게 입증책임이 있는 공소사실 자체를 입증하기 위한 것'에 불과하므로 탄핵증거로 볼 수 없다(대법원 2012.10.25, 2011도5459).

407 검사가 탄핵증거로 신청한 체포·구속인접견부 사본이 피고인의 부인(否認) 진술을 탄핵하기 위한 것이라면, 결국 검사에게 입증책임이 있는 공소사실 자체를 입증하기 위한 것에 불과하므로 피고인 진술의 증명력을 다투기 위한 탄핵증거로 볼 수 없다. [국가7급 23]

407 (○) 대법원 2012.10.25, 2011 도5459

408 탄핵증거의 제출에 있어서 상대방에게 이에 대한 공격방어의 수단을 강구할 기회를 사전에 부여하여야 한다. [경찰채용 15·18 1차]

408 (○) 대법원 2005.8.19, 2005 도2617
탄핵증거의 증거신청 시 입증취지 명시가 필요한 이유이다.

409 탄핵증거의 제출에 있어서는 증명력을 다투고자 하는 증거의 어느 부분에 의하여 진술의 어느 부분을 다투려고 한다는 것을 사전에 상대방에게 알려야 한다. [경찰채용 18 1차] [국가9급 17]

409 (○) 대법원 2005.8.19, 2005 도2617

410 피고인이 내용을 부인하여 증거능력이 없는 사법경찰리 작성의 피의자신문조서가 당초 증거 제출 당시 탄핵증거라는 입증취지를 명시하지 아니하였다면 탄핵증거로서의 증거조사절차가 대부분 이루어졌더라도 위 피의자신문조서를 피고인의 법정 진술에 대한 탄핵증거로 사용할 수 없다. [경찰채용 15·18 1차]

410 (×) '없다' → '있다'
피의자신문조서를 피고인의 법정 진술에 대한 탄핵증거로 사용할 수 있다(대법원 2005.8.19, 2005도2617).

411 탄핵증거는 엄격한 증거조사를 거칠 필요가 없으며, 법정에서 이에 대한 탄핵증거로서의 증거조사도 필요하지 않다. [국가7급 15]

411 (×) '도 필요하지 않다' → '는 필요하다'
법정에서 탄핵증거로서의 증거조사는 필요하다(대법원 2005.8.19, 2005도2617).

412 탄핵증거도 증거인 이상 법정에서의 조사는 반드시 필요하고, 이때의 증거조사는 상당하다고 인정되는 방법으로 실시할 수 있다. [법원승진 10]

412 (○) 대법원 2005.8.19, 2005 도2617

413 법정에서 증거로 제출된 바가 없어 전혀 증거조사가 이루어지지 아니한 채 수사기록에만 편철되어 있는 증거를 피고인의 진술을 탄핵하는 증거로 사용할 수는 없다. [경찰채용 21 1차]

413 (O) 탄핵증거도 이에 대한 증거조사는 필요하다(대법원 1998. 2.27, 97도1770).

414 증거목록에 기재되지 않았고 증거결정이 있지 아니하였다 하더라도 공판과정에서 그 입증취지가 구체적으로 명시되고 제시까지 된 이상 각 서증들에 대하여 탄핵증거로서의 증거조사는 이루어졌다고 해야 한다. [국가9급 13 변형]

414 (O) 대법원 2005.8.19, 2005 도2617

8 자백의 보강법칙

 대표유형

피고인의 공판정에서의 자백에는 자백의 보강법칙이 적용되지 않는다. [법원9급 15]

(×) '적용되지 않는다' → '적용된다'

해설+ 보강이 필요한 제310조의 자백은 공판정 자백이나 공판정 외의 자백을 불문한다(대법원 1960.6.22, 4292 형상1043).

대표유형

공범인 공동피고인의 법정에서의 자백은 피고인의 자백에 대한 보강증거가 된다. [국가7급 09]

(O) 대법원 1990.10.30, 90도 1939

415 '자백보강법칙'은 법관이 허위의 자백을 신뢰함으로써 발생할 수 있는 오판의 위험을 방지하고 자백의 진실성을 담보하여 인권침해를 예방함에 그 목적이 있다. [국가9급 10]

415 (O) 통설의 설명으로 맞는 내용이다.

416 전문법칙은 피고인이 임의로 한 증거능력과 신용성이 있는 자백이라도 전문증거가 없으면 유죄로 인정할 수 없다는 원칙을 말한다. [국가9급 12]

416 (×) '전문법칙' → '자백보강법칙', '전문증거' → '보강증거'(제310조)

417 자백보강법칙은 법관의 심증형성이 자백에 편중되는 것을 방지하기 위해 자유심증주의에 대한 예외를 인정한 것이다. [국가9급 10]

417 (○)

해설+ 법관이 '피고인은 유죄'라는 심증을 얻었다 하더라도 자백 외에는 별도의 보강증거가 없다면, 법관은 피고인에게 자신의 심증대로 유죄의 판결을 할 수 없게 된다.

418 피고인의 공판정 자백에 대해서도 자백의 보강법칙은 적용된다. [법원9급 17 변형]

418 (○) 통설과 판례의 입장이다 (대법원 1981.7.7, 81도1314).

419 「형사소송법」 제310조의 '피고인의 자백'에는 공범인 공동피고인의 진술은 포함되지 않으며, 이러한 공동피고인의 진술은 독립한 증거능력이 있다. [국가7급 15]

419 (○) 대법원 1992.7.28, 92도917
공범자의 자백은 보강증거를 필요로 하지 아니한다.

420 「형사소송법」 제310조에서 말하는 피고인의 자백에는 공범인 공동피고인의 진술은 포함되지 않으며, 이러한 공동피고인의 진술에 대하여는 피고인의 반대신문권이 보장되어 있어 독립한 증거능력이 있다. [경찰승진 22]

420 (○) 대법원 1992.7.28, 92도917

421 공범인 공동피고인의 공판정에서의 자백은 이에 대한 피고인의 반대신문권이 보장되어 있어 증인으로 신문한 경우와 다를 바 없으므로 피고인들 간에 이해관계가 상반되는 경우를 제외하고는 독립한 증거능력이 있다. [소방간부 23]

421 (×)

해설+ 공동피고인의 자백은 이에 대한 피고인의 반대신문권이 보장되어 있어 증인으로 신문한 경우와 다를 바 없으므로 독립한 증거능력이 있고, 이는 피고인들 간에 이해관계가 상반된다고 하여도 마찬가지라 할 것이다(대법원 2006.5.11, 2006도1944).

422 휴대전화기의 카메라를 이용하여 성명불상 여성 피해자의 치마 속을 몰래 촬영하다가 현행범으로 체포된 피고인이 공소사실에 대해 자백한바, 현행범 체포 당시 임의제출 방식으로 압수된 피고인 소유 휴대전화기에 대한 압수조서의 '압수경위'란에 기재된 피고인의 범행을 직접 목격한 사법경찰관의 진술내용은 피고인의 자백을 보강하는 증거가 된다. [국가9급 22]

422 (○)

해설+ 피고인이 지하철역 에스컬레이터에서 휴대전화기의 카메라를 이용하여 성명불상 여성 피해사의 치마 속을 몰래 촬영하다가 현행범으로 체포되어 성폭력범죄의 처벌 등에 관한 득례법 위반(카메라등이용촬영)으로 기소된 경우, 체포 당시 임의제출 방식으로 압수된 피고인 소유 휴대전화기에 대한 압수조서 중 '압수경위'란에 기재된 내용은 피고인이 범행을 저지르는 현장을 직접 목격한 사람의 진술이 담긴 것으로서 형사소송법 제312조 제5항에서 정한 '피고인이 아닌 자가 수사과정에서 작성한 진술서'에 준하는 것으로 볼 수 있고, 이에 따라 휴대전화기에 대한 임의제출절차가 적법하였는지에 영향을 받지 않는 별개의 독립적인 증거에 해당한다(대법원 2019.11.14, 2019도13290).

423 甲과 乙은 공동으로 공원에서 술에 취하여 잠을 자고 있는 피해자 丙의 손목시계를 절취하였다는 공소사실로 기소되어 공동피고인으로 재판을 받고 있다. 공판성에서 甲은 공소사실을 자백하고 있으나, 乙은 공소사실을 부인하고 있다. 甲의 진술은 乙에 대한 범죄사실을 인정하는 데 있어서 증거로 쓸 수 있다. [경찰채용 16]

423 (○) 대법원 1990.10.30, 90도1939

424 甲과 乙은 공동으로 공원에서 술에 취하여 잠을 자고 있는 피해자 丙의 손목시계를 절취하였다는 공소사실로 기소되어 공동피고인으로 재판을 받고 있다. 공판정에서 甲은 공소사실을 자백하고 乙도 공소사실을 자백한 경우, 피고인 甲의 유죄를 인정하기 위한 증거로서 공범자 乙의 자백에 대한 보강증거의 요부는 법관의 자유심증에 맡긴다. [경찰채용 16 변형]

424 (○) 대법원 1985.3.9, 85도951

425 공동피고인의 자백은 이에 대한 피고인의 반대신문권이 보장되어 있어 증인으로 신문한 경우와 다를 바 없으므로 독립한 증거능력이 있고, 이는 피고인들 간에 이해관계가 상반된다고 하여도 마찬가지이다. [경찰승진 23 변형] [법원9급 17] [법원9급 23 변형]

425 (○) 대법원 2006.5.11, 2006도1944

426 특수절도죄의 공범자인 공동피고인 乙이 피고인으로서 공판정에서 자백진 술을 하면 그 진술은 피고인 甲에 대한 유죄의 증거로 사용할 수 있다.

[변호사 21 변형]

426 (○)

해설+ 판례에 의하면, 공동피고인의 자백은 이에 대한 피고인의 반대신문권이 보장되어 있어 증 인으로 신문한 경우와 다를 바 없으므로 독립한 증거능력이 있다(대법원 1987.7.7, 87도973). 즉, 甲과 乙은 특수절도죄의 공동피고인 관계이므로, 乙이 피고인으로서 공판정에서 한 자백진술은 甲 에 대한 유죄의 증거로 사용할 수 있다.

427 보강증거는 증거가치에 있어서 자백과 독립된 증거여야 하므로 피고인의 자백을 내용으로 하는 피고인이 아닌 자의 진술은 보강증거가 될 수 없다.

[법원9급 15]

427 (○) 대법원 2008.2.14, 2007 도10937

428 피고인이 범행을 자인하는 것을 들었다는 피고인 아닌 자의 진술내용은 「형사소송법」 제310조의 피고인의 자백에는 포함되지 아니하므로 피고인 의 자백의 보강증거로 될 수 있다. [경찰채용 13] [경찰채용 23 1차 변형] [법원9급 21]

428 (×)

해설+ 피고인이 범행을 자인하는 것을 들었다는 피고인 아닌 자의 진술내용은 형사소송법 제310 조의 피고인의 자백에는 포함되지 아니하나 이는 피고인의 자백의 보강증거로 될 수 없다(대법원 2008.2.14, 2007도10937).

429 피고인이 범행을 자인하는 것을 들었다는 피고인 외의 제3자의 진술이 기 재된 검찰 진술조서는 피고인의 자백에 대한 보강증거로 사용할 수 없다.

[국가9급개론 18] [국가7급 16]

429 (○) 대법원 2008.2.14, 2007 도10937

430 甲과 乙은 공동으로 공원에서 술에 취하여 잠을 자고 있는 피해자 丙의 손 목시계를 절취하였다는 공소사실로 기소되어 공동피고인으로 재판을 받고 있다. 공판정에서 甲은 공소사실을 자백하고 있으나, 乙은 공소사실을 부 인하고 있다. 甲이 범행을 자백하는 것을 들었다는 丁의 진술내용은 「형사 소송법」 제310조의 피고인의 자백에는 포함되지 아니하나 이는 피고인의 자백의 보강증거로는 될 수 있다. [경찰채용 16]

430 (×) '있다' → '없다'
피고인이 범행을 자인하는 것을 들 었다는 피고인 아닌 자의 진술내용 은 형사소송법 제310조의 피고인 의 자백에는 포함되지 아니하나 이 는 피고인의 자백의 보강증거로 될 수 없다(대법원 2008.2.14, 2007 도10937).

431 피고인이 업무추진 과정에서 지출한 자금내역을 기입한 수첩의 기재내용
은 피고인의 자백에 대한 보강증거가 될 수 없다. [경찰채용 11]

해설+ 증거능력이 있는 한 피고인의 금전출납을 증명할 수 있는 별개의 증거라고 할 것인즉 자백에
대한 보강증거가 될 수 있다(대법원 1996.10.17, 94도2865 전원합의체).

431 (×) '없다' → '있다'

432 「형사소송법」 제310조 소정의 '피고인의 자백'에 공범인 공동피고인의 진
술은 포함되지 아니하므로 공동피고인의 진술은 다른 공동피고인에 대한
범죄사실을 인정하는 증거로 할 수 있을 뿐만 아니라 공범인 공동피고인들
의 각 진술은 상호간에 서로 보강증거가 될 수 있다. [법원9급 12]

432 (○) 대법원 1990.10.30, 90
도1939

433 자백에 대한 보강증거는 범죄사실의 전부 또는 중요부분을 인정할 수 있는
정도가 되지 아니하더라도 피고인의 자백이 가공적인 것이 아닌 진실한 것
임을 인정할 수 있는 정도만 되면 족할 뿐만 아니라, 직접증거가 아닌 간접
증거나 정황증거도 보강증거가 될 수 있다.

[경찰채용 11 변형·13] [법원9급 14 변형·15]

433 (○) 대법원 2002.1.8, 2001
도1897; 2008.5.29, 2008도2343;
2011.1.27, 2010도1191
보강증거의 필요범위에 관한 진실
성담보설의 판례이다.

434 자백에 대한 보강증거는 범죄사실의 전부 또는 중요부분을 인정할 수 있는
정도이어야 하고 자백과 보강증거가 서로 어울려서 전체로서 범죄사실을
인정할 수 있어야 한다. [국가7급 16]

해설+ '정도이어야 하고' → '정도가 되지 아니하더라도 피고인의 자백이 가공적인 것이 아닌 진실한
것임을 인정할 수 있는 정도만 되면 족하고'(대법원 2002.1.8, 2001도1897)

434 (×)

435 2021.10.19. 채취한 소변에 대한 검사결과 메스암페타민 성분이 검출된 경우, 위 소변검사결과는 2021.10.17. 메스암페타민을 투약하였다는 자백에 대한 보강증거가 될 수는 있지만, 각 투약행위에 대한 자백의 보강증거는 별개의 것이어야 하므로, 같은 달 13. 메스암페타민을 투약하였다는 자백에 대한 보강증거는 될 수 없다. [변호사 22]

보충 원심이 피고인의 자백에 대한 보강증거로 삼을 수 없다고 판단한 대구광역시 보건환경연구원장 작성의 시험성적서는 2000.10.19. 21:50경 피고인으로부터 채취한 소변을 검사한 결과 메스암페타민 성분이 검출되었다는 취지의 검사결과를 기재한 것이고, 그와 같은 검사결과에 의하여 검출된 메스암페타민 성분은 주로 피고인이 2000.10.17. 투약한 메스암페타민에 의한 것으로 보이기는 하지만, 피고인이 2000.10.13. 메스암페타민을 투약함으로 인하여 피고인의 체내에 남아 있던 메스암페타민 성분도 그에 포함되어 검출되었을 가능성을 배제할 만한 합리적 근거가 없으므로 위 소변검사결과가 오로지 2000.10.17. 투약행위로 인한 것이라기보다는 2000.10.13. 투약행위와 2000.10.17. 투약행위가 결합되어 나온 것으로 보아야 할 것이어서 그 결과는 위 각 투약행위에 대한 보강증거로 될 수 있다고 할 것이다(동 판례).

비교 소변검사 결과는 1995.1.17.자 투약행위로 인한 것일 뿐 그 이전의 4회에 걸친 투약행위(1994. 6.중순, 같은 해 7.중순, 같은 해 10.중순, 같은 해 11.20.)와는 무관하고, 압수된 약물도 이전의 투약행위에 사용되고 남은 것이 아니므로, 위 소변검사 결과와 압수된 약물은 결국 피고인이 투약습성이 있다는 점에 관한 정황증거에 불과하다 할 것인바, 피고인의 습벽을 범죄구성요건으로 하며 포괄1죄인 상습범에 있어서도 이를 구성하는 각 행위에 관하여 개별적으로 보강증거를 요구하고 있는 점에 비추어 보면 투약습성에 관한 정황증거만으로 향정신성의약품관리법위반죄의 객관적 구성요건인 각 투약행위가 있었다는 점에 관한 보강증거로 삼을 수는 없다(대법원 1996.2.13, 95도1794).

436 공소장에 기재된 대마 흡연일자로부터 한 달 후 피고인의 주거지에서 압수된 대마 잎은 비록 피고인의 자백이 구체적이고 그 진실성이 인정된다고 하더라도 피고인의 자백에 대한 보강증거가 될 수 없다. [변호사 22]

해설+ 기소된 대마 흡연일자로부터 한 달 후 피고인의 주거지에서 압수된 대마잎도 피고인의 자백에 대한 보강증거가 된다(대법원 2007.9.20, 2007도5845).

437 자백에 대한 보강증거는 범죄사실 전부나 그 중요부분의 전부에 일일이 그 보강증거를 필요로 하는 것이며, 간접증거 내지 정황증거는 보강증거가 될 수 없다. [국가9급 16]

435 (×) 2000.10.19. 채취한 소변에 대한 검사결과 메스암페타민 성분이 검출된 경우, <u>위 소변검사결과는 2000.10.17. 메스암페타민을 투약하였다는 자백에 대한 보강증거가 될 수 있음은 물론 같은 달 13. 메스암페타민을 투약하였다는 자백에 대한 보강증거도 될 수 있다</u>(대법원 2002.1.8, 2001도1897).

436 (×)

437 (×) '없다' → '있다'
직접증거가 아닌 간접증거나 정황증거도 보강증거가 될 수 있다(대법원 2007.5.31, 2007도1419).

438 뇌물수수자가 무자격자인 뇌물공여자로 하여금 건축공사를 하도급받도록 알선하고 그 하도급계약을 승인받을 수 있도록 하였으며, 공사와 관련된 각종의 편의를 제공한 사실을 인정할 수 있는 증거들은 뇌물공여자의 자백에 대한 보강증거가 될 수 있다. [경찰채용 17 2차]

438 (○) 대법원 1998.12.22, 98도2890

439 2010.2.18. 01:35경 자동차를 타고 온 피고인으로부터 필로폰을 건네받은 후 피고인이 위 차량을 운전해 갔다고 한 甲의 진술과 2010.2.20. 피고인으로부터 채취한 소변에서 나온 필로폰 양성 반응은, 피고인이 2010.2.18. 02:00경의 필로폰 투약으로 정상적으로 운전하지 못할 우려가 있는 상태에 있었다는 도로교통법위반 공소사실부분에 대한 자백을 보강하는 증거가 되기에 충분하다. [경찰채용 12·17 2차]

439 (○) 대법원 2010.12.23, 2010도11272

440 '가정불화로 유아를 살해하였다'는 공소사실에 대하여 낙태를 시키려고 한 정황적 사실은 보강증거가 될 수 있다. [경찰승진 15 변형]

440 (○) 대법원 1960.3.18, 4292형상880

441 피고인이 자신이 거주하던 다세대주택의 여러 세대에서 7건의 절도행위를 한 것으로 기소되었는데 그중 4건은 범행장소인 구체적 호수가 특정되지 않은 사안에서, 위 4건에 관한 피고인의 범행 관련 진술이 매우 사실적·구체적·합리적이고 진술의 신빙성을 의심할 만한 사유도 없어 자백의 진실성이 인정되므로, 피고인의 집에서 해당 피해품을 압수한 압수조서와 압수물 사진은 위 자백에 대한 보강증거가 된다. [경찰채용 17 2차]

441 (○) 대법원 2008.5.29, 2008도2343

442 피고인이 甲과 합동하여 乙의 재물을 절취하려다가 미수에 그쳤다는 내용의 공소사실을 자백한 사안에서, 피고인을 현행범으로 체포한 乙의 수사기관에서의 진술과 현장사진이 첨부된 수사보고서는 피고인 자백에 대한 보강증거가 될 수 없다. [경찰채용 17 2차] [국가7급 16]

442 (✕) '될 수 없다' → '된다' 피고인의 자백의 진실성을 담보하기에 충분한 보강증거가 된다(대법원 2011.9.29, 2011도8015).

보충 또한 재산죄와 관련하여 압수된 피해품의 존재도 보강증거가 될 수 있다.

443 피고인 甲이 위조신분증을 제시·행사하였다고 자백하는 때에, 그 위조신분증이 제출된 경우 피고인의 자백에 대한 보강증거가 될 수 있다.

[국가7급 14] [국가9급개론 18]

443 (O) 대법원 1983.2.22, 82도3107

444 피고인 丙이 간통사실을 자백하는 때에, 그 범행 시점에 가출과 외박이 잦아 의심을 하게 되었다는 남편의 진술조서가 제출된 경우 피고인의 자백에 대한 보강증거가 될 수 있다.

[국가7급 14]

444 (O) 대법원 1983.5.10, 83도686

445 피고인 丁이 반지를 편취하였다고 자백하는 때에, 피고인으로부터 반지를 매입하였다는 참고인의 진술이 제출된 경우 피고인의 자백에 대한 보강증거가 될 수 있다.

[국가7급 14]

445 (O) 대법원 1985.11.12, 85도1838

446 자동차등록증에 차량의 소유자가 피고인으로 등록·기재된 것이 피고인이 그 차량을 운전하였다는 사실의 자백 부분에 대한 보강증거가 될 수 있고 결과적으로 피고인의 무면허운전이라는 전체 범죄사실의 보강증거로 충분하다.

[경찰채용 16]

446 (O) 대법원 2000.9.26, 2000도2365

447 자동차등록증에 차량의 소유자가 피고인으로 등록·기재된 것이 피고인이 그 차량을 운전하였다는 사실의 자백 부분에 대한 보강증거는 될 수 있지만 피고인의 무면허운전이라는 전체 범죄사실의 보강증거가 될 수는 없다.

[국가9급 22]

447 (X)

해설+ 자동차등록증에 차량의 소유자가 피고인으로 등록·기재된 것이 피고인이 그 차량을 운전하였다는 사실의 자백 부분에 대한 보강증거가 될 수 있고 결과적으로 피고인의 무면허운전이라는 전체 범죄사실의 보강증거로 충분하다(대법원 2000.9.26, 2000도2365).

448 뇌물공여의 상대방인 공무원이 뇌물을 수수한 사실을 부인하면서도 그 일시 경에 뇌물공여자를 만났던 사실 및 공무에 관한 청탁을 받기도 한 사실 자체는 시인하였다면, 이는 뇌물을 공여하였다는 뇌물공여자의 자백에 대한 보강증거가 될 수 있다. [경찰채용 16]

448 (O) 대법원 1995.6.30, 94도993

449 피고인 乙이 주거침입의 범행을 자백하는 때에, 주거침입행위의 동기에 관한 참고인의 전문진술이 제출된 경우 피고인의 자백에 대한 보강증거가 될 수 있다. [국가7급 14]

449 (×) '있다' → '없다'
침입동기에 관한 정황증거에 지나지 않으므로 보강증거가 될 수 없다(대법원 1990.12.7, 90도2010).

450 고의는 자백만으로도 인정할 수 있다. [법원9급 17]

450 (O)

451 확정판결은 엄격한 의미의 범죄사실과는 구별되는 것이어서 피고인의 자백만으로서도 그 존부를 인정할 수 있다. [경찰채용 11]

451 (O) 대법원 1983.8.23, 83도820

452 전과에 관한 사실을 보강증거 없이 피고인의 자백만으로 이를 인정한 경우에는 법령위반에 해당하므로 상소이유가 된다. [법원9급 14]

452 (×) '상소이유가 된다' → '상소이유에 해당하지 않는다'

해설+ 전과에 관한 사실은 엄격한 의미에서의 범죄사실과는 구별되고, 피고인의 자백만으로서도 이를 인정할 수 있다(대법원 1981.6.9, 81도1353).

453 피고인의 습벽을 범죄구성요건으로 하며 포괄일죄인 상습범에 있어서도 이를 구성하는 각 행위에 관하여 개별적으로 보강증거가 필요하다.
[경찰채용 12] [법원9급 11 유사]

453 (O) 대법원 1983.7.26, 83도1448, 83감도266.

보충 포괄일죄 중에서도 상습범은 독립된 가중처벌규정이다.

454 피고인의 습벽을 범죄구성요건으로 하며 포괄일죄인 상습범에 있어서는 이를 구성하는 각 행위에 관하여 개별적으로 보강증거를 요구하고 있는 것이 아니라 포괄적으로 보강증거를 요구한다. [경찰승진 22]

454 (×)

해설+ 소변검사 결과는 1995.1.17.자 투약행위로 인한 것일 뿐 그 이전의 4회에 걸친 투약행위와는 무관하고, 압수된 약물도 이전의 투약행위에 사용되고 남은 것이 아니므로, 위 소변검사 결과와 압수된 약물은 결국 피고인이 투약습성이 있다는 점에 관한 정황증거에 불과하다 할 것인바, 피고인의 습벽을 범죄구성요건으로 하며 포괄1죄인 상습범에 있어서도 이를 구성하는 각 행위에 관하여 개별적으로 보강증거를 요구하고 있는 점에 비추어 보면 투약습성에 관한 정황증거만으로 향정신성의약품관리법위반죄의 객관적 구성요건인 각 투약행위가 있었다는 점에 관한 보강증거로 삼을 수는 없다(대법원 1996.2.13, 95도1794).

455 피고인의 습벽을 범죄구성요건으로 하며 포괄일죄인 상습범에 있어서도 이를 구성하는 각 행위에 관하여 개별적으로 보강증거를 요구하고 있는 점에 비추어 보면 투약습성에 관한 정황증거만으로 향정신성의약품관리법위반죄의 객관적 구성요건인 각 투약행위가 있었다는 점에 관한 보강증거로 삼을 수는 없다. [법원9급 23]

455 (○)

해설+ 소변검사 결과는 1995. 1. 17.자 투약행위로 인한 것일 뿐 그 이전의 4회에 걸친 투약행위와는 무관하고, 압수된 약물도 이전의 투약행위에 사용되고 남은 것이 아니므로, 위 소변검사 결과와 압수된 약물은 결국 피고인이 투약습성이 있다는 점에 관한 정황증거에 불과하다 할 것인바, 피고인의 습벽을 범죄구성요건으로 하며 포괄1죄인 상습범에 있어서도 이를 구성하는 각 행위에 관하여 개별적으로 보강증거를 요구하고 있는 점에 비추어 보면 투약습성에 관한 정황증거만으로 향정신성의약품관리법위반죄의 객관적 구성요건인 각 투약행위가 있었다는 점에 관한 보강증거로 삼을 수는 없다(대법원 1996.2.13, 95도1794).

456 실체적 경합범은 실질적으로 수죄이므로 각 범죄사실에 관하여 자백에 대한 보강증거가 있어야 한다. [경찰채용 13]

456 (○) 대법원 2008.2.14, 2007도10937

457 피고인 甲이 乙로부터 필로폰을 매수하면서 그 대금을 乙이 지정하는 은행계좌로 송금한 사실에 대한 압수 · 수색 · 검증영장 집행보고는 피고인 甲의 필로폰 매수행위와 실체적 경합범 관계에 있는 필로폰 투약행위에 대한 보강증거가 될 수 있다. [국가9급 16]

457 (×) '있다' → '없다'
실체적 경합범은 실질적으로 수죄이므로 각 범죄사실에 관하여 자백에 대한 보강증거가 있어야 한다(대법원 2008.2.14, 2007도10937).

458 제1심법원이 증거의 요지에서 피고인의 자백을 뒷받침할 만한 보강증거를 거시하지 않았음에도, 항소심이 적법하게 증거조사를 마쳐 채택한 증거들로 피고인의 자백을 뒷받침하기에 충분한 경우 제1심법원의 판단을 유지한 것은 정당하다. [경찰채용 15]

458 (×) '정당하다' → '정당하지 않다'
제310조, 제361조의5 제1호 위반을 이유로 파기하고 자판(대법원 2007.11.29, 2007도7835)

459 자백보강법칙은 일반형사사건은 물론이고 간이공판절차와 약식명령절차 및 즉결심판사건에도 적용된다. [국가9급 10]

459 (×) '즉결심판사건' → 삭제
[즉결심판에 관한 절차법(이하 '즉심법') 제10조]
자백보강법칙은 간이공판절차와 약식명령절차에는 적용된다.

460 즉결심판절차에는 불이익한 자백의 증거능력에 관한 「형사소송법」 제310조가 적용되지 아니한다. [법원9급 12]

460 (○) 즉심법 제10조 참조.

461 소년보호사건에서는 피고인의 자백만을 증거로 범죄사실을 인정할 수 있다. [국가9급개론 18] [법원9급 17]

461 (○) 소년보호사건은 형사소송절차가 아니므로 자백보강법칙이 적용되지 아니한다(대법원 1982.10.15, 82모36).

462 통상의 형사공판절차는 물론 간이공판절차나 약식명령절차, 즉결심판에는 자백보강법칙이 적용되나, 소년보호사건에는 자백보강법칙이 적용되지 않으므로 자백만으로도 유죄인정이 가능하다. [해경승진 23]

462 (×)

해설+ 자백보강법칙은 일반형사소송절차에는 모두 적용되므로 간이공판절차, 약식명령절차에는 적용된다. 다만, 즉결심판절차에서는 명시적으로 즉결심판에 관한 절차법에서 형사소송법 제310조의 적용을 배제하고 있으므로 이에는 적용된다고 볼 수 없다. 또한, 일반형사소송절차가 아닌 소년보호사건에서도 자백보강법칙이 적용되지 않는다(대법원 1982.10.15, 82모36).

[463-1~4] 피해자 A에 대한 강도 사건에서 甲은 정범으로, 乙은 교사범으로 기소되어 甲과 乙 모두 공동피고인으로 재판을 받고 있다. 공판정에서 甲은 乙이 시켜서 A에 대한 범행을 했다고 자백한 반면, 乙은 甲에게 교사한 적이 없다고 부인하였다. 증인 丙은 공판정에서 사건 발생 직후 甲으로부터 "乙이 시켜서 A에 대한 범행을 했다."는 말을 들었다고 증언하였다. 법원은 甲의 진술과 丙의 증언에 신빙성이 있다고 판단하고 있으나 甲의 자백 외에는 다른 증거가 없다.

463-1 법원은 甲의 자백만으로 乙에게 유죄를 선고할 수 있다. [경찰간부 22]

463-1 (○) 공범자의 자백은 별도의 보강증거가 필요 없다.

463-2 甲이 丙에게 한 진술의 특신상태가 증명되면 丙의 증언은 甲의 범죄사실을 입증하는 증거로 사용할 수 있다. [경찰간부 22]

해설+ 제316조 【전문의 진술】① 피고인이 아닌 자(공소제기 전에 피고인을 피의자로 조사하였거나 그 조사에 참여하였던 자를 포함한다)의 공판준비 또는 공판기일에서의 진술이 피고인의 진술을 그 내용으로 하는 것인 때에는 그 진술이 특히 신빙할 수 있는 상태하에서 행하여졌음이 증명된 때에 한하여 이를 증거로 할 수 있다.

463-2 (○) 전문진술자 丙의 증언이 피고인 甲의 진술을 원진술로 하고 있으므로, 제316조 제1항의 적용을 받아 원진술의 특신상태가 인정되면 이를 증거로 할 수 있다.

463-3 甲의 범죄사실에 대한 丙의 증언에 증거능력이 인정되면 법원은 丙의 증언을 기초로 甲에게 유죄를 선고할 수 있다. [경찰간부 22]

463-3 (×)

해설+ 丙의 공판정 증언은 피고인 甲의 자백 자체는 아니지만, 피고인 甲의 자백을 내용으로 하는 진술에 불과하므로, 피고인 甲의 자백에 대한 보강증거가 될 수 없다. "피고인이 범행을 자인하는 것을 들었다는 피고인 아닌 자의 진술내용은 형사소송법 제310조의 피고인의 자백에는 포함되지 아니하나 이는 피고인의 자백의 보강증거로 될 수 없다(대법원 1981.7.7, 81도1314).

463-4 丙의 증언은 乙의 범죄사실을 입증하는 증거로 사용할 수 없다. [경찰간부 22]

463-4 (○)

해설+ 乙의 혐의에 대해서, 丙의 진술은 甲(피고인 아닌 자)의 진술을 원진술로 하는 전문진술에 해당하므로, 제316조 제2항이 적용된다. 그런데 甲은 공판정에 출석하여 재판을 받고 있으므로, 전문진술의 필요성이 결여되어 그 증거능력이 인정되지 아니한다.

제316조 【전문의 진술】② 피고인 아닌 자의 공판준비 또는 공판기일에서의 진술이 피고인 아닌 타인의 진술을 그 내용으로 하는 것인 때에는 원진술자가 사망, 질병, 외국거주, 소재불명 그 밖에 이에 준하는 사유로 인하여 진술할 수 없고, 그 진술이 특히 신빙할 수 있는 상태하에서 행하여졌음이 증명된 때에 한하여 이를 증거로 할 수 있다.

9 공판조서의 증명력

464 공판기일의 소송절차로서 공판조서에 기재된 것은 그 조서만으로써 증명한다.

[법원9급 08]

464 (○) 제56조 참조.

465 공판조서의 기재가 명백한 오기인 경우를 제외하고는 공판기일의 소송절차로서 공판조서에 기재된 것은 조서만으로써 증명하여야 하나, 그 증명력은 공판조서 이외의 자료에 의한 반증이 허용되는 상대적인 것이다.

[국가7급 09 변형] [법원9급 11·18]

465 (×) '반증이 허용되는 상대적인 것이다' → '반증이 허용되지 않는 절대적인 것이다'(대법원 2002.7.12, 2002도2134; 2005.10.28, 2005도5996).

466 공판조서에 기재되지 않은 소송절차는 공판조서 이외의 자료에 의한 증명이 허용되므로 공판조서에 피고인에 대하여 인정신문을 한 기재가 없다면 같은 조서에 피고인이 공판기일에 출석하여 공소사실신문에 대하여 이를 시정하고 있는 기재가 있다 하더라도 인정신문이 있었던 사실이 추정된다고 할 수는 없다.

[법원9급 23]

466 (×)

해설+ 공판조서에 기재되지 않은 소송절차는 공판조서 이외의 자료에 의한 증명이 허용된다. 이는 소송법적 사실에 관한 증명이므로 자유로운 증명으로 족하다. 다만, 공판조서에 기재되지 않았다고 하여 그 소송절차의 부존재가 추정되는 것은 아니고, 법원이 통상 행하는 소송절차인 경우에는 당해 절차가 적법하게 행하여졌다는 점이 사실상 추정된다(적법한 소송절차의 사실상 추정).

판례 공판조서에 피고인에 대하여 인정신문을 한 기재가 없다 하여도 같은 조서에 피고인이 공판기일에 출석하여 공소사실신문에 대하여 이를 시정하고 있는 기재가 있으니 인정신문이 있었던 사실이 추정된다 할 것이고 다만 조서의 기재에 이 점에 관한 누락이 있었을 따름인 것이 인정된다(대법원 1972.12.26, 72도2421).

467 증거목록도 공판조서의 일부인 이상 검사 제출의 증거에 관한 피고인의 동의 또는 진정성립 여부 등에 관한 의견이 증거목록에 기재된 경우에는 명백한 오기가 아닌 이상 그 기재 내용도 절대적인 증명력을 갖는다.

[법원9급 18]

467 (○) 대법원 2012.6.14, 2011도12571

468 피고인이 변호인과 함께 출석한 공판기일의 공판조서에 검사가 제출한 증거에 대하여 동의한다는 기재가 되어 있다면 이는 피고인이 증거동의를 한 것으로 보아야 하고, 그 기재는 절대적인 증명력을 가진다. [국가7급 16]

468 (O) 대법원 2016.3.10, 2015 도19139

469 공판조서에 재판장이 판결서에 의하여 판결을 선고하였음이 기재되어 있다면 검찰서기의 판결서 없이 판결선고되었다는 내용의 보고서가 있더라도 공판조서의 기재내용이 허위라고 판정할 수 없다. [국가7급 20]

469 (O) 대법원 1983.10.25, 82 도571

470 배타적 증명력이 인정되는 공판조서라 할지라도 공판조서 이외의 자료에 의한 반증이 허용되지 않는다는 것을 의미하는 것은 아니다. [국가9급 11]

해설+ 공판조서 이외의 자료에 의한 반증이 허용되지 않는 절대적인 것이다(대법원 2002.7.12, 2002도2134).

470 (×) '의미하는 것은 아니다' → '의미한다'

471 피고인에게 증거조사결과에 대한 의견을 묻고 증거조사를 신청할 수 있음을 고지하였을 뿐만 아니라 최종의견 진술의 기회를 주었는지 여부와 같은 소송절차에 관한 사실은 공판조서에 기재된 대로 공판절차가 진행된 것으로 증명되고 다른 자료에 의한 반증은 허용되지 않는다. [법원9급 23]

해설+ 피고인에게 증거조사결과에 대한 의견을 묻고 증거조사를 신청할 수 있음을 고지하였을 뿐만 아니라 최종의견진술의 기회를 주었는지 여부와 같은 소송절차에 관한 사실은 공판조서에 기재된 대로 공판절차가 진행된 것으로 증명되고 다른 자료에 의한 반증은 허용되지 않는다(대법원 1990.2.27, 89도2304).

471 (O)

472 배타적 증명력이 인정되는 것은 공판기일의 소송절차로서 공판조서에 기재된 것에 한한다. [국가9급 11]

472 (O) 제56조

473 공판기일의 소송절차로서 공판조서에 기재된 것은 물론 공판조서에 기재되지 않은 사항이라 하더라도 자유심증주의의 예외로서 배타적 증명력이 인정된다.   [경찰경채 23]

473 (×)

해설+ 공판조서의 배타적 증명력은 공판기일의 소송절차로서 공판조서에 기재된 사항에 대해서만 미친다. 공판조서에 기재되지 않은 사항은 공판조서 외의 자료에 의한 증명이 허용되고, 이는 소송법적 사실에 관한 증명이므로 자유로운 증명으로 족하다.

474 공판조서에 기재되지 않은 사항에 대하여 그 부존재가 증명되는 것은 아니다.   [국가9급 11]

474 (○) 자유심증주의에 의하고, 적법한 소송행위의 존재가 사실상 추정되는 것이다.

475 공판조서의 기재사항이 불분명하거나 서로 다른 내용이 기재된 공판조서가 병존하는 경우에는 배타적 증명력이 배제된다.   [국가9급 11]

475 (○) 역시 자유심증주의에 의한다.

476 동일한 사항에 관하여 두 개의 서로 다른 내용이 기재된 공판조서가 병존하는 경우에 그중 어느 쪽이 진실한 것으로 볼 것인지는 법관의 자유로운 심증에 따를 수밖에 없다.   [국가7급 20]

476 (○) 대법원 1988.11.8, 86도1646

477 당해 공판기일에 열석하지 아니한 판사가 재판장으로서 서명날인한 공판조서는 소송법상 무효라 할 것이므로 당해 공판기일에 있어서의 소송절차를 증명할 수 없다.   [국가7급 09] [법원9급 18]

477 (○) 대법원 1983.2.8, 82도2940
중대한 방식위반으로서 무효이므로 배타적 증명력이 인정되지 않는다.

2024 - 2025
백광훈
통합 핵지총 ○×
형사소송법의
수사와 증거

판례색인

판례색인

MEMO